摄影：李鸾汉

厦门翔安海底隧道工程技术丛书

下册　机电与建设管理

主　编　潘世建
副主编　黄灵强　曾　超　程正明

人民交通出版社
China Communications Press

内 容 提 要

本丛书分上、下两册，上册包括设计篇和施工篇，下册包括机电篇和建设管理篇。丛书主要结合厦门翔安海底隧道工程难点和应对措施，对工程勘察、设计、施工、运营管理过程中的工程建设经验和创新技术进行系统地总结提炼，写作中力求真实，突出创新。

图书在版编目(CIP)数据

厦门翔安海底隧道工程技术丛书. 下册 机电与建设管理/潘世建主编. —北京:人民交通出版社，2011.5

ISBN 978-7-114-09184-1

I. ①厦… II. ①潘… III. ①水下隧道 - 机电设备 - 管理 - 厦门市 IV. ①U459.5

中国版本图书馆 CIP 数据核字(2011)第 107965 号

厦门翔安海底隧道工程技术丛书 下册

书　　名: 机电与建设管理
著 作 者: 潘世建
责任编辑: 张征宇 赵瑞琴
出版发行: 人民交通出版社
地　　址: (100011)北京市朝阳区安定门外外馆斜街 3 号
网　　址: http://www.ccpress.com.cn
销售电话: (010)59757969,59757973
总 经 销: 人民交通出版社发行部
经　　销: 各地新华书店
印　　刷: 北京盛通印刷股份有限公司
开　　本: 880×1230 1/16
印　　张: 19.25
字　　数: 556 千
版　　次: 2011 年 5 月第 1 版
印　　次: 2011 年 5 月第 1 次印刷
书　　号: ISBN 978-7-114-09184-1
定　　价: 180.00 元(上、下册)

厦门翔安海底隧道工程技术丛书

下册　机电与建设管理

编　委　会

序 一

厦门,美丽的海上花园城市;其独特的山海地理环境和生机勃勃的城市发展,孕育了中国内地第一条海底隧道、也是目前世界上最大断面的海底公路隧道——厦门翔安隧道。它的建成通车,打破了厦门岛与翔安区隔海相望的地理屏障,完善了厦门进出岛交通布局,大大拓展了城市发展空间,有力推进了厦门岛内外一体化和城乡一体化进程,对实现厦门科学发展新跨越,构建闽南金三角厦漳泉大都市区,加快福建跨越式发展,更好更快建设海峡西岸经济区,具有重大而深远的意义。

厦门翔安隧道是一项富有开创性意义的工程。其前期决策充分体现了科学发展的理念,它是我国跨海工程桥隧建设方案比选中,最终以隧道方案胜出的第一个项目,事实证明,翔安海底隧道是综合效益最佳、经得起历史考验的正确抉择。

厦门翔安隧道以地质条件复杂、技术难度大、施工风险高而闻名。其中穿越海底风化深槽更是国内外罕见,极具挑战性,被业内专家称之为"世界级的工程"。在缺少成熟经验借鉴的情况下,建设者们以敢为天下先的大胆创新,以头顶大海的谨小慎微,以只能一次性成功穿越的必胜信条,坚持"安全高于一切、质量同于生命、防患胜于补救、责任重于泰山"的理念,历经4年8个月的艰苦奋战和攻坚克险,于2010年4月26日胜利建成通车,取得了创优质工程和施工亡人零事故的佳绩,为我国海底隧道建设事业树立了一座不朽的丰碑。现在,建设者们本着"不断总结、不断进取"的精神,将工程建设中积累的宝贵经验和取得的创新成果编写成丛书正式出版,以期在同行之间进行交流,相互促进,这是一件对促进我国海底隧道建设事业发展极为有利的好事。

厦门翔安隧道的成功修建,堪称世界隧道建设史上的壮举,更是我国公路隧道发展的里程碑。隧道建设过程异常艰辛,建设者们以攻坚克险、永不言弃的拼搏精神,以科学求实、勇于开拓的创新精神,以戮力同心、众志成城的团结精神,以埋头苦干、艰苦奋斗的奉献精神,铸就了这一宏伟工程,为我国海底隧道建设事业的发展翻开了从无到有的崭新篇章。

厦门翔安隧道建设过程中,得到了许多国内著名专家、学者的悉心指导和帮助。在此,特别感谢中国工程院院士王梦恕先生和交通运输部原总工程师杨盛福先生,他们作为厦门翔安隧道政府工程顾问在项目前期研究论证和工程实施过程中帮助解决了许多重大技术难题。同时,也衷心感谢厦门翔安隧道的建设者们,特别是奋战在施工第一线的同志们,他们为成就这一伟大工程作出了不可磨灭的贡献。历史不会忘记这些知名和不知名的建设功臣们,他们的丰功伟绩,将如同“永不言弃”隧道工人群雕一样永远屹立在隧道洞口,将如同厦门翔安隧道工程实体一样永远镌刻在厦门的山海之间。

正如厦门翔安隧道两端通风塔建筑造型采用灯塔和帆船所蕴含的深远寓意,中国的海底隧道建设事业,正沿着厦门翔安隧道引领的方向,扬帆,起航,并将不断超越。我相信,本书一定能为我国海底隧道修建技术进步和后续工程建设提供有益的参考与借鉴。

[签名]

2011 年5月

序　二

厦门岛是座美丽的海湾型城市，在翔安隧道修建之前，用两座大桥和大陆相联，每当台风季节，大桥停运就变成了孤岛。厦门市委、市政府早在1997年就启动海中水文、地质勘探，准备在厦门岛东部建一座通道，做到抗震性能好，战时抗损毁能力强，不受台风、大雾影响，可全天候运行的世界级翔安海底隧道。厦门市委、市政府大胆英明的超前理念，得到了广大市民的支持和赞赏，得到了各方专家的科学评价和肯定。方案前期由工程建设经验十分丰富且项目管理水平很高的厦门路桥建设集团有限公司作为建设主体单位，代表政府进行全过程管理，整个过程是在交通运输部领导直接关心指导下进行的。2005年9月6日开工建设，2010年4月14日交工验收，2010年4月26日顺利建成通车，历时4年8个月，顺利安全、优质高效建成，标志着我国水下隧道的技术水平达到了国际领先地位。

翔安隧道是我国第一条海底隧道，是一座双向六车道的特大断面公路隧道。隧道在陆域地段要穿越软弱富水不稳定全风化地层，隧道在浅滩地段又穿越透水砂层，在深水段要多次穿越花岗岩风化深槽等不良复杂区段，是世界级规模巨大工程，是世界级技术难题，是世界级风险隧道。工程前期经过全方位的综合比选和科学论证，决定采用钻爆法开挖硬岩，用浅埋暗挖法开挖软弱围岩，用超前周边预注浆法进行开挖面超前预加固，用复合式衬砌形式作为百年隧道支护结构，整个工程采用信息化施工和动态信息化快速反馈设计。

作为具有里程碑意义的国内第一条海底隧道，建设者们紧密依靠科技攻关和技术创新去攻克十多项技术难题。建设方在施工前、施工中投入科研费用约2500万元，为精确进行水文、地质勘测，支护结构防腐蚀，防排水设计，安全施工方法，辅助工法确定等组成30多项科研专题进行现场攻关。具有强势能力的四大施工集团也紧密结合各个施工地段的地质特点、工程类型，分别投入3000万元以上的资金进行施工全过程的工艺、工序、施工组织、施工机械、非标设备研制等领域进行施工技术难点的攻关。他们用“严格纪律、严格工艺、严格管理”认真落实每项工序技术标准的实现，他们以“边研究、边试验、边施工”的科学态度，不放过每个可能危及风险、影响安全、影响工程质量的任何细小环节。他们奋战在1700多天的日日夜夜中，很少休息，很少回家，克服了一个个艰难险阻，攻克了一道道难关，历尽千辛万苦，用集体的智慧创造了一个个奇迹，赢得了绝对的安全，高质量、高速度、高效益建成了我国第一条不愧为世纪工程的海底隧道。

翔安隧道在修建过程中，涌现出许多可歌可泣的英雄诗篇，在翔安海底隧道建设者感情的天平上，祖国重于一切，他们有愧于父母，有悔于妻子，有悔于儿女，但他们无愧于祖国，无愧于人民、无愧于自己所从事的事业。

作者以科学、实事求是的态度和精神，论述了隧道建设的各个阶段、各个过程，写的是科学技术的书稿，在内容上是真实的，是丝毫没有感情成分的，该书是否有价值留给后人，是否给后人以启迪，会随着工程的不断增多和实践得出正确的回答。但我相信，这本书的内容对读者肯定是有启迪价值的。同时我也相信，书中许多珍贵的历史资料和经验，都不应成为妨碍前进的桎梏，也应力戒被成功经验所束缚而故步自封。

最后，用我过去曾说过的话来结束这个序。

历史的脚步往往是毫不留情地把千千万万人筑起的一座座里程碑抛在后面，使它们很快就变得朦胧不清，年青一代的神圣职责就是在新的跨越中去矗立更高的丰碑。不过我相信，厦门翔安海底公路隧道修建技术这座里程碑毕竟还是清晰地屹立着。

作者用最清晰的笔调在写作过程中还探索着、思考着，使我清醒的感觉到今天的隧道事业已攀登到如此的高度，在享受事业的同时，传承与创新隧道事业的责任感，自然又压在了我们每个人的肩上。

王梦恕

2011 年 5 月

前　言

厦门翔安隧道是我国大陆地区第一条海底隧道，也是当今世界上断面最大的钻爆法海底公路隧道，采用设置服务隧道的三孔隧道形式，左右为行车隧道，设双向六车道，由我国自主完成勘测、设计、施工，在我国隧道建设史上具有里程碑式的意义。修建厦门翔安隧道的构想始于20世纪80年代，随着厦门经济特区的蓬勃发展，项目建设显得日益迫切，而突飞猛进的工程建设技术进步也使得修建大规模跨海通道成为可能。由此，自1997年起全面启动项目前期工作。经过8年科学、系统的前期研究和方案论证，最后采用钻爆法海底隧道建设方案，于2005年9月6日正式开工建设。历经4年8个月的艰苦鏖战，厦门翔安隧道于2010年4月26日胜利通车，实现了创优质工程和施工亡人零事故的建设目标。

厦门翔安隧道地质条件十分复杂，需穿越陆域全强风化浅埋地层、浅滩富水砂层、海底风化深槽等不良地质段，项目建设规模大、工程经验少、技术难度高、施工风险大，尤其海底风化深槽更是被业内专家称为世界级难题。工程建设过程中，建设者们面对国内第一条海底隧道，迎难而上，大力倡导自主创新，牢牢依靠科技进步，积极研制和应用新技术、新材料、新工艺，攻克技术难关，最终成就了厦门翔安隧道这一宏伟工程。为更好地总结海底隧道工程建设经验，促进技术交流和成果推广应用，由各参建单位参与，共同编写完成了《厦门翔安海底隧道工程技术丛书》。

该丛书分上、下两册，上册包括设计篇和施工篇，下册包括机电篇和建设管理篇。丛书主要结合厦门翔安海底隧道工程难点和应对措施，对工程勘察、设计、施工、运营管理过程中的工程建设经验和创新技术进行系统地总结提炼，写作中力求真实，突出创新。

丛书是全体编审人员共同完成的作品，是单靠任何个人力量所无法取得的集体成果，也是翔安隧道全体参建单位齐心协力不懈探索凝聚出的智慧结晶，更是千百个工程一线不知名也未署名的工程技术人员和工人、农民工的默默奉献与伟大力量的真实写照。在此，感谢为厦门翔安隧道建设付出努力和心血的所有建设者，感谢关心和支持厦门翔安隧道的社会各界人士，感谢为丛书编写、审核、出版付出辛勤劳动的每一位工作人员。丛书中引用其他文献的基本理论、图表和数据也在此一并感谢原作者。

特别感谢厦门市人民政府副市长、厦门翔安隧道工程建设领导小组组长潘世建先生和中国工程院院士、厦门翔安隧道政府工程顾问王梦恕先生在百忙之中分别为本书撰写序言。

谨以此书纪念厦门翔安隧道的胜利通车，并希望能为我国海底隧道修建技术进步和后续工程建设提供有益的参考与借鉴。

由于厦门翔安隧道作为国内首条海底隧道探索工程，加之编写时间较紧和编写人员水平所限，书中难免有不全或疏漏之处，敬请有关专家和同行们予以批评指正。

编委会

2011年5月

目　录

下　册

第三篇　机　电　篇

第四篇　建设管理篇

厦门翔安海底隧道工程技术丛书

下册 第三篇 机电篇

- 机电系统主要构成及设计
- 机电工程建设管理及施工组织

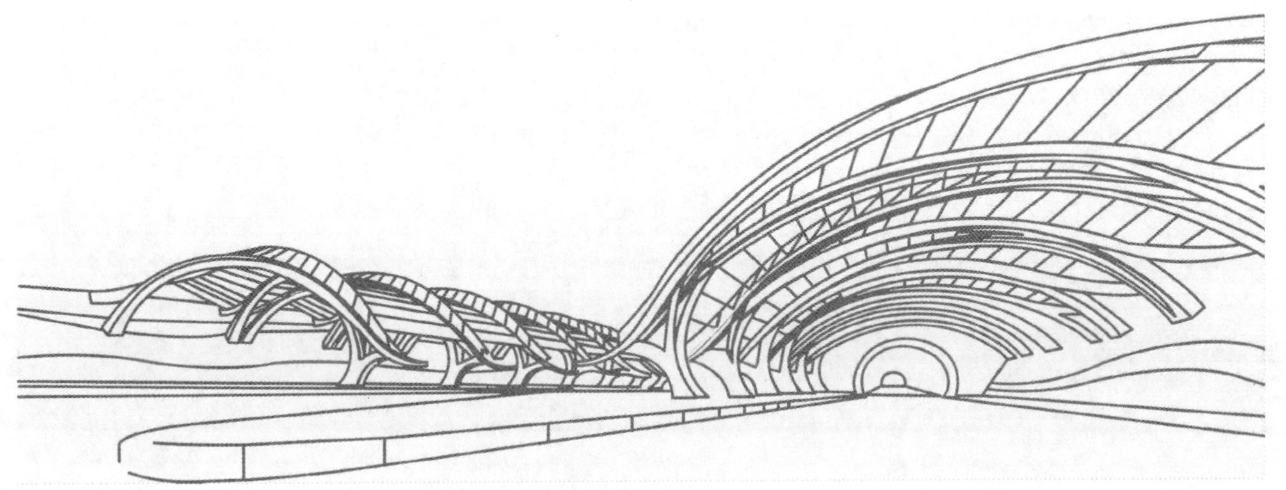

第1章　机电系统主要构成及设计

翔安隧道工程概况

1. 沿线地形地貌

厦门市位于福建省东南沿海，厦门岛内地势由南向北倾斜，东南部多山，东北、西北部较为平坦，最高处在南面的云顶岩，海拔近340m。

厦门翔安隧道厦门岸接线基本上在准备实施的仙岳路规划红线内，所经地区为城乡结合部，途经田中央、田头、昭塘、五通、店里、浦东、下边等众多自然村落。道路建设用地内分布有民宅、村道、水塘、坟墓、庙宇、工厂、农田、建筑工地、果林等，地形较为复杂。

厦门翔安隧道翔安岸接线沿途村庄分布较稀，路线所经地区多为菜地，地形较为简单。

2. 社会环境

厦门是风景优美的旅游城市，厦门翔安隧道项目起点为浔江港南东出海口最狭窄处，自然环境优美，生长有国家一级保护动物——中华白海豚，被誉为厦门港的“镇港鱼”，岸边的五通港属市一级保护文物，港内有军事营区和炮台，厦门岸附近为五通滚装码头，工程终点刘五店码头港区是环东海域重要的港口，港区正在进行规划。

3. 隧道平面线位

隧道采用三孔建设形式修建，两侧为行车主洞，中间一孔为服务隧道。

(1)隧道起讫桩号

左线 ZK6 +540 ~ ZK12 +585，长6045m，洞门起讫桩号外各40m为遮光棚。

右线 YK6 +559 ~ YK12 +610，长6051m，洞门起讫桩号外各40m为遮光棚。

(2)服务隧道起讫桩号

NK6 +542 ~ NK12 +590，长6048m。

(3)在隧道左右线分别设置两处竖井，左右线竖井桩号

左线竖井 ZK7 +900、右线竖井 YK11 +300。

(4)横洞设置

车行横洞5处、人行横洞设12处，相邻横洞间距约为300m。

4. 隧道净空

主洞隧道建筑限界净宽为13.50m，内侧设检修道，主洞隧道建筑限界净高为5.0m。

服务隧道断面基本采用圆形断面形式，其建筑内轮廓净空断面面积为30.91m^2。服务隧道作为紧急避难通道和日常维护检修通道，洞体上方预留检修车辆兼逃生空间3.0m(宽)×2.5m(高)。服务隧道洞体下方根据市政要求，设置供水自来管道预留空间2.6m(宽)×2.15m(高)和220kV高压电缆预留空间3.0m(宽)×2.15m(高)。在服务隧道预留限界以外的空间作为安装照明、供电、监控、通信等设施的预留空间。

行人横洞净空：2.0m(宽)×2.5m(高)；行车横洞净空：4.5m(宽)×5.0m(高)。

5. 洞门

隧道洞口设置遮光棚，建筑造型设计方案为“羽翼”，以飞翔的羽翼为理念，采用钢骨结构和白色膜材，在功能上满足光过渡的要求，形式上有展翅飞翔之势，寓意厦门特区二次创业的经济腾飞，力求功能与景观的完美结合。

6. 机电系统

厦门翔安隧道机电系统，主要包括：监控与通信系统、照明系统、通风系统、供配电系统、消防系统和抽排水系统。

1.1 监控与通信系统

1.1.1 系统构成与规模

综合考虑翔安隧道的交通特性、隧道安全与防灾需求，根据《高速公路交通工程及沿线设施设计通用规范》（JTG D80—2006）和《高速公路隧道监控系统模式》（GB/T 18567—2001）的规定，翔安隧道监控系统规模按隧道A2类考虑，即设置完善的交通监控系统。

完善的隧道监控系统主要包括11个子系统：中央控制系统、交通控制系统、闭路电视监视系统、紧急电话系统、火灾报警系统、通风控制系统、照明控制系统、电力监控系统、有线广播系统、供配电（监控用电）系统、防雷接地系统等。

1.1.2 总体设计原则与目标

1. 总体设计原则

隧道监控系统是一个集计算机技术、通信技术、图像等高新技术于一体的综合智能工程，翔安隧道监控系统设计坚持遵循以下原则。

（1）安全性、可靠性

根据隧道交通流量的特点，立足安全第一，以预防拥挤阻塞为主，加强常规检测及控制对策；加强事故检测及缓解措施，充分体现运行可靠、反应及时、监控准确、管理高效的中心枢纽作用。

（2）系统兼容性和可扩展性

由于监控系统包含内容较多，各分系统既相互独立又相互影响，而且考虑到远期扩展的可能性，充分注意了设计的兼容性、系统的可扩展性。系统除了满足当前需求外，还要有足够的扩充余地和广泛的联网能力，能随着交通量的增长而不断扩充、完善，以适应公路建设不断发展的需要和厦门市城市ITS（Intelligent Transport System）发展联网的要求。

（3）设备先进、合理、适用

设计中本着实用、可靠、经济、先进、灵活的原则，作好投资效益分析，注意了选用设备的性价比，合理节约工程造价，除关键设备及尚不能替代产品外，一般立足国内，做到功能完善，技术先进，可靠实用，便于维护。鉴于隧道内环境相对恶劣，对设备的可靠性，先进性要求较高，因此所选设备应采用中国国家标准或国际通用标准设计生产，如无标准参照，选用21世纪先进水平的产品。立足国内，适当引进，在众多的国外产品中，则以在国内相似工程上实际应用过的设备为主要考虑对象。

（4）突出重点，控制基本规模

监控设施重点放在异常事件检测设备布设和网络控制系统，规模满足隧道监控需要即可，同时监控系统与其他系统协调一致，统筹设计。

2. 总体设计目标

（1）可测性

能连续检测交通参数、隧道的环境状况，以便根据实时情况进行交通调度与管理决策。

（2）可控性

系统收集的交通、环境、语言、视频等信息能得到充分利用，据之合理诱导交通流，并进行有效控制。能根据实时交通状态，以动态调节和控制的方式，最大限度实现交通流的稳定性和行驶环境的舒适性，对交通状况和通风、照明运营状态进行控制，特别是减少隧道阻塞，杜绝1km以上排队现象。

（3）安全性

系统能保证交通正常营运，能最大限度预防或避免道路拥堵和交通事故的发生，减少事故损失，提高交通安全性。

(4)系统性

能从运营、管理、维护多方面综合考虑,将各系统有机地结合在一起,形成优势互补,同时亦能在个别子系统或设备发生故障时,不影响正常系统或设备的运营与功能发挥。

(5)协调性

系统静态与动态禁令、劝告、诱导设施能相互协调,检测与控制设施能相互配套,防灾与消防规模与交通量和交通组成相适应,监督与管理级别相符合,形成有序、一致的运营管理系统。

(6)智能化

能应用现代先进的控制技术,减少车辆延误,在保证运营环境条件下,减少风机、灯具的运转时间并尽可能使风机运转平衡,从而降低能源消耗,节约运营成本。

(7)人性化

系统软件界面,应友好,便于操作,消防、救援与逃生,应使不熟悉隧道设施的人员能正确作出决策。

1.1.3 系统总体功能

翔安隧道监控系统具有以下功能:

(1)信息收集和交通监控功能

通过车辆检测器收集公路交通量、平均车速、占有率、车型类别、事故等交通流数据,加上CCTV监视系统加强交通监控功能。

(2)交通状况自动判断功能

根据检测的交通流数据,通过监控中心监控计算机系统自动判断或预报交通阻塞,验证和修改控制模型参数。

(3)交通诱导与控制功能

根据收集的交通及交通阻塞和事故发生情况等数据,监控中心和各管理站采取相应的控制方案,向外场发出控制命令,控制外场设备的显示内容,诱导道路使用者按最佳方式行驶,以达到调整和控制交通流的目的。

(4)系统自动诊断功能

在系统运行中,监控主计算机随时检查系统和各设备工作是否正常,命令是否执行有误,出现故障时自动指示、报警。

(5)统计、查询功能

监控中心交通计算机自动统计交通流参数及交通事故,并将数据存入存储器以便随时调用,即可随时打印年、月、日各种报表,并随时可查询1年内交通运转的详细内容。

监控软件主要有系统软件和应用软件。系统软件包括网络管理软件,操作系统软件,数据库软件和应用软件开发工具。

系统软件为程序开发提供操作及开发平台,对设备进行驱动及进行文件管理等,由计算机及设备厂家提供。

监控系统应用软件负责实现具体的控制功能。应用软件均应该能够支持系统以自动控制和手动控制两种模式运行。

应用软件完成监控系统的主要任务,根据监控系统的规模和需要由软件公司进行开发。又可分为监控中心软件和监控站软件等。其主要完成以下功能:

①软件采用模块化结构,具有容错能力;

②软件要求反应迅速、方案可行、执行准确;

③软件应满足监控系统所具有自动和人工控制两种方式;

④确保系统能够反映所辖区域的监控外场设备信息,公路地形、沿线设施等,并可通过局部放大显示

地图上某一点的详细信息。

1.1.4 系统防灾与救援设计

监控系统防灾设计，主要包括：网络安全、事故预防、火灾报警、应急控制、交通疏散5个部分设计。

（1）网络安全

系统设计主要采用物理隔离、设置防火墙及设置管理人员权限3种方式保护系统网络安全。

（2）事故预防

根据实时交通信息，应用异常事件检测安全预警模型判别安全指数，进行行车诱导与提示。对易燃易爆物及其他危险品进入隧道的车辆进行引导与安全防护，经常检查隧道的防火安全工作并定时进行消防预演。

（3）火灾报警

火灾自动报警与手动报警联动，火灾探测时间≤60秒。

（4）应急控制

监控中心接到火灾报警信号应立即通过闭路电视监视系统等手段进行确认；中断正常运行程序，利用监控设施发布信息，利用有线广播指引就近灭火及疏导隧道内外车辆驶离危险区域；通报警察、消防、救护、清障、监控中心等救援部门按指定救援路径赶赴事故现场，启用隧道内RTU（Remote Terminal Unite）中的相应控制方案，变换有关信号：

①关闭火灾隧道，并根据交通流及阻塞情况对另一隧道进行交通管制；

②事故下游车辆按正常方式驶离隧道，事故上游车行横洞防火门自动开启；同时指示灯闪烁指示；

③火灾隧道调整风机功率，控制烟的扩散，争取逃生时间。

（5）交通疏散

交通异常分为洞外交通异常和洞内交通异常。洞外交通状态通常分为：正常通行车辆、车辆超高、超重、危险品运输车；洞内交通状态通常分为正常交通、交通挤塞、货物洒落、车辆故障、交通事故、火灾、洪水淹没、停电、一氧化碳超标共9种类型。

①洞外交通异常。超高检测采用洞外设置机械限高装置，超高车辆通过洞外检测点时，机械限高装置下悬的撞击板将对超高车辆进行撞击提醒。被撞击车辆应及时减速，驶入旁边迂回通道，改道行驶，避免驶入隧道。

危险品运输车要通过隧道时，可首先向隧道管理中心申请，隧道管理中心安排巡逻车，引导其通行。

②洞内交通异常。主要通过控制交通信号灯、可变情报板、隧道照明设施、隧道通风设施，进行交通诱导和管制，同时根据隧道内交通滞留情况，调整照明亮度和通风强度。

1.1.5 控制节能设计

人口众多、能源资源相对不足、环境承载能力较弱，是我国的基本国情之一。同时我国也是全世界自然资源浪费最严重的国家之一，在59个接受调查的国家中排名第56位。据统计，中国的能源使用效率仅为美国的26.9%，日本的11.5%。实现科学发展、推进节能减排是关乎我国现代化建设成败的大事。

翔安隧道监控系统节能，主要从隧道照明自适应调光控制和通风智能控制进行节能设计，实现隧道照明和隧道通风根据隧道实际需求提供。

1.1.6 监控中心系统

翔安隧道在厦门段洞口设置隧道监控中心，实施对隧道全线的宏观管理和协调控制，对整个隧道全线的交通状况进行监控，对交通信号设备、信息发布设备、照明设备、通风设备、消防设备等进行检测和控制。

监控中心系统由服务器、交换式集线器、路由器、视频监控工作站、图形处理工作站、打印机、紧急电话主机、闭路电视多功能切换器、数字硬盘录像机、视频解码器、监视器、大屏幕、控制台、不间断电源等组成。

监控中心系统是整个监控系统的核心，根据监控策略和监控系统功能要求，组成监控中心系统，它通过通信网等与外场设备组成一个网络。监控中心负责与下端各处外场监控设备进行通信联系，完成自动采集交通参数、隧道状况及其他的交通信息收集，实时、直观、准确地监视隧道的交通状况、各种信号状态、车流密度等情况，根据交通流模型自动判断检测断面上各种信号状态、车流密度等情况，根据交通流模型自动判断检测断面上的阻塞、拥挤等状态，为上级管理部门提供隧道运营状况的基本依据，以便及时、准确地向隧道使用者提供可靠的道路信息、交通信息。

监控中心计算机系统，能够将检测出的隧道交通数据，存入交通信息数据库中，可供查询及按日、周、月打印统计报表；可根据隧道内的交通状况、事故等具体防护要求，自动或人工控制可变情报板的显示内容。报警发生时，能将报警情况切换到主监视器上。监视器能自动显示相应路段摄像机图像，在报警时，自动开启录像机，并能把时间、摄像机号码记录在数字硬盘录像机上。

监控中心计算机网络以100/1000M自适应以太网为核心搭建，服务器采用容错服务器以确保隧道控制系统安全可靠，容错服务器为硬件冗余的工业机架式服务器，电源、CPU及内存、I/O及硬盘均为模块化冗余配置，模块能带电插拔（在线更换）冗余部件在同一时钟周期内按"Lock-Step"方式同步运行，当部件出现故障时，微秒级能实现切换，且无需编制切换脚本。

1.1.7 信息采集系统

信息采集系统由环境信息采集系统、交通信息采集系统、气象信息采集系统组成。

（1）环境信息采集系统

环境信息检测系统由CO/VI检测仪、风速风向仪、亮度仪组成。CO/VI检测器可快速、准确、连续的自动测定给定点的CO浓度和VI值，同时将检测结果以数字形式显示出来，CO量程取0~300ppm，分辨率1ppm自动校正，VI量程取0~100%，分辨率2%。二者检测信号为数字信号，并通过隧道内区域控制器传输到监控中心。本工程设计中综合考虑隧道竖井风道口位置灯因素，在隧道内特征进行布置，左右隧道各设置5套CO/VI检测仪和风速风向仪。

（2）交通信息采集

为获得全线路段交通流量等数据，全线行驶断面适当位置布设有车辆检测设施。翔安隧道采用在洞口设置线圈式车辆检测器，隧道内采用视频事件检测器，共同构成交通信息采集系统。线圈式车辆检测器共设置4套，视频事件检测按每250m左右间距进行检测。

（3）气象信息检测系统

气象检测系统除可以检测风力和风向、大气温度、湿度及能见度。气象检测系统由气象站和通信控制单元组成。气象站由前端计算机、气象检测器和能见度检测器组成，其中气象检测器为自动气象检测器，是以计算机微处理器为基础的远控数据采集系统，它带有2个双向RS-232接口，一个与监控中心通信，一个与能见度检测器通信，通过这些设备，可以实时采集路段平均温度、能见度、风向、风速及雨量等。气象站每隔3min将其所检测到的数据上传到监控中心，监控中心在接收到有关气象信息后，通过可变情报板发布各类交通控制信息，以提醒驾驶员注意行车安全。

本工程在YK13+250处安装一套综合气象检测系统，以检测全线气象和能见度情况，并将信息在隧道可变情报板上显示。

1.1.8 信息发布系统

信息发布系统由分布隧道口、隧道内的门架式可变情报板、悬臂式可变情报板、可变限速标志等组成。可使驾驶人员能即时了解隧道内交通状况，信息发布系统受控于隧道监控中心。

设置可变情报板的目的是为了向道路使用者提供有关公路的各种信息。

可变情报板，能够综合显示文字、图形构成交通警告、禁令等标志符号，除情报显示外，还应有能实现交通控制的能力。为满足夜间的可视性，情报板应有发光强度自动调节的功能。情报板与控制器连接，通过控制器接受来自监控分中心计算机的控制命令，并返回设备状态。

能根据道路运行状况，自动或手动接受来自监控计算机已存储的情报，显示信息内容，也可根据临时情况，手动输入显示内容。

本工程在翔安隧道厦门出岛方向洞口设置真彩色门架式情报板，以增强显示图像内容的丰富性和可视性。此外，在翔安隧道翔安进岛方向洞口和西滨立交附近设置双基色门架式情报板。隧道内每400m左右设置两块悬臂式情报板(并列安装)，共24块悬臂式情报板。为了强化隧道内速度控制，每个隧道口还分别设置一块可变限速标志。

1.1.9 闭路电视监视系统

闭路电视监视系统采用对全路段进行完全不间断的可视性监视。平时用以掌握交通状况，以利于交通控制；紧急情况时，用以确认通报设备上传的信息，及监视消防活动、疏散行动等状况。其主要功能包括：

对隧道出、入口及隧道内的交通状况、车流密度及道路使用状况进行监视，可及时地、直观地得到关于交通阻塞的现场情况和原因的画面，确认事故类型及其严重程度等。

对各控制信号(如车道指示器、交通信号灯、可变情报板等)的内容进行直观确认，作为除监控中心计算机系统，自动收集设备运行状况的反馈信息之外的又一确认手段。

配合能见度检测器等对隧道内空气质量进行监视。

在隧道中，闭路电视系统还有一个最突出的作用就是用于监视隧道内各种防灾设备，尤其是对隧道内火灾报警信号予以确认。该系统从监控中心计算机接收来自隧道内各设备发出的报警信息，进行摄像机的选择控制，自动显示报警区段及相邻区段的图像，并自动录像，自动将时间、摄像机号码记录在硬盘录像机系统上。为值班人员提供处理、分析事故的直接依据。

本工程采用可变焦和定焦交替设置的方案，在隧道内每130m左右设置一台闭路电视系统的摄像机，同时为视频事件检测系统提供视频源。

1.1.10 控制系统

控制系统由控制设备、信号设备控制、照明灯控制、通风机控制等组成。

(1)控制设备

隧道内每500m左右设置一套PLC控制设备，各隧道PLC控制设备可完成隧道内小区段的信息采集及控制功能。对外场设备的信息进行小区域集中，在监控中心计算机和外场设备之间起上传下达的作用。本工程隧道PLC控制设备设计加强了本地手动控制功能，利于维护和检修。

控制单元为16位或32位微处理机或可编程逻辑控制器，具有多任务实时操作的功能，可保证各任务的并行处理。

具有各种功能模块，如交通信号灯、车道控制标志的控制单元(含手动、自动控制面板)及接受一氧化碳、能见度、光强、车辆等检测信号的处理单元。

在隧道现场控制器键盘上可控制所带各控制器所属的设备。隧道现场控制器配有液晶显示屏，在对各设备进行操作时可监视其反馈信息及检查所辖各设备的状态。

(2)信号设备灯控制

信号设备灯由洞口交通信号灯、隧道内车道控制标志组成。

监控中心操作人员能在监控中心控制外场每一个交通信号灯、车道控制标志，向司机显示车道或隧道的开/关状态，以满足正常情况下的正常运行及非常情况下或维护隧道时关闭某条车道或关闭一条隧道时的交通运行要求。

交通信号控制单元具有手动自检功能和手动控制功能，并能提供交通信号灯、车道控制标志的确认信号，以及设备工作状态正常与否的信号。交通信号灯采用红、黄、绿、左转四显示灯。交通信号灯红色信号灯表示隧道内有事故，禁止通行，此时可在现场管理人员引导下使用反向隧道；黄灯闪指示隧道内有异常情况，引起驾驶员注意；绿灯点亮表示正常行驶；左转向灯在前方交通异常时指引车辆驶向对向车道。每个隧道口分别设置一套交通信号灯。

车道控制标志的红色叉子和绿色箭头表示车道的开通或关闭。在紧急情况发生时，需封闭肇事隧道使驾驶员能安全行经反向隧道，因此，车道指示标志采用双面式。隧道内每500m左右在每个车道上方设置一套双面式的车道控制标志。

车辆以100km/h速度行驶时,距标志150m远,驾驶员对显示内容应可清晰辨认,并应能看到交通信号灯、同方向各车道的车道控制标志的显示内容。交通信号灯和车道控制标志均采用LED显示。

(3)照明灯控制

本工程照明灯控制由PLC照明回路控制和邦奇电子智能照明控制系统控制两种方式构成。正常情况时,由智能照明控制系统控制;特殊情况由PLC回路控制。

邦奇电子智能照明控制系统,由调光模块、开关模块、控制面板、液晶显示触摸屏、智能传感器、编程插口、时钟管理器、手持式编程器、监控软件(网桥)等部件构成,通过五类数据通信线(四对双绞线)按手牵手菊花链方式连接起来,形成一个Dynet控制网络。

根据隧道照明需求设计,隧道照明控制共有6级,监控中心通过隧道现场的PLC控制器,控制各照明回路,以实现监控中心对照明灯的控制。

(4)通风机控制

本工程通风机控制采用实时控制策略,监控中心计算机以隧道内实时采集的CO值、VI值为依据分析、处理并提供实时控制方案,将控制信号最终发至射流(轴流)风机系统完成自动控制。火灾或事故状态时,隧道内CO检测器、能见度检测器检测值传到监控室后,监控中心计算机立即做出反应方案,待值班操作员综合火灾、事故等信息综合分析后,再下达控制指令。

1.1.11 数据传输系统

本工程现场数据传输系统采用工业以太网交换机构建自愈式光纤环网,以确保在出现一个网络断点的情况下自动恢复网络的连接,保证骨干网与上位监控系统的数据传输的可靠性。全开放的工业以太网,监控中心的计算机无需插专用以太网卡或专用接口软件即可接入,大大提高了网络透明性和开放性,也确保了网络兼容性和易于扩展。网络通信速率为100Mbps,全双工可达200Mbps。

1.1.12 通信系统

通信系统由业务电话通信系统、漏缆通信网络系统、紧急电话系统、隧道广播系统构成。

(1)业务电话通信系统

业务电话专门为管理系统及相应附属机构办理业务使用。业务电话系统的功能主要是通过程控数字交换系统来实现。程控数字交换系统由系统配套设备和交换机主机组成,系统配套设备通常包括后备电源、配线架、电脑控制台、打印机等。

本工程在监控中心安装1套300门容量的程控数字交换系统,负责全网的电话通信和中继转接业务。

由于本隧道较长,一般直放电话机的距离有限,因此为了保证隧道变电所内的业务话机通话质量,本设计中采用光传输方式。在CCTV系统中的变电所监视图像光端机基础之上,加上1路语音信号,使之变成视频语音复合光端机,这样在不增加太多费用的基础上,很好地解决了语音通话质量。

(2)漏缆通信网络系统

提供语音信号的隧道全覆盖,运营维护人员在隧道中能与控制中心保持通信,移动的双向电台可以在漏泄电缆覆盖的隧道中进行话音通信。本系统设置两个语音通道,可分别供运营组和维护组同时使用。语音通道可与外部(公共网络)电话互联,隧道内部和隧道外的电话/移动网络能够相互通信。系统可以提供隧道运营维护车辆跟踪管理功能,此功能也可用于整个隧道工作人员的管理。

(3)紧急呼叫系统

紧急呼叫系统主要包括有线广播和紧急电话系统。本工程采用隧道广播和紧急电话综合利用系统,即隧道广播系统和紧急电话系统共用一个控制主机,共用同一软件平台,综合利用同一根传输光缆作为传输媒质,隧道内紧急电话既可向监控分中心通报紧急事件信息,又可监听隧道内隧道广播效果。广播系统使用时不影响紧急电话的正常使用。紧急电话在隧道内按200m设置一部紧急电话机,有线广播按50m设置一个扩音器。

1.1.13 防雷接地系统

本工程设计按多雷暴区考虑,主要针对各机电设备进行了电源防雷设计、信号防雷设计、防直击雷设计,同时在隧道内预埋接地网,要求其接地电阻不大于4Ω。隧道内设备和设备箱的防雷接地电阻要求在10Ω以下,工作接地电阻要求在4Ω以下,监控中心采用联合接地,接地电阻要求在1Ω以下。

1.2 照明系统

1.2.1 概述

厦门翔安隧道洞口位于近海低平地带,日照强烈,晴天白天环境亮度达6000cd/m² 以上,通过设置遮光棚,使得晴天白天隧道洞口处环境亮度能减到4200cd/m² 以下。参照《公路隧道通风照明设计规范》(JTJ 026.1—1999),本设计入口段亮度值取140cd/m²,设计车速为80km/h,路面为沥青路面,主洞各段亮度分布为:

第1段(入口段):照明设计亮度不大于140cd/m²,长度为89m;

第2段(过滤1段):照明设计亮度不大于42cd/m²,长度为72m;

第3段(过渡2段):照明设计亮度不大于14cd/m²,长度为96m;

第4段(基本段):照明设计亮度不大于4.5cd/m²,长度为5728m;

第5段(出口段):照明设计亮度不大于22.5cd/m²,长度为60m。

入口段亮度均匀度0.79,基本段亮度均匀度0.46。

服务隧道的照明设计亮度采用国际照明委员会推荐的2cd/m²。

以上亮度均为各照明段的最大亮度,本设计在各照明回路均设置了调光设备可根据不同的洞外亮度对洞内各照明段亮度进行调节,可最大限度降低隧道照明运营费用。

1.2.2 照明标准

厦门翔安隧道内各段的照明亮度与隧道的交通量、隧道的设计速度以及洞内能见度等相适应。

1. 基本段照明标准

隧道基本照明标准见表3-1-1。

隧道基本段照明标准 表3-1-1

设计速度(km/h)	设计亮度 L_{in}(cd/m²)	总均匀度 U_0	纵向均匀度 U_1
80	4.5	0.4	0.6~0.7

2. 过渡段照明标准

厦门翔安隧道入口段和基本段之间设 TR_1、TR_2 照明过渡段。各段的亮度值和照明段长度按表3-1-2取值。

照明过渡段照明标准 表3-1-2

设计速度 v_t(km/h)	TR_1		TR_2	
	长度 D_{tr1}	亮度 L_{tr1}	长度 D_{tr2}	亮度 L_{tr2}
80	72	$0.3L_{th}$	96	$0.1L_{th}$

3. 局部段照明标准

行人横洞照明亮度采用2.5cd/m²,行车横洞照明亮度可采用4.5cd/m²。应急停车带照明亮度大于7cd/m²。

1.2.3 隧道照明设计方案

照明方案考虑基本段采用荧光灯带照明,洞口加强段适当增加一些高压钠灯作为加强照明。

1.2.4 隧道照明灯具的选择与布置

1. 隧道灯具的选择

洞口加强段采用高压钠灯。高压钠灯灯具的优点是光效高,使用寿命长,照明效果好。灯具控制采用电源控制，根据洞外亮度的变化关闭部分灯具从而调整亮度。高压钠灯灯具采用隧道专用灯具。

基本照明、横洞照明、服务隧道照明采用荧光灯。荧光灯灯具造价较高，但光线柔和，显色性好，有着极高的均匀度，特别是通过无级调光控制，洞内亮度变化舒顺平缓，由于灯具密集，车辆没有暗影响，营造出类似于白天的照明效果。荧光灯连续设置，连带状照明，可以为隧道内营造一种较好的景观，且有利于诱导驾驶员的视线，非常有利于交通安全。荧光灯光源采用节能效果的 T8 型荧光灯。主洞采用 58W 荧光灯，行人及行车横洞、服务隧道照明采用 2×58W 荧光灯。

2. 隧道灯具的布置方案

隧道灯具的布置方案见表 3-1-3。

隧道灯具设计方案　　表 3-1-3

左线隧道	亮度（cd/m^2）	布灯间距（m）	灯具数量			
			400W 高压钠灯	250W 高压钠灯	150W 高压钠灯	58W 荧光灯
入口段	140	2	58 盏			86 盏
过渡段 1	42	2		24 盏		72 盏
过渡段 2	14	2			16 盏	96 盏
基本段	4.5	2				5724 盏
出口段	22.5	2			22 盏	62 盏
遮光棚段	1.5	5			16 盏	
右线隧道	亮度（cd/m^2）	布灯间距（m）	灯具数量			
			400W 高压钠灯	250W 高压钠灯	150W 高压钠灯	58W 荧光灯
入口段	140	2	58 盏			86 盏
过渡段 1	42	2		24 盏		72 盏
过渡段 2	14	2			16 盏	96 盏
基本段	4.5	2				5730 盏
出口段	22.5	2			22 盏	62 盏
遮光棚段	1.5	5			16 盏	
服务隧道	亮度（cd/m^2）	布灯间距（m）	灯具数量			
			400W 高压钠灯	250W 高压钠灯	150W 高压钠灯	2×58W 荧光灯
照明段	1.5	6.5				1008 盏
横洞照明	亮度（cd/m^2）	布灯间距（m）	灯具数量			
			400W 高压钠灯	250W 高压钠灯	150W 高压钠灯	2×58W 荧光灯
照明段	2.5	5				170 盏

1.2.5　隧道照明的接线与控制

隧道照明控制采用连续无级调光控制方式。

在隧道照明配电柜内安装调光器，采用全分布式智能照明控制系统对隧道内部的灯光进行智能化控制。

高压钠灯的调光控制模块采用前沿相控调光器。

荧光灯采用可调光电子镇流器，高频电子镇流器调光器可对荧光灯的可调光电子镇流器输出 0－10V 控制信号，从而连续无级地调节荧光灯亮度。

调光器应通过屏蔽双绞线与隧道管理中心监控室的照明控制计算机相连实现对灯具调光、开闭的远程控制。

本系统可对隧道加强照明的高压钠灯回路按洞外环境亮度 L_{20} 进行无级调光：

①当洞外环境亮度 $L_{20}=4000\sim520\text{cd/m}^2$ 之间时，洞内入口段、过渡 1 段、过渡 2 段的设计亮度分别在上述两个亮度之间进行无级调光，使得入口段照明亮度为洞外环境亮度的 0.035 倍，加强段的后一段照明亮度为前一段的 0.3 倍。

②当洞外环境亮度 $L_{20}<520\text{cd/m}^2$ 时，可全部关闭加强照明灯具，隧道照明为晚上照明亮度取基本照明亮度。

③当加强段需调整的亮度值低于基本照明的亮度值时，关闭该段加强照明灯具，以基本照明亮度为准不再调低。

本系统可对隧道基本照明的荧光灯回路按时间、运行需要进行无级调光：

①每天 24 点之前，根据隧道交通量情况进行调整，基本照明亮度 $\leqslant4.5\text{cd/m}^2$。

②夜间 24 点以后，根据隧道交通量情况进行调整，基本照明亮度 $\leqslant2.5\text{cd/m}^2$。

1.2.6 应急照明

隧道主洞内基本照明的四分之一，行人行车横洞以及服务隧道照明的二分之一设为应急照明荧光灯。

应急照明由变电所内应急电源供电，停电后应急照明灯继续点亮时间不少于 180min。对于停电时间超过 180min，则启动柴油发电机接入基本照明回路及应急照明回路，保障隧道内的基本照明和应急照明用电。

1.2.7 两端接线的照明设计

1. 照明标准及要求

在提出道路照明标准时，设计依据了 CIE（Internationale Commission on Illumination）及我国《城市道路照明设计标准》，参考了部分国家的照明标准，并结合了我国的实际情况。根据本路沿线电力状况，收费广场照明标准采用 $1.5\sim2\text{cd/m}^2$，服务区的停车场采用 $1\sim1.5\text{cd/m}^2$，道路照明标准采用 $\geqslant1.5\text{cd/m}^2$，收费天棚照明采用 $10\sim15\text{cd/m}^2$。路面亮度均匀度 0.4，眩光控制指数 $G\geqslant5$。

2. 照明方案

（1）照明光源

互通区、收费广场及停车场采用高压钠灯照明，收费天棚采用混光照明。全线道路照明采用高压钠灯。

（2）照明方式

收费广场、互通区采用高杆照明，道路照明采用低杆照明。

（3）照明接线

互通区、收费广场等的照明电缆均直接引自所在地变电所，电缆敷设采用直埋。道路照明电缆均直接引自沿线的箱式变电站，电缆敷设采用直埋。

（4）照明控制

道路照明夜晚开启，白天关闭。照明灯具采用微机光钟自动控制器。

为实现节能，设计采用数字调压设备，后半夜降低照明灯具供电电压，适当降低照度，达到节能效果。

1.3 通风系统

1.3.1 概况

厦门翔安隧道全长 6.05km，设计车速 80km/h，为单向行车隧道。隧道采用三孔建设形式修建，两侧为行车主洞，中间一孔为服务隧道。

隧道通风系统参照《公路隧道通风照明设计规范》（JTJ 026.1—1999）中公路隧道通风设计的相应标

准进行设计。隧道通风采用分段送排式通风方案。

1.3.2　通风设计原则

①正常交通通风系统能稀释并排出隧道内废气(以 CO、VI 为代表)达到卫生标准。

②火灾事故通风系统具有排烟功能,并能控制烟雾和热量的扩散。

③系统设计考虑通风节能,可根据交通量、车辆类型、车速,进行通风控制,降低运营成本。

④环境保护废气排放和通风设备运行噪声满足环境质量要求。

1.3.3　通风主要设计标准

特长公路隧道确定各种污染物浓度允许限值的目的是保护隧道内行驶的机动车里的人的健康、安全和舒适,保证隧道内有足够的能见度以利安全行车。

隧道内空气污染物主要有:CO、HC、Nox、TSP 等。其中,CO 被认为是对人、卫生和安全最重要的污染物。烟雾对隧道内的能见度影响极大,它直接关系行车的安全,因此也作为空气质量标准之一。

特长隧道换气频率指标是出于舒适性的要求,也作为卫生标准考虑。

1. CO 允许浓度的研究确定

CO 对人体的主要危害是它容易和人体中的血红蛋白结合,生成碳氧血红蛋白(CO-Hb)。医学研究表明,2.5% 的 CO-Hb 浓度即可对人体产生不良影响。通常在 15ppm 浓度的空气中暴露 8h,血液中的 CO-Hb 即可达到 2.5% 的浓度。

公路隧道作为相对密闭的环境,人体吸入的 CO 量与隧道内 CO 浓度分布和人在隧道内经历的时间有关。由于 CO 浓度在隧道内分布不均,尤其纵向通风的隧道,该浓度呈三角形分布,故车辆在经过隧道的过程中,人吸入的 CO 量是变化的。

隧道内 CO 浓度分布与经历时间的关系根据 Coburn-Forster-Kane 方程计算。

$$\frac{d[\mathrm{CO}]}{dt}=V_{\mathrm{co}}-\frac{[\mathrm{CO\text{-}Hb}]P_{\mathrm{O2}}}{[\mathrm{O_2Hb}]M}\times\frac{1}{\frac{1}{D_{\mathrm{L}}}+(P_{\mathrm{B}}-P_{\mathrm{H_2O}})/V_{\mathrm{A}}}+\frac{P_{\mathrm{ICO}}}{\frac{1}{D_{\mathrm{L}}}+(P_{\mathrm{B}}-P_{\mathrm{H_2O}})/V_{\mathrm{A}}} \tag{3-1-1}$$

用数值求解方法可以求得人在低 CO 浓度环境中不同经历时间血液中产生的 CO-Hb 浓度。关于 CFK 方程的正确性,WHO(World Health Organization)曾进行过一系列的研究,图 3-1-1 中同时给出了 WHO 的 6 组 CO 浓度(25、50、100、200、500 和 1000ppm)在不同持续暴露时间人体血液中形成的[CO-Hb]浓度的实验数据与 CFK 方程计算的[CO-Hb]浓度曲线比较结果。可见,用 CFK 方程计算的 COHb 浓度与 6 组实验结果十分吻合。

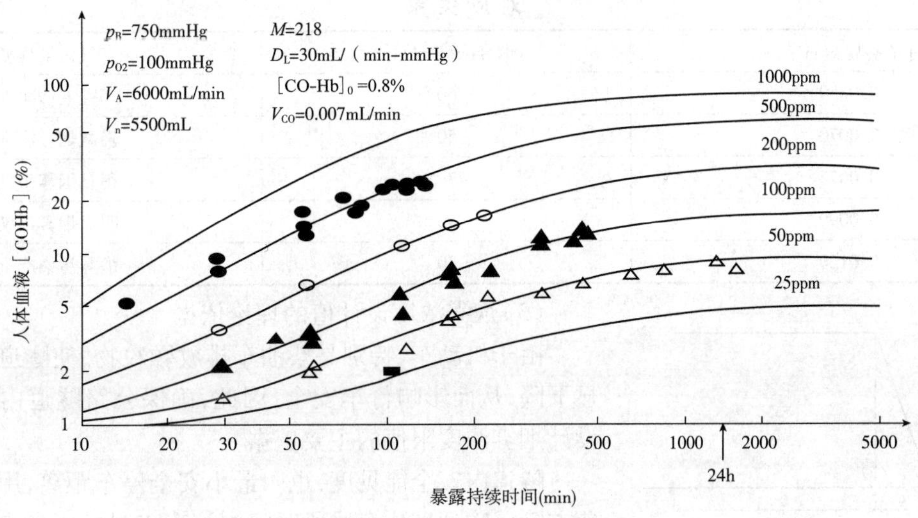

图 3-1-1　CFK 方程计算浓度与实验数据的关系

翔安隧道的卫生标准按照满足人在隧道内停留最长时间时保证人体内最大 CO-Hb 浓度[CO-Hb]≤2% 考虑。

推荐翔安隧道 CO 允许浓度取值见表 3-1-4。

翔安隧道(长度取 6000m)经历时间及 CO 允许浓度　　表 3-1-4

车速(km/h)	30	40	50	60	70	80	100	10(阻塞)
经历时间(min)	12	10	7.5	6.0	5.0	4.3	3.75	36
CO 允许浓度(ppm)	165	175	185	200	225	250	250	60

翔安隧道总长 6.05km,取不利因素,当车辆以较低的车速 30km/h 通过全隧道时所经历时间约为 12.1min。

结合国内其他特长隧道 CO 浓度分析计算结果综合考虑,在此情况隧道内 CO 平均浓度不应高于 165ppm。考虑至本隧道地处经济发达、环境优美的厦门地区,卫生指标适当取高一些,推荐翔安隧道 CO 允许浓度取值 150ppm。

2. 烟雾允许浓度的研究确定

在公路隧道内,机动车排放的颗粒物、NO_2 等阻光污染物(统称为烟雾)不断累积,浓度升高,使隧道内的能见度与洞外相比显著下降。隧道内的能见度既是衡量隧道内空气污染程度的综合指标,也是隧道通风、照明设计的重要依据。

(1)烟雾浓度与能见度的关系

常用光的透光率或消光系数表示公路隧道内的烟雾浓度,透光率是指光线在污染空气中的透过量(照度)与在洁净空气中的透过量(照度)之比,表示为:

$$\tau = \frac{E}{E_0} \tag{3-1-2}$$

(2)消光系数与透光率的关系

消光系数,常用 k 表示,单位为 m^{-1},即光强为 E_0 的光线在空气中传播距离 l 后的衰减为 E。

$$\tau = 100e^{-kl} \tag{3-1-3}$$

在隧道通风中,取 $L = 100m$,测定 τ_{100} 后确定 k,并用 K 代替 k,则有:

$$K = -\frac{\ln\tau_{100}}{100} \tag{3-1-4}$$

实测表示:公路隧道内空气的消光系数、烟雾浓度和空气污染程度对应关系如表 3-1-5 所示。

对应关系　　表 3-1-5

消光系数 $k(m^{-1})$	烟雾浓度 τ(%)	空气污染程度
0.0050	60	空气洁净
0.0070	50	轻微烟雾污染
0.0075	47.5	稍有烟雾污染
0.0090	40	明显烟雾污染
0.0120	30	烟雾污染严重

(3)烟雾浓度设计值的理论依据

由于机动车,特别是柴油车排放颗粒物,使隧道内能见度明显下降,从而影响行车安全,因此,确保公路隧道内行车安全是设计烟雾浓度限值的主要依据。

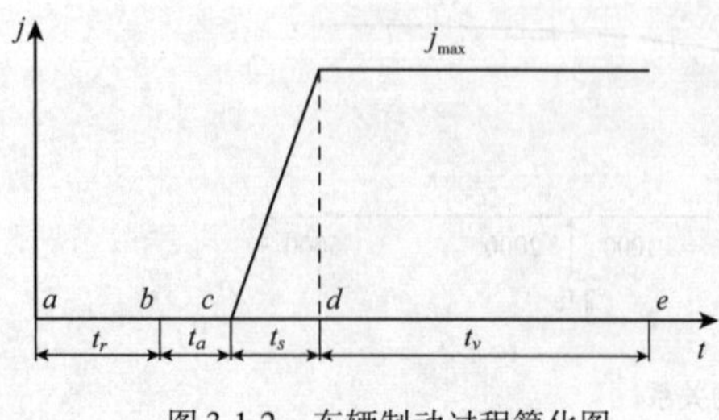

图 3-1-2　车辆制动过程简化图

隧道内安全能见度,也叫最小安全停车距离,用驾驶员看到前方障碍物到刹住车这段时间内汽车走过的距离表示。车辆制动过程如图 3-1-2 所示,最小安全距离可以表示为:

$$s=\frac{v_0}{3.6}\left(t_r+t_a+\frac{t_s}{2}\right)+\frac{v_0^2}{25.92(\phi\pm i)g} \quad (3\text{-}1\text{-}5)$$

我国《公路隧道设计规范》是以速度为40km/h，选用 $k=0.0075\text{m}^{-1}$（$\tau=48\%$）为基准（隧道内稍有烟雾），在不同行车速度，按能见度比值的平方根进行比值进行修正，得到相当的推荐烟雾设计限值。

烟雾设计浓度不仅与车速（视距）有关，还与隧道内照度、光源相关。日本专家曾做了大量的测试后得出烟雾浓度、车速、照度和光源之间的关系。

(4)烟雾浓度设计限值

隧道烟雾透过率影响隧道的能见度，由此影响行车的安全。本隧道直接采用《公路隧道设计规范》。对于隧道内烟雾浓度允许值，按保证隧道内行驶车速80km/h时足够安全的要求，取烟雾允许浓度为 0.0075m^{-1}（平均浓度）。

采用纵向式通风或分段纵向式通风时，由于隧道内烟雾浓度呈三角形分布，如本设计取平均浓度 0.0075m^{-1}，则在通风段末端烟雾浓度将达到 0.015m^{-1}，当车辆以较高车速通过时，由于能见度较低，有一定的危险性，可以通过加强监控手段弥补。

3. 汽车基准排放量的取值

近年来，随着我国汽车工业的发展和进步，汽车尾气排放量下降很快。本设计参考国内其他隧道项目及日本、瑞士、挪威等国隧道排放量标准，CO基准排放量一般为0.007，低于现行规范中的取值（0.01m^3/km. veh）。

实验表明，我国大型柴油车烟雾排放量一般为 2.0m^3/km. veh，该值比现行规范中的取值（2.5m^3/km. veh）低20%。

通风计算中，基准排放量仍按《公路隧道设计规范》取值。按照《公路隧道设计规范》的条文说明，该值为1995年的取值，允许自1995年起以每年1%～2%的速度递减。

在扩大初步设计的汽车基准排放量逐年递减率，将根据《东通道隧道通风系统及防灾技术研究课题报告》研究成果，CO基准排放量逐年递减率取1.5%，烟雾基准排放量逐年递减率取1.0%。

4. 交通阻滞（隧道内各车道均以怠速行驶，平均车速为10km/h）

阻滞段的平均CO设计浓度可取300ppm，经历时间不超过20min。阻滞段的计算长度取1km。1km以外的隧道行车速度取40km/h。

5. 换气频率的确定

《公路隧道通风照明设计规范》第3.4.6条规定：隧道空间不间断换气频率，不宜低于5次每小时；交通量小或特长隧道，可采用3～4次/h。规范中第3.4.6条还规定：采用纵向通风的隧道，换气风速不应低于2.5m/s。本次设计白天近期交通量较小换气3次，远期交通较大换气4次；夜晚换气风速不应低于2.5m/s。

6. 火灾风速的确定

翔安隧道的火灾释放热量按20MW考虑，即一辆载有易燃物的卡车燃烧所释放的热量。根据计算，火灾临界风速为2.31m/s。火灾CFD（Computational Fluid Dynamic）模拟分析资料表明，当风速达到3m/s时，烟雾能被有效控制不会停留在火场附近的车辆上面，故火灾通风风速取≥3m/s。

1.3.4 通风主要设计参数

1. 交通量预测及车型组成

东通道翔安隧道左、右线交通量详见表3-1-6和表3-1-7。

左线隧道交通量（辆/h） 表3-1-6

	设计年号（年）	2010	2015	2020	2025	2029
左线隧道	高峰交通量（单向绝对量）	956	1261	1662	2009	2338
	汽油车高峰交通量（辆）	566	774	1059	1314	1562
	柴油车高峰交通量（辆）	390	485	604	694	776

续上表

按CO计算考虑	柴油车	390	485	604	694	776
	小客车	339	483	688	884	1078
	旅行车、轻型货车	91	116	148	173	196
	中型货车	25	29	33	36	40
	大型客车、拖挂车	111	146	189	219	248
按烟雾计算考虑	轻型货车	91	116	148	173	196
	中型货车	57	67	78	84	91
	重货车、大客车、拖挂车	166	207	261	295	332
	集装箱车	76	95	118	139	157

右线隧道交通量(辆/h)　　表3-1-7

右线隧道	设计年号(年)	2010	2015	2020	2025	2029
	高峰交通量(单向绝对量)	1161	1534	2027	2456	2863
	汽油车高峰交通量(辆)	688	942	1291	1606	1912
	柴油车高峰交通量(辆)	473	590	736	848	950
按CO计算考虑	柴油车	473	590	736	848	950
	小客车	412	588	839	1081	1320
	旅行车、轻型货车	110	141	180	211	240
	中型货车	30	35	41	44	49
	大型客车、拖挂车	135	178	231	268	303
按烟雾计算考虑	轻型货车	110	141	180	211	240
	中型货车	70	81	95	103	112
	重货车、大客车、拖挂车	202	252	318	361	407
	集装箱车	92	115	144	169	192

2. 隧道内运行车速的确定

隧道的设计车速是确定隧道道路线形和结构几何尺寸的基本因素，而隧道内车辆的最高运行速度与交通量和服务水平有关。对于高等级公路，服务水平与交通量、车辆密度、行车速度的关系见表3-1-8。

高等级公路服务水平分级　　表3-1-8

服务水平等级	密度 pcu(km/ln)	速度 (km/h)	饱和度 (V/C)	最大服务交通量 pcu(km/ln)
一	≤7	≥74	0.25	500
二	≤18	≥66	0.58	1150
三	≤25	≥60	0.75	1500
四	≤42	≥48	1	2000
	>42	<48		

从表3-1-8中可以看出，当交通量一定的情况下，服务水平越高，车辆密度越小，行车速度越高；在一定服务水平下，要想保证一定的行车速度，则行车速度越高道路通过的交通量就越小。

根据工可报告对翔安隧道预测交通量分析，得出翔安隧道各特征年的服务水平见表3-1-9。

翔安隧道交通运行状况　　表 3-1-9

路段	特征年(年)	交通量(辆/h)	饱和度(V/C)	小客车运行速度(km/h)	服务水平
隧道	2010	1244	0.43	72	二级
	2020	2025	0.67	65	三级
	2030	2831	0.90	55	四级

从表 3-1-9 看出，翔安隧道在建成运营初期(2010 年)，隧道的服务水平为二级，一般车辆最高车速不会超过 80km/h；运营近期，自 2017 年以后，服务水平逐渐降为三级，行驶车辆受别的车辆干扰较大，交通流量渐趋拥挤，服务水平下降，要满足交通量的要求，则车辆最高运行速度不会超过 70km/h；到运营末期，自 2024 年以后，服务水平降为四级，交通流拥挤且逐渐变成强制状态，时常发生交通阻塞，要满足交通量的要求，则车辆最高运行速度不会超过 50km/h。

翔安隧道设有完善的监控设施和交通引导设施，可以控制通过隧道的交通量，避免因事故引起的交通阻塞，确保隧道内的车辆不出现怠速行驶，隧道内车速完全可控制在 30km/h 以上，因此最低运行车速取 30km/h。

3. 烟雾纵坡—车速系数的确定

厦门翔安隧道的最大纵坡接近 3%，而《公路隧道通风照明设计规范》(JTJ 026.1—1999)表 1-5 内缺少 3% 坡度时对应 50～80km/h 的坡度速度系数，需通过发动机台架模拟和汽车实际道路运行实验来补充相应的系数。实验表明，随着隧道内坡度的增加，柴油车烟雾排放量增加很快，隧道内道路坡度每增加 1%，柴油车烟雾排放量大约增加 50%～120%，综合考虑各方面因素按每增加 1% 的坡度纵坡—车速系数增加 50%，将《公路隧道通风照明设计规范》(JTJ 026.1—1999)表 1-5 在 3% 坡度时对应 50～80km/h 的坡度速度系数补充见表 3-1-10。

考虑烟雾的纵坡—车速系数补充　　表 3-1-10

速度(km/h)	坡度(%)	-4	-3	-2	-1	0	1	2	3	4
80		0.30	0.40	0.55	0.80	1.30	2.60	3.90	5.85	
70		0.30	0.40	0.55	0.80	1.10	1.80	3.10	4.65	
60		0.30	0.40	0.55	0.75	1.00	1.45	2.20	3.30	
50		0.30	0.40	0.55	0.75	1.00	1.45	2.20	3.30	
40		0.30	0.40	0.55	0.70	0.85	1.10	1.45	2.20	
30		0.30	0.40	0.50	0.60	0.72	0.90	1.10	1.45	2.00
20		0.30	0.36	0.40	0.50	0.60	0.72	0.85	1.03	1.25
10		0.30	0.36	0.40	0.50	0.60	0.72	0.85	1.03	1.25

1.3.5　需风量的确定

1. 稀释 CO 的需风量

根据《公路隧道通风照明设计规范》(JTJ 026.1—1999)隧道内的 CO 排放量及需风量的计算公式，行车速度分别按 80km/h、70km/h、60km/h、50km/h、40km/h、30km/h 以及交通阻塞(10km/h)时的工况计算。

隧道内的 CO 排放量计算公式为，

$$Q_{CO} = \frac{1}{3.6 \times 10^6} \cdot q_{CO} \cdot f_a \cdot f_d \cdot f_h \cdot f_{ih} \cdot L \cdot \sum_{m=1}^{n} (N_m \cdot f_m) \quad (3\text{-}1\text{-}6)$$

稀释 CO 的需风量计算公式为，

$$Q_{rge(CO)} = \frac{Q_{CO}}{\delta} \cdot \frac{P_o}{P} \cdot \frac{T}{T_o} \times 10^6 \tag{3-1-7}$$

2. 稀释烟雾浓度需风量

根据《公路隧道通风照明设计规范》(JTJ 026.1—1999)隧道内的烟雾排放量和需风量的计算公式，行车速度分别按 80km/h、70km/h、60km/h、50km/h、40km/h、30km/h 以及交通阻塞(10km/h)时的工况计算。

隧道内烟雾排放量计算公式为，

$$Q_{VI} = \frac{1}{3.6 \times 10^6} \cdot q_{VI} \cdot f_{a(VI)} \cdot f_d \cdot f_{h(VI)} \cdot f_{i(VI)} \cdot L \cdot \sum_{m=1}^{n_D} (N_{mi} \cdot f_{m(VI)}) \tag{3-1-8}$$

稀释烟雾的需风量为，

$$Q_{req(VI)} = \frac{Q_{VI}}{\kappa} \tag{3-1-9}$$

3. 稀释空气中异味的需风量

《公路隧道通风照明设计规范》第 3.4.6 条规定：

①隧道空间不间断换气频率，不宜低于 5 次每小时；交通量小或特长隧道，可采用 3 ~5 次每小时。

$$Q_{req(YW)} = L \times A \times n/3600 \tag{3-1-10}$$

②采用纵向通风的隧道，换气风速不应低于 2.5m/s。在此规定下，隧道内稀释空气中异味的需风量应同时满足

$$Q_{req(YW)} = 2.5 \times A \tag{3-1-11}$$

4. 火灾工况时的需风量

为保证火灾发生时，着火点处的烟气不向后方倒流而危及后继车辆的安全，要求隧道内必须保证具有最低的临界风速 V_c。其值的确定是根据火灾发生时，可燃物质的热量释放率计算得到，即

$$\rho_\infty C_p A T_\infty V_c^3 + Q V_c^2 - k_g^3 k g H Q = 0 \tag{3-1-12}$$

得到临界风速 V_c 为 2.639m/s，故排烟风速取 3m/s。

由临界风速 V_c 和隧道通风断面积 A 即可求得火灾时的需风量

$$Q_{req(HZ)} = V_c \times A \tag{3-1-13}$$

5. 需风量计算结果

根据上述分析，对厦门翔安隧道需风量进行计算得出近远期需风量计算结果如表 3-1-11 和表 3-1-12。

左线隧道需风量计算结果(m^3/s)　　表 3-1-11

计 算 年 号	2010 年(初期)		2015 年(近期)		2029 年(远期)	
设计状况	CO	烟雾	CO	烟雾	CO	烟雾
80(km/h)	147.68	652.47	178.96	770.93	255.32	1081.21
70(km/h)	164.27	604.76	199.06	714.55	284.00	1002.15
60(km/h)	182.15	500.98	220.73	591.93	314.90	830.18
50(km/h)	218.58	601.18	264.87	710.32	377.88	996.21
40(km/h)	273.22	455.16	331.09	537.79	472.35	754.24
30(km/h)	321.16	451.40	389.19	533.35	555.24	748.02
交通阻滞	72.32	232.36	87.63	274.54	125.02	385.04
火灾工况	295.63					
换气工况	496.41					

右线隧道需风量计算结果(m^3/s) 表 3-1-12

计算年号	2010年(初期)		2020年(近期)		2029年(远期)	
设计状况	CO	烟雾	CO	烟雾	CO	烟雾
80(km/h)	175.62	736.80	213.24	872.04	306.23	1231.12
70(km/h)	198.17	665.24	240.62	787.35	345.54	1111.56
60(km/h)	221.36	560.47	268.78	663.35	385.98	936.49
50(km/h)	265.63	672.57	322.53	796.02	463.17	1123.79
40(km/h)	332.04	517.51	403.17	612.50	578.96	864.71
30(km/h)	393.65	524.03	477.97	620.21	686.38	875.60
交通阻滞	87.80	285.22	106.60	337.57	153.09	476.57
火灾工况	295.63					
换气工况	496.90					

根据厦门翔安隧道服务水平状态进行计算,隧道通车初年2010年隧道运行车速为80km/h左右,以后随着交通量的增加,服务水平逐年降低,到2015年隧道运行车速为70km/h左右,到2029年隧道运行车速为50km/h左右。根据隧道运行车速和需风量计算结果,本设计取最高运行车速到最低运行车速时的需风量以及交通阻塞和火灾、换气等工况下的需风量之最大值作为设计需风量。隧道需风量均根据稀释烟雾的需空气量控制,左线初期需风量为652.47m^3/s,近期需风量为714.55m^3/s,远期需风量为996.21m^3/s;右线初期需风量为736.80m^3/s,近期需风量为796.02m^3/s,远期需风量为1123.79m^3/s。

通风计算结果中近期的需风量数据,将作为通风机械设备及供配电负荷的确定依据,远期需风量数据将作为土建预留和远期增加设备及供电容量的计算依据。具体需风量数据,还应在建成通车后每年的运营跟踪中不断修正,最终的远期通风系统规模应根据当时的最新情况进行调整。

1.3.6 主洞通风设计方案

翔安隧道通风采用分段送排式通风方案。

1. 设计需风量

根据隧道运行车速和需风量计算结果,本设计取最高运行车速到最低运行车速时的需风量以及交通阻塞和火灾、换气等工况下的需风量之最大值作为设计需风量。见表3-1-13。

隧道设计需风量 表 3-1-13

设计年份	2010年(初期)	2015年(近期)	2029年(远期)
左线设计需风量(m^3/s)	652.47	714.55	996.21
左线设计风速(m/s)	6.624	7.254	10.114
右线设计需风量(m^3/s)	736.8	796.02	1123.79
右线设计风速(m/s)	7.480	8.081	11.409

从设计风速看,除隧道建成运营初期左线的设计风速基本满足规范要求外,初期右线、近期和远期左右线的设计风速均超过规范规定的最大设计风速(7m/s)并接近或超过极限设计风速(10m/s),因此隧道必须采用分段送排式纵向通风方案。

2. 送排式纵向通风分段

综合考虑隧道平纵面线形、分段竖井所在位置的地形地质条件、隧道分段设计需风量分配等各方面因素,本项目采用分两段送排式纵向通风方案,左右线分别在厦门和翔安岸设送排风竖井,两竖井各负担一条隧道的空气交换。由于隧道出洞段正好是上坡,因此竖井靠近出洞一端设置,将隧道分成两段,虽然两段长度相差较大,但两段需风量相差不大,比较合理。分段竖井位置见表3-1-14。

隧道分段一览表　　表 3-1-14

隧道名称	起点桩号		竖井桩号		终点桩号
左线(进岛)	K6 +540		K7 +900		K12 +585
左线分段长度(m)	1360(送风段)			4685(排风段)	
右线(出岛)	K6 +559		K11 +300		K12 +610
右线分段长度(m)	4741(排风段)			1310(送风段)	

3. 送排式纵向通风系统主要结构

左、右线送排风竖井的位置均设置在隧道主洞处,送、排风口均设在隧道主洞顶部与主洞平行。通风系统主要结构尺寸如下:

主洞通风断面面积:98.5m^2

主洞通风断面当量直径:10.077m

排风口面积:46.1m^2

送风口面积:19.7m^2

竖井排风断面面积:25.1m^2

竖井排风断面当量直径:5.327m

竖井送风断面面积:27.0m^2

竖井送风断面当量直径:4.728m

4. 送排式纵向通风系统计算结果

隧道左、右线隧道分段送排式通风需风量计算结果详见表 3-1-15 和表 3-1-16。

左线隧道需风量(m^3/s)　　表 3-1-15

计算年号	2015 年(近期)				2029 年(远期)			
分段号	1(排风段)		2(送风段)		1(排风段)		2(送风段)	
设计状况	CO	烟雾	CO	烟雾	CO	烟雾	CO	烟雾
80(km/h)	135.97	415.12	43.00	355.10	193.98	582.20	61.35	498.02
70(km/h)	151.44	394.33	47.60	319.77	216.06	553.04	67.91	448.47
60(km/h)	172.89	342.29	47.83	249.27	246.66	480.06	68.24	349.60
50(km/h)	207.47	410.75	57.40	299.12	295.99	576.07	81.89	419.52
40(km/h)	259.34	329.88	71.75	207.58	369.99	462.65	102.36	291.13
30(km/h)	293.42	347.85	95.67	185.25	418.62	487.85	136.48	259.81
交通阻滞	87.63	274.54	87.63	274.54	125.02	385.04	125.02	385.04
火灾工况	295.63		295.63		295.63		295.63	
换气工况	388.83		246.36		388.83		246.36	

右线隧道需风量(m^3/s)　　表 3-1-16

计算年号	2015 年(近期)				2029 年(远期)			
分段号	1(排风段)		2(送风段)		1(排风段)		2(送风段)	
设计状况	CO	烟雾	CO	烟雾	CO	烟雾	CO	烟雾
80(km/h)	162.86	444.59	50.32	424.13	233.88	627.67	72.26	598.77
70(km/h)	184.19	402.24	56.26	381.93	264.50	567.87	80.79	539.19
60(km/h)	212.81	363.26	55.97	297.72	305.60	512.84	80.37	420.32
50(km/h)	255.37	435.91	67.16	357.27	366.73	615.41	96.45	504.38

续上表

计算年号	2015年(近期)				2029年(远期)			
40(km/h)	319.22	362.58	83.95	248.05	458.41	511.87	120.56	350.19
30(km/h)	366.05	399.04	111.94	219.97	525.66	563.35	160.74	310.54
交通阻滞	106.60	337.57	106.60	337.57	153.09	476.57	153.09	476.57
火灾工况	295.63		295.63		295.63		295.63	
换气工况	393.43		246.36		393.43		246.36	

5. 送排式纵向通风系统计算结果

隧道左、右线隧道分段送排式通风系统计算结果详见表3-1-17和表3-1-18。

左线隧道通风计算一览表 表3-1-17

项 目	符 号	单 位	2015年(近期)	2029年(远期)
隧道长	L	m	6045	6045
分段1长度	L_1	m	4685	4685
分段2长度	L_2	m	1360	1360
断面积	A_r	m^2	98.500	98.500
当量直径	D_r	m	10.077	10.077
实际交通量	N	辆/h	1261	2338
大型车混入率	r_1		0.400	0.400
柴油车混入率	r_2		0.332	0.332
分段1需风量	Q_{req1}	m^3/s	410.75	576.07
分段2需风量	Q_{req2}	m^3/s	319.77	419.52
分段1排风量	Q_e	m^3/s	324.3	454.8
分段1排风风速	v_e	m/s	7.037	9.870
分段2送风量	Q_b	m^3/s	314.4	411.9
分段2送风风速	v_b	m/s	15.957	20.911
分段1设计风量	Q_{r1}	m^3/s	432.37	606.39
分段1设计风速	v_{r1}	m/s	4.390	6.156
排风口风压力	$\triangle P_e$	N/m^2	−3.345	−6.579
分段2设计风量	Q_{r2}	m^3/s	422.5	563.5
分段2设计风速	v_{r2}	m/s	4.289	5.721
送风口风压力	$\triangle P_b$	N/m^2	40.486	68.505
短道风量(窜流)	Q_s	m^3/s	108.092	151.597
短道风速	V_{rs}	m/s	1.097	1.539

右线隧道通风计算一览表 表3-1-18

项 目	符 号	单 位	2015年(近期)	2029年(远期)
隧道长	L	m	6051	6051
分段1长度	L_1	m	4741	4741

续上表

项　目	符号	单位	2015 年(近期)	2029 年(远期)
分段 2 长度	L_2	m	1310	1310
断面积	A_r	m^2	98.500	98.500
当量直径	D_r	m	10.077	10.077
实际交通量	N	辆/h	1534	2863
大型车混入率	r_1		0.400	0.400
柴油车混入率	r_2		0.332	0.332
分段 1 需风量	Q_{req1}	m^3/s	435.91	615.41
分段 2 需风量	Q_{req2}	m^3/s	381.93	504.38
分段 1 排风量	Q_e	m^3/s	344.1	485.9
分段 1 排风风速	v_e	m/s	7.468	10.544
分段 2 送风量	Q_b	m^3/s	376.2	496.3
分段 2 送风风速	v_b	m/s	19.096	25.192
分段 1 设计风量	Q_{r1}	m^3/s	458.86	647.80
分段 1 设计风速	v_{r1}	m/s	4.658	6.577
排风口风压力	$\triangle P_e$	N/m^2	−3.767	−7.508
分段 2 设计风量	Q_{r2}	m^3/s	490.9	658.2
分段 2 设计风速	v_{r2}	m/s	4.984	6.683
送风口风压力	$\triangle P_b$	N/m^2	59.339	101.969
短道风量(窜流)	Q_s	m^3/s	114.714	161.950
短道风速	V_{rs}	m/s	1.165	1.644

6. 送排式纵向通风系统轴流风机设置规模

轴流风机设置将采取分期实施方案。从建成通车至 2015 年,采取近期设置方案并预留远期风机安装位置及预埋件;到 2029 年,将根据交通量增长的实际需要增加风机数量。

根据通风系统土建结构,以及送(排)风道损失(包括进出口、联络风道沿程、竖井沿程、风道构件、风机集风扩散和消声器等损失)、送(排)风口动压、送(排)风口总升压、送(排)风道自然风阻、送(排)风口合(分)流损失,计算风机的设计风压、风机轴功率和风机电机功率,见表 3-1-19 和表 3-1-20。

左线隧道风机计算表 表 3-1-19

项　目	符　号	单　位	2015 年(近期)	2029 年(远期)
排风量	$Q_{排风}$	m^3/s	324.275	454.792
排风机设计风压	$P_{排风}$	N/m^2	540.691	823.033
排风机轴功率	S_{kw}	kW	233.777	499.079
排风机电机功率	$M_{排}$	kW	282.993	604.148
送风量	$Q_{送风}$	m^3/s	314.363	411.940
送风机设计风压	P	N/m^2	988.584	1470.294
送风机轴功率	S_{kw}	kW	414.365	807.564

右线隧道风机计算表 表3-1-20

项目	符号	单位	2015年(近期)	2029年(远期)
排风量	$Q_{排风}$	m^3/s	344.141	485.850
排风机设计风压	$P_{排风}$	N/m^2	522.981	855.872
排风机轴功率	S_{kw}	kW	239.973	554.434
排风机电机功率	$M_{排}$	kW	290.493	671.157
送风量	$Q_{送风}$	m^3/s	376.192	496.283
送风机设计风压	P	N/m^2	1257.843	1942.272
送风机轴功率	S_{kw}	kW	630.920	1285.221
送风机电机功率	$M_{送}$	kW	763.746	1555.794

根据风机分期方案、轴流风机的特性以及国内外隧道竖(斜)井轴流风机通风工程的建设经验,翔安隧道竖井送(排)风轴流风机设计采用多台并联运行的方式。

按照尽量减低风机单机功率、尽量减少风机规格的原则进行轴流风机配置,同时近期风机的特性应能满足远期通风特性的要求。

按2015年和2029年的通风要求,综合考虑配置风机,详见表3-1-21。

轴流风机分期设置方案 表3-1-21

通风位置方式	设计年(年)	风机选型(所有性能参数为单台风机的性能参数)					
		风量(m^3/s)	风压(Pa)	叶轮直径(mm)	单机功率(kW)	转速(rpm)	台数(台)
右线排风	2029	121.46	856.00	ϕ2800	185kw-8p	740	4
	2015	172.07	523.00	ϕ2800	185kw-8p	740	2
右线送风	2029	124.07	1943.00	ϕ2500	450kw-6p	960	4
	2015	188.10	1258.00	ϕ2500	450kw-6p	960	2
左线排风	2029	113.70	824.00	ϕ2800	185kw-8p	740	4
	2015	162.14	541.00	ϕ2800	185kw-8p	740	2
左线送风	2029	102.99	1471.00	ϕ2240	280kw-6p	960	4
	2015	157.18	989.00	ϕ2240	280kw-6p	960	2

从表3-1-21可看出,近期和远期所设风机的特性相近、叶轮直径和电机功率相同,远期风机数量比近期多,到远期仅增加风机数量,并将近期所设风机按远期要求调整工作点后继续使用;但近期所设风机为了远期可以继续使用而配置了功率较大的电机,远期风机数量较多风机房面积需预留较大空间。

7. 送排式纵向通风系统射流风机设置规模

按$\triangle P_1-\triangle P_e \geqslant 0$和$\triangle P_2-\triangle P_b \geqslant 0$进行验算,隧道正常运营(设计车速30km/h)时在各分段均需要设置射流风机进行调压,射流风机按ϕ1120/30kW规格进行计算,计算结果见表3-1-22和表3-1-23。

左线隧道射流风机计算表 表3-1-22

项目	符号	单位	2015年(近期)	2029年(远期)
选用射流风机的口径	R	m	1.120	1.120
射流风机出口风速	V_j	m/s	34.000	34.000
设计车速	V_t	km/h	30	30
分段1自然风阻力	$\triangle P_{m1}$	N/m^2	47.353	47.353
分段1阻力	$\triangle P_{r1}$	N/m^2	145.981	287.141

续上表

项 目	符 号	单 位	2015 年(近期)	2029 年(远期)
分段 1 活塞风	ΔP_{t1}	N/m^2	52.553	29.693
分段 1 所需压力	ΔP_1	N/m^2	140.781	304.801
分段 1 排风口风压力	ΔP_{e1}	N/m^2	-3.345	-6.579
$\Delta P_1-\Delta Pe_1$(≥0 需设风机)		N/m^2	144.125	311.379
设于分段 1 时单机风压	ΔP_{j1}	N/m^2	10.266	9.653
分段 1 射流风机设置规模	n_{j1}	台	14.039	32.256
分段 2 自然风阻力	ΔP_{m2}	N/m^2	18.563	18.563
分段 2 阻力	ΔP_{r2}	N/m^2	54.632	97.215
分段 2 活塞风	ΔP_{t2}	N/m^2	15.291	11.826
分段 2 所需压力	ΔP_2	N/m^2	57.904	103.952
分段 2 送风口风压力	ΔP_{b2}	N/m^2	40.486	68.505
ΔP2 - ΔPb2(≥0 需设风机)		N/m^2	17.418	35.447
设于分段 2 时单机风压	ΔP_{j2}	N/m^2	10.301	9.804
分段 2 射流风机设置规模	n_{j2}	台	1.691	3.615

右线隧道射流风机计算表 表 3-1-23

项 目	符 号	单 位	2015 年(近期)	2029 年(远期)
选用射流风机的口径	R	m	1.120	1.120
射流风机出口风速	V_j	m/s	34.000	34.000
设计车速	V_t	km/h	30	30
分段 1 自然风阻力	ΔP_{m1}	N/m^2	47.874	47.874
分段 1 阻力	ΔP_{r1}	N/m^2	166.225	331.303
分段 1 活塞风	ΔP_{t1}	N/m^2	56.166	23.953
分段 1 所需压力	ΔP_1	N/m^2	157.932	355.224
分段 1 排风口风压力	ΔP_{e1}	N/m^2	-3.767	-7.508
$\Delta P_1-\Delta Pe_1$(≥0 需设风机)		N/m^2	161.699	362.732
设于分段 1 时单机风压	ΔP_{j1}	N/m^2	10.173	9.508
分段 1 射流风机台数	n_{j1}	台	15.896	38.152
分段 2 自然风阻力	ΔP_{m2}	N/m^2	18.098	18.098
分段 2 阻力	ΔP_{r2}	N/m^2	71.922	129.308
分段 2 活塞风	ΔP_{t2}	N/m^2	12.271	5.563
分段 2 所需压力	ΔP_2	N/m^2	77.748	141.843
分段 2 送风口风压力	ΔP_{b2}	N/m^2	59.339	101.969
$\Delta P_2-\Delta Pb_2$(≥0 需设风机)		N/m^2	18.409	39.874
设于分段 2 时单机风压	ΔP_{j2}	N/m^2	10.060	9.471
分段 2 射流风机台数	n_{j2}	台	1.830	4.210

射流风机设置将采取分期实施方案。建成初期至2015年采取近期设置方案,并预留远期风机安装位置及预埋件;2015~2029年,将根据交通量增长的实际需要增加风机数量。按照射流风机的设置原则,主洞射流风机设置详见表3-1-24。

隧道射流风机设置表 表3-1-24

隧 道	通风分段	2015年(近期)	2029年(远期)
左线隧道	分段1	15	36
	分段2	3	6
右线隧道	分段1	18	45
	分段2	3	6

1.3.7 服务隧道通风设计

服务隧道是隧道的有机组成部分,为满足服务隧道工作人员及逃生人员的生理需要,设置服务隧道通风系统是翔安隧道通风系统的有机组成部分。

为满足服务换气、排出220kV电缆运行时散发热量、隧道火灾排烟的需要,服务隧道的通风风速确定为2.5m/s。

服务隧道单独设置风机进行纵向通风,扩大初步设计,采用洞口集中送入和射流风机组合式纵向通风方式。由于服务隧道长度6048m,通风断面积仅为14.32m^2,通风阻力较大,经综合考虑后确定取消洞口送风机,采用全射流风机进行纵向通风。风机计算结果见表3-1-25,需设ϕ630/15kW规格射流风机20台。

服务隧道射流风机计算表 表3-1-25

项 目	符 号	单 位	结果
选用射流风机的口径	r	m	0.63
射流风机出口风速	v_j	m/s	31.00
自然风阻力	$\triangle P_m$	N/m^2	164.08
沿程阻力	$\triangle P_r$	N/m^2	164.08
所需升压力	$\triangle P$	N/m^2	157.932
射流风机单机风压	$\triangle P_j$	N/m^2	19.61
射流风机台数	n_{j1}	台	18.41

1.3.8 通风设备及布置

1. 主洞射流风机及其布置

本隧道主洞断面尺寸较大,为提高风机通风效率,设计考虑采用大功率和大口径的射流风机,同时在每个断面上布置多台风机。

隧道主洞设风机的断面上设1组3台道射流风机,风机间距250m,端部风机距洞口最小距离200m。

2. 服务隧道射流风机及其布置

服务隧道断面尺寸较小,为提高风机通风效率,在兼顾射流风机效率的前提下尽可能设计选择较小口径的射流风机,同时在每个断面上布置只设1台风机,风机间距300m。

3. 轴流风机及其布置

分段送排式纵向通风需要在海上设置通风竖井。通风竖井采用围堰筑岛的形式。在竖井位置设风机房,风机房底层设轴流风机,风机房结构详见房建设计文件。

为适应环境对风机房景观的要求、便于风机房外观的艺术造型、降低进出风道的阻力,轴流风机采用立式轴流风机。

隧道通风对轴流风机风量、风压的要求随着交通量的增长而不断变化，为减少风机规格、便于维修保养，风机将采用静叶可调式轴流风机。

轴流风机系统由轴流风机、软连接、方圆连接、消音器、电动风阀、进风口、出风口构成。

1.3.9 火灾通风设计

1. 隧道火灾通风排烟总方案

①运营通风系统与火灾通风系统采用同一套通风设备。

②根据运营通风的分段，采用分段排烟方式。

③一旦隧道发生火灾，隧道暂时关闭，左右线隧道都只能允许车辆和人员撤出隧道，严禁车辆进入隧道。通风系统进入排烟运行程序，及时有效地控制烟雾的流动并迅速排出隧道。

2. 火灾通风排烟分段

以通风竖井排风口的位置和排烟通道口为界，将隧道排烟分为 3 段。具体划分如下：

左线：左线隧道翔安端洞口至左线排烟通道口为第 Z1 段、左线排烟通道口至左线竖井排风口为第 Z2 段、左线竖井排风口至隧道厦门端洞口为第 Z3 段。

右线：右线隧道厦门端洞口至右线排烟通道口为第 Y1 段、右线排烟通道口至右线竖井排风口为第 Y2 段、右线竖井排风口至隧道翔安端洞口为第 Y3 段。

分段详见表 3-1-26 和表 3-1-27。

左线排烟分段表　　表 3-1-26

左线排烟分段	Z3 段		Z2 段		Z1 段
起讫桩号	K6 +540		K7 +900	K11 +273	K12 +585
分段长度(m)	1360		3373		1312

右线排烟分段表　　表 3-1-27

右线排烟分段	Y1 段		Y2 段		Y3 段
起讫桩号	K6 +559		K7 +926	K11 +300	起讫桩号
分段长度(m)	1367		3374		1310

3. 火灾通风排烟

①在火灾初期，调整通风系统降低风速，避免烟雾扩散太快，有利火点附近的人员疏散。

②火点前的车辆继续行驶，向前从隧道出口疏散。火点后的车辆停止前进，人员从最近的车行、人行横洞疏散。通风系统调整风速至临界风速，控制烟雾流向前方。

③车辆、人员疏散完后，消防队进入通过横洞进入火点实施灭火，通风系统保持临界风速。

④火灾扑灭后，通风系统按最大通风量运行，快速将烟雾从前方的排风口(竖井或隧道洞口)排出。

1.3.10 通风启动控制

轴流风机启动采取软启动方式。

轴流风机采用并联运行方式，各风机应严格按照下列启动顺序及启动程序运行，以确保系统运行的稳定性。一般开机步骤为：

①打开第一台风机的风阀，同时启动第一台风机，其他未启动的风机的风阀保持关闭；

②打开第二台风机的风阀，同时启动第二台风机，其他未启动的风机的风阀保持关闭；

③打开第三台风机的风阀，同时启动第三台风机，其他未启动的风机的风阀保持关闭；

④打开第四台风机的风阀，同时启动第四台风机。

1.3.11 数值模拟

利用商业计算流体力学 CFD(Computational Fluid Dynamics)软件分析研究，确定射流风机的调压能力和隧道发生火灾时控制火灾烟雾扩散回流的各种临界风速。

1. 射流风机调压

将通过计算流体力学软件CFD对射流风机在隧道内不同风速影响下风机作动力和阻力调压，以及改变射流风机出口风速对其调压性能的影响进行模拟分析。

计算模型以东通道隧道实际的几何尺寸以及风机安装位置为计算依据。为了综合考虑风机之间的相互影响因素，选取了隧道入口段SDS-112-4P-30kW三组六台射流风机，射流风机安装位置如图3-1-3所示：

在模型中，给定风机进出口风速 Vj，隧道内风速 Vt，隧道入口与大气相通，入口相对静压 P_1 为0，经过模拟计算，可以得出整个隧道的风速场和压力场及隧道出口静压 P_2。P_2 即为风机升压或降压与隧道沿程损失的差值。本次模拟计算考虑隧道壁面由于粗糙度而带来的沿程损失，$\lambda = 0.024$，忽略隧道入口和出口的局部损失，则射流提供的压力为，

$$P_j = P_2 \pm \Delta P \tag{3-1-14}$$

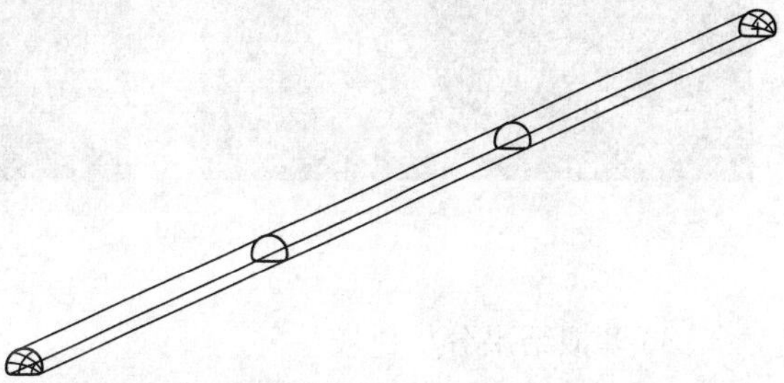

图3-1-3 射流通风模拟模型

与射流风机的理论计算公式为，

$$P_j = \pm \frac{A_j}{A}\left(1 - \frac{V_e}{+V_j}\right)\rho V_j^{\ 2} \cdot i \tag{3-1-15}$$

进行比较，可以得出比值 K，及为风机调压的综合影响系数。

对模拟结果进行分析比较，可以得出：

①综合影响系数 K 小于1。说明由于风机射流导致气流之间的剧烈碰撞和混掺，壁面摩阻对射流的影响以及存在不同程度的涡流等原因，必然引起射流能量的损失，出现实际调压值小于理论值的现象。

②风机射流增压时的能量损失比例稍大于降压时的能量损失比例，如增压时的 K 值为0.927～0.871，降压时为0.923～0.973。在射流增压工况下，随着隧道内风速的增加，K 值减小，能量损失增大；在射流降压工况下，随着隧道内风速的增加，K 值增大，能量损失减小。

③射流风机出口风速对风机的调压能力有很大影响，风机出口风速由30m/s降为25m/s，风速减小约16.7%，而射流推力却降低了31%，综合影响系数 K 也相应降低。如在隧道风速同为5.5m/s的情况下，射流风机出口风速为30m/s时，K 为0.910，风速为25m/s时，K 为0.886。

2. 火灾烟雾控制的瞬态模拟

模拟计算重点研究火灾事故发生在隧道入口时，火灾烟雾随时间的扩散传播特性，以及通风控制措施。

模拟采用的隧道结构为东通道隧道入口段640m，取用三组射流风机，

火灾规模：发热量：10MW；发烟量：27kg/s。

初始条件：在 $t = 0$s时，隧道内相对压力：0.0Pa；隧道内平均温度：27℃；燃烧的模型车辆尺寸：200×100×150(cm)。

壁面摩擦阻力系数：$\lambda = 0.025$。

边界条件：出口相对压力：0.0Pa(设当地大气压 $P = 101325$Pa)。

(1)风机反转

在隧道入口400m处突然发生火灾，第1组和第2组风机停止，第3组风机反转，风机出口风速 $V = 30$m/s，此时火灾烟雾随时间的扩散分布云图见图3-1-4。

(2)风机正转

在隧道入口400m处突然发生火灾，第2组和第3组风机停止，第1组风机正转，风机出口风速 $V = 30$m/s，此时火灾烟雾随时间的扩散分布云图见图3-1-5。

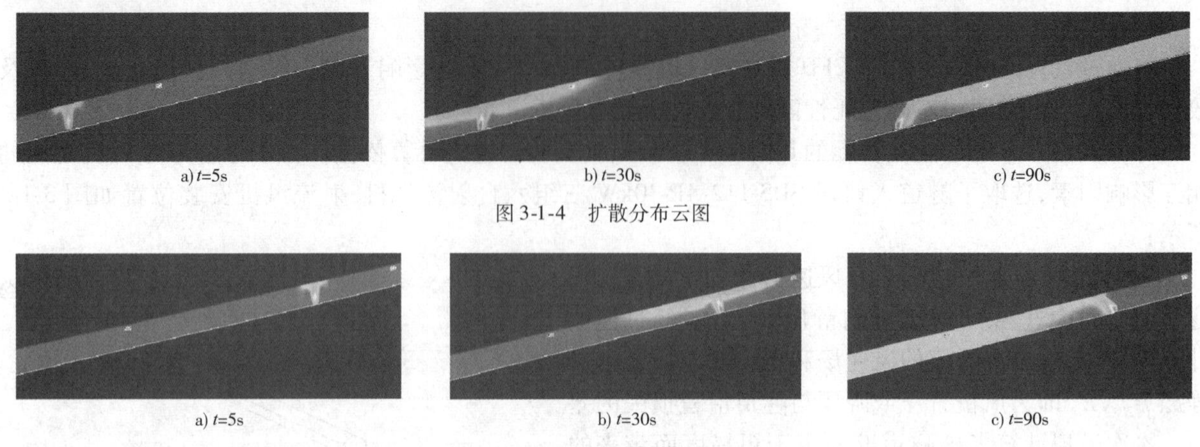

a) t=5s　　b) t=30s　　c) t=90s

图 3-1-4　扩散分布云图

a) t=5s　　b) t=30s　　c) t=90s

图 3-1-5　扩散分布云图

(3)模拟结果分析比较

当某辆汽车在隧道入口附近发生火灾,并停在隧道内时,此时如果反转隧道射流风机,将烟雾由隧道入口排出,此种通风控制方式,由模拟结果可以看出,对上游车辆没有危害,但是对下游车辆及人员却非常不利。风机反转将烟雾控制在下游,上游车辆由于没有阻挡可以很快逃离隧道,但是下游烟雾扩散却非常快,在60s时间内烟雾已充满整个隧道空间,并且扩散距离为130m,此时由于火灾原因而阻塞在隧道内的车辆不得不在不到一分钟的时间内倒退或转向由入口出洞,由于火灾烟雾、高温以及带来的恐慌,这种情况只有在隧道内行车密度较低的情况下才有可能实现。否则下游车辆和人员在几分钟内将被烟雾吞没。

对于火灾点上游的车辆,在火灾初期,虽然有烟雾的部分回流,但由于烟雾仍然保持很好的分层、贴附现象,对地面附近不构成威胁。大约60s后上游烟雾完全得到控制,可以为上游阻塞的车辆争取更多的时间和更好的环境倒退或转向由入口出洞。因此此种通风方式不仅可以保证着火点后面的车辆安全,而且也可以保证前面车辆的安全。

经过两种通风方式的模拟比较,可以发现保持风机正转的第二种通风方式,在隧道入口发生火灾时更为有利。它可以同时保证上下游车辆安全撤离隧道,在车辆撤离隧道后,可以重新调整风机转向将烟雾排出洞外。

3. 临界风速的确定

在公路隧道中突发的火灾事故,火灾规模具有很大的不确定性,它不仅随燃烧的汽车类型变化而且与车辆所装载的货物、隧道内的行车密度等相关,本次模拟计算取5kW、10kW、20kW 3种发热量作为主要研究对象。

在应急通风情况下,为避免产生回流现象,使火灾烟雾顺着下游方向扩散的最小风速称为“临界风速”。纵向通风系统的功能之一就是要保证火灾上游侧为无烟区,以备人员逃逸和火灾援救。

①当隧道火灾热源为5WM,t = 180s时,在隧道不同风速影响下的火灾烟雾扩散三维瞬态模拟图见图3-1-6,图3-1-7。

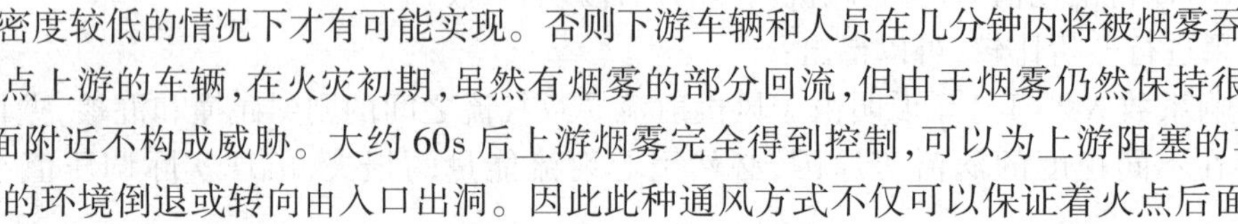

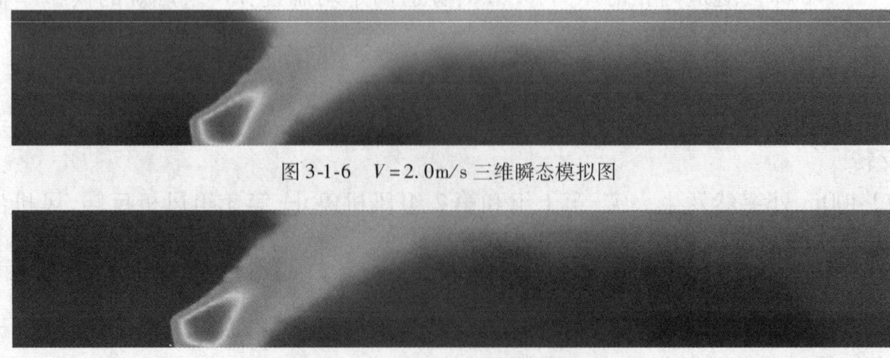

图 3-1-6　V = 2.0m/s 三维瞬态模拟图

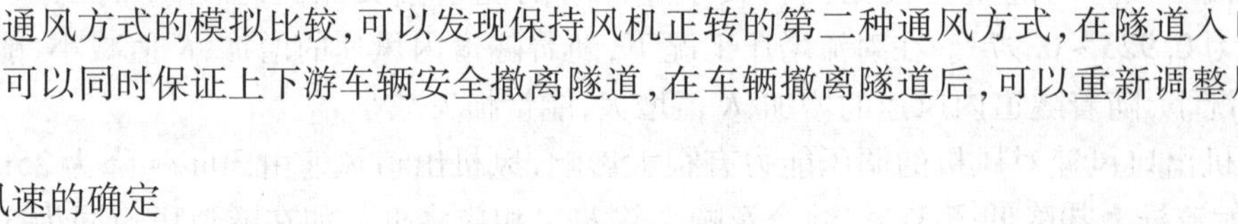

图 3-1-7　V = 2.25m/s 三维瞬态模拟图

②当隧道火灾热源为 10WM，t = 180s 时，在隧道不同风速影响下的火灾烟雾扩散三维瞬态模拟图见图 3-1-8，图 3-1-9。

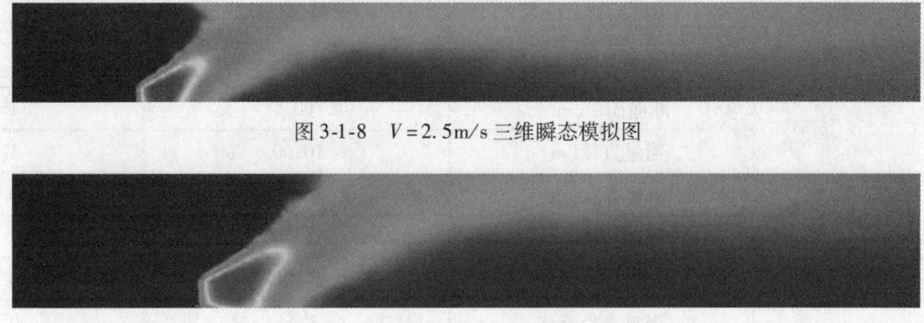

图 3-1-8　V = 2.5m/s 三维瞬态模拟图

图 3-1-9　V = 2.75m/s 三维瞬态模拟图

③当隧道火灾热源为 20WM，t = 180s 时，在隧道不同风速影响下的火灾烟雾扩散三维瞬态模拟图见图 3-1-10，图 3-1-11。

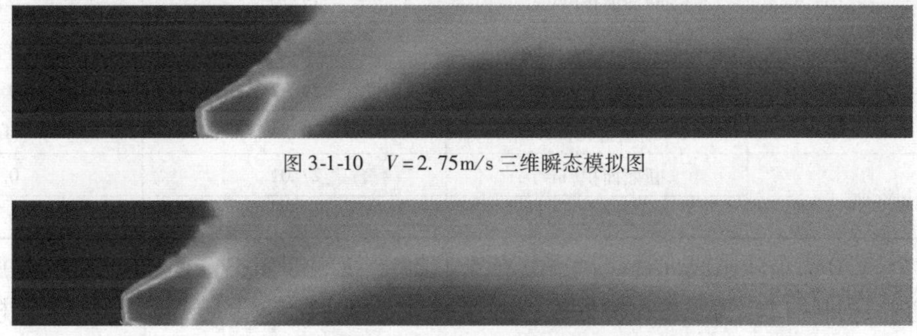

图 3-1-10　V = 2.75m/s 三维瞬态模拟图

图 3-1-11　V = 3.0m/s 三维瞬态模拟图

由 CFD 模拟结果可以看出，不同的火灾热源其临界风速不同，当火灾热源为 5MW 时临界风速为 2.0 ~ 2.25m/s；当热源为 10MW 时临界风速为 2.5 ~ 2.75m/s；当热源为 20MW 时，临界风速为 2.75 ~ 3.0m/s。

在火灾规模比较小的时候，临界风速随发热率线性增长的比例比较大，如发热率为 5MW 时，临界风速为 2.0 ~ 2.25m/s，为 10MW 时，为 2.5 ~ 2.75m/s，发热率增大一倍，临界风速增加 0.5m/s。当为 20MW 时，临界风速为 2.75 ~ 3.0m/s，发热率比 10MW 热源增大一倍，临界风速增大 0.25m/s。当发热率增大到一定程度时，临界风速的增加变的缓慢，并不是简单的 1/3 关系。临界风速与火灾放热率之间的关系如图 3-1-6 ~ 图 3-1-11。

当隧道内发生火灾时，应根据火灾规模选择不同的临界控制风速。如果控制风速过小，烟雾发生回流，危及上游人员和车辆的安全，如果控制风速过大，将严重破坏火灾在初发阶段的分层贴附现象，烟雾在初始阶段就发生紊乱，充满整个隧道，缩短了下游人员和车辆逃逸的安全时间，而且给逃逸带来严重的阻碍。本文虽然是针对东通道隧道几何结构而模拟的 3 种不同火灾规模的临界风速，从模拟结果可以看出，临界风速随火灾规模变化而变化的趋势，以其为火灾通风控制提供一定的参考和预测。

1.3.12　通风模型试验

运用通风模型基本性能试验及其结果的分析和各运营通风工况试验及其结果的分析，并根据试验结果优化通风设计。

1. 模型设计

根据模型设计原则所确定的各物理量的相似比尺详见表 3-1-28，原型与模型的主要几何尺寸详见表 3-1-29。

物理量的相似比尺　　表 3-1-28

比尺名称	线性比尺 λ_l	面积比尺 λ_A	速度比尺 λ_v	压力比尺 λ_p
模型：原型	1 : 10	1 : 10^2	1 : 1	1 : 1

原型与模型的主要几何尺寸表　　表3-1-29

名称		原型	模型
隧道一般断面	断面高度(m)	8.30	0.830
	断面宽度(m)	13.50	1.350
	断面面积(m^2)	100.5	1.005
	当量直径(m)	10.00	1.000
隧道排风口断面	断面高度(m)	2.80	0.280
	断面宽度(m)	11.74	1.174
	断面面积(m^2)	19.70	0.197
	当量直径(m)	3.44	0.344
隧道送风口断面	断面高度(m)	2.80	0.280
	断面宽度(m)	11.74	1.174
	断面面积(m^2)	19.70	0.197
	当量直径(m)	3.44	0.344
竖井排风断面	断面面积(m^2)	24.92	0.249
	当量直径(m)	4.00	4.00
竖井送风断面	断面面积(m^2)	27.01	0.270
	当量直径(m)	4.15	0.415

隧道模型全长70m,沿隧道纵向连接风道共布置了28个量测断面,31个测速、21个测压点。其中重点是主洞,短道和送排风口。为了按比例的模拟隧道的长度,按照等效摩阻损失的原理,在模型隧道入口段和出口段设置了3道有机玻璃制作的阻力隔栅。另外,为了确保模型沿程阻力损失系数与原型相同,沿隧道纵向采用铁丝和红绸带按1m的间距对隧道表面进行加糙。共使用了3台15kW的可调速风机,分别布置在主洞入口,排风口和送风口,作为射流风机、送风机和排风机使用。本次实验关心的是这些射流风机在某些工况条件下的升压作用,且其位置距排风口较远,故实验中可采用一台主风机模拟升压效果。由于风机可调速,因而可实现对不同射流风机启动组数的模拟。

2. 基本性能试验

(1)模型断面风速试验

取气流稳定区域的某一风管断面,测量该断面内各个点的风速,以最接近平均风速的点作为后面实验中的测试点。试验中在某一断面布置3个观测孔(28孔、29孔、30孔),测试仪可以沿测孔轴线移动,共计测试9个点来计算平均风速点。同时,还测量了靠近隧道壁的一些点,研究风道的边界层特征。试验结果见表3-1-30,由表可以看出:各点的风速相差不大,虽然距离断面边缘距离相同,但是风道底面的风速要比边缘高,说明气流的边界层很薄,绝大多数区域速度相同,满足充分紊流的特征。由于在实际处理中没有对风道底面(车道)加糙,此处的风速要偏大一些,也和实际情况相符合。试验结果的平均值为105.16,与29孔中部位置的试验值很接近,固此点的测试值代表断面的平均风速。

智能风速仪在同一断面不同位置的转速(单位:r/min)　　表3-1-30

观测孔 / 测量位置	28孔	29孔	30孔
外	94.00	100.32	117.00
中	95.24	102.63	121.99
内	97.19	95.35	122.68

(2)模型的沿程摩阻试验

模型制作采用了透明有机玻璃,其材料本身摩阻系数约0.015,较所要求的0.025低。为此,要使两者沿程阻力系数相同，必须对模型进行加糙处理，以增大其摩阻。本实验中，模型内按1m间距，采用$\phi 3$铁丝、单面透明胶和红绸带沿模型周壁固定，对其加糙，增大其摩阻的处理是可行的，沿程阻力损失系数接近实际值，而平均沿程阻力系数则和实际值几乎相同，保证了后面实验的可靠性。满足模型通风试验与原型通风系统两体系的相似。

(3)隔栅阻力试验

由于模型纵向长度受经济性的制约，不可能按隧道长度的比例进行制作，这就需要对长度进行等效模拟。

参照《水力摩阻手册》线图8-1隔栅损失系数与有效面积比的关系，采用有机玻璃条制作阻力隔栅效果非常理想，阻力系数非常稳定，而且便于调节。第一段隔栅a阻力系数为5.296，调整后为5.37的阻力隔栅，阻力系数与设计值5.335相差仅0.65%，满足要求。第一段阻力隔栅b阻力系数为5.31，与设计值5.335相差仅0.46%，能够满足要求。第二段阻力隔栅阻力系数为2.73，与设计值2.72相差仅0.73%，能够满足要求。

(4)射流风机等效作用试验

隧道设有多台射流风机用于洞内压力平衡调节。为了准确地模拟射流风机的作用，首先采用理论计算出开启不同组数的风机所产生的相应的隧道断面风速后，试验中逐渐改变风机的转速，测出不同转速下的断面风速，然后采用三次样条插值，得出理论计算风速所对应的风机转速。主风机模拟射流风机试验中，主风机转速和模型隧道断面风速成二次抛物线关系，和模型隧道入口处总压成正比例关系，单台射流风机的升压力是6.95~8.52Pa，和理论计算值很接近。

(5)送风口高速送风试验

送风口采用高速送风的形式对纵向送排式的升压作用是非常明显的。在实验中研究对高速送风口高速送风对行车道的影响。通过对模型隧道送风口的测试，可以得知，送风口风速不会影响行车安全，即使是在远期工况送风口风速达到27.56m/s时，洞内最高风速为6.65m/s，符合规范6~8m的要求。实验中部分测点处的风流是紊乱的不稳定，这是由于送风口在隧道顶部高速送风造成的风流紊乱，其他测点的风速比较接近，说明送风段的风流已经达到稳定。

(6)风机开启顺序试验

对同一风机组合的开机次序进行变化，表明隧道内气流稳定后的压力，风速与风机开启次序没有关系。但是，在营运中应该让气流顺着车流方向送排，尽可能少出现逆流情形，特别是在发生火灾后，只有最大限度上保持气流的初始流向，才能较好的保持烟雾分层，便于逃生。

3. 通风运营工况试验

(1)近期工况试验

将2019年作为近期，高峰小时交通量(小汽车)为2007辆，各段计算需风量、设计需风量以及隧道断面风速分别如表3-1-31、图3-1-12和图3-1-13所示。

送排近期工况风量、风速表 表3-1-31

位置 \ 参数	长度(m)	计算需风量 Q_{req}(m^3/s)	设计需风量 Q_r(m^3/s)	断面风速 v_r(m/s)
第一段	4741	436.493	459.466	4.572
第二段	1210	422.366	521.347	5.287
总计	5951	858.859		

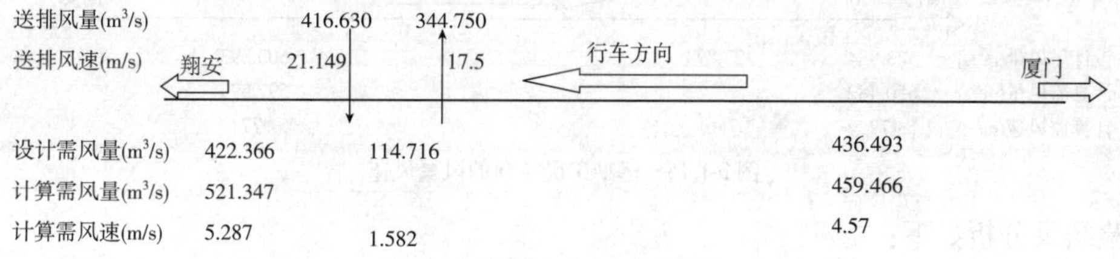

图3-1-12 远期工况右洞的风量风速

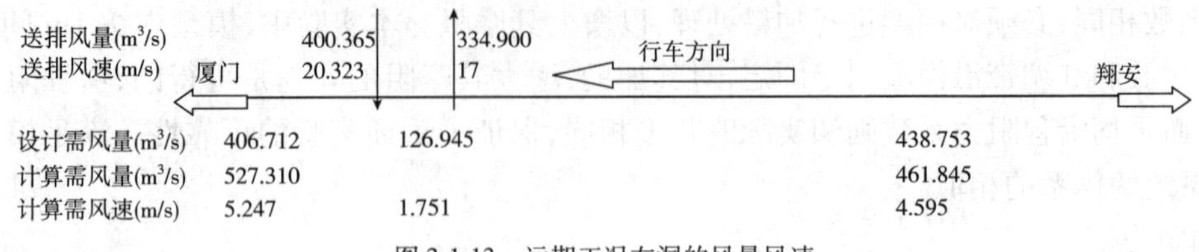

图 3-1-13 远期工况左洞的风量风速

模型试验结果分析如下：

①通过对模拟射流风机的主风机、通风竖井的送、排风机不同转速的工况实验数据和试验现象说明：通风系统能满足近期工况的运营要求。其通风系统的试验现象和远期工况的试验现象一致，可以得出相通的结论，二者相互印证。

②通过对模拟射流风机的主风机、通风竖井的送、排风机不同转速的工况试验数据和试验现象说明：在近期工况中采用纵向送排式通风时，由于需风量很小，在适当的窜流风量情况下，不需要开启射流风机，仅交通风就可以满足通风需要。仅在行车速度 40km/h 以下时需机械通风。

③从试验数据和试验现象分析可以得出隧道的通风系统完全可以分期实施的结论，通风系统的土建工程一次完成，通风井的大型轴流风机分期进行安装，近期排风机和送风机只用各安装两台即可满足运营要求，可节约大量的设备维护费，减少机电设备一次性投资的压力。

(2)远期工况试验

将 2029 年作为远期，高峰小时交通量（小汽车）为 2887 辆，各段计算需风量、设计需风量以及隧道断面风速分别如表 3-1-32、图 3-1-14 和图 3-1-15 所示。

远期工况风量、风速 表 3-1-32

设计车速 vt（m/s）	送、排风段	长度（m）	计算需风量 $Qreq$（m^3/s）	设计需风量 Qr（m^3/s）	断面风速 vr（m/s）
80	排风段	4741	567.719	597.599	5.95
	送风段	1210	549.344	667.903	6.65
60	排风段	4741	355.165	402.000	4.00
	送风段	1210	293.073	395.872	3.94
50	排风段	4741	554.329	583.504	5.81
	送风段	1210	457.418	571.945	5.69
30	排风段	4741	394.929	415.715	4.14
	送风段	1210	219.004	342.566	3.41

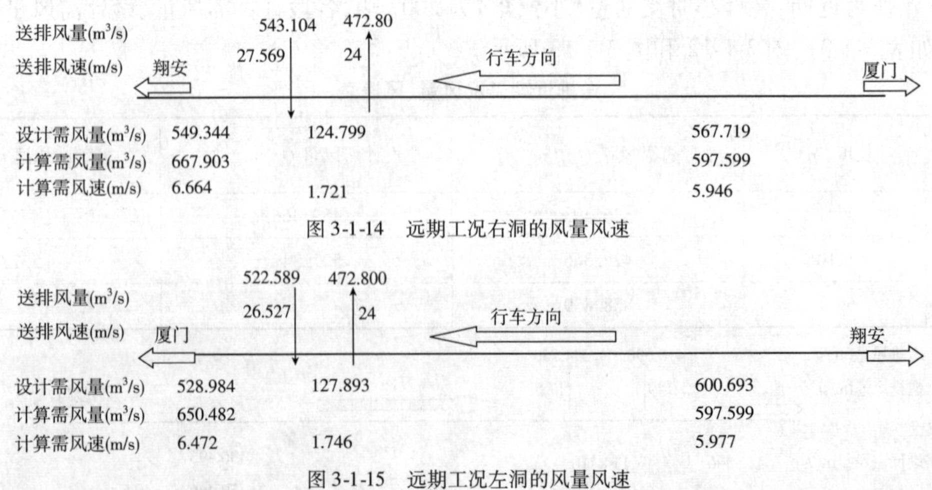

图 3-1-14 远期工况右洞的风量风速

图 3-1-15 远期工况左洞的风量风速

模型试验结果分析如下：

①通过对模拟射流风机的主风机不同转速的试验数据和试验现象说明：主风机转速的增加，会使排

风段和送风段的风量都增加，会使通风竖井的排风量增大，送风量减少，排风段、送风段的风速和压力也都会随着增大，但是对排风段的影响最明显，送风段次之。这一现象说明射流风机具有高效率的升压作用，升压效果很明显，随着射流风机开启的数量增多，能大大节约送、排风机的功率，提高通风效率。另外通过试验观察短道的通风，仅依靠通风竖井的送、排风机的参与，无法避免新鲜空气的回流，只有开启射流风机调压，才能有效地避免新鲜空气的回流。为了防止回流，射流风机在任何工况下都是必须的，而且要开启一定数量的射流风机才可以避免回流发生。

②通过对通风竖井送风机不同转速的试验数据和试验现象说明：通风竖井送风机转速的增加，对排风段的风速影响不大，会使送风段风速明显增加，短道段和送风段的总压会随送风机转速的增加而增大，排风口风速随送风机转速的增加而增大。这一现象说明送风量越大越有利于隧道通风的观点是非常片面的，不仅如此送风机功率配置过大会带来能源的浪费。

③通过对通风竖井排风机不同转速的试验数据和试验现象说明：通风竖井排风机转速的增加，排风段的风速和压力的影响都比较小，但是通风竖井的送排风量都在增大。这一现象说明排风机的升压效果不明显，甚至是降压作用，排风机转速的增加，易造成短道段新鲜空气的回流。而且通风竖井的送排风量都在增大说明随着新鲜空气的回流，从送风口送入的新风有些没有起到稀释污染空气的作用，而直接通过短道旁的排风口排走，增加了送排风机的功率，形成明显的浪费。因此实际运营过程中不能用增大排风机功率的方法来片面追求增大污染空气的排出量。在80km/h和50km/h工况时同时满足 $Q_e/Q_{r1}<0.83$ 和 $Q_s/Q_{r1}>0.16$，在60km/h和30km/h工况时同时满足 $Q_e/Q_{r1}<0.75$ 和 $Q_s/Q_{r1}>0.23$，就能很好的控制短道段的回流现象和排风机营运功率过高的情况。

④根据试验数据和试验现象说明：适当增大窜流量（减少排风量），可以大大减少回流，减少送排风机的功率。短道段至少需要1.2m/s，才可能没有回流发生。

⑤风机开启顺序和气流稳定后的风速、压力无关，但是在开启时尽可能使初始气流顺着行车方向，避免回流紊乱。排风段风量的调节，通过主风机（射流风机）进行调节。送风段风量通过主风机和送风机进行，即使排风段风量偏高一点也不会有太高能量消耗，而且可以得到更好的空气质量，压力的升高，短道总压也升高，可以减少回流。

⑥在不考虑交通活塞风作用下，主风机、送风机的升压力因为隧道的沿程阻力损失迅速降低，并且压降和速度的平方成正比，因此主风机的升压力对排风段的影响还比较大，但是对送风段的影响要小得多，而送风机则只影响到本身的送风隧道段。风速增大时，阻力损失成平方增大，可见各风机对隧道各段风量的影响不仅和该风机的升压力有关，更和阻力损失有关，当风道越长时，影响可能就越小了。而在有交通风的作用下，因为交通风升压力往往比沿程压力损失值还要大，所以要把通风系统与交通风升压力结合起来，才能达到最佳的通风效率。

⑦竖井送排式系统送风量与排风量是互为关联的，送风量和排放量之间成正比关系，只要其中一个增加了另一个会相应的增加。所以在隧道营运中排风机和送风机要严格按照预定方案进行开启，才能达到工况营运的要求。

⑧排风口产生的升压力远比送风口升压力小得多。在纵向送排式通风系统中，起升压作用的就主要依靠送风机和射流风机。

（3）窜回流风量相关性试验

由一个单元的压力模式和风量计算知道，送风量与排风量是互为关联的，当排风量确定后，送风量也相应确定。只有找出这种关联才能有效调节风量和压力平衡，使得通风系统达到最优、节约能源，保障隧道营运通风系统安全、经济地运行。

短道段的压力分布与送风口、排风口的风速有关。短道段的压力随着送风量的增加而减小，随排风量的增加而增大，随排风段风量增加而增大。短道段窜回流现象和排风量与排风段设计风量的比值有关。

根据实验现象及对实验数据的分析可以得出：

①当窜流风速 Vs 取1.2～2m/s时，短道段主要出现窜流现象。

②随着第一段设计风量的减少，Q_s/Q_{r1}增加或者Q_e/Q_{r1}减小才不会发生回流现象；随着第二段设计风量的减少，Q_s/Q_{r2}增加才不会发生回流现象。在分段式纵向通风系统设计时，需要在80km/h和50km/h工况时$Q_e/Q_{r1}<0.83$和$Q_s/Q_{r1}>0.16$，在60km/h和30km/h工况时$Q_e/Q_{r1}<0.75$和$Q_s/Q_{r1}>0.23$，并且保证$V_s=1.2\sim2$m/s之间时，才能满足隧道运营通风短道段不发生回流的要求。

1.3.13 通风竖井设计

1. 概述

根据通风计算，翔安隧道采用分段送排式通风方案，结合隧道两端的地质情况、通风要求，分别在厦门岸和翔安岸设置两处通风竖井。竖井直径为8.3m，并考虑到通风塔是隧道工程特有的、唯一高耸地面的建筑物，建成后将成为厦门东通道海底隧道的标志，因此其建筑设计在满足竖井的功能情况下尽量考虑建筑造型，使之成为一标志性建筑物，乃至成为厦门市的标志。

2. 竖井布置

五通岸竖井和翔安岸竖井均位于浅海区域，平均水深在2～3m。五通岸竖井距厦门端洞口1.31km，设置于左线隧道ZK7+900上方，对左线主洞进行送排风，同时还作为右线主洞隧道的紧急情况排烟通道。厦门岸竖井顶面高程5.5m，底面设计高程-40.12m，竖井井深约46m；

翔安岸竖井距翔安端洞口1.235km，设置在右线隧道YK11+300上方，对右线主洞隧道进行送排风，同时还作为左线主洞隧道的紧急情况排烟通道。翔安岸竖井顶面高程5.5m，底面设计高程-45.947m，竖井井深约52m。

竖井断面皆为圆形，半径8.3m；竖井中间设风道隔板将送、排风流隔离，送风道面积27.01m²，排风道面积24.92m²。排烟通道断面为圆形，半径1.5m，排烟通道面积7.07m²。

竖井口部通风建筑物的设计原则是在满足通风需要的前提下尽量力求简单。进风口与排风口的平面位置按该区域历年频率最高的自然风向布置，将进气口设置于上风方向，其高差控制在10m左右。

(1)通风风塔设计

在施工图设计之后，业主方即给出了新的风塔设计方案，轴流风机的安装布局、送排风风道形式和结构等要求，比照原施工图文件均发生了变化。新的风塔方案示意图见图3-1-16所示。

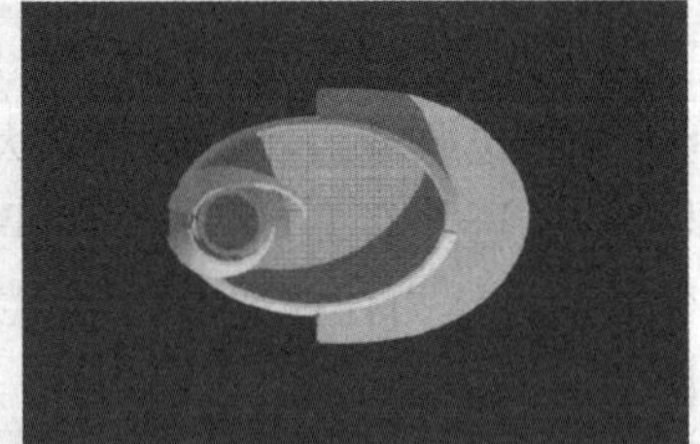

图3-1-16 通风塔方案示意图

(2)通风系统联合设计

在联合设计阶段，根据最终确定的通风塔结构形式和工程实际情况，对通风系统进行修正设计。修正设计参数见表3-1-33。

通风井参数 表3-1-33

序号	风机类型	数量	风机型号	更新选型参数									
				更新选型	更新选型	原设计	更新选型	原设计	更新选型	增加%	原设计	更新选型	增加%
				静压(Pa)	轴功率(kW)	风量(m^3/s)		全压(Pa)			电机功率(kW)/台		
1	翔安侧右线排风	2	TSS-A-N6L5/V0.45/2800/G/10	395	197.52	172	172	523	864	65	185	250	35

续上表

序号	风机类型	数量	风机型号	更新选型参数									
				更新选型	更新选型	原设计	更新选型	原设计	更新选型	增加%	原设计	更新选型	增加%
				静压(Pa)	轴功率(kW)	风量(m^3/s)		全压(Pa)			电机功率(kW)/台		
2	翔安侧右线送风	2	TSS－A－N6L5/V0.95/2500/G/10	574	367.74	188	188	1258	1454	16	450	450	0
3	五通侧左线排风	2	TSS－A－N6L5/V0.25/2800/G/10	419	178.12	162	162	541	835	54	185	200	8
4	五通侧左线送风	2	TSS－A－N6L5/V1.31/2240/G/10	177	249.32	157	157	989	1129	14	280	280	0
5	总电机安装功率										2200	2360	

轴流风机特性曲线见图 3-1-17。

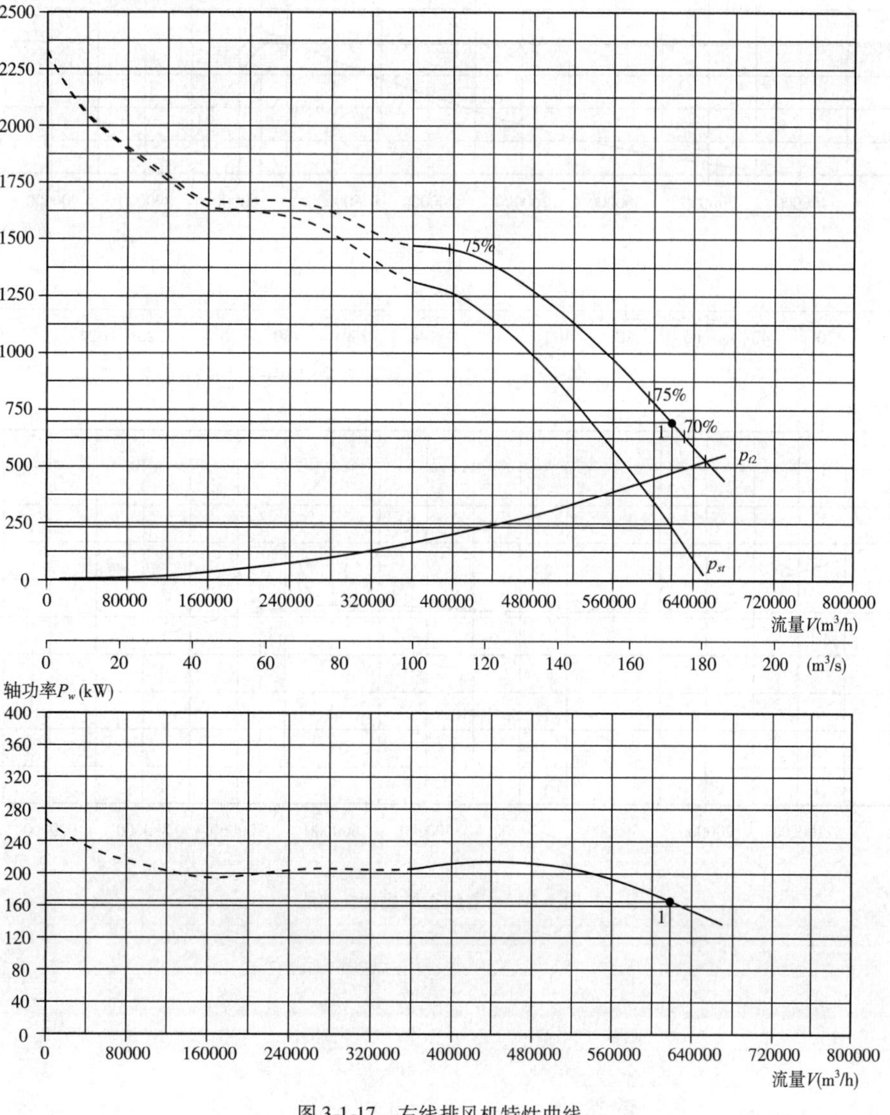

图 3-1-17　右线排风机特性曲线

右线送风机特性曲线见图 3-1-18。

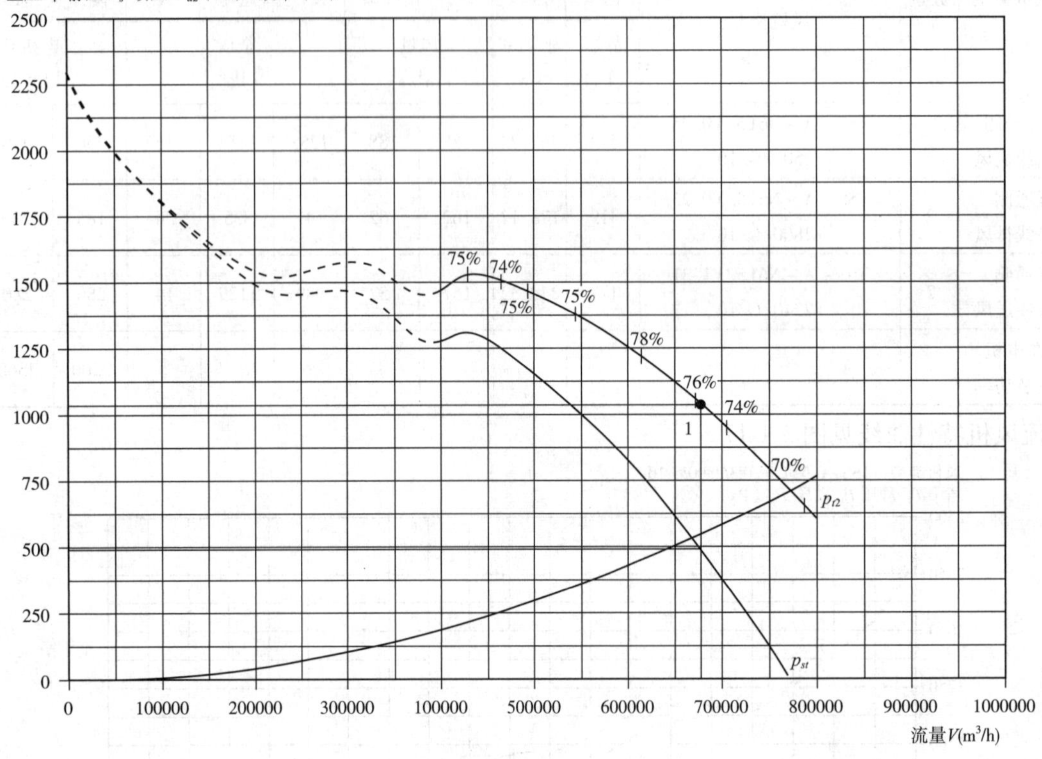

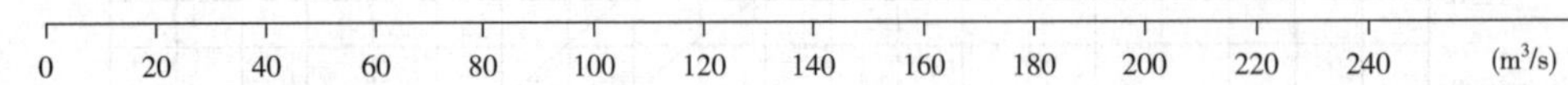

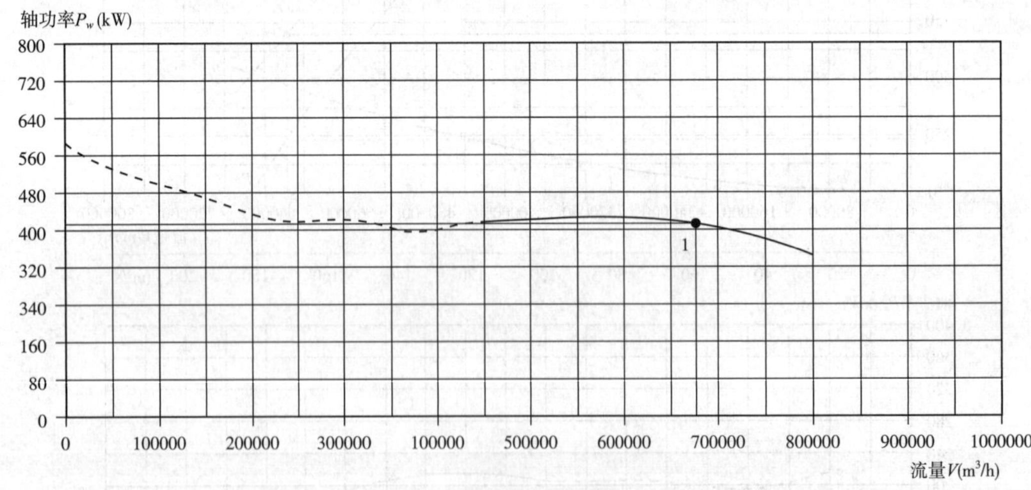

图 3-1-18　右线送风机特性曲线

左线排风机特性曲线见图 3-1-19。

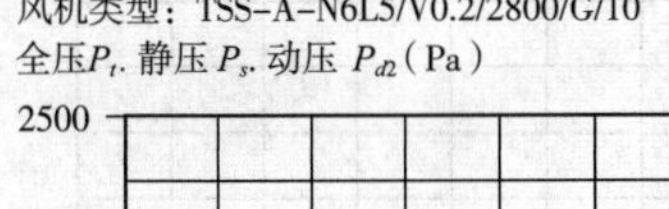

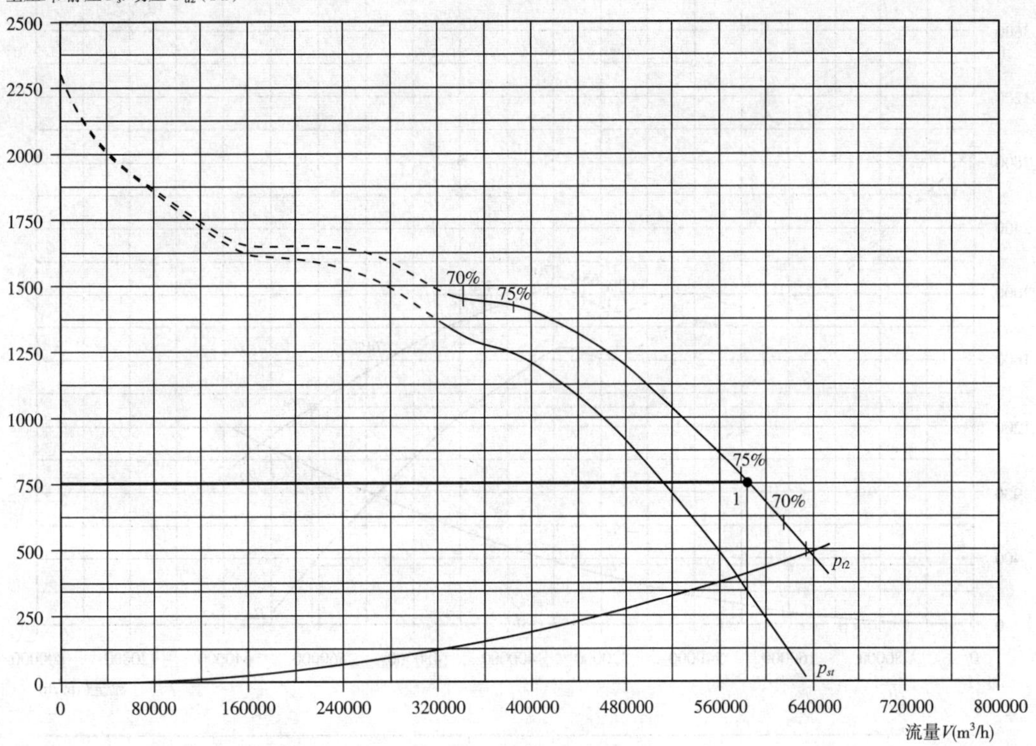

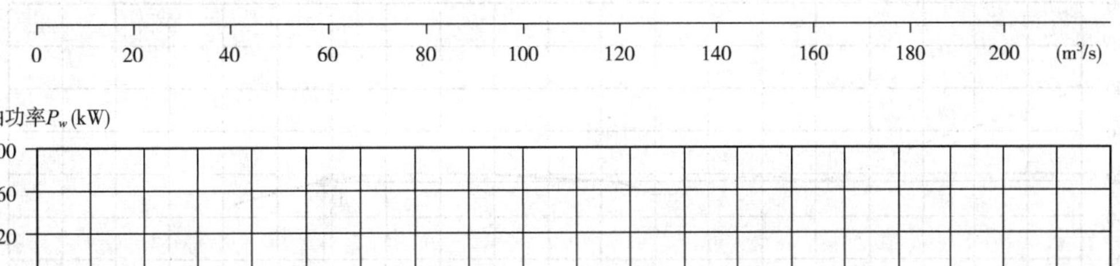

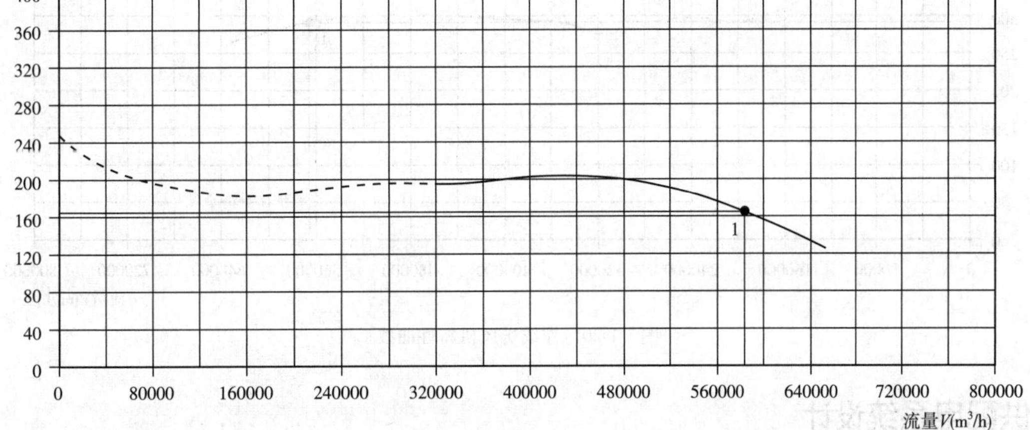

图 3-1-19 左线排风机特性曲线

左线送风机特性曲线见图3-1-20。

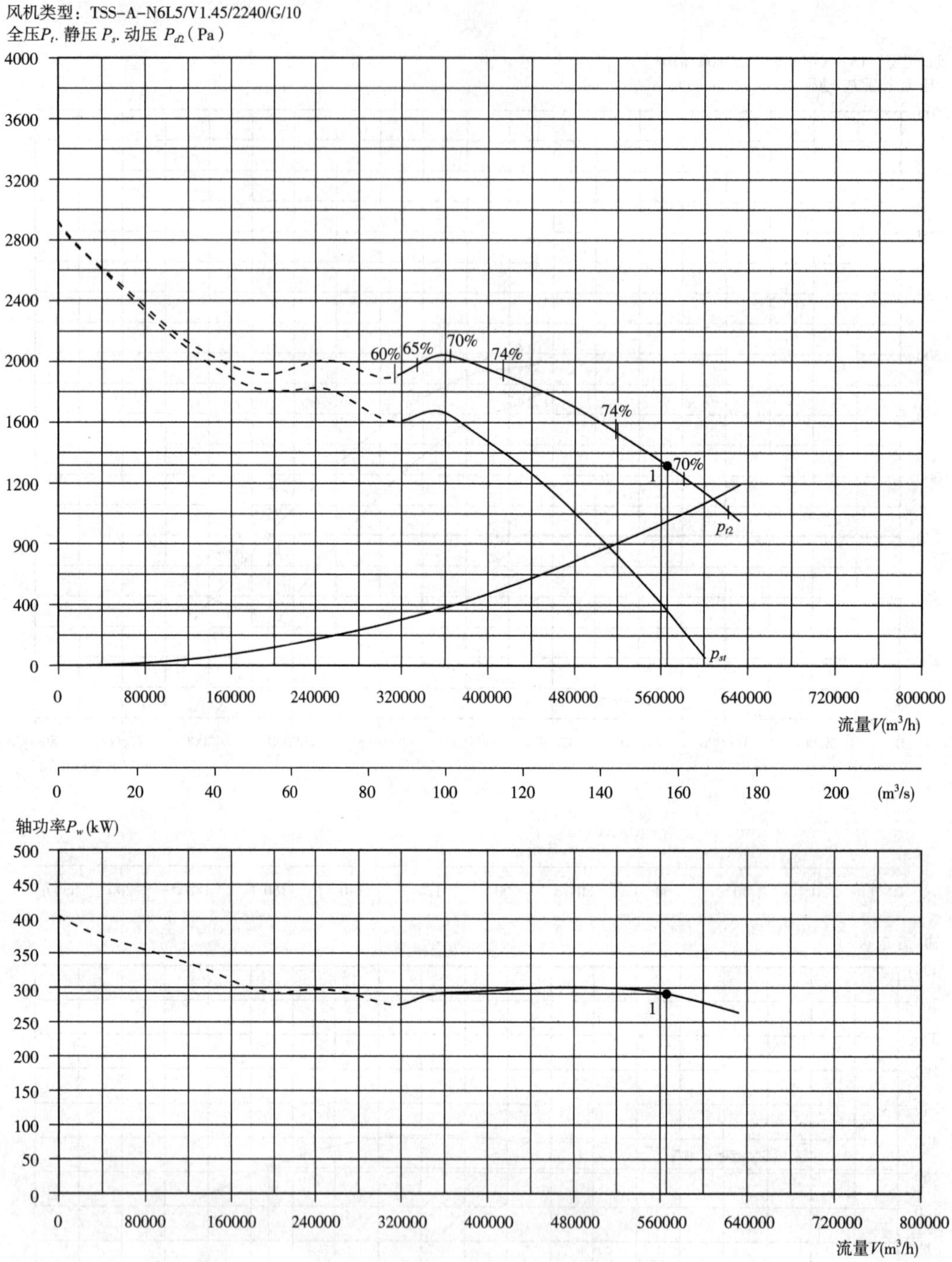

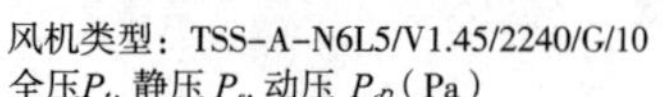

图3-1-20　左线送风机特性曲线

1.4　供配电系统设计

1.4.1　概述

作为我国大陆地区的第一条海底隧道和厦门市第3条对外出岛通道，翔安隧道兼具高速公路和城市道路双重功能，其供配电系统具有以下特点：全线用电负荷种类多，供电可靠性要求高，用电负荷大，布局分散。

两行车隧道间设有服务通道用于逃生、救援、检修等，通道内敷设有220kV超高压电力电缆和

ϕ100cm 自来水供水管道以及本工程用的部分管线。

行车隧道上设置有两处大型通风竖井，装设有多台大型轴流风机，通风用电负荷巨大。

隧道内中间位置设有两处变电洞室和一处废水泵房变电洞室，防灾风机和废水泵需采用柴油发电机组升压供电。

隧道用电负荷近期与远期相差很大，供配电设施按近期负荷考虑，但需作好土建工程的预留预埋。

翔安隧道近期用电负荷17495kVA（厦门侧8380kVA，翔安侧9115kVA），远期用电22895kVA（厦门侧10780kVA，翔安侧12115kVA），共设8个10/0.4kV变电站（厦门岸总配、厦门岸竖井分配、一号变电洞室分配、洞内废水泵房分配，翔安岸总配，翔安岸竖井分配、二号变更洞室分配、翔安管理区分配）和4个箱式变电站（厦门岸1号箱变、厦门岸2号箱变、翔安岸1号箱变、翔安岸2号箱变）。厦门岸总配Ⅰ回进线从110kV五通变电站10kV侧母线919柜引接，Ⅱ回进线从220kV围里变电站10kV侧母线946柜引接。翔安岸总配Ⅰ回进线从110kV五通变电站10kV侧母线949柜引接，Ⅱ回进线从220kV围里变电站10kV侧母线973柜引接，总配进线电缆均采用3×400电缆，总配至分配/箱变采用放射式供电，箱式变电站之间采用环网供电。见图3-1-21。

1.4.2 设计要点

1. 负荷分级

本工程用电设备种类多，数量大，根据相关规范对用电负荷进行了分级，并采取对应的供电措施。负荷分级见表3-1-34。

负荷分级 表3-1-34

负荷名称	负荷级别	供电措施	配电回路
隧道应急照明	一级中特别重要负荷	一路市电+柴油发电机+UPS变电所切换	单回路
隧道电光标志	一级中特别重要负荷	一路市电+柴油发电机+UPS变电所切换	单回路
隧道监控设备	一级中特别重要负荷	一路市电+柴油发电机+UPS变电所切换	单回路
操作电源（直流屏）	一级中特别重要负荷	一路市电+柴油发电机或双市电	单回路
收费站监控设备	一级中特别重要负荷	一路市电+柴油发电机+UPS变电所切换	单回路
中控室监控用电	一级中特别重要负荷	一路市电+柴油发电机+UPS变电所切换	单回路
隧道排烟风机	一级	一路市电+柴油发电机变电所切换	单回路
隧道消防水泵	一级	一路市电+柴油发电机泵房切换	双回路
隧道雨水泵、废水泵	一级	一路市电+柴油发电机变电所切换	单回路
隧道基本照明	一级	一路市电+柴油发电机变电所切换	单回路
路段监控设备	二级	一路市电+UPS箱变内切换	单回路
隧道轴流风机（正常运营）	二级	双市电变电所切换	单回路
隧道射流风机（正常运营）	二级	双市电变电所切换	单回路
隧道加强照明	二级	双市电变电所切换	单回路
房建室内用电	二级	双市电变电所切换	单回路
管理区办公生活用电	二级	双市电变电所切换	单回路
服务隧道照明	二级	双市电变电所切换	单回路
服务隧道通风	二级	双市电变电所切换	单回路

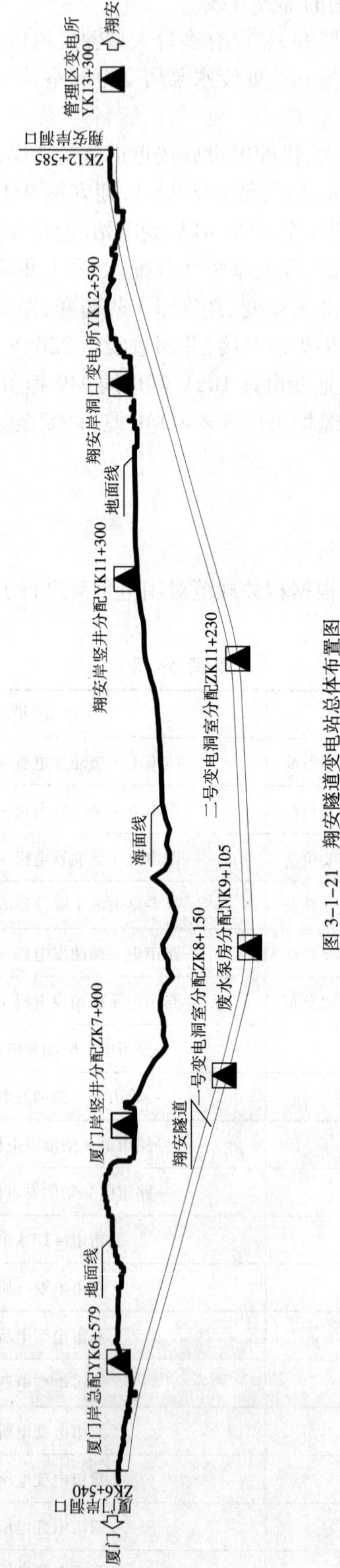

图 3-1-21　翔安隧道变电站总体布置图

续上表

负荷名称	负荷级别	供电措施	配电回路
景观照明	三级	一路市电	单回路
收费站外场照明	三级	一路市电	单回路
管理区园区照明用电	三级	一路市电	单回路
引道路灯照明	三级	一路市电	单回路
隧道检修电源	三级	一路市电	单回路

2. 负荷计算

负荷计算见表 3-1-35。厦门岸总配 10kV 系统网络图见图 3-1-22，翔安岸总配 10kV 系统网络图见图 3-1-23。

负荷计算　　表 3-1-35

序号	变电所名称	安装容量(kW)	使用容量(kW)	计算负荷			备注
				Pj(kW)	Qj(kvar)	Sj(kVA)	
1	厦门岸洞口变电所	1861.49	1711.89	1386.13	585.14	1504.57	
2	厦门岸竖井变电所	1172.00	1172.00	962.15	403.11	1043.18	
3	一号变电洞室	1297.61	1285.21	973.25	411.58	1056.70	
4	洞内废水泵站	500.00	340.00	288.65	120.93	312.95	
5	箱变 XB1	200.00	200.00	163.23	71.72	178.30	道路照明
6	箱变 XB2	204.00	204.00	166.67	73.25	182.06	道路照明
7	厦门岸竖井变电所(远期)	1982.00	1982.00	1657.99	694.64	1797.63	
8	一号变电洞室(远期)	2287.61	2275.21	1496.32	630.73	1623.82	
一	近期厦门侧 10kV 高压侧总负荷(1+2+3+4+5+6)	5235.10	4913.10	3940.07	1665.73	4277.75	
二	远期厦门侧 10kV 高压侧总负荷(1+4+5+6+7+8)	7035.10	6713.10	5158.99	2176.41	5599.32	
9	二号变电洞室	1145.38	1132.18	859.88	364.37	933.89	
10	翔安岸竖井变电所	2172.00	2172.00	1773.97	743.23	1923.37	
11	翔安岸洞口变电所	1578.74	1390.34	1168.34	525.38	1281.04	
12	翔安管理区变电所	583.50	520.50	375.42	159.79	408.01	
13	箱变 XB3	210.00	210.00	171.83	75.53	187.69	道路照明
14	箱变 XB4	319.80	319.80	266.16	117.38	290.89	道路照明
15	二号变电洞室(远期)	1775.38	1762.18	1291.13	545.05	1401.46	
16	翔安岸竖井变电所(远期)	3342.00	3342.00	2779.07	1164.33	3013.12	
三	近期翔安侧 10kV 高压侧总负荷(9+10+11+12+13+14)	6009.42	5744.82	4615.59	1985.68	5024.60	
四	远期翔安侧 10kV 高压侧总负荷(11+12+13+14+15+16)	7809.42	7544.82	6051.94	2587.46	6581.86	
近期总负荷(一+三)		11244.52	10657.92	8555.66	3651.40	9302.26	
远期总负荷(二+四)		14844.52	14257.92	11210.93	4763.86	12181.11	

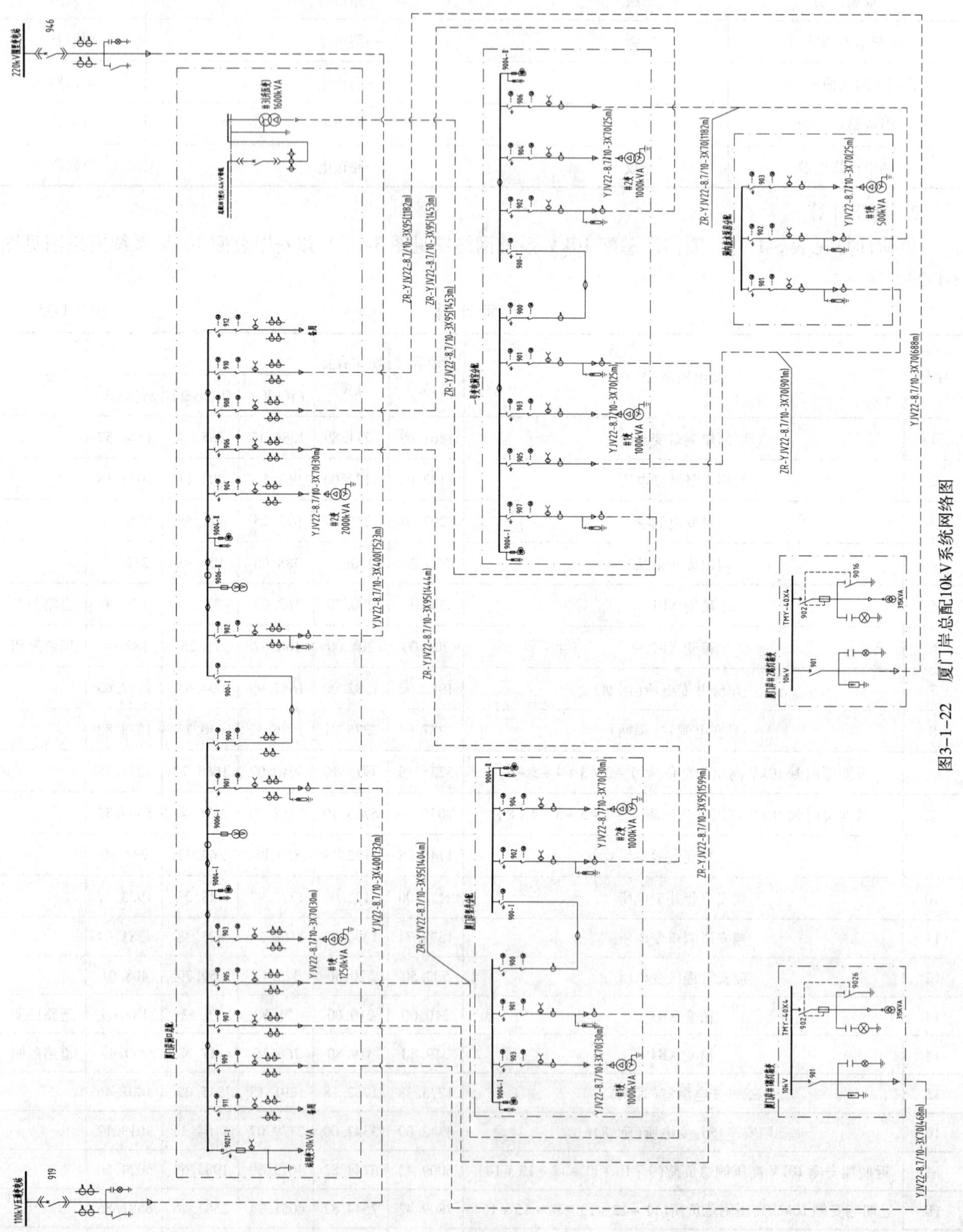

图3-1-22 厦门岸总配10kV系统网络图

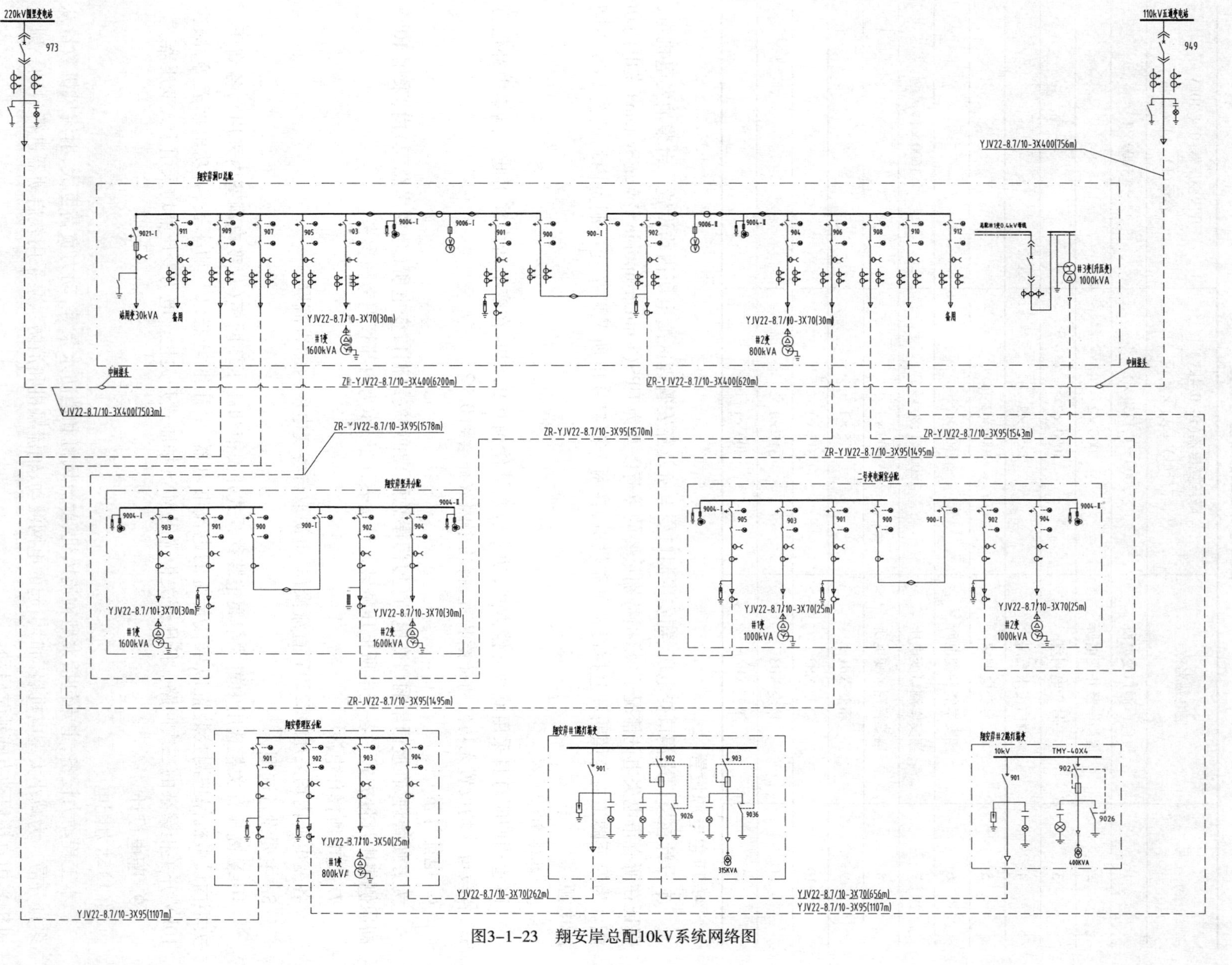

图3-1-23 翔安岸总配10kV系统网络图

3. 变压器设置台数及容量

变压器设置台数及容量见表 3-1-36。

各变电所变压器容量及数量 表 3-1-36

序号	变电站名称	降压变压器(10/0.4kV) 容量(kV·A)×数量	升压变压器(0.4/10kV) 容量(kV.A)×数量
1	厦门岸洞口变电所	2000×1,1250×1	1000×1
2	厦门岸竖井变电所	1000×2	
3	一号变电洞室	1000×2	
4	洞内废水泵房	1250×2	
5	二号变电洞室	1000×2	
6	翔安岸竖井变电所	1600×2	
7	翔安岸洞口变电所	1600×1,800×1	1600×1
8	翔安管理区变电所	800×1	
9	箱变 XB1	315×1	
10	箱变 XB2	315×1	
11	箱变 XB3	315×1	
12	箱变 XB4	400×1	

4. 应急电源设置

本设计在厦门岸洞口变电所、翔安岸洞口变电所及翔安管理区变电所内均设置一台柴油发电机组，保证在所有市电失电的情况下，承担特别重要的负荷以及为 UPS(Uninterruptible Power System)充电的功能。为保证隧道应急照明和监控设备可靠供电，在两个洞口变电所及两个变电洞室内均设置 UPS 不间断电源。

5. 补偿方式

隧道用照明灯具采用就地补偿方式，功率因数补偿到 0.9，同时在变电所内采用低压侧集中补偿方式，各段母线均设置无功自动补偿装置，将功率因数补偿到 0.92。

6. 电能计量

为方便管理，在厦门岸洞口变电所(厦门岸总配)和翔安岸洞口变电所(翔安岸总配)内，采用 10kV 高压侧集中计量方式。各变电所低压侧装设计量表计量、作为内部管理考核参考。

7. 变电所操作电源

各变电所内均采用 DC220V 直流操作，电源取自各变电所内的直流屏。

8. 主要设备选型

10kV 高压开关柜选用中置式金属铠装移开式开关柜和高压环网柜(仅变电洞室内采用)，各高压开关柜内设微机保护测控装置以取代传统的电流继电器、电压继电器以及功率表、有功电度表等，减少 10kV 开关柜繁杂的二次回路。低压开关柜选用 MNS 抽屉式开关柜。电力变压器均采用干式变压器。

9. 配电设计

(1)动力配电

本工程动力设备，主要包括大型轴流风机、射流风机和消防水泵等，动力负荷巨大，射流风机数量众多且分散。为减小大型电机启动时引起的电网波动，轴流风机和消防水泵采用软启动器进行启动。射流风机采用直接启动方式延时启动。

结合本工程射流风机负荷电流大、分支引出线多以及分期实施的特点，本工程射流风机采用插接式母线槽配电方案。由于水泵和服务隧道内风机数量少，功率较小，仍采用电缆配电方案。

(2)照明配电

隧道照明采用放射式加树干式的配电方式。照明主电缆敷设在隧道行车方向左侧电缆沟内,至照明配电箱处再分配至照明灯具,照明分支电缆敷设在隧道中部的电缆桥架上。为防止在火灾情况下对人员造成伤害,隧道内的所有电缆均采用低烟无卤阻燃或耐火铜芯电缆。

(3)监控及检修配电

为方便隧道内监控负荷的接线,在隧道内设置监控配电箱。同时设置检修插座箱以方便隧道内小型检修。

10. 变电所电力监控系统

(1)系统构成

本工程采用电力监控系统是各变电所实施综合监控管理。综合监控系统将采集到的各种信息通过光纤环网送到监控中心的监控工作站,通过计算机画面显示。当检测到参数超出正常范围或设备发生故障时,在监控计算机上发出声光报警信号,提醒监控工作人员进行事故处理。同时还可通过该系统的工作站发送控制命令对开关设备的工作状态进行控制。

在五通管理区中控室内设中央控制站1套。各变电所构成独立的子网,每个子网连接到主干通信网络上,主干网采用10/100BaseT单模光纤以太网。每个子网通过屏蔽双绞线的CAN/485总线的方式经可编程通信网关与主干通信网连接,监控计算机与通信主干网构成监控系统的上层部分。远距离室外通信采用光缆,室内短距离通信采用屏蔽双绞线。

(2)监控范围和对象

各变电所的需要监控的设备主要包括:高压开关柜、低压开关柜、变压器、柴油发电机组、直流电源屏、UPS等。在开关柜中设置电力参数测试仪表和微机继电保护测控装置,实现变电站内开关柜的继电保护、综合电力参数的测量、主开关和联络开关的监控。全部的测量值、整定值、事件和操作记录均可以通过监控计算机进行浏览和查阅。具体的监控参数如下。

①高压开关柜:

a. 进线回路:采用两/三相式微机保护测控单元,可设置限时电流速断、定时限过流,作为其出线的后备保护,可测量三相电压 V/电流 I、频率 f、有功功率 P、功率因数 $\cos\phi$ 以及开关位置信号、装置自检信号、故障信号等,可控制开关分、合闸。

b. 测量回路:采用微机测控单元,测量有功功率 P、无功功率 Q、三相电压 V、三相电流 I、功率因数 $\cos\phi$ 以及装置自检信号、故障信号等。

c. 出线回路:采用三相式微机保护测控单元,可设置电流速断、定时限过流、零序电流保护,变压器温度保护和过温报警功能,测量有功功率 P、无功功率 Q、三相电压 V、三相电流 I、功率因数 $\cos\phi$ 以及开关位置信号、装置自检信号、故障信号等,控制开关分、合闸。

②低压开关柜。进线回路、母联及电容柜:配备测控单元,采集有功 P、无功 Q、三相电压 V、三相电流 I、功率因数 $\cos\phi$ 以及开关位置信号、故障脱扣信号,控制开关分、合闸。

③柴油发电机组。配备测控单元,采集有功 P、无功 Q、三相电压 V、三相电流 I、功率因数 $\cos\phi$ 以及开关位置信号、故障脱扣信号,控制开关分、合闸。

UPS装置、直流电源屏、三相电压 V、三相电流 I、电池温度测量。

11. 防雷接地系统

10kV进出线上均设置避雷器。

供配电系统采用TN-S接地系统。在变电所、箱变附近设置接地网,其接地电阻应小于4Ω,变压器中性点应可靠接地。在隧道内,应将隧道内钢筋网在横向、纵向上焊接在一起,形成可靠的接地网,并在隧道洞口进行重复接地,接地电阻小于4Ω,隧道内灯具、风机外壳均应进行可靠接地。

1.5 消防系统

1.5.1 设计原则

本设计认真贯彻执行“预防为主，防消结合”、“以人为本”的消防工作方针，并遵循以下原则：

①针对海底隧道的特点，结合消防设计对报警系统的要求，综合考虑，确定总体方案；

②系统设计在满足系统基本功能的前提条件下，做到“安全可靠、方便使用、技术先进、经济合理”。满足使用要求的前提下，力求简单实用，节约投资；

③系统设计涉及在隧道内穿管配线、安装、预埋等一系列问题，做好与相关专业互相协调。

1.5.2 火灾报警系统

1. 概述

根据探测火灾特性及工作原理的不同，火灾探测器可分为5种：感烟火灾探测器、感温火灾探测器、感光火灾探测器、图像火灾探测器和复合火灾探测器。根据探测器感应元件结构的不同，又可分为点型和线型两种探测器。隧道不同于一般的建筑楼群，它有如下两个显著特性影响火灾检测的准确性：

①隧道中有大量的汽车通行，特别是车队通过时，其排放的废气可使隧道内局部地段在短期内形成热浪；

②当柴油车通过时，其排放的油烟可能在隧道内形成局部地段浓烟积聚。

由于隧道以上两个特性，在隧道选用感烟探测器和普通点式感温探测器都极易产生误报警；早期的铜管式和普通感温电缆式探测器由于使用效果不好，已逐步趋向淘汰；图像火灾探测器在国内隧道内无应用案例，在国外处于试点阶段。而交通事件检测系统在国内外隧道内得到了推广与应用，该系统虽然不是消防类产品，但具备了火灾探测的功能；复合火灾探测器在隧道内应用属于空白，由于受产品技术的制约，目前无应用案例，但该类探测系统发展前景不容忽视。

根据目前应用情况来看，主要选用的火灾报警系统包括：热敏合金线感温火灾探测系统、光纤感温火灾探测系统、光纤光栅感温火灾探测系统和双波长火焰探测系统四种。从整体性能上讲，四种系统各有优劣，光纤光栅感温火灾探测系统除了不受电磁干扰、体积小、无源性、防燃防爆、传输距离远、适用于恶劣环境。经多次专家论证，本工程采用光纤光栅感温火灾探测系统。

2. 系统构成

火灾报警系统由火灾报警控制器、若干个手动火灾报警按钮、感烟探测器、光纤光栅探测系统控制器、光纤光栅探头、软件及必要的附件构成。

光纤光栅探测系统主机通过RS232、RS485等通信接口与火灾自动报警控制器进行通信，将光纤光栅探测系统主机的火警、故障等信息上传至火灾报警控制器上显示，并可对光纤光栅探测系统主机进行复位。

整个报警系统全线四台火灾报警控制器由单模光纤组成环网，形成冗余网络结构。4台火灾报警控制器分别设在：1号、4号火灾报警控制器设置在五通端隧道控制室、2号火灾报警控制器设置在一号变电洞室、3号火灾报警控制器设在二号变电洞室。感温光栅在隧道洞顶悬挂敷设，手动报警按钮和雨淋阀控制箱设置在隧道壁。报警分区同灭火分区，25m一个区。每个水喷雾－泡沫联用消防系统灭火区设置一个雨淋阀控制箱，每个雨淋阀控制箱内含1个输出模块3个输入模块，用于开启雨淋阀电磁阀、监视雨淋阀压力开关动作信号、监视雨淋阀前后信号蝶阀状态。

在隧道中，光纤光栅安装在隧道顶端中部的钢绞线上，距顶部180mm。光纤光栅火灾信息处理器设在五通端隧道控制室，通过协议模块与1号、4号火灾报警控制器进行通信。光纤光栅火灾信息处理器在左右行车隧道中每250m划分为一个光通道，每个光通道中每25m为一个防火分区（光栅感温测点间距为5m，一个防火分区内含5个测点）。

3. 系统功能

①隧道火灾报警系统，应能无间隙、不间断地监测隧道内空间的温度变化情况；

②系统应有故障自诊断的能力，能连续检测火灾探测器和手动报警按钮的工作状态，报告故障准确位置，能反映系统工作正常和故障。

③火灾发生时，系统应能在火灾报警控制器上发出声、光报警信号并指示火灾报警位置。系统应能向中心计算机系统提供报警信息，及时向管理人员提供火灾报警信号，自动转至相应区段的电视摄像机画面，供值班人员确认。值班人员确认后，自动控制隧道风机按火灾排烟方案运转，控制信号灯关闭隧道，开启汽车横通道门及绕行指示标志，按预先录制的广播内容自动播放防灾疏散指挥。

④报警信号出现时，中心计算机系统应能自动记录，存储，并立即打印出报警报告。

4. 火灾报警辅助系统

隧道火灾的探测方式，一直以来，是广为探讨的问题。由于隧道火灾的特殊性，从多年来火灾自动检测系统在公路隧道的应用效果来看，不同原理的检测系统各有利弊，应用效果并不理想。因此，本工程设置了无盲区的视频事件自动检测系统，该系统具有火灾检测的功能，作为火灾报警辅助系统。

视频事件自动检测系统是利用隧道内的变焦摄像机采集的视频图像作为输入，通过对视频图像的处理分析，在图像的覆盖范围内，能够进行各种交通事件、事故的自动检测，包括火灾检测（报警类型为烟雾、能见度低）、车辆事故、车辆停驶、交通拥堵、车辆慢行、行人、车辆逆行、遗弃物等，并且系统能够实时地快速自动报警和录像，为道路的交通安全管理和道路运营提供极大的帮助。

视频检测系统是采用视频车辆检测领域国际最先进的车辆跟踪检测的技术来实现交通事件检测的功能，对固定安装和云台安装的摄像机图像都能进行交通事件自动检测。采用高端稳定的工业计算机硬件及以太网结构作为数据处理平台和网络结构，具有强大的处理能力和数据交换能力，该系统除提供强大的检测功能外还能提供强大的系统管理维护功能。

1.5.3 消防控火/灭火系统

1. 概述

对于长大隧道消防系统的选择，目前城市隧道设计规范按一类隧道考虑，应设计消防给水系统，本工程为特长大海底隧道，车流量大，发生火灾后救援难度特别大，火灾损失特别大，对此类隧道现行设计规范中尚无明确规定。因此，设计阶段通过对国际国内类似隧道消防设施的调查，应用情况如表3-1-37所示：

水喷雾、泡沫水喷雾灭火系统在国内外的应用情况　　表3-1-37

序号	隧道名称	隧道类型	隧道长度(m)	消防方案
1	上海大连路隧道	水下	总长2000，水下800	水喷雾
2	上海外环线隧道	水下	总长2000，水下800	水喷雾
3	日本北海道青函隧道	公路	5385	水喷雾
4	日本惠那山隧道	公路	8477	水喷雾
5	日本东京都新宿隧道	山岭	11000	泡沫水喷雾
6	上海翔殷路越江隧道	水下	总长2000，水下1050	泡沫水喷雾
7	上海上中路越江隧道	水下	2780	泡沫水喷雾

根据本项目的特点，结合消防系统在国内外隧道的应用情况，提出了以下三种比选方案。

方案1：隧道消火栓系统+固定式水成膜泡沫灭火装置（手动）+灭火器。

方案2：隧道消火栓系统+固定式水成膜泡沫灭火装置（手动）+水喷雾系统及灭火器。

方案3：隧道消火栓系统+泡沫水喷雾系统及灭火器。

经综合比选，本工程消防设计采用方案3，隧道消火栓系统+泡沫水喷雾系统及灭火器。本方案于2009年3月通过了厦门消防局的评审。

2. 系统构成

消防控火/灭火设施设置在主洞（左右隧道）及服务隧道，水泵房设置于厦门端及翔安端洞口建筑地面二层。消防控火/灭火设施包括：泡沫水喷雾系统、消火栓系统及灭火器，设置如图3-1-24所示。

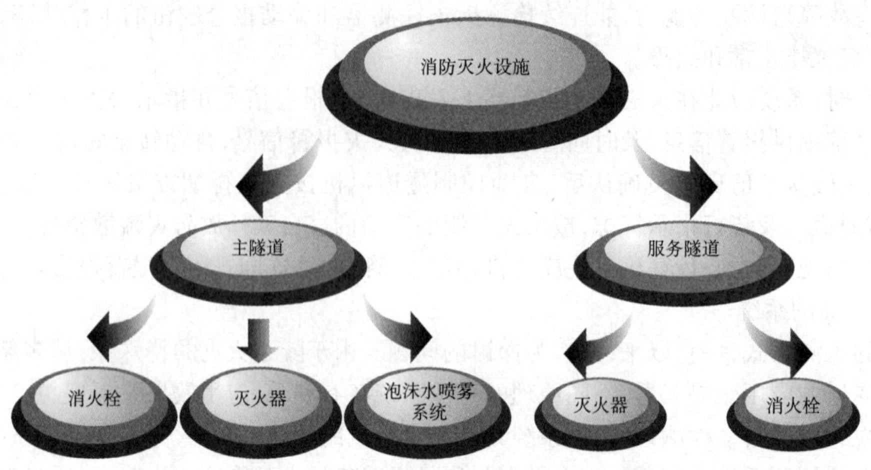

图 3-1-24　消防设施构成图

3. 消火栓系统

主隧道及服务隧道均设置消火栓系统，自五通端及翔安端消防泵房内的消火栓泵出水管上各引出两根 DN150 的消防总管，敷设在左右线隧道行车方向右侧消防管沟内及服务隧道侧壁消防支架上，全线贯通，供给每条隧道的消火栓系统用水。消火栓布设间距 50m，在消火栓总管上每隔 5 组消火栓设一只蝶阀，在总管的最高点处设放气阀，最低点处设放水阀。消火栓栓口的出水压力大于 0.5MPa 时，该消火栓采用稳压消火栓。

4. 灭火器

在每孔隧道的一侧每隔 50m 设一只灭火器箱，每只箱内放置干粉灭火器及泡沫灭火器。另外，为了提高火灾初期的现场自救能力，运营阶段在行车方向右侧检修道上增设灭火器，设置间距 25m。

5. 泡沫水喷雾系统

(1)设计基础参数

泡沫水喷雾设计强度大于 6.5L/min · m^2；

最不利点处喷头工作压力不小于 0.35MPa；

泡沫混合液持续喷射时间 20min；

喷雾持续时间 60min；

隧道同一时间火灾次数按 1 处考虑。

(2)系统构成

泡沫水喷雾系统，由消防水池、水喷雾泵组、水喷雾管网、泡沫液罐、泡沫液泵组、泡沫液管网、水流指示器、泡沫水喷雾阀组箱(含比例混合器)、泡沫水喷雾喷头等组成。

(3)消防水源

隧道洞口市政给水为消防水源，由于建地处市政给水管水压不能满足泡沫水喷雾系统消防用水压力要求，泡沫水喷雾系统消防用水由消防水池贮水经消防水泵加压供给，平时及初期消防用水由气压稳压设备或另一路市政管网提供。

(4)消防水池及泡沫液罐

厦门端、翔安端分别设置 1 座 400m^3 消防水池，消防水池有效容积为 400m^3，泡沫液罐有效容积为 4.4m^3。

(5)泡沫水喷雾喷头

行车方向左侧 7 个双喷头(单喷头流量 6.5L/s)，行车方向右侧 7 个单喷头(喷头流量 1.5L/s)。即在单个保护区 25m 的纵断面双侧共布置 14 个喷头。一旦发生火灾，可以启动两个分区共 28 只喷头。

喷头技术参数见下表 3-1-38。

喷头技术参数表　　表 3-1-38

喷头位置	工作压力（MPa）	近程流量（L/min）	远程流量（L/min）	安装间距（m）	安装高度（m）
行车方向右侧喷头	0.35	90	——	≤3.2	≤4.5
行车方向左侧喷头	0.35	120	273	≤3.2	≤4.5

单分区喷头布设示意图如图 3-1-25 所示。

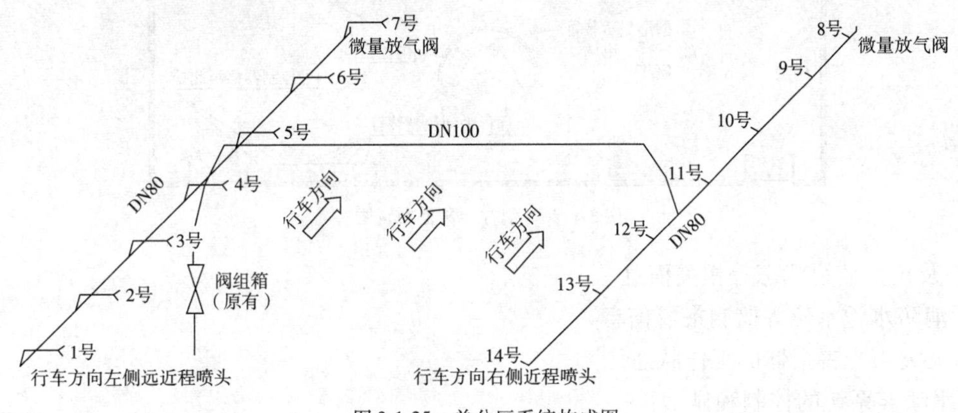

图 3-1-25　单分区系统构成图

（6）泡沫水喷雾系统控制阀组

泡沫水喷雾控制阀组是集减压平衡装置雨淋阀、比例混合器等部件于一体的标准组件，结构紧凑、操作方便，可以很好地适应隧道对系统控制的要求。雨淋阀组箱内含雨淋阀、电磁阀、压力开关、水力警铃、压力表、比例混合器、减压阀以及配套的其他组成。泡沫水喷雾系统阀组箱布设在行车方向左侧，按照 25m 间距布设。

（7）消防水喷雾及泡沫液干管

隧道水喷雾干管选用公称直径为 250mm 的内外涂环氧复合消防钢管，泡沫液干管选用公称直径为 65mm 的不锈钢管。管道敷设在左右线隧道行车方向左侧消防管沟内，全线贯通，供给每条隧道的泡沫水喷雾灭火系统。每条隧道左、右洞水喷雾管和泡沫液管均连接成环。

（8）泡沫水喷雾系统泵站

厦门端、翔安端分别设置 1 座消防泵站。与消火栓系统泵站合用。

（9）系统控制

泡沫水喷雾系统平时管网压力由气压稳压设备或市政给水管维持。发生火灾时，由感温探测器输出电信号到监控中心消控台，由消防值班人员通过摄像头监控确认后，打开相应的两组泡沫水喷雾阀组，敲响水力警铃，压力开关报警，自动启动水喷雾泵和泡沫液泵，同时相对应水流指示器动作并输出电信号，并反馈至监控中心消控台。水喷雾泵和泡沫液泵也可在泵房内手动控制启停，消防结束后手动停泵。此外，稳压设备设定有启动主泵的压力值，当系统压力降至该值时，自动启动水喷雾泵和泡沫液泵。

此外，本工程具有远程直接硬启动现场阀组箱、消防水泵、轴流风机的功能。

6. 消控台

本工程在功能提升阶段单独设置了消控台，将原中央控制台设为消防控制台，物理划分了消防控制区，将消防联动控制设备（图形显示装置、消防电话、消防广播）从监控台移至消控台，将 CCTV 系统主监视器也由监控台移至消控台。另外，将 1 号、4 号火灾报警控制器移至消控台后面、与新增的 4 台主动远程硬启动控制器放到一起。消控台平面布置图如图 3-1-26 所示。

（1）消控台系统软件功能

①火灾探测报警系统的控制和显示：

a. 显示保护区域内火灾报警控制器、火灾探测器、手动火灾报警按钮的工作状态，包括火灾报警状

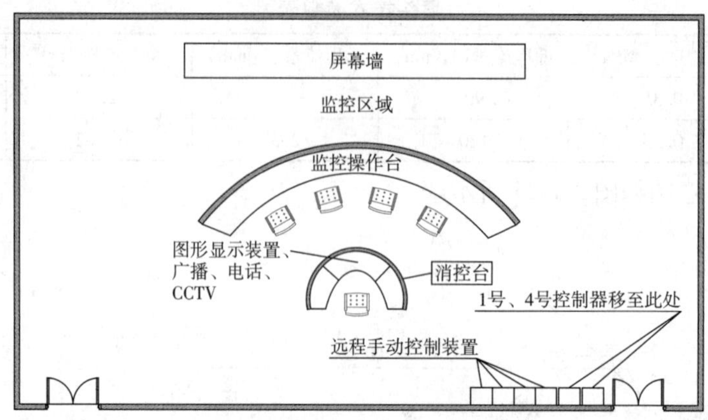

图 3-1-26　消控台平面布置图

态、故障状态及正常监视状态等相关信息。

b. 显示消防水池水位等监测报警信息。

c. 显示火灾声光警报器的工作状态。

②泡沫水喷雾系统的控制和显示：

a. 显示消防泵的启、停状态和故障状态，显示水流指示器、信号阀、压力开关等设备的正常工作状态、动作状态等信息。

b. 自动和手动控制消防泵的启、停，并能接受和显示消防泵的反馈信号。

③隧道通风系统的控制和显示：

a. 显示系统的手动、自动工作状态及隧道内排烟及送风风阀的动作状态。

b. 控制系统的启、停及电动风阀的开关，并显示其反馈信号。

④防火门系统的控制和显示：

a. 显示防火门控制的工作状态。

b. 显示防火门工作状态的动态信息。

c. 打开、关闭防火门，并能接收和显示其反馈信号。

⑤紧急电话广播系统的控制和显示：

a. 显示处于广播状态的广播分区、预设广播信息。

b. 通过手动和自动方式选择广播分区，启动或停止广播。

c. 显示广播的故障状态。

⑥应急照明和疏散指示系统的控制和显示。翔安隧道内应急照明系统在正常工况下已处于开启状态；隧道在车行和人行横洞处设置常亮疏散指示。

⑦视频监控系统的控制和显示。视频监控系统用于火灾点定位，并观察隧道内火灾发展情况、通风状况及交通组织情况。

（2）主动远程硬启动方案

①阀组箱远程硬启动方案。本工程具有远程直接硬启动现场阀组箱功能。用于火灾报警误报、或漏报时，消控人员通过在中控室消控台附近的主动远程硬启动主机直接启动现场阀组箱。

主动远程硬启动主机配置多块总线控制卡，用于对水喷雾系统（隧道每 25m 箱体内的电磁阀）进行总线控制。

每块总线控制卡上含有 12 组开关，每组开关对应一个水喷雾阀组（每个水喷雾阀组含有 1 个水电磁阀、1 个泡沫电磁阀），一对一形成映射关系。其工作原理如下：

每块总线控制卡上的开关通过现场信号总线与每组的水喷雾阀组内电磁阀控制模块进行联动编程，在逻辑上形成一一对应关系，当现场发生火灾时，能准确按下火灾位置按钮，例如：隧道内厦门端 4 号水喷雾阀组位置发生火灾，消控人员立即通过火灾画面准确判断火灾实际发生位置，按下相应按钮，对最终火灾位置处进行控火。

②水泵/轴流风机远程硬启动方案。本工程具有远程直接水泵/轴流风机控制功能。该方案为紧急情况下的另一条控制线路。水泵/轴流风机控制方案见图3-1-27。

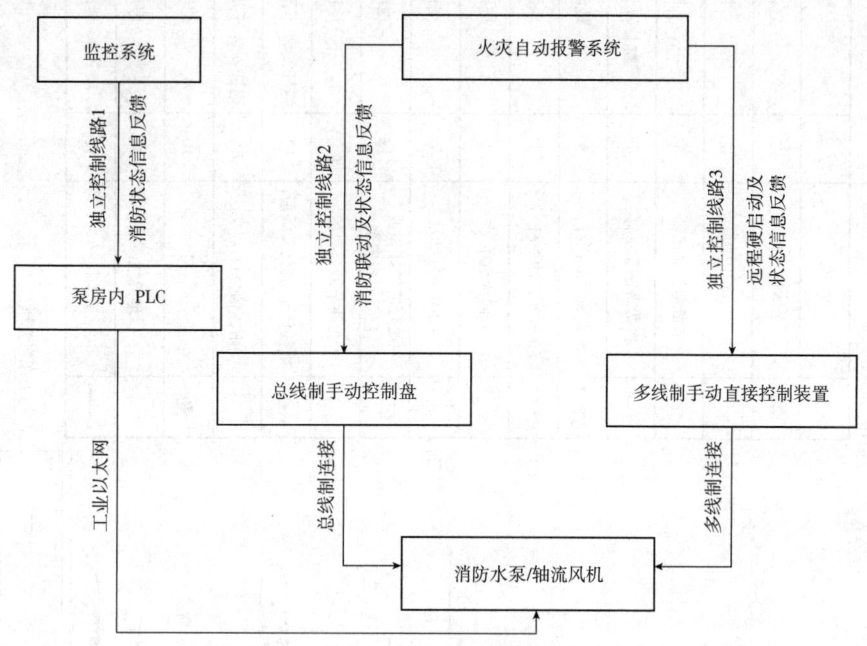

图3-1-27 消防水泵/轴流风机控制方案图

7. 灭火与救援

(1)隧道灭火

初期火灾，主要靠隧道内驾驶员和乘客操作洞内配备的灭火器及消火栓灭火或泡沫水喷雾灭火系统。

其次，由接到火灾信息的隧道管理所的消防队赶赴火灾现场灭火，再由接到火灾信息的附近地区专业公安消防队赶赴现场灭火。

(2)消防组织

根据隧道灭火情况及时间先后，隧道灭火组织可由3个梯队组成。

第一梯队：火灾最先发现者，由隧道公众组成，包括驾驶员和乘客，缺少专门消防知识，对隧道消防设施的设置和使用缺乏了解，而这些人往往是消灭初期火灾的关键。所以，有必要在进入隧道前对其进行安全教育和洞内消防设施的使用说明。

第二梯队：隧道管理所的消防队，具有专门的灭火技能，其能熟练使用隧道内设置的灭火设备。要求以最短时间到达着火点，指挥人员疏散、扑救火灾。

第三梯队：附近地区专业消防队，他们是灭火的最强力量，要求接到报警后10~15min内赶到现场。

1.6 收费系统

1.6.1 概况

目前厦门市采取“出岛收费、进岛不收费”的原则，海沧大桥、杏林大桥、厦门大桥及集美大桥均在出岛处设置收费站，对出岛车辆收费，收费方式采用年票制和次费制两种方式。

通过对厦门市收费体制的调查，结合现场地形条件，厦门翔安隧道在翔安侧设置1处收费站，共设置12条收费车道，其中包括5条年费ETC(Electronic Toll Collection)车道和7条次费MTC(Manual Toll Collection)车道，收费站广场布置如图3-1-28所示。

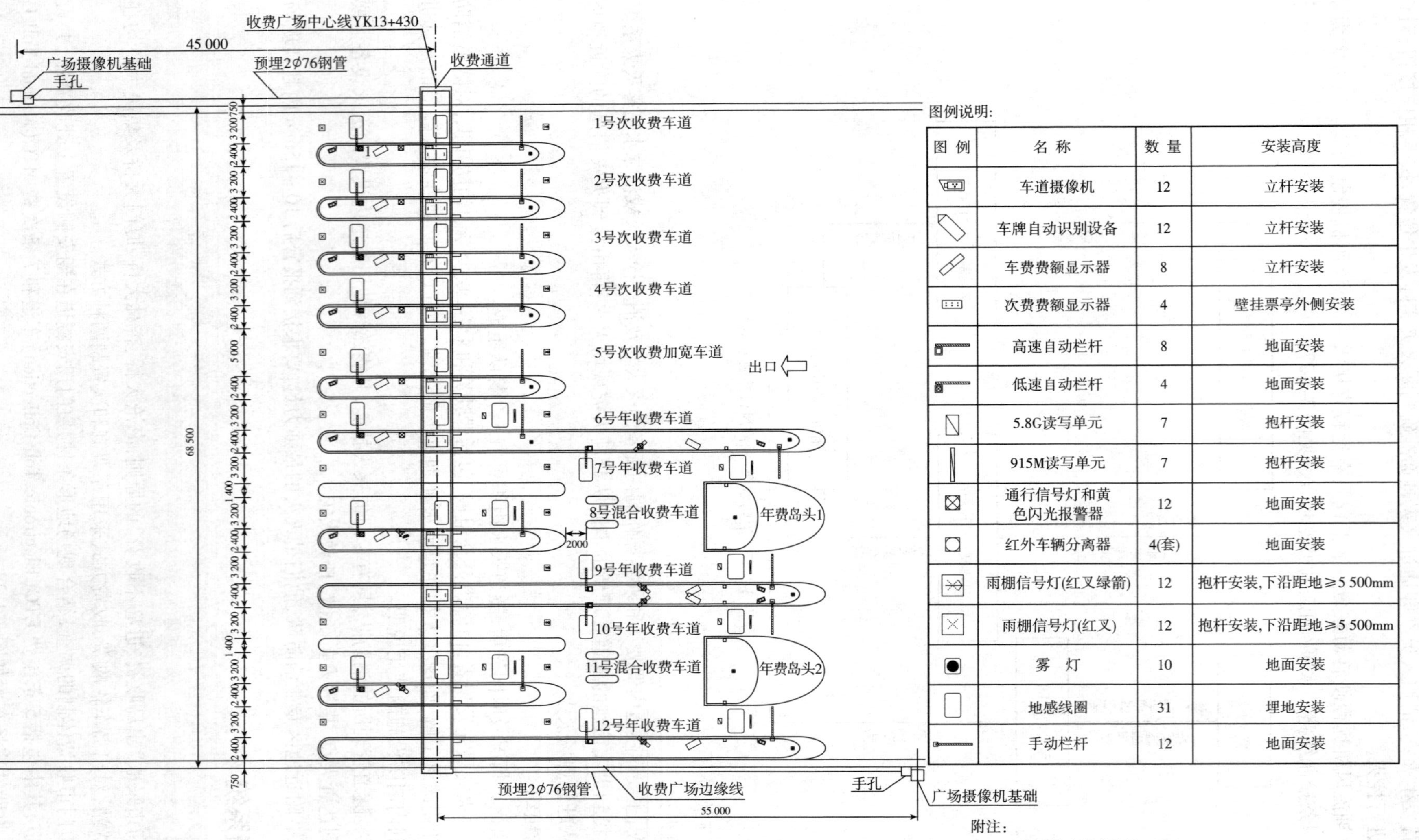

图例说明:

图 例	名 称	数 量	安装高度
	车道摄像机	12	立杆安装
	车牌自动识别设备	12	立杆安装
	车费费额显示器	8	立杆安装
	次费费额显示器	4	壁挂票亭外侧安装
	高速自动栏杆	8	地面安装
	低速自动栏杆	4	地面安装
	5.8G读写单元	7	抱杆安装
	915M读写单元	7	抱杆安装
	通行信号灯和黄色闪光报警器	12	地面安装
	红外车辆分离器	4(套)	地面安装
	雨棚信号灯(红叉绿箭)	12	抱杆安装,下沿距地≥5 500mm
	雨棚信号灯(红叉)	12	抱杆安装,下沿距地≥5 500mm
	雾 灯	10	地面安装
	地感线圈	31	埋地安装
	手动栏杆	12	地面安装

附注:

1.本图尺寸以毫米计;

2.联合接地体应与房建统一协调，如房建已设，则利用房建的联合接地体，联合接地体的接地电阻应小于1欧姆。

图3-1-28 收费站广场布置

1.6.2　管理体制

翔安收费站采用两级管理体制，即厦门市路桥管理有限公司→收费站，收费站为基层收费管理单位，直接从事收费业务。

1.6.3　系统构成

收费系统由次费收费车道设备、年费收费车道设备、收费站计算机系统、闭路电视系统、对讲系统和安全报警系统、超重治理系统、收费附属设施（传输介质、电源、设备保护系统、配电箱、控制台等）等构成。

1. 次费收费车道构成

次费收费车道设备主要包括：收费员显示器、车道控制器（含视频图像捕捉卡）、雨棚信号灯、自动栏杆、车辆检测器、费额显示器（含语音报价功能）、字符叠加器、车道通行灯、黄色闪光报警灯、手动栏杆、雾灯、收据打印机、脚踏报警开关等及所必需的附属设备、安装材料等。

收费车道设备是以车道控制器为主体，辅以一系列外围设备构成，车道控制器位于每个车道的收费亭内，大部分车道外围设备通过 RS232 和 I/O 两种连接方式与车道控制器相连。

2. 年费收费车道构成

由于厦门针对缴纳年费的车辆均已装有电子标签，本次工程年费车道采用 ETC 收费，年费车道主要由以下部分构成：

(1) 年费管理计算机

ETC 年费管理计算机主要是用来运行后台软件，后台软件包括数据接收服务程序、监控程序以及对外接口程序。通过 ETC 年费管理计算机，可把原始过车数据传至收费站的服务器。

(2) 电子标签 OBU（On Board Unit）

电子标签的主要作用是储存车辆信息，固定在缴纳年费的车辆挡风玻璃前，在车辆通过 ETC 车道时与车道天线通信并完成交易。电子标签具有标准的 ISO7816 接口，能够支持对非现金支付卡（含记账卡与储值卡）的操作。

(3) 路侧读写控制器

路侧读写控制器由微波天线和读写控制器组成，每一条 ETC 车道配置一套。微波天线是一个微波收发模块，负责调制/解调信号数据；读写控制器是控制发射和接收数据以及处理收发信息的模块。微波读写控制器以无线通信的方式，与车载机进行数据交换，采集和更新标签中的收费信息，并通过串行口与计算机通讯。

(4) 车道计算机

进行 ETC 收费计算处理、管理路侧设备的计算机。接收车道中各输入设备信号，采集车道中车辆相关的信息，并根据制定的商业规则协调控制车道中各设备的动作，同时将车道中产生的原始数据上传至站服务器，完成 ETC 车道子系统的控制功能。

3. 收费站计算机系统

(1) 网络拓扑结构

收费站局域网的网络拓扑结构采用星形模式，局域网内通过以太网交换机将收费广场上的车道控制器和收费站控制室的计算机共同构成星形结构的以太网。

收费广场配置以太网交换机用以连接收费车道计算机，收费广场以太网交换机与收费站以太网交换机之间采用光缆进行数据传输。

(2) 主要设备

包括收费站计算机、投包机、网络分析仪和收费站服务器。

在收费站控制室内设置 1 套双机热备份服务器，作为收费站数据存储点，通过 1000BASE-TX 接入收费站以太网交换机。

在收费站财务室设置投包机一台，投包机用于收费员交接班的现金缴存与管理。

在收费站控制室内设置各种功能计算机，包括收费管理计算机、财务计算机、监控计算机。

收费管理计算机实现站级统计、检索、打印报表功能，IC 卡管理功能，系统管理功能；财务计算机实现财务管理功能；监控计算机用于图像监控和管理。站级各类计算机必须由有相应身份卡的操作人员登录方能操作。

4. 闭路电视系统

收费闭路电视系统用于收费管理人员对收费广场的交通流、收费员对车型、车种判别情况以及收费员与驾驶员对话进行直观的监视。

在收费站设置闭路电视监视系统，所有收费车道、收费亭和收费广场摄像机视频信号通过视频光端机统一传输到收费站进行监控。

收费站闭路电视系统由视频切换矩阵、数字硬盘录像机、视频分配器、监视器等组成。收费广场所有视频信号均上传至收费站监控室，经视频分配器分出三路，一路传至硬盘录像机进行全天候录像；一路在监视墙上一对一显示；另外一路进入视频切换矩阵并切换出 1 路图像在主监视器上显示。

收费闭路电视系统由前端设备、传输设备、存储控制设备三部分组成。前端设备包括广场摄像机、收费亭内摄像机、视频数据叠加器、视频分配器等；传输设备包括视频光端机等；存储控制设备包含视频切换控制矩阵、数字硬盘录像机、彩色监视器等。

5. 内部对讲和安全报警系统

(1)内部对讲系统

在收费站配置 1 套内部有线对讲系统，用于站值班员与收费亭内的收费员直接通话。

(2)安全报警系统

收费站收费亭内均安装脚踏报警开关，报警信号通过光缆传输到收费站报警主机。

收费站车道特殊事件(紧急车、免费车、冲关车等)产生的报警信息上传至视频控制矩阵的报警接口，将触发视频切换控制矩阵自动切换相应的图像在主监视器上显示。

6. 超重治理系统

(1)高速称重系统构成

动态称重站：由传感器、线圈检测器和高/中速称重数据分析站组成。

摄像机系统：用以抓拍超载车辆的外形图像。

牌照识别系统：抓拍通过车辆的牌照并自动识别。

光补偿器：与摄像机配套，用于摄像机在光线不足时拍摄。

报警显示系统：由超限情报板、声光报警指示、有线广播装置组成，当车辆载重超限时，对超载车驾驶员发出警告。

(2)低速静态称重系统构成

低速静态称重站：由称重传感器、检测线圈、电子装置等组成，执行高精度称重。

称重显示牌：用于显示车辆超载的违规类型，“超重”或指引标志或两个同时显示等信息。

蜂鸣警报器：当被测车辆有超重违例时，发出警报声，配合显示牌由执法人员进行执法。

交通信号灯、小型可变情报标志：用于控制车辆的通行。

栏杆机：用于车辆放行。

带云台彩色摄像机、有线广播：监视静态称重状况并协助管理现场。

(3)称重系统的平面布置

本项目超重治理系统布置如图 3-1-29 所示。

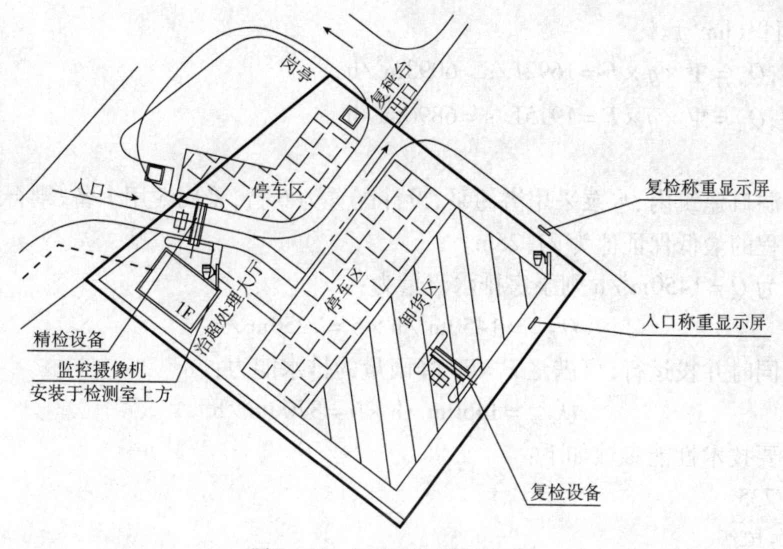

图3-1-29 超重治理系统布置图

1.7 抽排水系统

1.7.1 概况

根据海底隧道特点，考虑隧道纵坡为V字形坡，因此，本隧道设置3处排水泵站，即在两端洞口分别设置一处排雨水泵房、隧道最底处设置一处排废水（渗水）泵房。

1.7.2 五通端洞口雨水排水设计

1. 洞外排水系统

通过洞顶截水沟、洞顶两匝道的路面横向截水沟将洞门以上范围的雨水拦截并流进两匝道最外侧辅道的雨水管，并最终汇入五石路排水暗涵。

2. 隧道洞口截流系统

五通端洞口左右线均设置二道明截水沟（宽60cm）、一道暗排沟。服务隧道设置桩号为：NK6+540.4。明截水沟采用C45混凝土现浇、利用桥梁伸缩缝改造，截水沟端部均设置沉砂井。

3. 集水池

翔安端集水池设计容积可以满足不小于10min的雨水储存能力，根据现场场地的布置情况设置为1500m^3。

服务隧道两侧集水池之间的过水通道，设置6根DN500的整体铸铁管，设穿墙套管。

4. 五通端泵房

（1）设计流量

五通岸引道段ZK6+170～ZK6+540路堑长约370m，其中ZK6+170～ZK6+296长127m，纵坡1.221%；ZK6+296～ZK6+540长243m，纵坡2.86%。其汇水面积约为4.145hm，其中绿地面积1.06hm。

隧道洞外集水池容积暴雨强度采用厦门地区暴雨强度公式为：

$$q = 1432.348 \times (1 + 0.582 \times \mathrm{Lg}P) / (t + 4.56)0.633 \qquad (3\text{-}1\text{-}16)$$

式中：q——暴雨强度（$L/s \cdot hm^2$）；

P——暴雨重现期（年）；

t——降雨历时，$t = 5.7$min。

雨水设计流量Q_R：$Q_R = \Psi \times q \times F$；

式中：Ψ——迳流系数（Ψ绿地$=0.15$，Ψ道路$=0.9$）；

F——汇水面积(hm^2)。

当 $P=20$ 年时,$Q_R=\Psi\times q\times F=1692L/s=6093m^3/h$;

当 $P=50$ 年时,$Q_R=\Psi\times q\times F=1915L/s=6896m^3/h$。

(2)水泵设置

泵房设在隧道洞口建筑内,水泵采用潜污泵,设计配置为6台,采用5用1备,耦合式安装。

经计算水泵扬程的最低保证值为21.25m。

单台水泵流量为 $Q=1450m^3/h$ 则泵房排水流量为:

$$Q_{系统}=1450m^3/h\times5=7250m^3/h \tag{3-1-17}$$

当6台潜污泵同时并投运行,可满足 $P=50$ 降雨量的排水能力:

$$Q_{系统}=1450m^3/h\times6=8700m^3/h \tag{3-1-18}$$

主潜污泵的主要技术性能参数如下:

型号:NP3321/735

水泵叶轮级数:单级

设计流量:$Q=1450m^3/h$

设计扬程:$H=25m$

水泵效率:≥80%

水泵吸水口的最小淹没深度:≥0.50m

水泵(喇叭管)吸入口高程:根据安装固定方式,略有差异。

配套电机型号:专用配套高性能潜水电机

配套电机功率:140kW

配套电机电压:$U=380V$

配套电机转速:$n\leqq985r/min$

防护等级:IP68/H

5. 排水管道

水泵出水管汇集后经DN1000管道引入约140m远的洞顶消能池(2×5m),最终排入环岛路市政排水干管(ϕ1200)。

排水管采用DN1000铸铁管,管道内外均涂高分子树脂防腐涂层。

1.7.3 翔安端洞口雨水排水设计

1. 洞外排水系统

明洞顶回填采用反坡,即雨水不向洞门汇集。长距离的深路堑通过边坡截水沟将路面水和部分边坡水截留并流入明洞顶的排水系统。

2. 隧道洞口截流系统

翔安端洞口左右线均设置二道截水沟(宽60cm)、一道暗排沟。服务隧道设置桩号为:NK12+600.6。明截水沟采用C45混凝土现浇、利用桥梁伸缩缝改造,截水沟端部均设置沉砂井,截留雨水引入集水池。

3. 集水池

翔安端集水池设计容积可以满足不小于10min的雨水储存能力,根据现场场地的布置情况设置为1800m³。

服务隧道两侧集水池之间的过水通道,设置6根DN500的整体铸铁管,设穿墙套管。

4. 翔安端泵房

(1)设计流量

翔安岸ZK13+180~ZK12+585引道段路堑长约595m,其中ZK13+180~ZK13+120长50m,纵坡1.95%。ZK13+120~ZK12+585长535m,纵坡2.9%。其汇水面积约为5.874hm,其中绿地面积2.0hm。

隧道洞外集水池容积暴雨强度采用厦门地区暴雨强度公式：

$$q = 1432.348 \times (1 + 0.528 \times \mathrm{Lg}p) / (t + 4.56) 0.633 \tag{3-1-19}$$

式中：q——暴雨强度（$L/s \cdot hm^2$）；

P——暴雨重现期（年）；

t——降雨历时，$t = 7.7\mathrm{min}$。

雨水设计流量 Q_R：$Q_R = \Psi \times q \times F$；

式中：Ψ——迳流系数（Ψ 绿地 $= 0.15$，Ψ 道路 $= 0.9$）；

F——汇水面积（hm^2）。

当 $P = 20$ 年时，$Q_R = \Psi \times q \times F = 1692L/s = 7020m^3/h$

当 $P = 50$ 年时，$Q_R = \Psi \times q \times F = 1915L/s = 7495m^3/h$

（2）水泵设置

泵房设在隧道洞口建筑内，水泵采用潜污泵，设计配置为 6 台，采用 5 用 1 备，耦合式安装。

水泵扬程的最低保证值为 26.33m。

单台水泵流量为 $Q = 1750m^3/h$，则泵房排水流量为，

$$Q_{系统} = 1750m^3/h \times 5 = 7750m^3/h \tag{3-1-20}$$

当 6 台潜污泵同时并投运行，可满足 $P = 50$ 降雨量的排水能力为，

$$Q_{系统} = 1750m^3/h \times 6 = 10500m^3/h \tag{3-1-21}$$

主潜污泵的主要技术性能参数：

名称：潜污泵

型号：NP3400/805

数量：6 台（5 用一备，耦合式安装）

水泵叶轮级数：单级

设计流量：$Q = 1750m^3/h$

设计扬程：$H = 28.5m$

水泵效率：≥80%

水泵吸水口的最小淹没深度：≥0.75m

水泵（喇叭管）吸入口高程：根据安装固定方式，略有差异。

配套电机型号：专用配套高性能潜水电机

配套电机功率：180kW

配套电机电压：$U = 380V$

配套电机转速：$n \leqq 990r/min$

防护等级：IP68/H

5. 排水管道

水泵出水管汇集后经 DN1000 管道引入洞顶消能池（2×5m），再排入海里。排水管采用 DN1000 铸铁管，管道内外均涂高分子树脂防腐涂层。

1.7.4 洞内废水排水设计

1. 设计流量

设计流量按隧道实测渗水量 $625m^3/h$ 考虑。

2. 废水池

洞内废水池设于隧道最低处（NK9 + 105），废水池容积除考虑储存隧道渗水外还需考虑服务隧道内 DN1000 供水管发生破裂时 2000m 长管段内水泄入废水池的量。

3. 水泵设置

废水泵房设于洞内废水池上，水泵采用卧式不锈钢潜水泵，设计配置为 11 台，采用 3 用 8 备。

水泵扬程的最低保证值为101.736m。

单台水泵流量为$Q=250m^3/h$则泵房排水流量为,

$$Q_{系统}=250m^3/h\times3=750m^3/h \tag{3-1-22}$$

主潜水泵的主要技术性能参数如下:

名称:316L不锈钢(卧式)多级潜水泵

型号:350QCJ250-46×3

水泵叶轮级数:3级

设计流量:$Q=250m^3/h$

设计扬程:$H=138m$

水泵效率:80.2%

水泵吸水口的最小淹没深度:≥0.50m

配套电机型号:专用配套高性能潜水电机

配套电机功率:160kW

配套电机电压:$U=380V$

配套电机转速:$n\leqq2900r/min$

防护等级:IP68/H

4. 排水管道

泵房主机设备的排水汇集后经沿服务隧道敷设的排水管引至隧道洞口方向,并直接向外部延伸至废水消能水池、经市政排水管函汇入大海。

废水泵房至隧道洞外共设置了3条排水管道,五通洞口方向设2条,翔安洞口方向设1条,采用2用1备方式以满足故障状态及检修工况时的排水需要。

排水管采用DN400钢管,管道内外涂高分子树脂防腐涂层。

1.7.5 水泵配电及控制

1. 配电

(1)两侧洞口雨水泵:由两侧洞口变电所低压柜水泵专用回路馈出电缆,沿场区内的1.2m×1.2m隐蔽式电缆沟引至洞口建筑顶层电缆入孔后,再沿建筑内的电缆竖井敷设至底层接入各水泵动力柜。

(2)洞内废水泵:由厦门侧的一号变电洞室低压柜水泵专用回路馈出电缆,沿服务隧道内的电缆支架敷设引入洞内废水泵房,接入各水泵动力柜。

2. 控制

排水泵房各设置一套一体化超声波液位计和PLC控制器,水泵根据检测水位自动开停,其运行、停止、故障信号传输至PLC控制器。泵房PLC控制器通过光纤接入隧道现场以太网控制通信网,实现翔安隧道管理中心对排水泵房水位和水泵的监视和控制。

本设计中采用的每台潜水泵的配套控制都基本具备:

①配套就地潜水电机引出电缆(防水、隔爆增安型)接线端子箱及各类保护测控模块的内置接口;

②配套独立软启动的就地现场控制柜,含基本的现场启/停控制、运行状态与保护控制监测的显示和人机界面,紧急停机、支持远程测控通讯与运行维护管理;

③系统集成控制与各类数模组件,含流体测控相关配套的超声波液位传感器、压力变送传感器、自动阀门执行控制传感器、PLC控制器、测控采集模块、信号控制不间断备用电源,工控机与集控柜等。

【本章主要编写人员】:黄小明 闵 泉 周 健 刘相华 王小军 郭兴隆 吕 斌 杨 军 邓 敏 邹小春 曹 琼

第2章　机电工程建设管理及施工组织

2.1　机电工程管理及总体施工组织设计概述

2.1.1　机电工程项目构成及概述

厦门翔安隧道机电工程主要包括：通风系统及配电工程、照明系统及配电工程、监控通信收费系统及配电工程、隧道抽排水及配电工程、隧道消防及配电工程，共划分为六个合同标段（其中消防划分为两个合同段）。

2.1.2　前期工作

1. 及早成立机电工程项目部

由于以往工程机电工程项目部成立并进入现场的时间已经是整个工程的后期，而机电工程相关人员在介入之前对主体工程情况的了解仅仅局限于施工图，对前段主体工程的进度和现场情况并不了解。这就给机电工程，甚至是主体工程的实施形成了诸多弊端。如：预留预埋、工程界面的区分、因部分主体工程滞后，造成后期机电工程临时调整工序而影响整个工程的进度等互相埋怨和扯皮的情况。虽然通过部门之间的协调，以及工序调整等措施，最终可保证工程的实施和通车，但还是造成通车后整改、验收拖后等负面影响。

厦门翔安隧道的机电工程位于盐雾侵蚀严重的海平面以下，具有建设规模大、技术难度高、工程界面复杂等特点。为保证工程的顺利开展和实施，吸取以往的经验和教训，业主在工程前期项目机构建立之际就同步成立机电工程项目部。使得机电工程能够贯穿于整个工程之中，在工程前期可以配合主体工程进行辅助配套等工作，同时可以随时了解工程的进度和现场情况，为后期机电工程做好铺垫和准备。在工程后期，在做好自身机电工程基础上，可以起到整个工程的清道夫和收尾的作用。这样不仅可以使机电工程无接缝的融入整个工程之中，而且可以使整个工程实现更深程度的“交流通达”的作用。对于及早成立项目部也是机电工程本身的要求，项目部的工作除现场管理之外，对整个复杂的工程系统进行有效的规划是一项繁重而重要的工作，也是工程顺利进展的保障。另外，机电工程前期与相关单位和部门的及时沟通和协调，与设计方面的工作密切相关，对整个工程影响重大。

2. 及早成立机电工程监理组及管线组

由于机电工程的大部分项目在整个工程的后期展开实施，所以不仅要处理好机电工程与主体工程的协调，而且也要处理好机电工程内部各项目间的协调关系。由于隧道作业面交叉复杂，交通流向狭窄，光照条件较差等原因，所以更要加强项目管理力度，保证施工的安全、质量和进度。

机电工程有自身的专业特点，按照专业划分，将会有若干个施工单位承担厦门翔安隧道机电工程的施工，各单位所承担的工程将通过相应的控制管理软件而结合。在工程后期，各施工单位将会在海底隧道集中的空间段和时间段进行24h连续作业，难免会发生工作界面和施工工序的争执和纠纷。所以为保证工程的安全顺利实施，必须加强业主对施工单位的管理力度，加强施工单位之间的协作，从而保证工程的质量和进度。

厦门翔安隧道机电工程是一项复杂的系统工程，由于工程专业性的要求和作业面的局限，仅有业主项目部的管理是不够的。所以及早成立机电工程监理组，并且由专业队伍实施预留预埋等工作是必须的。如果像以往工程那样，仅由主体施工和监理单位负责预留预埋的实施和监理工作，到工程后期再和机电工程施工和监理单位进行中间交工，难免会产生漏埋错埋，再行返工等情况，在中间交工中会产生互相扯皮埋怨，而且冗长的中间交工过程占用了宝贵的作业时间，将会影响工程的质量和进度。如果发生上述漏埋错埋等情况，难免要在主体工程上进行切割补埋等工作，将会影响主体工程结构。这对于厦门翔安隧道而言，是绝对不允许的。由于预留预埋等工作对于主体工程的施工和监理单位仅是一项很小的辅助配套工作，并且不会对自身主体工程产生太大的影响。所以在主体工程施工中不会将预留预埋等工序作为重点工作来安排。采用专业队伍和机电工程监理共同实施上述工作可以提高预留预埋等工作的质量和精度，而且可以避免中间交工中扯皮埋怨的情况，争取到后期工作中宝贵的时间。并且由于参与了前期监理工作，在机电工程全面展开时，监理人员对现场情况已经很熟悉，可以立即发挥监理效用，配合项目部更好地实施工程监理和管理。这对于机电工程的顺利实施和保证整体工程的进度将会起到重要的作用。如果按照惯例监理在机电工程招标后再进场，那么监理对整个工程和现场情况的了解是很局限的。那必须要花费相当的时间才能融入工程中，发挥作用，这对于本来工期就很紧张的机电工程来讲是很不利的。

3. 重视专题科研，加强职能部门沟通

厦门翔安隧道机电工程涉及领域较广，牵涉到与航空、航海、电业局、水务集团、消防部门、气象局等相关部门的协调工作。如：仅在隧道消防工程方面，就需要在初步设计、施工图设计、消防设备报备、交工验收等阶段将相关资料报审消防部门，请消防部门审批、验收。在初步设计和施工图设计阶段，就应增进和加强与相关部门的沟通，这样在交通工程初步设计、施工图设计、施工过程等阶段不仅可以及时了解和吸收最新的行业规范，并将其运用到工程之中，而且可以增进和加强与各部门的互动，大大有利于工程的实施和验收。

机电工程是一个新兴的行业，随着经济的发展，机电工程在公路交通行业发展迅猛，技术、规范更新较快。国内的长大隧道多处于山岭高速，而厦门翔安隧道是城市交通主干道，交通流量大、设计标准高，因此机电工程的设计和运营与山岭隧道有着很大的差别。所以更应该加强学习考察，进行科研专题，并与相关部门保持联络沟通，及时获取最新的行业标准，运用于工程之中。厦门翔安隧道是国内第一条海底隧道，不仅要将新技术、新工艺运用于主体工程，更要将新技术、新产品和新流程运用于机电工程。这样不仅能够进一步保证厦门翔安隧道的安全运营，而且可以提高整个工程的质量和档次。

2.1.3　初步设计（含扩大初步设计）和施工图设计阶段

1. 积极组织技术研讨会，主动吸取良好建议

厦门翔安隧道是国内第一条海底隧道，机电工程的设备选型和规模设置对今后隧道的安全运营起着至关重要的作用，海底隧道建成后，将成为国内相类似工程的示范性工程。所以，业主不仅增加了机电工程扩大初步设计阶段，还邀请在国内、外相类似隧道工程具有丰富经验的美国柏诚、香港奥雅纳公司、日本隧道技术团对机电工程初步设计、扩大初步设计进行咨询工作。并且请福建省交通规划设计院和上海市隧道工程轨道交通设计研究院联合体进行该阶段的设计监理工作。

作为国内第一条海底隧道，厦门翔安隧道建设意义重大。机电工程应该作为厦门翔安隧道工程的亮点，在建设水平和质量层次上要体现国际、国内领先水平。业主组织设计院与相关咨询单位召开了多次技术交流和研讨会，有针对性地逐步将咨询公司的意见和建议纳入扩大初步设计之中。在扩初阶段，业主组织设计院和咨询公司完成了多项专题研讨，如厦门翔安隧道机电工程主要设备选型、投资控制；通风供电和照明调光等重点耗能系统计算分析和建议；厦门翔安隧道防灾、消防专题及节能、环保专题等。并且完成了厦门翔安隧道消防系统设计、22万伏高压电缆过海底隧道、厦门翔安隧道供配电等专题审查工作。在满足设计规范要求前提下，将成熟的新技术、新理念运用于交通机电工程中。并根据当时市场价格及厦门翔安隧道的特殊性，修编了相应部分的概算。为下阶段施工图设计和工程实施奠定了坚实的基础。

2. 运用全寿命周期理论和新型控制流程

机电工程相比于土建工程有一个显著的区别，即机电工程的设备采购量占工程总量的比率较大，而采购设备的档次在很大程度上不仅决定了系统运行的可靠性和稳定性，也决定了机电工程质量的高低。在国内首条6.05km的海底隧道中，保证设备和系统的安全正常运营是至关重要的（如：海底隧道照明系统、通风系统、消防救灾系统等必须保证24h无故障正常运行），否则将会造成重大的安全隐患。而现行机电工程的设计大多沿用山岭高速公路的规范，技术标准偏低，而且又受到工程概算和限额设计的约束，

机电工程的设计在某些部分并不能很好地满足厦门翔安隧道的要求。所以,为保证系统的安全正常运行,机电工程在系统设置过程中运用了全寿命周期理论。即系统和设备寿命周期成本 = 建设成本 + 运营使用成本。当全寿命周期成本最小时,系统设置才是最优化的。在机电工程设计和招标阶段,就将建设成本和运营使用成本综合考虑,保证采购设备的品牌档次和质量,从而保证系统设备的安全可靠性,节约运营成本。否则,若采用的设备经常出现故障,不仅需要经常维修更换,增大运营成本,而且将会降低系统运行的安全可靠性,出现交通事故隐患。

机电工程的发展,不仅体现在设备的更新换代,也体现在控制管理流程的不断进步和优化。如果仅是将一堆优秀的设备堆砌在一起,也不能形成一个良好的机电工程控制系统。所以只有建立全面的适合厦门翔安隧道自身要求的控制流程,有机地将这些设备串联起来,才能够实现对厦门翔安隧道安全有效的运营、控制和管理。

2.1.4 工程实施管理阶段

1. 集中办公、统一管理,提高工程管理效率

厦门翔安隧道机电工程标段划分专业化,各标段之间需要互相协调、衔接。所以,业主对各机电工程标段和监理驻地进行了总体规划和整体化管理。厦门翔安隧道各机电标段管理人员和监理驻地由业主统一提供(每家单位约500m^2 活动房),业主机电工程管理人员在监理驻地设置办公室。进行集中区域办公,不仅方便了业主和监理的管理工作,而且方便了各机电工程标段之间的互相沟通和协调,大大提高了工程管理和实施效率。另外,由于厦门翔安隧道机电工程需要从两岸同时推进,所以业主要求各机电标段必须在隧道两岸分别设置施工驻地和堆场,提高了施工进度和效率。

2. 结合现场实际情况,开展机电工程联合设计和审查工作

由于厦门翔安隧道机电工程设计周期长,专业分工细致,图纸和工程现场不可避免地会出现局部脱节的情况。所以,在确定各机电工程承包人后,由业主组织各单位结合工程实际情况进行联合设计和审查工作是必须的。

厦门翔安隧道机电工程主要由三大系统(监控、通信、收费系统)、通风系统、照明系统、消防系统、隧道抽排水系统、供配电系统等组成。业主在以上标段承包人确定后,立即组织上述标段进场踏勘、设计单位设计交底、各标段技术交流等工作,为联合设计工作做好充分的准备。经过充分的准备工作后,业主根据各机电标段不同的特点,邀请了国内、外相关专业的专家,各相关主管部门等,分别组织了上述机电标段的联合设计和审查工作,并通过了联合设计图纸,作为施工阶段的设计文件。通过这个阶段,不仅将图纸和现场进行了良好结合,而且将机电工程各标段进行了良好衔接,并且各承包人之间也建立了良好的关系,极大地促进了机电工程的实施工作。

3. 预留预埋内部中间交工,保证机电工程及时顺利展开

在隧道主体工程实施过程中,业主已经及早成立机电工程监理组,采用专业队伍实施预留预埋等工作。在机电工程各标段承包人进场后,业主组织对已完成预留预埋工程的梳理,分专业将上述预留预埋工程向各机电单位及时进行移交。通过移交工作,使管线组和各机电单位建立了沟通渠道,为下阶段预留预埋打好基础。从工程实践证明,专业性实施预留预埋不仅工程精度高,而且保证了机电工程及时顺利展开。

4. 实行例会制度,保证工程协调力度和深度

厦门翔安隧道机电工程虽然经过了施工图设计和联合设计工作,但是在现场工程实施时,不仅机电工程和主体土建工程之间,而且各机电工程之间需要及时的协调工作,才能够保证工程的顺利推进。所以,建立定期的例会制度和不定期的专题协调会制度是必须的。

厦门翔安隧道机电工程各标段承包人进场后,每月底由机电监理单位组织召开月工地例会。不仅业主机电项目部和总监办参加,而且邀请隧道业主项目部和监理单位参加。月工地例会不仅可以让与会各方全面了解主体工程和机电工程进度,而且可以定期解决机电工程内部,以及与主体工程之间需要协调衔接的问题。每周初,机电项目部将组织监理和各机电承包人进行内部周例会,主要是对上周工作总结

和对本周工作布置会议。另外,不定期的小型专题协调会是必不可少的。厦门翔安隧道机电工程在工程实施过程中组织召开了不下十数次的专题协调会(如竖井轴流风机预埋件、10kV 永久供电电源走向、服务隧道抽排水管与水务集团供水管工序衔接等),通过会议及时解决了施工过程中的问题,为工程顺利开展提供了很好的保障。

5. 主要设备、材料实行驻厂监造、出厂检测及首件鉴定制度

厦门翔安隧道机电工程是由众多设备通过硬件和软件连接起来的,所以主要设备的选型和材质对于机电工程的质量是至关重要的。业主和监理单位要求对各机电标段主要设备实施驻厂监造工作,严格实施承包人自检和监理抽检制度,从源头上保证设备的质量。对于大宗设备和材料,严格执行首件鉴定制度,只有首件鉴定合格的设备、材料才允许厂家批量生产,部分特殊设备、材料由业主组织的指挥长会议讨论通过。从工程实施情况总结,上述制度确实不仅保证了主要设备、材料的质量,而且保证了厦门翔安隧道机电工程的质量。

6. 安装示范段,总结施工工艺,指导规模施工,打造精品工程

厦门翔安隧道机电工程系统复杂,涉及隧道工程的多个专业领域,各标段同时在洞内作业,交叉施工非常严重。在洞内有限的作业空间,如何发挥各个专业的优势创造出最有利的安装条件,对于整个机电工程的安装质量和进度就显得尤为重要。

机电项目部通过与设计、监理、施工等单位多次研讨,最终决定在右线隧道距离洞口 200m 及 400m 处安装两段示范段作为比较,示范段集中了三大系统、通风系统、照明系统等几大系统的设备,并组织专业人员对两个示范段进行现场检测,以比较两个示范段的优劣。通过示范段的安装,各标段施工人员总结施工工艺,对存在的问题及时调整施工方案,为后续机电工程大规模施工的顺利开展奠定了基础。同时,通过示范段的检测,及时调整各项参数,打造精品工程,为整个机电工程顺利通过验收提供了先决条件,避免了整个机电工程施工完成后才发现验收存在的问题,花费大量人力、物力进行整改。

2.1.5　施工组织

1. 驻地建设

厦门翔安隧道机电工程,主要由:通风系统、照明系统、三大系统(监控、通信、收费系统)、隧道抽排水系统、消防系统、供配电系统等组成。在确定各机电工程承包人后,业主立即组织各标段承包人按照招投标文件要求筹备建立项目经理部,要求各标段承包人项目经理、项目技术负责人、质检工程师、安全工程师、试验工程师、合同管理员、计划统计员、项目财务及各专业工程师等按合同要求时间到位。同时要求各标段承包人用于工程施工的一切施工机械,必须类型齐全、配套完整,并按投标文件中承诺的施工机械设备计划严格执行。

各标段承包人进场后,业主组织监理单位一起在指定时间对各标段承包人进行履约检查,主要检查各标段承包人人员到位、施工机械、办公设备、生活设施等是否符合招投标文件。履约检查不合格的承包人,由监理单位按招投标文件相关条款下发书面处理意见,待承包人整改后,业主将组织监理单位对该承包人进行履约复查。

2. 质量控制

要求各标段承包人建立以项目经理为第一责任人的质量保证监督组织机构,制订总的项目质量控制计划,制定联合设计、工厂考察与监造、施工安装、测试等阶段的质量保证监督措施,明确对各阶段的检查验收及测试方法和标准,以确保在项目实施的各个阶段均能得到有效的质量控制,所有的质量控制过程均有相应的文件和质量记录。

在大规模施工之前,要求各标段承包人结合现场组织示范段安装,通过示范段安装总结施工工艺,指导后续大规模进场施工。在施工过程对参加施工的人员不断进行业务技术培训,提高全员素质,推行专业化施工,保证施工质量和统一工艺标准。

3. 设备与材料

厦门翔安隧道机电设备、材料的生产厂家至少要有 3 年制造这种设备、材料的经验,并于过去 3 年内

在本项目相类似工程中投入使用,并可靠运行至今。要求各标段承包人在设备、材料采购时,详细了解生产厂商的业绩、信誉、供应能力、提供产品的质量和性能、相关检测报告、质量证明、社会使用效果、产品价格等,认真选择供货厂商,采购按照招标文件和设计文件。为确保厦门翔安隧道工程质量,实行业主代表、监理工程师、承包人代表对厂商进行工厂考察和监造制度。

设备、材料的及时供应是确保工程顺利开展的关键。要求各标段承包人充分利用信息管理系统编制与施工计划相对应的月、旬、周、日物资供应计划,提前组织物资供应,积极督促设备、材料供货商及时供货。并要求各标段承包人在两岸设置仓库,所有设备、材料必须在大规模抢工前到场,确保工程施工需求。

4. 进度控制

根据厦门翔安隧道工程的总工期计划要求,要求各标段承包人制定各阶段的进度实施计划。根据业主与监理单位批复的项目计划,对项目实施过程中的各项任务进行动态管理。在实际的施工过程中对进度进行监测、控制和调整,确保按时完成指定的进度目标。在工程进度因各种原因受阻或受限时,及时提出解决办法,并采取一切合理有效的措施尽量消除不良因素。

充分做好施工准备工作,制订组织管理措施、技术保证措施、物资保障措施、劳动管理措施、机具设备保障措施、资金保障措施、夜间施工措施,应对意外情况造成的进度调整措施,因业主或项目原因造成工期提前的预案,建立进度计划动态管理模式。强调进度管理的同时,加强现场施工质量管理,做好施工班组的技术交底工作,避免大面积返工延误工期。

5. 安全、文明施工

厦门翔安隧道工程施工周期长,专业划分细致,洞内交叉作业非常严重。安全生产及文明施工就显得尤为重要。因此,要求各标段承包人制订安全生产责任制度、安全培训教育制度、安全生产检查制度、安全技术交底制度、安全会议制度、安全生产奖罚制度、安全事故报告制度。成立安全生产领导小组,项目经理任组长。针对厦门翔安隧道工程特性,编制专项安全施工组织设计,制订安全施工的技术保证措施,印发通俗易懂的安全防护规程手册,做好施工全过程的安全风险控制(如为整个项目参建人员办理人身意外伤害保险)。

各标段承包人进入隧道内施工车辆,必须取得业主发放的车辆通行证,在洞内通行时服从现场交通管理。要求各标段承包人必须服从业主的统一协调与安排,积极与其他承包商建立良好的协作关系,共同协商创造互利的环境,并严格按照协调结果组织施工,确保整体工程进度。规范施工现场的场容,保持洞内作业环境整洁卫生;科学组织施工,使生产有序进行;减少施工对周围居民和环境的影响;遵守施工现场文明施工的规定和要求,保证职工的安全和身体健康。

6. 针对性施工措施

厦门翔安隧道机电工程是一项复杂的系统工程,为了能够在规定的工期内保质保量完成各个系统的安装、调试及试运行等工作,必须针对各个系统的特点制定出有针对性的施工措施。

以往工程预留预埋都是由主体单位实施,而厦门翔安隧道在项目开工之际就成立了机电工程监理组及管线组,由专业队伍监理及实施预留预埋等工作。有效地遏制了错埋漏埋等情况,在保证质量的前提下,避免了预留预埋中间交工引起的扯皮现象而延误工期。

通风系统轴流风机的安装是该系统的重点,在通风竖井设计阶段,通风专业人员就提前介入,针对轴流风机的安装特点提出了有针对性的意见。在通风竖井施工阶段,通风专业人员24h跟踪竖井实施情况,及时沟通处理存在的问题。从根本上保证了轴流风机的安装质量及进度。

照明系统及三大系统电缆桥架、吊架及侧壁支架都是贯穿于整个隧道,线路长、地点分散、交叉施工影响大。为此,两个标段建立了"分段分侧"施工制度,在五通、翔安两端同时施工,主体单位完成一段就跟进一段,为后续灯具、电缆、通信、监控设备的安装赢得了时间。

排水系统的管道安装在服务隧道T形板下,作业空间有限,与水务集团DN1000供水管道安装交叉作业非常严重。为此,两家单位都实时跟进主体单位施工进度,并将水务集团DN1000供水管道安排在排水管道安装后跟进实施。确保了临时施工排水系统与永久排水系统的顺利切换。

消防系统的消火栓、水喷雾 - 泡沫管道工作量大、线路长，各类消防管道在装饰板工程进场前就分段实施，安装完成后再分段将工作面移交给装饰板工程。这样有效地保证了消防系统在通车前完成安装，并提请消防部门组织专项验收。

厦门翔安隧道机电工程是一项庞大繁杂的系统工程。通过各方多年的共同努力，机电工程各系统于 2010 年 4 月初全部完成安装及调试工作。2010 年 4 月 14 日，厦门翔安隧道召开了交工验收会议，机电工程与主体工程进行同步交工验收。2010 年 4 月 26 日，厦门翔安隧道胜利通车，机电工程正式投入使用，为社会群众提供了一个安全、舒适的隧道行车环境。

2.2 通风系统及相关配套工程

2.2.1 工程内容及界面

1. 联合设计（施工组织设计）中的调整

在初步设计阶段，左、右线送排风竖井的位置均设置在服务隧道处，竖井与主洞之间的送排风采用联络风道，排风口设在主洞顶部与主洞垂直，送风口设在主洞顶部与主洞平行。这种结构联络风道与主洞的连接比较简单，可将排风口设置成较大面积。

在隧道主体土建施工图设计阶段，由于受竖井位置地质条件的限制，将左线竖井改设在左线隧道主洞处，右线竖井改设在右线隧道主洞处，送排风口均设在隧道主洞顶部与主洞平行。通风系统主要结构尺寸如下：

主洞通风断面面积：98.5m^2

主洞通风断面当量直径：10.077m

排风口面积：46.1m^2

送风口面积：19.7m^2

竖井排风断面面积：25.1m^2

竖井排风断面当量直径：5.327m

竖井送风断面面积：27.0m^2

竖井送风断面当量直径：4.728m

从设计风速看，除隧道建成运营初期左线的设计风速基本满足规范要求外，初期右线、近期和远期左右线的设计风速均超过规范规定的最大设计风速（7m/s）并接近或超过极限设计风速（10m/s），因此隧道采用分段送排式纵向通风方案。

综合考虑隧道平纵面线形、分段竖井所在位置的地形地质条件、隧道分段设计需风量分配等各方面因素，本项目采用分两段送排式纵向通风方案，左右线分别在厦门和翔安岸设送排风竖井，两竖井各负担一条隧道的空气交换。由于隧道出洞段正好是上坡，因此竖井靠近出洞一端设置，将隧道分成两段，虽然两段长度相差较大，但两段需风量相差不大，比较合理。

服务隧道方式采取不分段纵向通风。

2. 通风系统构成

通风系统由安装在两处通风竖井内的大型轴流风机和隧道内的射流风机组成，其中，厦门岸通风竖井内设置有 2 台 280kW 的送风轴流风机，2 台 250kW 的排风轴流风机；翔安岸通风竖井内设置有 2 台 450kW 的送风轴流风机，2 台 280kW 的排风轴流风机。行车隧道内共设置有 13 组（每组 3 台）共 39 台 30kW 射流风机，其中左洞内设置有 6 组共 18 台射流风机，右洞内设置有 7 组共 21 台射流风机，服务隧道内共设置 20 台 15kW 的射流风机。

①主洞通风。综合考虑隧道平纵面线形、分段竖井所在位置的地形地质条件、隧道分段设计需风量分配等各方面因素，本项目采用分两段送排式纵向通风方案，左右线分别在厦门和翔安岸设送排风竖井，两竖井各负担一条隧道的空气交换。由于隧道出洞段正好是上坡，因此竖井靠近出洞一端设置，将隧道分成两段，虽然两段长度相差较大，但两段需风量相差不大，比较合理。分段竖井位置见表 3-2-1。

隧道分段一览表 表3-2-1

隧道名称	起点桩号	竖井桩号	终点桩号
左线(进岛)	K6+540	K7+900	K12+585
左线分段长度(m)	1360(送风段)	4685(排风段)	
右线(出岛)	K6+559	K11+300	K12+610
右线分段长度(m)	4741(排风段)	1310(送风段)	

射流风机设置将采取分期实施方案。建成初期至2015年之前采取近期设置方案,并预留远期风机安装位置及预埋件;2015~2029年,将根据交通量增长的实际需要增加风机数量。按照射流风机的设置原则,主洞射流风机设置详见表3-2-2。

隧道射流风机设置表 表3-2-2

隧道	通风分段	2015年(近期)	2029年(远期)
左线隧道	分段1	15	36
	分段2	3	6
右线隧道	分段1	18	45
	分段2	3	6

②服务隧道通风。服务隧道长度6048m,通风断面积仅为14.32m^2,通风阻力较大,服务隧道采取不分段纵向通风方式,设ϕ630/15kW规格射流风机20台。

2.2.2 主要设备

1. 通风设备

①根据海底隧道竖井现场实际勘察情况,轴流风机将安装于地下风机房,轴流风机采用立式安装,每座风机房按6台口径≥2.5m的大型轴流风机的需要施工安装。

②根据海底隧道主洞现场情况、主洞射流风机按3套1组悬挂安装在隧道顶部、建筑限界以外的空间内。

2. 通风风道构件

①隧道排风口设有金属隔栅(网),避免物体进入通风系统。

②隧道送风口设有导流片,用以调节气流流向。

③轴流风机前后设有消声器,用以降低轴流风机噪声。

3. 密集绝缘母线槽

①工作环境条件:环境温度-10~+50℃;相对湿度≤95%。

②防护等级:插接式母线IP54(插口带防护罩);馈电式母线IP65。

③额定绝缘电压:AC1000V

④额定工作电压/频率:AC380V/50Hz

⑤介电强度试验电压值:交流3750V

⑥耐热级别:B级

⑦结构特征:母线槽整体采用三明治式的密集型结构,外壳、绝缘材料和导体组成一个紧密的整体。

⑧外壳采用铝镁合金型材,铝外壳表面静电粉末喷塑,对大气和化学品具有很高的耐腐蚀性及防盐雾特性。外壳侧面采用优质铝合金,加强抗外力冲击能力,而由于铝镁合金外壳为无磁材料,所以能避免钢制外壳母线运行时产生的磁滞涡流损耗现象,质量轻、强度大、电抗低等特性。

⑨铝排采用优质电工硬铝,纯度高,导体的选择将符合GB 55303—2002标准要求并出具检测报告。铝排表面镀铜锡。

⑩绝缘材料采用美国杜邦公司Mylar EL型电工聚酯薄膜,达到B级绝缘,耐温130℃,保证在高温时无有毒气体排放和高温场合的长绝缘寿命与可靠性。

⑪配电系统采用TN-S三相四线制,N线与相线等截面,采用铝外壳充当地线(PE)。

⑫接头连接:母线槽采用单螺栓双力矩紧固端子,连接快速方便易于更换,拆除任意一段母线而不会

影响相邻单元。双力矩螺栓将保证每一个接头所需的夹紧力矩,保证接头部位压力受力均匀可靠。双力矩螺栓表面镀达克罗,防锈性能好。

⑬温升:母线槽外壳、连接处、插接箱插接点等部位温升均匀,实测值低于国标。并出具产品检验报告。

⑭插接箱:设计有安全连锁和电气保护,接地极将始终保持先接触后断开。插接箱带防插错装置,并带有分合闸指示,插拔次数不小于200次。插接口设有封闭装置,停用时可关闭活门防止灰尘的侵入,保证防护等级IP54。插接箱内使用ABB开关,3m长的母线槽最多可设计为9个插口,为电源引出提供方便,且插口处设计有安全罩盖,为操作工人及维修工人的安全提供保障。

⑮母线槽与变压器及开关柜设计将有专用连接系统。母线槽与变压器的接口将根据变压器接口要求及现场情况进行现场测量,并且可以按照变压器的具体出线方式进行调整设计,保持现场连接的最短路径和时间,同时将提供单独的柜顶箱单元,以防止带电部件的裸露。设置始端接头或转接箱,用软连接过渡连接。与低压柜的接口将根据低压柜的接口要求及现场情况进行现场测量,设置始端接头及转接箱,用连接排过渡连接,提高系统的防护登记和安全性能。

⑯热膨胀处理:母线槽在环境温度-5℃~40℃条件下能够解决自身的热伸缩问题,无需增设专用膨胀节,可通过接头调节热膨胀。

⑰环保方面:在产品设计时已充分考虑环保因素,克服母线系统的烟囱效应。

2.2.3 一般技术要求

1. 射流风机

①风机的安装位置应按施工图纸设定的尺寸,位置、高程正确;

②风机的安装方向严格按图纸要求布置,射流风机轴线与隧道轴线平行,两风机间进出风中心对齐,确保空气流速流量最佳;

③风机的叶轮旋转后,每次均都不应停留在原来的位置上,并不得碰壳;

④风机安装好后,整机接地,确保接地电阻符合有关标准;

⑤做好必要的防腐防锈处理;

⑥射流风机安装各附件及连接的承重力,至少能承担风机及附件自重的15倍以上的受力。

2. 服务洞射流风机

隧道服务洞射流风机的安装,包括预埋件基础检查、修复、抗拉拔试验、防腐处理,风机吊装,风机二次加固装置安装、设备接线,设备调试等工作。

2.2.4 轴流风机安装

1. 轴流风机试验

(1)制造前的试验

在轴流风机生产前将提供符合本技术规范要求的风机定型试验报告,经监理工程师批准后才能开始生产风机。

①设计要求:

a. 隧道内使用的所有整套轴流风机,包括风机、风机内置电机等,能在环境温度为250℃时满负荷运转1h,不会出现机械、电气或结构方面的故障。

b. 整套风机设备将能承受安装所产生的溅水和气雾。

c. 空气动力特性:风机性能及测试将满足设计要求。

d. 噪声特性:风机噪声特性及测试满足规范要求。

②加工:

a. 风机叶轮、轮毂、叶轮外壳以及风机电机外壳筒体满足生产加工工艺及设计要求。

本项目采用的大型轴流风机叶轮,直接焊接在电机轴上,其具备高强度、耐高温特性,可满足工作环境温度为700℃/90min。

本项目将采用的隧道轴流风机电机外壳筒体为重型结构，为了适应海底隧道风机系统的特殊需求，筒体表面均采用船舶漆，风机筒体均热镀锌，镀锌的厚度大于80μm。独立的外置接线盒及控制设备焊接于筒体外。防护等级为IP55。

b. 轴流风机叶片采用高强度防海水腐蚀硅铝合金材料，在叶片内部嵌入高质量特制钢制超强的圣诞树结构轴心，其屈服强度（Yield Strength）至少为355MPa。金属材料切口试棒冲击试验值最小为27J（Notch bar impact Value），形成具有高强度、耐高温特性的特殊复合材料。在压铸加工后，按照ASTM155标准进行X光检测，所有叶片检测结果进行记录，并保留10年记录，同时提供书面打印结果。叶轮叶片的结构设计将考虑低噪音、高性能要求及失速（喘振）而引起的振动应力的影响，使叶片受喘振现象引起的振动应力变化影响最小。同时保证叶片顶尖部与筒体内壁的间隙最小。

c. 轴流风机叶片为机翼型，几何对称气动设计，可满足单向和可逆的不同需求，保证了从叶片根部到顶端可以做到完全一样的宽度尺寸设计，从而确保叶片在一般机翼型设计的基础上，进一步提高风机叶片运行效率。为确保其高效率，叶片角度在静止状态可调，叶片均经过严格的静、动平衡调试（至少达到G2.5等级），为降低成本，减少维护，提高火患时的安全性，采用非液压调节式叶轮设计，其特殊的工艺技术，可提供满足工作环境为700℃/120min的轴流风机产品。叶片安装前，均进行X射线探伤检测，将严格安装相关制造规范进行检验，并提供相关产品的工厂检验规范及检查记录。

d. 轴流风机轮毂材料为低碳钢，均为对夹式，通过螺栓连接夹紧轮毂与叶片，轮毂所有表面均为精加工，并在加工过程中进行相应检测，以保证其铸造质量和风机运行安全。满足风机的空气动力性能，叶轮直径的尺寸及精度，并保证叶片顶部与壳体内壁之间的间隙最小且均匀。

③平衡和振动。隧道轴流风机将进行平衡和振动试验，并满足设计及规范要求

除了风轮的动平衡外，其所有系列风机组装后都必须经整机动平衡测试，以确保ISO940和AMCA 204-G2.5标准，比一般风机厂商的工业标准G6.3还要高。轴流风机叶片角度在静止状态可调，叶片均经过严格的静、动平衡调试至少达到G2.5等级，其叶片角度，完全满足规范要求，符合AMCA210-74标准。

钢制弹簧减震器是特别为隔离听得见和听不见的噪声与振动而设计的，它典型地用于减少噪音的传播和来自隧道风机构造内的振动，完全满足规范要求。轴流风机配备钢制弹簧减震器，将完全保证风机振动的消除，减震器的选型，将考虑轴流风机立式安装排风及送风不同方向所产生的推力对减震器的负载影响，并保留40%的余量，以达到安全运转状态。

④工厂验收要求：

a. 隧道轴流风机将进行工厂标准验收试验。

b. 隧道轴流风机的各种试验将按照有关标准的要求进行。

c. 提供进行各种试验时所需的各种试验设备和工具。

d. 各种试验的标准和程序提交业主及监理工程师审核。

e. 各类试验日期将提前30天通知业主及监理工程师，以便上述人员到现场亲自见证试验。各类试验结果将及时提交给业主及监理工程师。

⑤工厂验收试验：

a. 风机制造时将对风机的全部叶毂、叶片进行X射线探伤。

b. 制造加工时风机叶轮组件将进行各种条件的试验。

c. 风机将进行空气动力性能试验。试验前将提供给监理工程师有关风机试验标准，待审核批准后实施。

d. 向业主及监理工程师提供有关轴流风机的性能曲线和无因次曲线。

e. 风机转速试验数据与风机实际运用转速间的误差，保证满足规范要求。

⑥试验结果：

a. 提供试验报告的标准格式，提交监理工程师审核认可后进行。

b. 全部试验报告结果将采用国际单位制。

c. 提供一套全部风机叶毂、叶片的X射线影片给业主验证，业主认为有缺陷的风机零件将进行更换

或重新制造、装配。证明风机中没有缺陷,保存并提供有关记录资料。

⑦其他:

a. 提供每台轴流风机的出厂合格证书,并经监理工程师核准。

b. 提供轴流风机日常维护、保养所需的备品、备件,提供的种类和数量将经监理工程师批准。轴流风机安装尺寸保证与基础相符,不符时,将进行调整。

c. 提供风机的技术文件的种类和数量将经监理工程师批准。

(2)安装过程中的检查

①每台轴流风机安装前,对风机进行开箱外观检查,主要项目包括以下内容:

a. 设备的种类、型号和规格是否与订货相符;

b. 设备外观是否良好,无零部件损坏、锈蚀等现象;

主要检查各部件是否齐全,机壳外部是否有碰伤,特别要注意头部整流器是否有碰伤变形,各部件连接是否紧密,叶片电机有无损伤,叶轮转动是否灵活,如发现问题应予以修理及调整。

c. 按照装箱单清点设备及附属材料,以及出厂合格证等技术文件,是否有缺漏错;如发现问题,将及时通报制造商进行相应处理,检查完毕后将做好开箱检查记录。

②每台轴流风机安装前,对安装基础进行下列检查:

a. 基础的外形及高度是否满足设计及制造商提出的安装要求;

b. 基础外形尺寸允许公差是否满足有关规范要求;

c. 地脚螺丝栓埋设数量,位置、型号是否满足安装要求;

d. 混凝土基础的质量是否达到安装的要求。

安装基础必须有足够的强度和刚度,以保证能承受住风机运行时的负荷,同时检查基础与风机的连接尺寸是否符合设计要求。

③轴流风机的安装与调整过程将严格按照有关机械设备的安装规范要求和步骤进行。

④轴流风机的配电和控制接线将按照设计图以及《电气装置安装工程盘、柜及二次回路结线施工及验收规范》(GB 50171—92)、《电气装置安装工程电缆线路施工及验收规范》(GB 50168—2006)等技术规范的要求进行。

⑤风机所有用电设备、控制柜及金属构件等保证做到良好的接地,以保护人身安全,其接地电阻不大于10欧姆。

⑥轴流风机安装完工后,将进行以下项目(但不限于以下项目)的机械完工检查:

风机安装是否位置正确,各连接面是否接触良好,连接件是否可靠、无松动;

各部件与其安装底座是否接触紧密,紧固件受力是否均匀;

风机各部件纵、横向水平度的允许偏差是否达到有关规范要求;

风机配电及控制回路接线是否正确可靠;

电气设备及缆线绝缘良好,接地是否符合有关规范要求;

风机控制屏是否位置正确,部件是否齐全、安装牢固、防护等级是否符合规范要求;

控制屏(箱)开闭是否灵活、箱内接线是否整齐、回路编号是否齐全正确、预埋管与箱体连接处是否锁紧螺母;

所有设备是否安装正确、无缺项、无杂物、运动部件润滑是否良好。

设备安装结束后,需进行全面检查,清除安装过程中可能掉入的杂物,仔细检查风机的零件是否完好,旋转部件是否良好。

2. 轴流风机安装流程

(1)轴流风机总体布置

①五通端风机参数包括送风2台(TSS2240/280kW)6t,排风2台(TSS2800/250kW)4t。翔安端风机参数包括送风2台(TSS2500/450kW)6t,排风2台(TSS2800/280kW)4t。

②五通端轴流风机布置见图 3-2-1。

③翔安端轴流风机布置见图 3-2-2。

④安装工序安排见图 3-2-3，图 3-2-4，图 3-2-5，图 3-2-6。

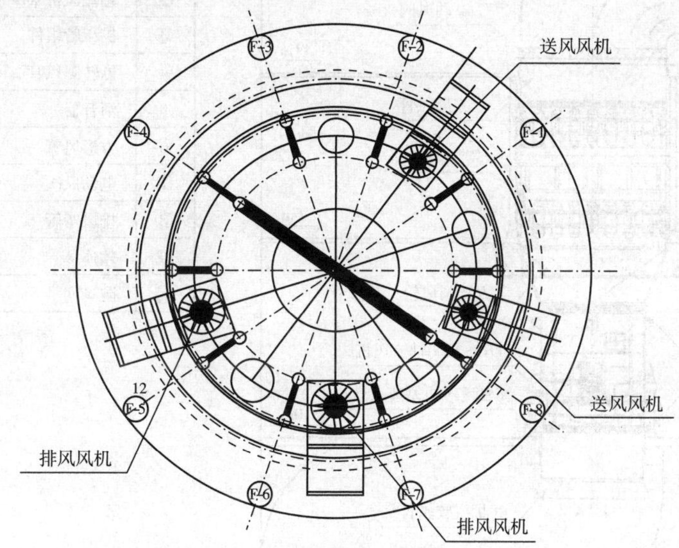

图 3-2-1　五通端轴流风机布置

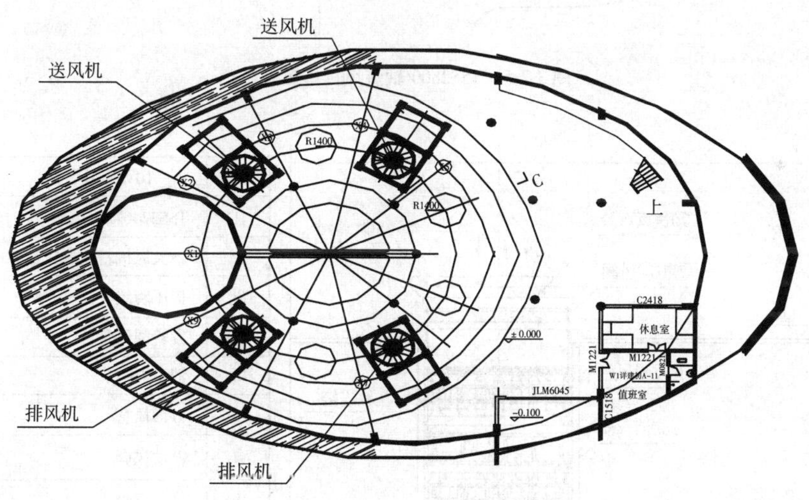

图 3-2-2　翔安端轴流风机布置

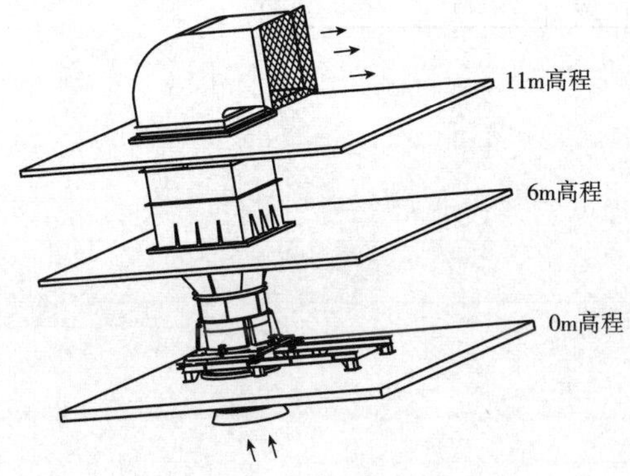

图 3-2-3　TSS2800 轴流风机排风系统

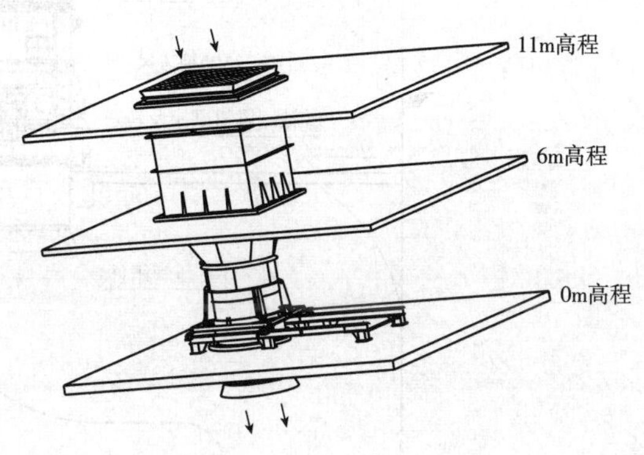

图 3-2-4　TSS2240 轴流风机送风系统

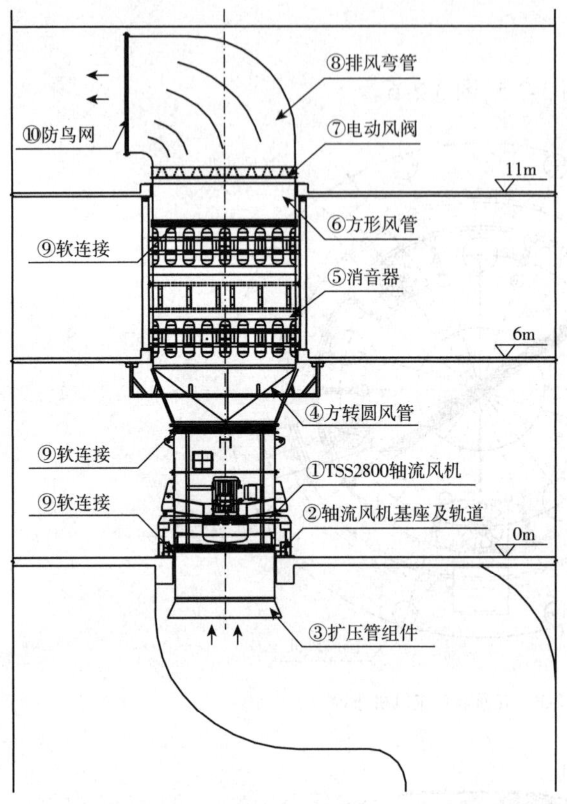

序号	排风系统10大组件
①	TSS2800轴流风机
②	轴流风机基座及轨道
③	扩压管组件
④	方转圆风管
⑤	消音器
⑥	方形风管
⑦	电动风阀
⑧	排风弯管
⑨	软连接
⑩	防鸟网

图 3-2-5　TSS2800 轴流风机排风系统

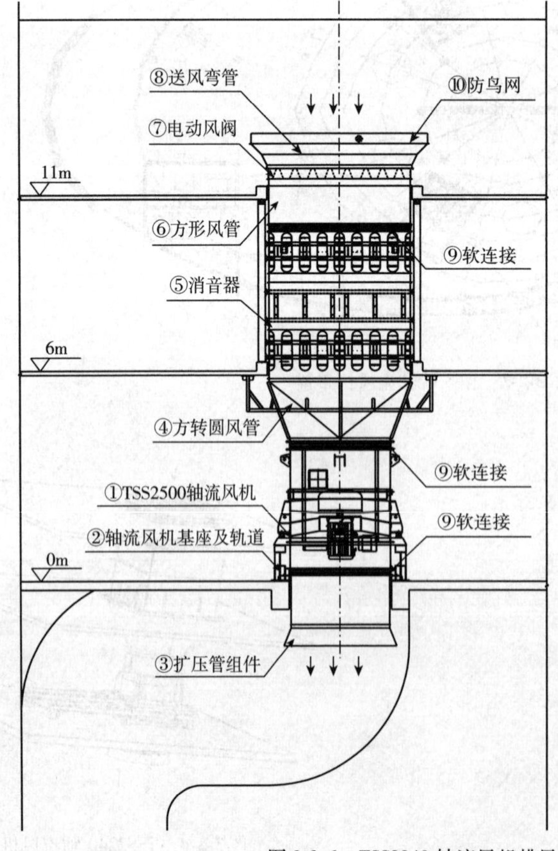

序号	10大组件名称
①	TSS2240轴流风机
②	轴流风机基座及轨道
③	扩压管组件
④	方转圆风管
⑤	消音器
⑥	方形风管
⑦	电动风阀
⑧	排风弯管
⑨	软连接
⑩	防鸟网

图 3-2-6　TSS2240 轴流风机排风系统

3. 风机主体结构安装

①初次安装时，首先将 4 个具有 2500kg/个超重承载脚轮，固定安装于支撑梁之下，将 4 个减振器安装于支撑梁之上。

②风机整体安装在减振器上，固定可靠。

③将整机吊装进风机房已安装轨道上，并推动整机到达安装位置。

④拆卸脚轮，并将整机固定于导轨之上，并安装附加风筒及软连接。

注：风机维修时，利用千斤顶，可以将风机提高，4 个脚座位置放入 4 个 2500kg 的称重负载脚轮，风机可以轻易地沿已安装的导轨方向推离安装位置，利用风机房上的吊车，将风机吊离，前往维修处或者运往他处，维修方便、安全快捷。

4. 轴流风机电机安装及注意事项

（1）总则

①本节规定轴流风机电机的设计和实验要求。

②证明各种电机的设计满足了本节和技术规范中其他有关部分提出的各种要求。

③电机的设计、制造、和试验将遵照下列标准的最新版本：

a.《旋转电机的一般要求技术说明》（BS4999）。

b.《特型或特殊用途的旋转电机的要求》（BS5000）。

c.《确定电绝缘的发热类别的方法》（BS2757）。

④轴流风机的电机采用符合 IEC 标准的三相全封闭鼠笼式电机。绝缘等级为 IP55。为达到均衡冷却，电机安装设计采用 IMB5 形式。带导流叶片的电机支架应焊接于风机筒体。电压最大变化幅度 400V ±5%，电机有能力承受在 250°C，运转 60min 耐热环境。

（2）一般要求

①按照要求，为轴流风机提供实现预期功能的电机。

②排风（烟）风机的标准电机为全封闭鼠笼式异步电机，采用 H 级绝缘，将满足 250^{0}C/1h 的高温电机，电机轴承寿命按 L10 计为 20000h，即按 ISO281 计的平均寿命为 100000h。轴流风机的电机轴承为终身润滑型，其寿命至少应为 40000h。且易于从风机筒体外添加润滑油。连接外置接线盒为无卤防火型。

③电机符合 BS5000，采用降压启动方式。额定功率是设备图纸上标明的电机额定功率值（kW）。

④噪声等级满足设计要求。针对厦门翔安海底隧道通风系统，陈述有关噪声控制的声学设计方法，噪声控制设计的目的是为了实现噪声在隧道端 3m 处均不超过 85dB，达到分贝的标准，规范也用于噪声控制的设计。将陈述和消除从通风设备到不可辨别水平的低频噪声的设计，设计过程中将考虑潜在的 4 种声音传播途径：

a. 隧道中风机运作产生的噪声不会过渡，隧道中有关噪声的消音要求将提出并确定，一般情况下，隧道通风竖井开口处的声级应不超过 85dB。

b. 风机运作时，在空中和结构中的声音传播不得超过隧道内空间的噪声标准，也是类似上述的一般噪声及低频噪声。

c. 任何潜在的隧道上面空间的声传播将产生多样的低频噪声。

d. 整体的控制可以做以下工作，噪声的干扰控制—从风机房到隧道所产生的噪声及风机运作的噪声控制—由侵扰风机上方的地区和空间所产生的噪声，也就是空气噪声和低频噪声。

消音器说明：

a. 消音器包含外壳，消音材料和内部的隔音板，分离器和支撑等。外壳应为热浸镀锌钢板。外壳需测试至 150kPa，并且无漏气和变形的情况。安装后，风管的填缝剂必须在现场加以填补，以确保一切完整无漏气。

b. 消音材料应为高密度玻璃棉或岩棉。其压缩至少为 5%，其密度至少为 95－130kg/m^3 岩棉或

48kg/m^3 玻璃棉,其表面需加盖一层穿孔镀锌钢板,消音填充料的燃烧等级应不少于以下测试标准。

依 ASTM E84:火焰扩散等级——25,烟雾产生等级——0,燃料分布——20。

c. 消音器的安装位置应尽可能靠近轴流风机。

d. 消音器外形尺寸符合标书提供的设计要求。

e. 消音器的运输和安装,采用分体结构形式发运到工地,在现场进行组装。

⑤电机能连续负载、转矩可变,且在最大载荷下具有额定转速。电机的设计将达到低轴电流(流过轴颈和轴瓦之间的有害涡流),防止轴承被轴承电流损坏。

⑥电机性能充分满足有关电动设备在国际标准中规定的条件下运转的要求,并符合机电保护装置的限制。

⑦轴流风机配带电机的额定电压为三相400V/50Hz。在供电端电压为额定供电电压的80%,频率在48~51Hz 范围内时,电机能够使设备从静止到额定转速进行加速驱动。当外加电压为额定电压的90%~106%,频率为48~50Hz 范围时,所有电机能在额定转矩载荷下连续运转。当电压为额定电压的80%时,电机能提供额定转矩30s 而无有害过热,并且在此条件下电机的转差率不超过10%。

⑧除轴承外,其余裸露在外的机内钢制零件都有防腐措施,将采用热镀锌及防锈漆涂装工艺措施。

⑨各种电机将保证在相对湿度高达99%,温度为50℃的大气环境下运行。

⑩电机的安装将符合下列要求:

a. 电机机座为铸铁。

b. 按照电力专业施工图和相关文件的有关要求提供电机的接地。

c. 电机表面按一般技术规范的要求进行处理并达到适当的外观,以经受隧道环境。

d. 采用适当的轴承润滑装置,使电机轴承的使用寿命设计达到规定所要求,将使用场合预期的最大径向载荷和最大轴向载荷作为设计条件,全部轴承组件能在280℃环境下工作2h。

e. 滚动轴承设防尘罩,能有效地防止润滑时脏物和水分进入。并按照轴承厂商或电机厂商的推荐意见进行润滑(本次风机产品电机轴承均采用全进口 SKF 轴承)。

⑪接线盒符合要求的端接电缆的插口接线柱,连接到主接线盒和复制配线盒的内部布线接头。

⑫电机的功率因数大于0.85。

⑬轴流风机的最长启动时间在180s 以内。

⑭安装电机用各种钢结构、托架和构件都按 BS729 或等效标准进行热浸镀锌处理。

本次风机筒体、支架、及电机支架结构均采用热镀锌层大于85μm 钢板,并附表面涂层防锈处理,涂层表面通过1000h 盐雾检验测试。

⑮电机将在工厂进行适当的处理。能承受250℃温度长达1h 而不冒烟或释放有毒气体。

(3)振动控制设备

①轴流风机均有隔振器,以防止振动和固体传声转播到建筑物上。

②隔振器的使用将按照轴流风机重量分布情况,使轴流风机在安装位置和正常运行时处于水平状态。

5. 轴流风机软启动

在本通风工程中,轴流风机电机将采用软启动降压方式,软启动器满足 EN/IEC60947-4-2 标准和国际国内有关标准,具备 CE 标志,UL、CSA 等国际认证和国内的 CCC 认证。

6. 轴流风机及其配套设施的预留预埋(通风竖井部分)

由于轴流风机主体及配套设施(如:吊车、导轨等)都属于大型设备安装,与土建结构关系密切,为了满足安装工艺,安装方法的需求。除了充分考虑轴流风机本身的结构安装外,还必须对轴流风机及其相应的配套设施,所需的预留件、预埋孔进行严格设计、规划和控制。

①风管预留孔之间的间距涉及是否满足消音器及风管固定件的安装要求,风机消音器预留孔的边沿

在墙内,没有风管的安装位置。因此,此类预埋件必须按实际情况进行加工预埋。

②各个型号风机支架的安装预留孔直接涉及风机主体的安装,其预留孔直径、梁间距应稍大于各个型号风机支架的直径(200~400mm)。

③10t 吊车轨道梁(6m 高程编号)的设计预埋件及预埋件。此项目设计采用 480mm×250mm×20mm 的预留钢板,预留钢板上预留 4 个 $\phi32$ 的孔,螺栓为 M30×600,按轨道圆弧每 15°一个预埋件(圆弧长度约 3300mm)。因此在土建楼板(6m 高程编号)施工期间,需预留大于 $\phi32$ 的孔,用于固定吊车轨道。

④16 吨吊车轨道梁(11m 高程编号)设计预埋件及预埋件的详细尺寸。此项目设计采用 480mm×250mm×20mm 的预留钢板,预留钢板上预留 4 个 $\phi32$ 的孔,螺栓为 M30×600,轨道圆弧段 3 等分(每段约为 2.4m),直线段 4 等分(每段约为 2.1m)。因此在土建楼板(6m 高程编号)施工期间,需预留大于 $\phi32$ 的孔,用于固定吊车轨道。

⑤本项目轴流风机的外径为 2.8m(半径 1.4m),因此轨道梁的半径使其间距不能小于 1.5m,特别是吊车轨道距轴柱墙体距离不能小于 1.5m。

⑥楼板底部(6m 高程编号、11m 高程编号)的预埋风管固定支架钢板,此项目设计需在楼板底部预埋 4 块 200mm×200mm×10mm 的钢板,用于固定风管支架。

⑦本项目轴流风机半径为 1.4m,因此土建风机预留孔洞直径应不小于 1.45m。

由于本项目通风竖井部分的设备设计、安装,与土建主体结构、支撑梁结构、预留预埋件设计密切相关。因此在前期准备阶段,需与土建设计做好详细的沟通、协调工作,避免在将来的施工阶段造成不可预计的困难。

2.2.5　通风系统供配电系统

1. 工艺流程

施工工序:施工准备→管线工程→输配电设备就位→用电设备就位→线缆接头→系统送电→系统配电→系统测试→单机调试→联动调试→竣工验收。

2. 安装要求

①电缆敷设前要检查所要敷设的电缆型号规格与设计是否相同,外观是否有扭绞、压扁、保护层断裂等缺陷。高压电缆敷设前做耐压及泄漏试验,低压电缆要用 500 兆欧表测量其绝缘情况,各方面合格后方可敷设。

②电缆展放采用专用放缆车进行。垂直敷设的电缆从上向下敷设。电缆在终端应留少量余量。

③电缆支持点的间距:

a. 电力电缆在水平方向不大于 1.5m,垂直不大于 2m。

b. 控制电缆在水平方向不大于 0.8m,垂直方向不大于 1m。

④电缆敷设时,电缆应从盘上端引出,并避免在支架及地面上摩擦拖拉。电缆到位切断后采用橡胶自黏带封头,电缆敷设应排列整齐,两端及转弯处固定并装设标志牌。电缆最小允许弯曲半径为 10 倍电缆外径。

⑤电缆终端与接头从开始剥切到制作完毕,必须连续进行一次完成,以免受潮。剥切电缆时不得伤及芯线和绝缘,包缠绝缘时应注意清洁,防止污物和潮气侵入绝缘层。

⑥电缆终端头采用热收缩电缆材料。热收缩电缆附件的安装应在温度 0℃以上,相对湿度 70% 以下完成。

⑦电缆终端头、电缆接头的外壳与该处的金属护套及铠装层均应良好接地,接地线采用软铜扁线,其截面不小于 $10mm^2$。

⑧电缆芯线连接时,其连接管和线鼻子的规格应与线芯相符,采用压接时,压模的尺寸应与导线的规格相符。

为了保证本工程施工质量达到招标文件规定的要求,安装施工人员将认真熟悉招标文件、施工图纸和有关规定、标准,按经审批的施工组织设计施工。

施工按经批准的施工图纸进行,对图纸的变更将预先经监理工程师批准。

电气安装施工详图参见国家标准图集和电气安装工程施工图册,按照 GB 标准或 ISO,IEC 标准核准。变电所电气工程的安装和调试将符合当地供电部门的有关规定,并令其满意。

隐蔽工程在隐蔽前应做好隐蔽工程记录单,并经工程师审核认可后才能隐蔽。施工中发现设备、材料质量与图纸不符合不得用于安装,各种支架、金属构件均应按招标文件要求作防腐处理。

3. 母线安装敷设

(1)工艺流程

施工准备→设备点检查→支架制作及安装→封闭母线安装→试运行验收。

(2)封闭式母线的一般安装要求

①封闭插接母线应按设计和产品技术文件规定进行组装,组装前应对每段进行绝缘电阻的测定,测量结果应符合设计要求,并做好记录。

②母线槽,固定距离不得大于 2.5m。水平敷设距地高度不应小于 2.2m。

③母线槽的端头应装封闭罩,各段母线槽的外壳的连接应是可拆的,外壳间有跨接地线,两端应可靠接地。

④母线与设备连接直接采用软连接。母线紧固螺栓应由厂家配套供应,应用力矩扳手紧固。

⑤母线槽沿墙水平安装,安装高度应符合设计要求,无要求时不应距地小于 2.2m,母线应可靠固定在支架上。

⑥母线槽悬挂吊装。吊杆直径应与母线槽重量相适应,螺母应能调节。

⑦封闭式母线的落地安装。安装高度应按设计要求,设计无要求时应符合规范要求。立柱可采用钢管或型钢制作。

⑧封闭式母线垂直安装。沿墙或柱子处,应做固定支架,过楼板外应加装防震装置,并做防水台。

⑨封闭式母线敷设长度超过 40m 时,应设置伸缩节,跨越建筑物的伸缩缝或沉降缝处,宜采取适应的措施,设备订货时,应提出此项要求。

⑩封闭式母线插接箱安装应可靠固定,垂直安装时,安装高度应符合设计要求,设计无要求时插接箱底口宜为 1.4m。

⑪封闭式母线垂直安装距地 1.8m 以下应采取保护措施(电气专用竖井、配电室、电机室、技术层等除外)。

⑫封闭式母线穿越防火墙,防火地带时,应采取防火隔离措施。

(3)试运行验收

①试运行条件:变配电室已达到送电条件,土建及装饰工程及其其他的工程全部完工,并清理干净。与插接式母线连接设备及连线安装完毕,绝缘良好。

②对封闭式母线进行全面的整理,清扫干净,接头连接紧密,相序正确,外壳接地良好。绝缘摇测符合设计要求,并做好记录。

③送电空载运行 24h 无异常现象,办理验收手续,交建设单位使用,同时提交验收资料。

④验收资料包括:交工验收单、变更洽商记录、产品合格证、说明书、测试记录、运行记录等。

(4)隧道母线路由注意事项

本项目主隧道 1 号、2 号洞内变电所(位于 4 号人行横洞、5 号车行横洞)的母线槽支架空间不大,通风系统所需的路由走向与其他系统设备电缆路由走向相互重叠。

解决方法:此类问题涉及各个系统的统一协调、安排,协调各类路由安装所需具体空间;更改支架类型(如:改为“一吊两挂”型支架)。

2.2.6　与土建承包商的协调

1. 与土建承包商的协调

①在设备安装的前期，密切关注土建施工进度。

②在土建施工与机电有关的工程时，如预埋管、预留孔洞等，如有与图纸不同或遗漏时，及时与土建承包商联系。

③与土建承包商共同参与设备基础的施工，确保设备基础与机电选型设备一致，如果有不一致时，及时与业主、土建承包商共同商议修改方案。

④当土建装饰施工牵涉到机电管线时，通风项目部与土建同步施工，并注意保护已经施工好的管线工程。

⑤对土建已经施工结束的工程（与机电有关的土建工程），通风项目部对该部分进行复测，当有偏差时通风项目部与设计、业主、监理共同协商解决。

⑥在施工期间彻底消化施工图，明确设计意图，如施工图有遗漏预埋管、预留孔洞时，及时与设计联系，同时通知土建承包商，避免土建承包商返工。

2. 与其他承包商的协调

在施工过程中接受业主和监理公司的协调与管理，互相协作，使工程顺利进行。

需要互相配合的工序及时作好工程联系，或向业主反映，做到共同有序的作业，避开矛盾，减少损失和浪费。

协调配合网络图见图3-2-7。

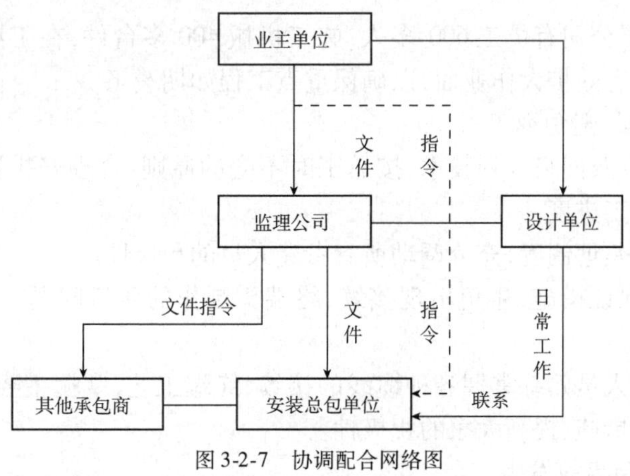

图3-2-7　协调配合网络图

2.2.7　与其他单位的交叉施工及局部抢工方案及保障措施

1. 进度保障方案及措施

针对本项目的重点工程，在确保质量的前提下，重点做好交叉施工及局部抢工的进度控制，具体如下：

(1)做好详细的施工调查和准备工作

在开工前对其他单位的工程进度和进度计划进行详细的调查，并依此编制详细的工程进度计划。制订详细的施工方案和保证措施，并落实到班组。做好人员、机械、材料的储备工作，随时准备进行突击性施工。

由于本项目的缆线种类多，有母线槽、电力电缆、控制电缆等，要详细了解各种缆线的作用、去向，掌握从隧道管理所、值守点、变电所、控制箱到各外场设备安装地点的缆线种类，各分支点的缆线去向，避免在敷设过程中漏放、错放电缆，造成返工；同时进行现场定测，确定缆线的长度，并根据测试台账进行配盘。

(2)各项工程力争提前介入、提前完成

针对管线工程工作量大、施工困难、安全防护要求高的特点。工程开工后,根据现场施工条件和桥架、托架、钢管的到货情况,集中力量进行本工程的施工。对于少量的短距离的管线和防护管可与缆线工程同期进行。管线工程施工的基本原则是:以隧道为单位,根据隧道的完成情况和到货情况,采取施工条件成熟一段、施工一段、竣工一段的方式,集中进行某项管线工程的施工。

缆线工程则根据管线的完成情况,根据整体工程进度情况,采取管线成熟一段、施工一段、竣工一段的方式,确保整体工程进度。

(3)设备材料及时供应

设备、材料的及时供应是确保重点工程顺利进行的关键。物资部门将利用信息管理系统软件编制和施工计划相应的月、旬、周、日物资供应计划,提前组织物资供应;积极督促设备、材料供货商及时供货,确保工程施工需求;作好设备材料的检验、试验工作,杜绝不合格品进入施工现场。

(4)理顺工序,合理安排

精心组织、理顺工序、合理安排,确保进度。根据各重点工程的相互关系和整体工程进度,合理安排各重点工程的施工,合理调配施工人员和机械,尽量形成流水线作业,提高施工效率,确保工程进度。

研究制定切实可行地施工方案和施工方法,并在实际施工中进行验证,通过一个区段实践,总结、借鉴先进的施工方法,为后续工程的快速实施奠定基础。

(5)确保人、财、机投入,可通过增加投入、扩大作业面的方式,确保进度

确保控制工程的人力、物力、财力投入。配备足够的施工人员、仪器仪表、施工机具和通信联络工具,满足工程施工和通信需求。

上海隧道工程股份有限公司有员工600多人,施工机械400多台件,在工期紧张时可就近抽调人员和机械参加本工程的施工,有效扩大作业面,以确保重点工程如期竣工。

(6)加强管理、确保质量、避免返工

充分利用项目管理软件及网络计划技术,按总工时不变的原则,合理安排资源,有效提高施工机具、人员的利用率,提高总体施工进度。

合理组织,建立相关的奖惩制度,充分调动所有参建人员的积极性。

制定技术、质量、安全保证措施,避免出现接续、终端头制作的质量问题。由于缆线种类多,避免错放、漏放缆线造成返工。

加强业务培训,使施工人员熟练掌握各种缆线的接续、终端工艺,掌握主要设备的安装工艺和方法,实行个人负责制、建立奖惩措施,提高大家的积极性。

(7)加强安全教育、避免事故发生

由于桥架安装及桥架内缆线的敷设均为高空作业,且需占道施工。一方面加强对职工的安全教育工作,使员工了解施工安全的重要性;同时配备良好的安全防护用具,加强施工中的安全防护工作,避免不安全事故的发生,影响工程施工的顺利进行。

(8)加强协作,减少干扰

服从业主的统一协调与安排,积极与其他承包商建立良好的协作关系,互通信息,共同协商创造互利的环境。并严格按照协调结果组织施工,确保整体工程进度。

2. 针对性施工措施

(1)人员配备

为把本工程建成优良工程,上海隧道工程股份有限公司组织优秀的项目管理人员,经验丰富的各种专业工程师和现场施工人员参加管理和施工。挑选有类似经历的、经验丰富的工程管理人员、技术人员、技术工人组建精干、高效的施工队伍进场施工。

配足各种专业的施工机械、仪器设备,同时根据工程进度需要,新购或就地租赁补充,确保工程施工需要。

(2)分段分侧施工

翔安隧道工程跨线总长有8.695km,具有线路长、地点分散、点多面广等特点。

在五通侧设项目部总驻地,便于现场管理。在五通侧、翔安侧各设立施工住地和加工材料仓库,确保两侧可同时展开施工。

施工队作业队分成五通隧道侧及翔安隧道侧。每侧作业队按系统专业分若干个专业工作组,配足专业施工人员,同时动态调整,灵活补充。

(3)施工安全防护

翔安隧道工程主要集中在隧道施工,安全防护要求高。由于机电施工阶段时,土建工程也还在施工阶段,进出隧道的施工作业车辆比较多,交叉施工现象频繁,因此在施工前需充分准备,认真编制安全施工预案,做好行车、行路的安全防护和疏导工作,确保劳动者的安全和工程顺利展开。

隧道内施工时,注意施工区域摆放安全反光锥,施工脚手架贴反光标志,施工人员穿反光衣,戴安全帽,高空作业时系安全带。

(4)夜间施工

翔安隧道工程施工受雨季影响时间长,土建安装后期进度快,机电后期工作任务紧。机电工程施工需合理安排好日夜施工,才能争取最短时间内完成施工任务。

①工程工期紧,必须充分利用夜间施工,争取更多时间,按进度计划确保关键工期完成,做到不影响后续施工,顺利完成施工任务。

②根据施工总进度计划,确定关键工序、施工点,细分安排月、周、日工作计划,对日工作计划又细分昼、夜施工安排,做到计划明确。

③合理安排多组施工队伍,交叉作业,轮班施工,做到“人停机不停”,抢班加点,争取提前完成。

④根据工作面,灵活安排、调整,做到安装工作面出来一个抢装一个,最大限度地利用时间和空间。

⑤抓好后勤服务工作,轮班休息,调整员工心态,确保施工人员有充沛的精力投入施工。

2.3 光带照明系统及相关配套工程

2.3.1 工程特点

厦门翔安隧道洞口位于近海低平地带,日照强烈,晴天白天环境亮度达6000cd/m^{2}以上,按照《公路隧道通风照明设计规范》,洞内入口段亮度须达到300cd/m^{2}左右。若按此进行设计,隧道照明耗电量极高。同时,枯燥的洞门外形也不美观。从节能及美化洞门角度出发,本工程在两端各设40m的遮光棚。遮光棚作为照明建筑的一部分,同时也是洞门美化的建筑作品。

主洞隧道照明方案为基本段采用荧光灯带照明,洞口加强段适当增加一些高压钠灯作为加强照明。服务隧道照明方案定为荧光灯照明。

高压钠灯灯具的优点是光效高,使用寿命长,照明效果好。灯具控制采用前沿相控连续调光控制和电源开关控制,根据洞外亮度的变化或白天夜晚来调整灯具的亮度或关闭部分灯具从而调整隧道出入口亮度。

荧光灯方案灯具造价较高,但光线柔和,显色性好,灯具控制采用无级调光控制有着极高的均匀度。荧光灯光源采用节能效果较好的T8型1×58W荧光灯,服务隧道、行人及行车横洞照明采用2×58W荧光灯。

隧道照明系统及两岸接线照明和附属工程包括:主隧道、服务隧道及洞口引道和广场安装各种照明灯具14138套,其中各种路灯、高中杆灯205套,安装各种电缆桥架129km,各种控制电缆及低压电缆敷设480km,各型号照明配电箱柜等设施119台。

(1)照明灯具安装与选型

隧道照明灯具安装在电缆桥架的下方,电缆桥架安装距路面6.5m以上的隧道顶部,灯具底面距路面最高点安装高度为5.7m。隧道照明方案为基本段采用58W单管荧光灯，两列排布2m间隔的荧光灯带照明，洞口加强段按入口段、过渡1段、过渡2段、出口段两列排布，增加高压钠灯作为加强照明。服务隧道照明方案为58W双管荧光灯，单列排布6m间隔荧光灯照明。

(2)荧光灯光带照明的特点

荧光灯方案灯具有着极高的均匀度，特别是通过无级调光控制，洞内亮度变化舒顺平缓，由于灯具密集，车辆没有暗影响，营造出类似于白天的照明效果。荧光灯连续设置，连续带状照明，可以为隧道内营造一种较好的景观，且有利于诱导驾驶员的视线，非常有利于交通安全。

由于车辆进入隧道的黑洞效应，在白天驾驶员驾车高速驶入隧道，人的视觉会有一段不适应明暗的突变盲区，而从隧道口驶出，人的视觉同样无法适应这种明暗的突变。采用隧道进出口的加强照明和基本照明的智能调光，可以使入口和出口的灯光有一个渐变的适应过程，使隧道的加强照明和基本照明在任何时候都保持均匀适宜的照度，在充分节约电能的基础上，避免了由于灯具亮暗排列的间隔性而造成的频闪现象，消除由于受明暗的刺激而产生的行车安全隐患。基于此，系统采用无级调光系统不仅能达到照明控制智能化，操作简便，并节约能源，降低运营管理成本，在满足安全行车照度的同时，使照明效果更加舒适和美观。

(3)照明系统的控制

传统的照明供电控制一般采用主电源经配电箱分成多路配电输出线提供照明灯回路用电，由串接在照明灯回路中的开关面板直接通断供电线路来实现对灯的控制，灯只有开/关，无逻辑时序及亮/暗调光控制，因而无法形成各种灯光亮度组合的调光系统控制。翔安隧道照明系统采用了智能照明调光控制系统，该系统主电源经可编程控制模块后输出供照明灯用电，灯的开/关和调亮调暗由监控中心计算机控制，控制模块与上位机之间通过一条控制总线互相连接起来，控制模块内部有微处理器，存储器和控制总线的接口电路，完全处在低压情况下工作，所有控制器可通过编程实现对各回路灯的亮度控制，产生不同的灯光亮度及系统控制的效果。

2.3.2 工程施工重点、难点

厦门翔安隧道照明工程，主要施工项目是隧道桥架及灯具安装、电缆敷设、照明控制箱安装和高、中杆灯及路灯的组合安装。主要工程量在隧道内，翔安隧道长约6.05km，隧道建筑限界净高5.0m，由于隧道照明灯具安装为顶装在电缆桥架的下方，电缆桥架安装距路面6.5m以上的隧道顶部，灯具底面距路面最高点安装高度为5.7m。施工距离长、地点分散、点多面广、多单位交叉施工，且施工面光线暗淡，施工车辆较多。这给工程施工带来较大困难，影响工程进展，需配备专门的照明和安全防护方案和设施。

在隧道内与其他单位交叉施工，影响整体工程的顺利进行，另外其他系统与照明工程还存在界面衔接问题，特别是通风系统、监控系统及供配电系统等标段在同一作业面上施工，交叉施工影响大，施工进度也直接影响工程的通电调试开通工作的顺利进行。加之土建进度滞后，因此工程施工采用界面成熟一段，施工一段，完成一段的方法，这样造成交叉作业多、安全防护难度大的问题。基于上述存在的现场问题，照明工程施工需要与房建、土建及其他机电单位进行大量的施工协调工作。

照明工程主要集中在海底隧道施工，需高空、占道或封洞施工，电缆桥架重量大，数量多，受海底腐蚀、潮湿、车辆烟尘等不良环境的影响大，安全防护要求高。因此在施工前需充分准备，认真编制安全施工预案，做好设备防锈蚀工作，桥架底座固定加强措施，以及施工占道及车辆的安全防护和疏导工作，提前做好在施工过程中劳动者的安全和工程质量等准备工作，以便顺利的展开各种工作。

由于机电工程施工前期隧道中部约五分之一长度未贯通。隧道照明工程必须从五通、翔安两端开始施工。由于两地隔海相对，开车走集美大桥需1个小时以上时间才可到达隧道另一端。因此照明系统施工时隧道两边分别建立项目队驻地及料库，根据土建进度施工一段，完成一段，为后期隧道照明工程减轻工期紧任务重的压力。

为了确保本项目能够按期完工，在项目实施阶段，中铁一局电务公司翔安隧道照明工程项目部成立了进度管理控制小组，采用先进的项目进度管理软件对进度实施情况进行分析、调整，确保进度目标的实现。

首先，制定详细的进度计划，以及进度计划的实施和控制、检查与调整方案，及详细的进度控制措施。

其次，做好对供货商进度计划的管理和控制。对供货商进度计划的管理和控制是确保项目顺利实施的关键。在项目实施过程中，要求各个供货商根据制定的总体进度计划及其自身设备生产的特点，制定其设备材料生产、供货的进度计划，并定期提交其阶段性进度计划，及进度滞后的分析报告及纠偏措施。采取付款与进度相结合的方法是对供货商进度控制的有力手段。

全力克服隧道及路面施工界面不成熟的影响，合理安排施工力量成熟一段施工一段。合理安排劳动力的投入及动态控制，即根据工程量、材料设备的供应情况及土建施工的实际进展编制月劳动力投入计划，按月调整劳动力的需求量和投入量。确保各项进度计划的顺利实施，并确保其按期完成。在项目实施过程中，针对施工过程可能出现的影响进度的不利因素进行分析，并制定相应的应急措施，不断调整安排施工组织计划，采用相应的措施，以确保项目的整体进度。

2.3.3 工程中的改进

按照设计灯具数量，会同生产商对亮度进行了复核，综合考虑到隧道照明美观和调光效果与亮度和均匀度，采用入口段高压钠灯与荧光灯对称数量的方法提高隧道加强段亮度，使加强段照明灯具相互对称，使隧道照明光带的照明效果更佳。

高压钠灯的数量：

①入口段 400W 高压钠灯间距为 2m；

②过渡 1 段 250W 高压钠灯间距为 4m；

③过渡 2 段 150W 高压钠灯间距为 8m；

④出口段 150W 高压钠灯间距为 4m。

综合考虑隧道照明各种因素，增加高压钠灯后，经计算机照明亮度模拟测算换算，见表 3-2-3 计算结果。

计 算 结 果 表 3-2-3

增加高压钠灯后亮度(cd/m^2)		增加后灯具数量(盏)			
		400W 高压钠灯	250W 高压钠灯	150W 高压钠灯	58W 荧光灯
入口段	142	86			86
过渡段 1	45		36		72
过渡段 2	19			24	96
出口段	38.3			32	62

可以看出经调整后亮度测算指标比原设计亮度要求略高，同时灯具布局更加合理，更有利于隧道行车视觉适应性。

同时在联合设计中，为了满足桥架的承载能力，将桥架安装底板固定螺栓改为化学锚栓，进一步提高了电缆桥架和隧道壁的承载能力。在电缆桥架的工厂制造方面，针对连续光带安装及电缆敷设对电缆桥架要求的特点，对桥架安装底板承载能力、几何尺寸做了相应的修改和增加，使底板对隧道顶混凝土的抓拔力和桥架承载力得到了很大的提高。为更好的提高连续光带灯具安装的效果，提高连续光带的连续性和平滑性，对槽钢吊臂调节范围和调节孔进行了改进。考虑电缆桥架承载重量的增加，为保证设备安装和运营安全，增加了电缆桥架槽钢吊臂保险卡。

根据变配电所及监控中心的位置，以及高、低压供电系统及通信、监控系统均在隧道顶和两侧架空电缆桥架敷设的实际和特点，提出了在隧道顶部和入口处采用综合管沟与架空电缆桥架引入隧道的方法，不仅解决了高、低压供电电缆及监控电缆的敷设路径，还有效地节约了电缆线路长度，改善了电缆施工敷设中重复引上、引下及弯曲半径过小的问题，为工程的实施及今后的维护提供了质量保证和便利。

2.3.4　工程亮点——调光控制

调光系统是本项目的重要组成部分，是照明系统的亮点。采用照明调光系统的设计不仅能达到照明控制智能化，操作简便，节约能源，降低运营管理成本，并且在满足安全行车照度的同时，使照明效果更加舒适和美观。

该系统由监控中心计算机、调光模块、转换接口、调光应用软件及STP5屏蔽双绞组成，所有模块按菊花链式连接组成分布式网络，实现数据的传输。

针对特长隧道远程控制组成的网络，控制系统是基于计算机网络技术的全数字、模块化、全分布式系统结构，通过总线传送控制信号，利用友好的全中文图形监控软件，轻松实现远程控制。系统具有广泛的兼容性，可通过PC机、控制面板、中控室进行调光控制。如果将来需要改变控制方案，只需对系统软件作适当的修改即可实现，因此具有高度的灵活性。

控制系统能够自动运行，不需人为操作，隧道的点灯模式和亮度在监控中心计算机上设置，计算机上预设各种控制预案。

照明系统高压钠灯调光采用前沿相控调光器，荧光灯采用荧光灯高频电子调光镇流器控制器。加强段的调光控制是根据洞外亮度仪检测的环境亮度值，依照此值设定设置加强段调光，荧光灯的调光根据照明分级进行无级调光。

控制系统能够自动运行，隧道的点灯模式和亮度由监控中心计算机上设置，计算机上预设各种控制预案。

照明控制采用以下两种方式：

①照明回路按晴天、阴天、晚上和夜间（24点以后）4级。晴天白天开启所有照明灯具；阴天白天和傍晚关闭入口段的晴天照明回路的灯具；夜晚关闭入口段及出口段的所有加强照明灯具，仅保留基本照明灯具；后半夜再将基本照明照度减少一半。

②隧道照明采用配电箱内安装的调光模块，全分布式智能照明控制系统对隧道内部的灯光进行智能化控制。本系统可对隧道高压钠灯回路按晴天、阴天、晚上和夜间（24点以后）4级进行前沿相控连续调光控制和开关式控制；可对荧光灯可调光电子镇流器输出1－10V控制信号，从而连续无级地调节荧光灯亮度；对隧道的基本照明按实时洞外照度补偿控制进行无级调光，使隧道内部的基本照明在任何时候都保持均匀舒适的照度；荧光灯在调光时不会产生滚动或频闪现象，从而消除了行车的安全隐患。本控制系统可采用远程控制，可以通过双绞线（光纤）组网并传送控制信号实现远程控制。

2.3.5　主要施工工艺及安装流程

隧道照明、配电系统及相关配套工程，电缆桥架、照明灯具、配电电缆等工作量大，安装高度较高，其工程施工组织设计、工艺流程等基本一致，只是工作量有一定区分。所以在同一时间内开工存在着工程控制和资源的合理运用问题，从开工就根据本工程的特点拟定了主要工程施工顺序，为各工序间较好的衔接起到了良好的作用。

主要工程安装流程图见图3-2-8。

2.3.6　工程成品展示

工程成品展示见图3-2-9～图3-2-12。

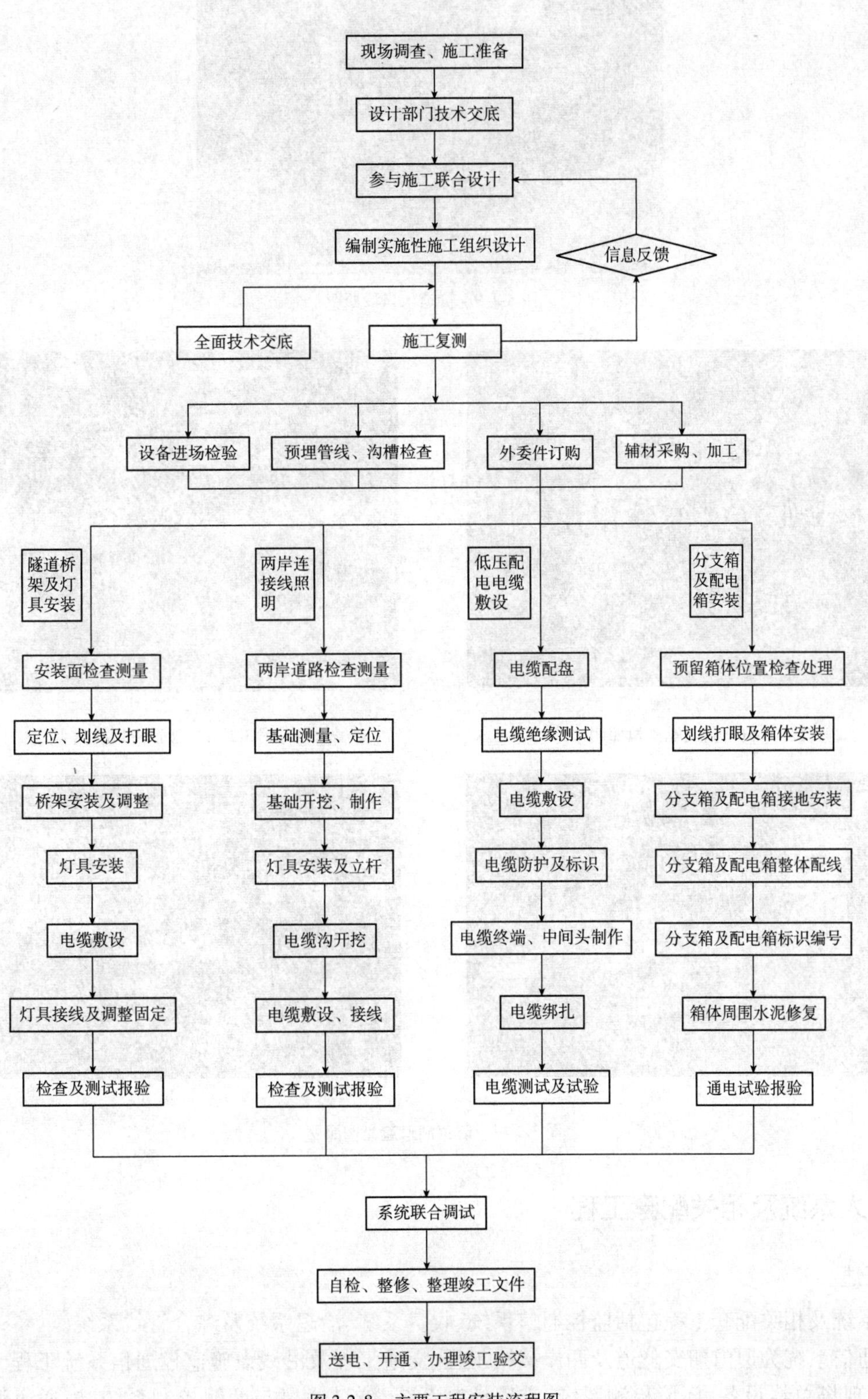

图3-2-8 主要工程安装流程图

图 3-2-9　隧道入口段照明

图 3-2-10　隧道基本段照明

图 3-2-11　隧道出口段照明

a)

b)

图 3-2-12　隧道洞口遮光棚照明

2.4　三大系统及相关配套工程

2.4.1　概述

三大系统及相关配套工程包括监控通信系统、收费系统、治超系统及综合管线系统。

监控通信系统为厦门翔安隧道及两岸接线工程、交通工程及沿线设施监控通信系统工程。包括中央控制系统、现场总线设备、环境检测系统、交通控制系统、隧道通风与照明控制系统、横通道消防控制系统、闭路电视系统、电话通信系统、紧急呼叫系统、防雷接地系统及电缆工程等 11 个子系统。

收费系统采用开放式收费制式(出岛收费、入岛不收费)、人工半自动和电子不停车收费相结合的方式,收费广场共设置 12 条收费车道,其中 5 条年费(ETC)车道、5 条次费(MTC)车道和 2 条混合车道。

治超系统在翔安岸出口端设置了治超(称重)管理系统,该系统由高速动态称重系统、低速静态称重系统和治超房组成。从保护隧道的路面和结构安全的角度出发,可禁止非法超限超载的车辆进入隧道行驶,对通过隧道的车辆进行载荷监测和采取必要的控制措施。

综合管线工程为本工程的配套工程,工作内容包括隧道的预留通信管道以及人(手)孔等的施工及有关作业。

2.4.2　系统的可靠性

1. 情报板系统

翔安隧道采用了国内先进的情报板系统。全屏可变情报板做到了嵌入式工控机的控制方式,可通过网络接口实时接受中央控制室的命令显示内容,而不是通过慢速串口通信,真正能做到中心控制命令的零反应时间,特别是翔安隧道中的超速提醒,需要及时的反应功能,同时情报板的通信方式完全符合厦门翔安隧道软件控制模式。

在供电方式上,驱动系统和控制系统的工作电源都采用 $n+1$ 高可靠容错的开关电源系统,当其中一台电源发生故障时,其他电源仍有足够容量保障系统的正常工作,使开关电源具有高可靠性。

2. 环境检测系统

鉴于厦门翔安隧道是中国第一条海底隧道,环境检测系统选择了国际知名的专业生产隧道监控系列产品的公司。该已有生产监控产品20年的经验和历史,其生产的隧道用一氧化碳/能见度监测仪和风速风向仪的性能、测试精度、可靠性居行业领先。在全球隧道监控产品的销售中占据了40%以上的市场份额,特别是它已经对海底隧道作了一些针对性的技术提升,保证系统在海底隧道的安全可靠运行,世界上最长的英法海底隧道就是采用了该产品。在此项目中选用环境检测设备,提升了厦门翔安隧道机电的可靠性。

3. 现场总线设备

现场总线设备采用国际大品牌的电气本地控制器。其卓越的控制性能和超长的平均无故障时间,能够胜任诸多领域。其产品具有卓越的控制性能,先进的SD卡存储技术、众多知名的海事认证,能够确保在厦门翔安隧道的监控系统中安全应用,给厦门翔安隧道工程监控系统提供了最大保障。本地控制器的电源模块的平均无故障时间(MTBF)达到1,726,608h,相当于197年,极大地保证了设备供电的需求,同时系统的IO模块可随意安装,支持热插拔功能,方便系统的维护,可以在系统不断电的情况下,实现故障模块的带电替换,缩短系统的平均维护时间,提高了系统的可用性。

2.4.3　技术的先进性

1. 隧道监控软件

(1)隧道动态模拟显示

中央控制系统在图形界面增加一个动态巡检功能,采用动画的形式模拟隧道当前的运行状态,运用软件的跟踪技术,用户可以模拟进入隧道查看各设备的当前运行状态以及各数据的适时显示。

(2)采用C/S和B/S混合结构

监控软件采用C/S结构,服务器可以同时为多个客户机提供服务,并且具有并发控制、封锁等能力协调多用户对于共享资源的访问。充分发挥客户端PC的处理能力,响应速度快,很多工作可以在客户端处理后再提交给服务器,大大提高了数据的实时响应能力。B/S结构从功能上克服了C/S结构的缺点,它将Web技术与数据库技术有机地相互结合,扩展了C/S结构的分布计算的性能。B/S模式是以Web技术为基础,把传统C/S模式中的服务器部分分解为一个数据服务器与一个或多个应用服务器(web服务器),从而构成了一个三层结构的客户服务器体系。该结构模式的核心是应用(Web)服务器,担负着主要的功能,在整个结构模式中具有很大作用。在本监控系统中,实时数据要求较高的地方采用C/S模式,一些管理方面的功能可以采用B/S结构来实现。

(3)先进的三级智能联动控制预案管理

由于厦门翔安隧道属于超长隧道,各控制设备种类繁多,控制难度大,为了保证隧道通行正常以及在异常情况下快速响应,疏导交通,在整个系统的控制过程中采用三级联动控制机制,即监控中心联动控制、无人值守联动控制和区域控制(RTU)联动控制机制,可根据实际需要选择适用的联动控制方案。

(4)预留功能强大的扩展接口

考虑到厦门四桥一隧监控联网的功能需求,该系统内置了其他路段接入的应用接口。根据系统提供的扩展接口,可以轻松实现对其他路段的设备进行控制,满足今后监控系统联网的要求。

(5)提供强大的数据共享功能

为了满足用户综合管理系统对监控数据信息的共享,该系统提供专门的开发接口向目标用户提供相应的数据信息。

2. 大屏幕投影系统

原设计采用的是100in2 ×4 标清(1024 ×768)方案,经过对其他类似项目考察及深化设计,特别是翔安监控中心不但作为翔安隧道的监控中心,而且将来作为路桥公司所管辖的四桥一隧的监控管理中心,并且要预留厦门路网调度和管理中心的通道,这样看来投影机的原技术指标偏低,投影机的分辨率以及对比度明显不能满足监控中心的管理要求,同时由于预留其他四桥的视频全部接入管理中心,视频输入通道调整为8 路。

图3-2-13 中控室大屏幕投影系统整体效果

经过优化,该系统选用投影界世界著名公司最新一代的模块化拼接投影机,采用一体化背投箱,此背投箱中包括投影机、镜头、背投屏幕等元器件,从出厂时就保证了拼接的可靠、图像的平整、维护的方便。克服了分离式的投影拼接系统施工现场拼装的缺点(进行二层或二层以上拼接不能保证拼接接缝的平整,容易造成整体屏幕一致性不高,造成图像的错位)。系统方案对比见表3-2-4,系统整体效果图见图3-2-13。

大屏幕投影系统方案对比 表3-2-4

名 称	原 方 案	优化后方案
设备组成	8 台100in(2 ×4)	8 台100in(2 ×4)
单屏分辨率	1024 ×768	1400 ×1050
整屏分辨率	4096 ×1536	5600 ×2100
镜头输出亮度	800ANSI	1000ANSI
对比度	3000 : 1	5100 : 1

2.4.4 行车的安全性

1. 超速提醒功能

监控系统是保障隧道安全行驶的中枢系统,不但能及时发现行车事故,而且要建立安全行车预警系统,隧道的最大安全行车隐患是车辆的超速行驶,为了保证隧道的行驶安全,特别是超速车辆的管理,特在隧道的入口处和隧道中设立超速提醒系统,用来检测超速车辆并对它提醒减速行驶并实现现场抓拍的高新技术系统。其功能是违法提醒、违法检测、取证处罚和宣传教育、威慑作用。有效降低事故发生,提高厦门翔安隧道交通安全,规范道路交通秩序。根据厦门翔安隧道通行的特点,共设立6 个超速检测点,分别在洞外2 套,洞内4 套。

(1)系统实现

厦门翔安隧道全线在洞外设置了三套可变情报板,在洞内共设立有22 块情报板,在情报板前面300 ~500m 的地方设立超速抓拍,在第一个龙门架上安装高速车牌照识别视频测速设备,自动完成对经过该断面的所有车辆的车牌识别和车速计算。第二个龙门架上安装有LED显示屏，对经过第一个龙门架的车，一旦车速超出速度设定上下范围时，及时在前方的LED屏上显示相应的车牌号与速度信息，并提醒该车超速或者行驶过慢，驾驶员就能及时清晰看到提示信息，从而减速行驶或者加速行驶。

(2)系统组成

系统由以下几个部分构成：外场视频图像采集、外场到机房的传输、车牌识别与视频测速设备、后端数据保存与控制部分的管理主机、外场的信息显示。

外场图像采集部分与外场LED显示部分通常安装在两个相距300~500m的龙门架上。

(3)外场图像采集前端

图像采集前端包括：高清摄像机、高清镜头、LED辅助光源及辅助光源控制板、室外防护罩。图像采集前端在隧道的洞外安装在情报板前面300~500m的龙门架上，在洞内安装在情报板前面的300~500m的隧道中央，采用顶装方式，摄像机与车牌识别设备通过标准的5类线连接。

(4)车辆识别平台(车牌识别以及视频测速)

车牌识别与视频测速，采用了1套300万像素视频流检测设备，该设备在车辆的运动过程中，自动完成车牌识别与视频测速两项功能。由于图像采集前端设有专门的夜间补光设备，夜间的车牌识别与测速不受影响，可保证全天候24h不间断的工作。单台300万像素摄像机可完整覆盖3个车道，抓拍率及识别率高于传统的多台普通摄像机交叉覆盖方案。

(5)控制工作主机

在监控中心的控制机器，用于接收6台车牌识别器的输出信息，分析车辆速度数据，并能控制外场情报板显示内容，并根据需要存储车辆信息和对应图片。

(6)外场信息显示

洞外的情报板不但能接受监控中心的交通管理信息，在平时也能同步显示超速信息，这样真正把情报板的功能发挥出来，用于显示超速的车辆车牌与车速，提醒行驶安全信息。在没有车辆违规信息显示时，LED显示屏显示路段的服务信息。

(7)总结

车速预警系统应用在厦门翔安隧道的入口和隧道内，预先提醒行驶的车辆，对于车速过快的车进行预警，保障行车人员的生命财产安全；对于车速过慢，长期占用超车道，影响道路行驶速度的车辆也进行预警，提高道路的通行速度。系统的建设成功，改善了隧道的服务形象，提高了厦门翔安隧道的服务质量，具有社会效益和经济效益。

项目建设中采用了最新的技术及设备，不但使系统结构大大简化，节省了项目建设成本，减少了设备数量，减少了潜在的故障点与维护工作。实现一体化的车速、车牌、车道、实时显示。相比较于传统全覆盖多台标清摄像机与雷达等构成的方案，直接采用一套300万像素视频流的车牌识别与测速设备3个车道，系统成本更具性价比，也是整个项目的亮点之一。

2. 智能配电箱

原设计在各变电所实施电力监控系统，而隧道内的配电箱没有纳入监控范围。监控电源箱分散安装于厦门翔安隧道全程，其中隧道右洞40台，左洞40台，电缆桥架上17台，共计97台。监控电源箱最大额定容量30kW，电源进线为三相四线，就近取自洞口变电所和洞内变电洞室变压器出线，监控电源箱出线为单相，总计6条回路，负责为隧道内的监控、通信设施提供电源，要求供电回路稳定、可靠，三相负载平衡。同时由于隧道内设备密度比较高，监控电源箱设计在隧道侧壁的顶部，在出现状况或维护的情况下，现场分合电路都是特别困难，为了更好地对这些监控电源箱进行管理，则需要对监控电源箱实施电力监控，可达到如下目的：

①监测进线电源，实时获取三相电压、电流、频率数据，计算有功功率、无功功率、功率因数。同时设置越限报警，在电压、电流超过上限、下限设定值时提供声光报警，提醒值班人员检修。

②监视出线回路状态，实时获取出线开关分、合位置信号。及时掌握设备用电信息。

③对进线电源实施远程控制，可根据需求或报警信号切断进线回路，方便值班人员操作，减少人力。

④监控电源箱的监控信号接入电力监控系统，使监控范围更加立体、细化，提供更多的操作依据，缩小故障排查范围。

现工程中增加了对隧道内监控电源箱进行远程监控，为了达到监控目的，一方面需要在每个智能配电箱内增加微机综合测控装置，同时也必须对原先的配电箱升级为智能控制配电箱。

微机综合测控装置是远程监控的核心设备，它具有以下功能：

①实时监测配电箱回路的电压、电流以及超过设定值报警。

②检测到配电箱供电异常时接受监控中心控制命令，分合回路。

③实时输出配电箱中所有回路的供电质量，及早发现供电隐患，特别是短路以及 3 项供电不平衡等，这样做到隐患及早发现，及时解决，保证隧道的安全。

④安装在配电箱内的微机综合测控装置通过 485 总线把信号传输到它最近的 RTU 机箱中，然后在 RTU 机箱中通过 485 转换成以太网接口，再通过 RTU 机箱中的工业以太网交换机传输到监控中心，这样在监控中心就可以通过电力监控软件进行远程管理智能配电箱。

3. 视频事件检测系统

从行车的安全性考虑，厦门翔安隧道在隧道主洞内所有摄像机设置了视频事件检测系统，能够进行各种交通事件、事故的自动检测，包括车辆事故、车辆停驶、交通拥堵、车辆慢行、行人、车辆逆行、遗弃物、烟和火灾检测等，能实时快速自动报警和录像，为道路的交通安全管理和道路运营提供极大的帮助。同时作为隧道火灾报警的辅助手段，达到行车隧道内无盲区覆盖，确保及早发现火灾等异常工况，并实现事件检测与火灾报警联动作业。实现图像轮值、火灾工况自动切换功能，为道路的交通安全管理和道路运营交通异常实时检测提供极大的帮助。

(1)概述

视频检测系统是一种利用图像处理技术对道路交通事故自动检测的技术。从 CCTV 摄像机获取图像，通过分析器数学处理，提取事故检测与交通测量的信息，经视频事件服务器处理，再传送到管理计算机进行交通管理。本系统采用监控系统所设置的彩色固定/云台摄像机图像作为信号输入，在图像显示的覆盖范围内，进行多种交通事件、事故的自动检测，包括车辆停驶、交通拥堵、交通事故等各种事件，并且系统能够快速自动报警和录像，为道路的交通安全管理和道路运营交通异常实时检测提供极大的帮助。

分析仪将报警消息通过局域网送给数据服务器，数据服务器立即汇总后，立即发送给管理计算机，在监控室指标台上的管理计算机立即产生声音报警，并使得显示器上的该图像的画框产生红色闪动，并发报警；数据服务器将汇总报警信息，通过 TCP/IP 接口协议发送给控制矩阵的计算机，由该电视监控计算机根据收到的报警消息中的图像号码去控制视频矩阵切换器，将该报警图像切换到主监视屏上，根据报警数量可以切换多路图像到不同的监视屏上。

(2)功能

交通事件事故检测系统在任何交通情况下能实时自动检测的事件、事故包括车辆停驶、交通拥堵、交通事故等，其主要功能包括：

①全天候检测功能，只要人眼能看见车辆的移动，即使在道路没有照明的情况下，只要车辆有正常的前灯、尾灯照明，即可毫无障碍的检测各种交通事件、事故（停驶车辆、交通拥堵、行人进入隧道、车辆逆行、超速、低速车辆、车头时距过小，烟雾、火灾检测，交通事故、遇难检测）。

②系统自动记录事件事故发生之前和之后的图像，不少于 3min，所记录的视频序列标记与报警信息相关联。更长时间的事故发生前后的录像可从 24h 硬盘录像机中查询。

③系统可以选择交通事件事故发生时自动进行视频录像，也可人工设置任意摄像机、任意时间段录像、任意长度进行图像记录。

(3)检测原理——遥控图像跟踪检测技术

该系统除可对隧道内布设的普通固定式摄像机进行检测外,还可对云台式摄像机进行检测,检测原理如图3-2-14所示:

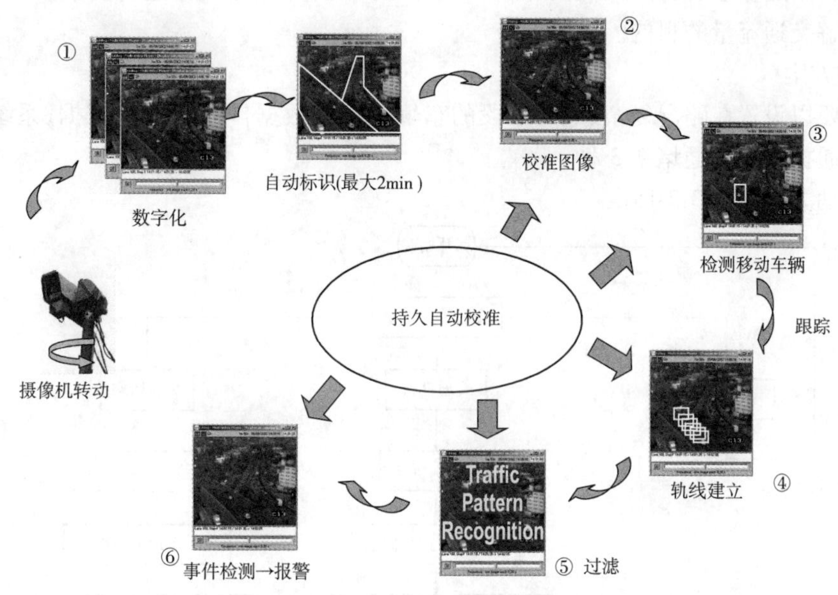

图3-2-14 视频检测系统原理

①相似物体的图像数字化;

②经过一个短的标示阶段,系统建立一个标示图像关联到图像的一个新位置;

③画面上的每辆车都能检测到并且进行辨识;

④软件算法通过图像序列(跟踪)标记这些车辆并且分析建立其时间-空间轨线;

⑤过滤能够去除那些没有意义的轨线;

⑥当检测到停驶的车辆时,系统将给出报警。

在整个处理过程中,VisioPaD连续不断地通过其自动校准来适应交通状态的变化。

如果采用特殊的算法来应付幻觉的变化,往往在转换的过程中容易产生错误和误报警。为避免误报警,VisioPaD进行如下的工作:

区别阴影和车辆(目标重叠技术);辨别永久型的阴影或障碍物。

VisioPaD采用的算法对于对比度和色饱和度不敏感,因而能够唯一适应于所有的大气状态和灯光条件:白天、晚上、黄昏、凌晨、烈日、阴云和雨雪天气。

(4)视频检测系统的优点

①在事件事故发生时提供最快的处理速度,管理人员和传统监控系统很快就能立即做出反应。

②用户及时得到自动警告,迅速处理,避免类似的事故接连发生。

③是一个模块化的灵活的系统,摆脱了道路线圈传感器的局限,封路施工维护、路面容易老化等。

4. 诱导灯系统

为了保证发生火灾时隧道内的行车安全,提醒已进入火灾隧道的驾驶人员,注意隧道已发生异常事件并给驾驶人员做行车指示标识,在隧道的右侧增加LED诱导报警系统,LED诱导报警器的布设间距为50m,利用隧道内已布设的RTU工业环网进行控制。

隧道LED诱导灯的布设,在火灾或事故发生时,除可以提示通行车辆注意隧道处于异常情况,减速慢行,还可将驾乘人员的视线指引至隧道的可变信息情报板及车道指示器,注意观看隧道内发布的交通控制信息,并可通过选择启动的消防警报声音(火灾发生时)加大报警提示效果。

2.4.5 系统联动方案

联动方案是以车辆检测器、火灾报警、CO/VI、紧急电话、事件检测仪、光强检测数据等为依据，对摄像机、可变情报板，车道标志、信号灯、风机、照明、横通道门、消防泵等设备进行控制，以达到在紧急或事故情况下帮助疏解交通流量的目的。

1. 交通控制方案

交通控制主要以设置在路况复杂、危险地段的车辆检测器数据作为判断的依据，系统将交通状态分为：交通畅通、交通拥挤和交通堵塞 3 种。

系统预置联动方案如图 3-2-15。

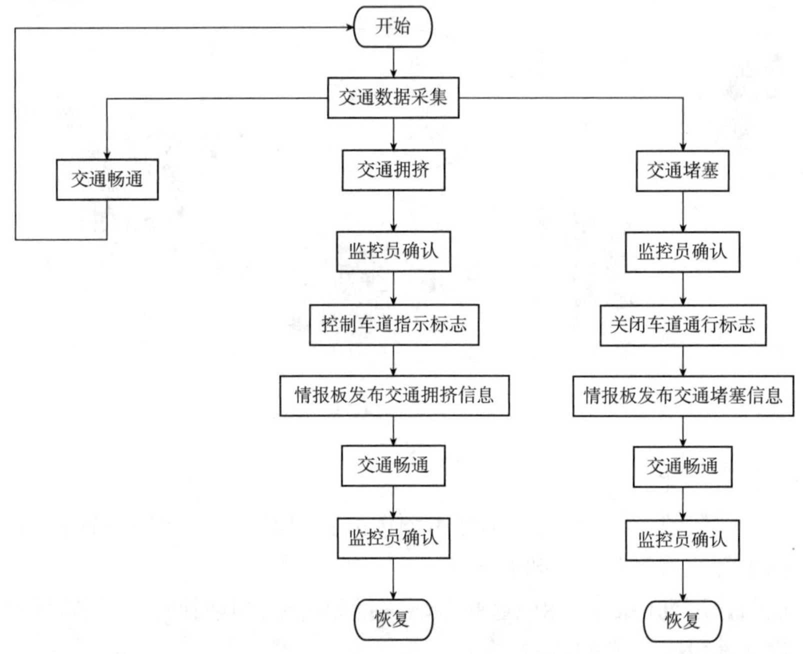

图 3-2-15 系统预置联动方案

2. 隧道照明控制方案

隧道内照明分为基本照明、入口段照明、过渡段Ⅰ照明、过渡段Ⅱ照明和出口段照明几种照明类型，基本照明又分为左线左侧、左线右侧、右线左侧和右线右侧 4 个照明灯组。每个灯组具有打开、关闭两种工作方式，由照明控制柜进行控制。针对各个隧道内电缆铺设情况，各照明控制柜控制不同的照明灯组。系统对照明控制柜进行控制，实现对隧道内照明的控制。

图 3-2-16 为隧道左洞照明布设情况。右洞与左洞相同，基本照明灯在各区段内均匀布设。

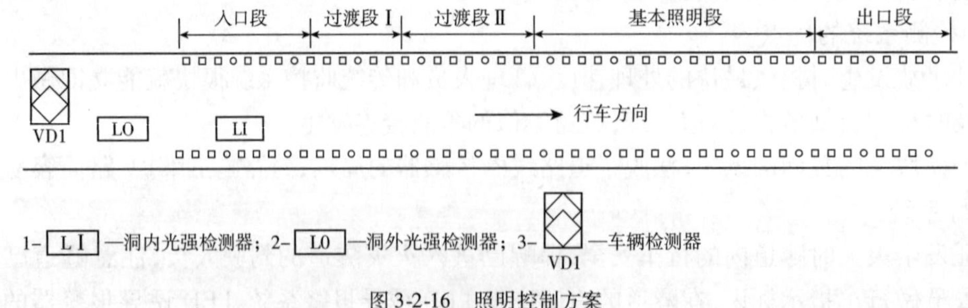

图 3-2-16 照明控制方案

每个照明灯组的打开、关闭除受中心和本地控制器人工的直接控制外，系统提供以下控制方案：

光强检测控制实时进行控制，根据洞外 LO 检测与洞内 LI 检测值对比，划分洞内照明等级，通过照明控制器（调光模块）进行调光，当光强检测器故障时照明系统将以时间触发条件进行控制，或由照明控制器自行进行调光控制。

3. 隧道通风控制方案

风机每3个为1组，分别安装在隧道两端。每个风机有正转、倒转、停止3种工作方式。每组风机由一个风机控制柜进行控制。

每个风机的工作方式除受中心和本地控制器的人工直接控制外，系统提供以下控制方案：

（1）一氧化碳浓度控制（以上行洞为例，门限值在试运行后进行调整）

①CO、CO_2 检测浓度都 < 150ppm 时，下行洞风机 1—8 均停止工作。

②250ppm ≤ CO_1 或 CO_2 检测浓度 < 300ppm 时，每组风机中累计运转时间最短的风机运转。

③CO、CO_2 中任一检测浓度 ≥ 300ppm 时，风机组全部运转。

以上控制方式，按一氧化碳浓度的不同分别进行控制。当条件3成立后，全部风机运转，运转一定时间后，一氧化碳浓度下降为条件2时，则由条件2中控制相应的风机运转，直到一氧化碳浓度低于150ppm。

在每个触发风机动作的条件变化后，需停止运行的风机将继续运转5min后停止。

（2）烟雾浓度控制（以上行洞为例，门限值在试运行后进行调整）

①VI_1、VI_2 检测浓度都 < 0.0070 时，风机 1—8 均停止工作。

②0.0070 ≤ VI_1、V_2 中任一检测浓度 < 0.0090 时，每组风机中累计运转时间最短的风机运转。

③VI_1、VI_2 中任一检测浓度 ≥ 300ppm 时，全部风机运转。

以上控制方式，按烟雾浓度的不同分别进行控制。当条件3成立后，全部风机运转，运转一定时间后，烟雾浓度下降为条件2时，则由条件2中控制相应的风机运转，直到烟雾浓度低于0.0070。

在每个触发风机动作的的条件变化后，需停止运行的风机将继续运转5min后停止。

4. 火灾控制方案

隧道火灾方案以火灾报警按钮和感温光缆为触动源，车道指示标志、人行横洞标志、车行横洞标志、紧急疏散标志、信号灯、风机、照明、横通道门、消防泵、巡逻车等为控制对象。

该报警发生后，系统将以声音和图形两种形式反映。由操作人员确认后，执行控制方案。控制方案见图3-2-17。

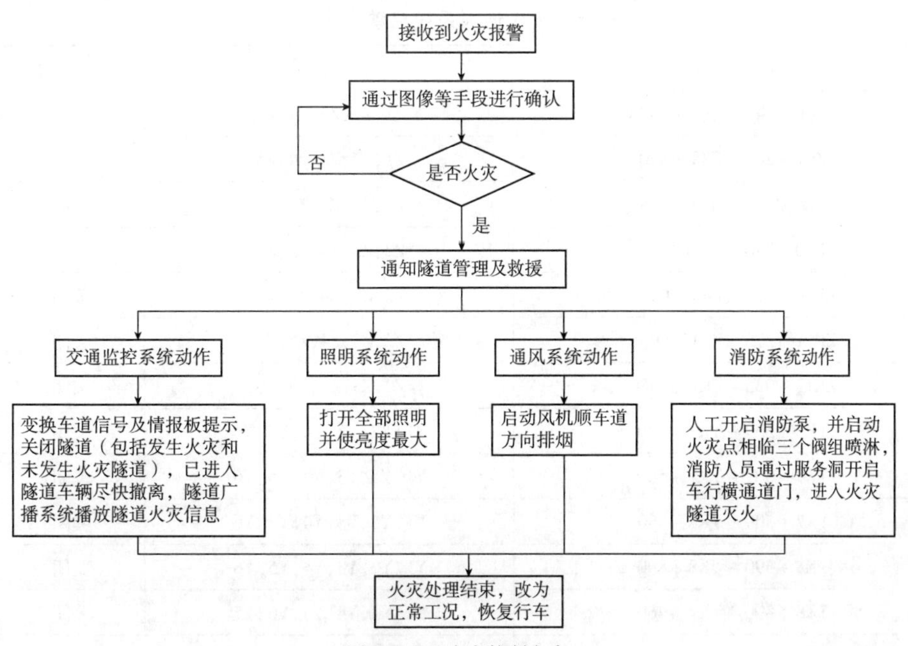

图3-2-17 火灾控制方案

火灾发生时，两个隧道洞均关闭交通。禁止车辆进入隧道，整个隧道进入应急状态，洞外车辆通过洞口转向车道疏散。火灾隧道着火点上游行车立即停车，驾驶员及乘客立即下车通过隧道人行或车行横洞从服务隧道向隧道外逃生;火灾点下游车辆继续向前行驶,迅速驶离隧道。未发生火灾隧道内车辆继续向前行驶,迅速驶离隧道。

(1)发生火灾隧道

关闭发生火灾隧道,即令隧道口交通信号灯显示"红色+转向标志",禁止车辆驶入隧道,从洞口回转车道绕行其他进出岛通道。洞口情报板显示"隧道火灾,请绕行其他进出岛通道"。

火灾点上游:车道指示器显示红色"×",禁止通行,已进入隧道车辆就地停车,驾驶员及乘客通过人行或车行横洞从服务隧道逃生。洞内情报板显示"前方火灾禁止通行"、"人员请从横洞撤离"。

火灾点下游:车道指示器显示绿色"↓",提示车辆尽快驶离隧道,洞内情报板显示"隧道火灾迅速撤离"。

(2)未发生火灾隧道

此时没有灾情隧道的入口信号灯显示"红色+转向标志",洞口车道标志显示红色"×",禁止车辆驶入隧道,从洞口回转车道绕行其他进出岛通道。洞口情报板显示"旁洞火灾,请绕行其他进出岛通道"。洞内情报板显示"旁洞火灾迅速撤离",隧道内车道指示器显示绿色"↓",提示已进入隧道车辆尽快驶离隧道。

启动隧道紧急电话广播系统,向洞内行车人员发布火灾警告信息"隧道火灾,人员请从横洞迅速撤离"。

(3)通风系统动作

一旦隧道发生火灾,隧道暂时关闭,左右线隧道都只能允许车辆和人员撤出隧道,严禁车辆进入隧道,消防车辆通过服务隧道经车行横洞进入火灾点。隧道通风系统进入排烟运行程序,及时有效地控制烟雾的流动并迅速将其排出隧道。

①调整火灾隧道通风系统降低风速,避免烟雾向下扩散太快,有利火点附近的人员疏散、自救灭火。若火灾发生在左线隧道,停止运行轴流风机并运行火灾点附近5组15台射流风机;若火灾发生在右线隧道,停止运行轴流风机并运行火灾点附近6组18台射流风机。具体的隧道火灾通风系统启动方案见表3-2-5。

隧道火灾通风系统启动方案 表3-2-5

序号	着火点	开启射流风机	轴流风机	备注
1	ZK6+540-ZK7+240	Z1,Z2,Z3,Z4,Z5	关闭	左洞
2	ZK7+240-ZK9+870	Z1,Z2,Z3,Z4,Z5	关闭	
3	ZK9+870-ZK10+270	Z1,Z2,Z3,Z4,Z5	关闭	
4	ZK10+270-ZK10+770	Z2,Z3,Z4,Z5,Z6	关闭	
5	ZK10+770-ZK11+273	Z2,Z3,Z4,Z5,Z6	关闭	
6	ZK11+273-ZK12+035	Z2,Z3,Z4,Z5,Z6	关闭	
7	ZK12+035-ZK12+580	Z2,Z3,Z4,Z5,Z6	关闭	
8	YK6+559-YK7+009	Y1,Y2,Y3,Y4,Y5,Y6	关闭	右洞
9	YK7+009-YK7+509	Y1,Y2,Y3,Y4,Y5,Y6	关闭	
10	YK7+509-YK8+390	Y1,Y2,Y3,Y4,Y5,Y6	关闭	
11	YK8+390-YK8+890	Y1,Y2,Y3,Y4,Y5,Y6	关闭	
12	YK8+890-YK9+460	Y2,Y3,Y4,Y5,Y6,Y7	关闭	
13	YK9+460-YK9+960	Y2,Y3,Y4,Y5,Y6,Y7	关闭	
14	YK9+960-YK11+910	Y2,Y3,Y4,Y5,Y6,Y7	关闭	
15	YK11+910-YK12+605	Y2,Y3,Y4,Y5,Y6,Y7	关闭	

②火点前的车辆继续行驶，向前从隧道出口疏散。火点后的车辆停止前进，驾乘人员下车从最近的车行、人行横洞经服务隧道向洞外疏散。

(4)其他工作

火灾发生时，隧道监控中心接到火灾报警信号立即通过闭路电视监视系统等手段进行确认，并录像。监控值班操作员立即报告上级负责人，并指示最近的巡逻人员、维护人员赶赴现场，协助交通管制工作。迅速通报消防、交警、救护、清障等救援部门按指定救援路径赶赴事故现场。

火灾灭火阶段，车辆、人员疏散完后，隧道消防队进入服务隧道，通过着火点上游横洞进入火点实施灭火，通风系统开启着火洞所有射流风机，确保烟雾流向前方。火灾扑灭后排烟阶段，通风系统按最大通风量运行，开启着火洞所有射流风机并启动轴流风机，快速将烟雾从前方的排风口（竖井或隧道洞口）排出。

2.4.6 关键设备施工要点

1. 监控中心大屏幕投影系统

(1)施工前准备

①提供屏幕墙安装图纸。提供屏幕墙安装的预留窗口大小尺寸及预留窗口四周装修的要求图，以便在整个系统安装之前，预留好屏幕窗口，窗口四周装修能够满足屏幕安装的要求。

②提出大屏幕投影系统使用环境要求。大屏幕系统包含投影、信号切换、控制和投影屏幕等多个子系统，综合考虑后，提出使用环境要求，保证系统正常使用环境。

③提供系统信号连接图和各信号线规格。整个投影系统各个组成部分是由各种信号线连接在一起，为了避免信号线之间的电磁干扰，除了采用高质量的信号线以外，各类信号走线应满足一定的要求。施工中，根据设备实际使用的要求，提供信号连线图及各种信号线的规格，以便信号线槽能满足走线的要求。

(2)施工操作要点

①安装投影屏及投影机。投影屏安装是整个投影系统最为关键的部分，屏幕安装应保证屏幕表面平整，与支撑固定件牢固连接。

投影机安装应确保投影机安放稳定坚固，距离屏幕距离、高度符合设计要求，并且便于投影机的日常维护要求。

②连接信号线。信号线连接的好坏对投影图像质量影响很大，因此要充分考虑各种因素对图像质量的影响。信号线走线应整齐，用塑料绑扎线扎好，走线应尽可能走直线，拐弯走直角，信号线应与电源线分开走线，避免电源线50Hz干扰。信号线连接焊接应牢固，不能有虚焊。

③调试信号线。信号线连接完毕后，应进行信号连通测试，并保证信号传输正常。

④调试投影机。调试投影机的机械位置，调试各类计算机及视频信号的图像显示效果和颜色一致性，使投影机显示通道与切换信号相匹配，应做到图像充满整个屏幕，图像不能有畸变，图像颜色要基本一致。

(3)设备安装调试完成后的功能测试

①视频图像显示功能测试；

②计算机信号显示功能测试；

③网络图像信号处理功能测试；

④混合信息（视频图像与计算机信号）显示功能测试；

⑤投影机的参数调节功能测试。

(4)整个系统联合调试

在各部分组合调试完毕的基础上，对整个系统进行联合调试，实现技术指标的全部功能，满足实际应用的要求。

2. 现场总线设备安装

(1)施工内容

隧道本地控制器(PLC)、工业以太网交换机、控制机箱安装、PLC与各设备间线缆连接、下位机软件等安装调试。

(2)施工要点

①现场调查时需注意原隧道土建工程预留洞室的位置、大小、深度、宽度是否满足控制机箱安装要求,预埋钢管的数量、孔径是否满足线缆穿放的要求,如遇到问题需即时要求原施工单位整改。

②控制机箱安装之前须先将内嵌板(如果有)的孔洞打好,安装好导轨及PLC的底板,同时考虑好机箱内设备的合理布局,然后再安装控制机箱箱体,要求箱体的背面或底面都需打膨胀螺栓固定。

③将PLC的各种功能模块插入底板,以太网交换机、空气开关、防雷保护器等均直接安装在导轨上。

④电源线、控制线、光缆穿放时需分开绑扎,接线之前需按线序一一对号并贴上标签,防止线缆接错返工。

⑤设备加电之前需仔细检查线缆是否接错,然后加电,观察设备指示灯是否正常,如指示灯显示不正常不得进行下一步工序。

设备加电成功后,然后加载下位机程序,对指示灯控制、风机控制、横通道与消防控制等多项功能逐一调试。

3. 交通控制系统设备安装

(1)施工内容

车道指示器、交通信号灯、门架式可变情报板、机械限高装置、小型可变情报板、可变限速标志、自动栏杆机等设备安装与调试。

(2)施工要点

①对于车道指示器、小型可变情报板现场调查时需注意原隧道土建工程预埋钢管的数量、孔径是否满足线缆穿放的要求,而对于洞外门架式可变情报板、限速标志、交通信号灯、自动栏杆机等需注意其安装位置、线缆径路走向等。

②车道指示器安装于隧道内每个车道的正上方,安装高度距路面净空为5.8m左右,小型可变情报板安装于隧道顶部,其中心与隧道中心线保持一致,安装高度距路面净空为5.7m,采用膨胀螺栓的方式固定支架,然后通过支架上连接法兰盘与设备连接,安装应牢靠稳固。

③交通信号灯、门架式可变情报板、可变限速标志、自动栏杆机、机械限高装置等均需制作基础及地线,其主要注意事项如下:

a. 参照设计要求,选择合适的位置,按施工图确定基础坑大小,画线、开挖,完毕后把浮土清理干净。

b. 然后制作防雷接地保护系统,严格按照有关规范执行,防雷接地采用联合接地,接地引线和接地极都进行镀锌处理。

c. 基础制模时钢筋绑扎牢固、横平竖直,模板稳固、牢靠、无裂缝,内面平滑,同时将防雷接地系统与基础法兰盘焊接好。

d. 混凝土拌制:按混凝土的配合比C25标准(水泥:砂:碎石:水=1:2.00:3.89:0.57)投料;每盘投料顺序为石子→水泥→砂子(掺和料)→水(外加剂)。严格控制用水量,搅拌均匀,搅拌时间一般不少于90s。在每个基础浇注时做实验块,实验块强度达到实验要求后,到有检测资质的检测单位检验混凝土强度,从而确保了混凝土的强度达到设计要求。

e. 混凝土的浇筑:预埋件均做热浸镀锌处理,在浇注基础混凝土时,分两次浇注,分层振捣,保证法兰盘水平误差符合规范要求,地脚螺栓与法兰盘垂直,基础表面尽量平整。

f. 地脚螺栓外露长度控制在10cm左右,外露螺栓涂油、包扎,防护良好,施工完毕后将现场清理干净。

④龙门架、立柱、支架均热镀锌处理。

⑤龙门架安装高度距路面净空为6m左右为宜,机械限高龙门架、交通信号灯安装高度距路面净空为5.7m左右为宜,可变限速标志安装高度距路面净空2.5m为宜。

⑥隧道内设备机箱安装在隧道侧壁上,采用膨胀螺栓的方式固定,隧道外设备机箱可直接安装在基础之上预埋法兰盘中,机箱内电源线、控制线分开绑扎,接线之前需按线序一一对号并贴上标签,防止线缆接错。

⑦设备加电测试之前需仔细检查接线是否正确,确认后才加电,显示正常后方可进入下一步工序。

⑧通过PLC或交通监控计算机对车道指示器、交通信号灯、可变情报板、限速变标志等逐一进行编辑或控制调试。

4. 横通道、消防控制系统设备安装

(1)施工内容

隧道横通道系统包括车行横通道电动门、人行横通道防火门、横通道门控制箱及按钮、人行横洞红外线探测器、人行横通道门接触器等设备的安装、测试及联网调试,消防控制系统主要包括对消房水泵的控制。

(2)施工要点

①现场调查时需注意原隧道土建工程预埋穿线钢管的数量、孔径是否满足线缆穿放的要求,横通道门安装位置是否满足设备安装要求。

②横通道门需调整好横通道门上升或下降的门限位置,使通道门下降时刚好接触地面就停止,防止与地面碰撞时损坏电机。

③控制按钮箱安装于隧道内横通道侧壁,安装高度为距路面1.2m,方便人操作。

④横通道门的红外控制器、门接触器需与横洞照明控制结合起来控制,最后在一个控制箱内实现,方便线缆连接。

⑤线缆穿放时需将强弱电缆分开绑扎,接线之前需按线序一一对号并贴上标签,防止线缆接错。

⑥加电测试时先对横道门手动按钮控制进行试验,然后进行红外线控制器、门接触器、横洞照明灯控制等进行试验。

⑦系统联调时结合火灾报警系统控制方案对横通道门、横通道照明、消防水泵进行火灾模拟调试。

2.4.7 新材料的应用-钢塑复合管

厦门翔安隧道是国内第一条具兼有公路和城市隧道双重功能的海底隧道,是国家重点基础设施建设项目。通信管道工程是机电工程的重要组成部分,由于翔安隧道工程,处于城市大气和海洋大气环境,环境相对湿度和海洋盐雾空气中具有较强等级类型的腐蚀物质,因此通信管道工程采用了由建设部在十一五规划中颁布推广的新材料钢塑料复合管,可弥补镀锌钢管施工、防腐蚀性和维护等方面存在的不足。

1. 公路工程通信管道发展过程

随着我国公路基础设施建设高速发展,近年来,新材料、新工艺、新技术陆续在公路基础设施项目推广应用。公路通信管道材料从混凝土管、PE管、普通钢管、镀锌钢管发展到钢强度塑金管、PVC/HDPE双壁波纹、栅格管、梅花通讯管、MMP改性聚丙烯电力电缆保护管、埋地式高压电力电缆保护管、可挠金属管、钢塑、钢铝复合管等等新材料,在公路通信管道系统工程和电力管道工程中得到应用和推广。

2. 产品执行标准

建设部569号文件技术公告明确规定了材料及材料资料合理利用技术领域,钢塑复合管列入在类别:化学建材;类目:塑料管道及复合管道系统;技术名称:电力、通信塑料保护套管系统、埋地电力、通信线路保护。

钢塑复合压力管既有金属的坚硬、刚直不易变形、耐热、耐压、抗静电等特点,又具有塑料的耐腐蚀、不生锈、不易产生垢渍、管壁光滑、保温性好、清洁无毒、质轻、安装方便、使用寿命长等特点。产品性能符合相应的国家或行业标准要求,符合相应的工程技术规程要求。该产品执行以下标准:

国家通信行业标准:《地下通道管道用塑料管》(YD/T 841—1996);国家城镇建设行业标准:《钢塑复合压力管》(CJ/T 183—2008);《公路地下通信管道高密度聚乙烯硅芯塑料管》(JT/T 496—2004);国家

标准:《塑料燃烧性能试验方法氧指数》(GB/T 2406—1993)。

3. 钢塑复合管与镀锌钢管性能比较

厦门翔安隧道通信管道工程,通信管道设计为左右洞两边行车方向的左侧顶部安装各 20 根通信管道,管道安装方式是采用支架吊装方式,每 90m 一个手孔连接箱。本工程处在盐雾区内,且属于严重的盐雾腐蚀区。如果采用钢管,由于管道常年裸露,管道尤其是套管焊接处易受盐雾腐蚀。在隧道运营过程中每 1 - 2 年需进行一次除锈刷漆处理。由于管道是并排敷设的,管道除锈工作变得很困难。另外,本工程工期后期施工工期非常紧,镀锌钢管有重量大、不易安装的缺点,对安装工期的保证造成很大的压力。采用钢塑料复合压力管,具有质量轻、减少海底隧道吊架负载重量,施工简单,工期短、先进的套管连接施工工艺、防腐性能优于镀锌钢管、不需运营防腐维护且适于穿放不同口径的通信光电缆等优点。

钢塑复合压力管即有金属的坚硬、刚直不易变形、耐热、耐压、抗静电等特点,又具有塑料的耐腐蚀、不生锈、不易产生垢渍、管壁光滑、保温性好、清洁无毒、质轻、安装方便、使用寿命长等特点,更适用于通信管道工程。钢塑复合压力管将会在厦门翔安隧道工程中发挥新材料新工艺新技术的优势。

2.5 抽排水系统及相关配套工程

2.5.1 系统构成

1. 厦门端洞口雨水排水系统构成

为截住流入洞口的雨水,厦门端洞口左右线均设置两道明截水沟(宽 60cm)、一道暗排沟,服务隧道设置一道普通截水沟。明截水沟采用 C45 混凝土现浇、利用桥梁伸缩缝改造,截水沟端部均设置沉砂井。

截留的雨水经管涵引入设在隧道洞口的集水池作积蓄。

集水池上建洞口雨水泵房,雨水泵房内设潜水泵将池内的汇集雨水排出隧道,经直径 1000mm 的雨水管引入环岛路的雨水排放管网。

2. 翔安端洞口雨水排水系统构成

为截住流入洞口的雨水,翔安端洞口左右线均设置两道明截水沟(宽 60cm)、一道暗排沟,服务隧道设置一道普通截水沟。明截水沟采用 C45 混凝土现浇、利用桥梁伸缩缝改造,截水沟端部均设置沉砂井。

截留的雨水经管涵引入设在隧道洞口的集水池作积蓄。

集水池上建洞口雨水泵房,雨水泵房内设潜水泵将池内的汇集雨水排出隧道,经直径 1200mm 的雨水管排放至洞顶明涵,经明涵排放到海边。

3. 隧道内废水排水系统构成

隧道内的渗水、废水经隧道内的边水沟排至隧道底部(NK9 + 105)的隧道底部集水池内作积蓄,服务隧道内的自来水管破裂水经自来水管通道排入集水池。

服务隧道在隧道底部集水池设置桩号处建有废水泵房,泵房内设深井潜水泵将池内的水排出隧道,并经直径 400mm 的排海水专用管排放至五通侧或翔安侧的排水管网(两侧出水管网互为备用,互相调节,特殊情况也可以同时向两岸抽水,五通侧的出口为独立的消能池,翔安侧出口为独立的排放明涵,向五通端排水为 2 条管路,向翔安端为 1 条管路)。

2.5.2 主要配置、运行可靠性

两岸洞口雨水泵房配置有:雨水泵房设置主潜水泵和辅助泵(泄流排污及泥浆泵),主潜水泵软启动控制柜、辅助泵直接启动控制柜、自控联动监测系统柜(包括配套仪表、管线等)、检修及应急电源箱等。泵房照明、通风、消防器材、排水出水钢制管道及球墨铸铁阀门部件,反冲洗系统、检修装置等。

中间废水泵房配置有:废水泵房设置主潜水泵和辅助泵(泄流排污及泥浆泵),主潜水泵软启动控制柜、辅助泵直接启动控制柜,自控联动监测系统柜(包括配套仪表、管线等),流量计及流量显示仪表箱、检修及应急电源箱、除湿机、值班室,泵房照明、通风、监控设施、消防器材、排水出水内外涂环氧树脂、复合管道及不锈钢阀门部件等。

两岸洞顶变电所和翔安侧服务管理区的柴油发电机组,发动机与发电机连接装配在高强度钢材底架上,控制屏装在顶端或侧端。机组具有自启动功能、具有远程监控功能、低温启动性能卓越、市电断电3~6s钟内可自动启动、市电自动浮充电源、报警系统和显示、降噪措施、排烟措施、散热措施以及防止小动物进入的有效措施等。

关于泵房自控联动监测系统柜:每个雨水泵房均配置自动控制柜,供电电源为一路220V低压电源,控制整个泵房设备的自动运行和远程控制,与潜水泵启动控制柜并排放置。自动控制柜内配置泵房控制单元APP700,配置至少8M内存,并预留工业以太网接口(TCP/IP)与隧道监控中心控制室连接,现实远程监控。所有状态信号及控制命令接至端子排,触点信号、模拟量信号、通信电缆分开排列。自动控制柜内根据功能要求留有足够的端子,并预留20%的空端子。

自控系统可根据泵站系统排涝流量的负荷,实现每台水泵运行的智能叠加和联动响应的应用分组组合,日常维护与小流量工作,工作运行的智能巡检,循环软启动,自动根据流量负荷选择水泵的投入状态,高峰流量警戒水位启动全投运行。有利地减小了系统单机容量的功率负荷,更有利于中小排量时系统设备的节能降耗。同时结合专业的系统控制自动化管理软件的应用,可实现排涝流量调节水泵机组投入负荷的“软叠加”的智能调度、精确控制;软件支持扩展水利调度工程师的设备运行管理程序修订及锁定,支持意外灾害风险及紧急事件的短信报警功能。

考虑翔安隧道的使用环境,所有电气设备及其所用元器件及设备内部板件必须经过抗腐蚀和阻燃等特殊方式处理,保证设备的防潮、防尘、抗震动及耐腐蚀性能,确保适应高灰尘、高潮气、高腐蚀和震动的工况。

为了保证隧道排水的安全、持续、可靠性,采用24h不间断电源,有两路市电和一路应急柴油发电机组,隧道内的废水泵房设有专用变电洞室。在隧道两岸口部顶的变电所均有一套1600kW柴油发电机组作为应急用电保证排水系统正常投入工作,厦门侧柴油机组设有升压系统将应急电源直接送到隧道内的废水泵房专用变电洞室,经过降压系统提供给抽排水系统作为应急电源。

2.5.3 核心材料设备的选用

①隧道中间的废水泵房排水管道,采用内外涂高分子改性环氧树脂复合管道,泵房内所有阀门及部件采用不锈钢316L材质。内外涂高分子改性环氧树脂复合管道具有很强的耐腐蚀性、抗冲击性能和较强的抗阴极剥离性以及良好的耐化学稳定性,管道的工作压力不大于2.5MPa,工作温度为常温。管道连接采用法兰方式,所有法兰在工厂统一焊接和涂层。

管道到达现场后由各方进行100%检查,测量涂层厚度,钢管壁厚,法兰的平直度等,若发现存在瑕疵,则立即做退货处理,对于安装过程中碰损涂层的,均现场严格进行处理,保证涂层的完整性(管道每批到货都随车带一定数量的专用涂层材料,管道外表的修复至关重要,服务隧道的海水和湿气是造成日后腐蚀的主因)。

②隧道中间的废水泵房水泵,采用不锈钢深井潜水泵,配套专用高性能潜水电机,沉积坑内辅助不锈钢泥浆泵。水泵出口各类阀件均采用不锈钢316L材质并设置自动联锁电动控制阀。考虑水泵房位于隧道最低处,水泵出口配置了自动水锤消除器和压力缓冲罐。水泵主要选用进口产品,两个主出水管道设置了电子流量计,数据传输到显示仪表箱,值班人员实时记录排水量,并做好运行报表。

③两岸雨水泵房的水泵采用潜水泵,泵体及泵盖采用球墨铸铁材质,水泵的叶轮和轴承采用国外先进制造技术,配套专用高性能潜水电机,沉积坑内辅助不锈钢泥浆泵和不锈钢潜污泵。水泵出口各类阀件均采用球墨铸铁材质并设置自动联锁电动控制阀。包括设备整体机座和两次固定配件均有厂商配套提供。

④水泵软启动控制柜、配套启动控制柜、自控联动监测系统柜、照明配电箱、风机配电箱及检修电源箱的主控器件均采用进口产品。

⑤柴油发电机组(位于两岸洞顶变电所的1760kW成套设备2套和位于翔安端服务管理区220kW成套设备1套)采用国内合资产品。

2.5.4 主要施工工艺

针对抽排水设备重,体积大,配电容量大,管线、管道规格大,服务隧道内安装空间紧凑、敷设线路长,工艺技术要求高,工期紧的特点,设立机构健全的项目经理部,共15个岗位,实行项目经理负责制,严格执行建设单位、监理单位及施工单位的各项管理制度,按联合设计施工图纸、施工技术规范施工,施工班组根据项目实际情况和进度需求设立9个施工班组。施工部署包括项目的质量、安全、进度、成本目标,拟投入的最高人数和平均人数,劳动力使用计划,材料供应计划,机械设备供应计划,施工程序,项目管理总体安排等。

施工班组根据项目实际情况划分为厦门侧设备及管道系统、翔安侧设备及管道系统、中间泵房设备及管道系统、服务隧道下延伸管道系统、电气系统(包括动力配电和自动监测系统等)、柴油发电机组、两岸隧顶电缆沟、2号变电所土建及安装等班组。分别配备相应的人员、机械等资源,完成其范围内的全部工作。各施工班组提供构、配件加工计划,由集中加工区进行制作完成,然后两次镀锌后现场安装。

(1)各施工班组主要按以下内容同时或顺序施工。

①清理预埋的穿线钢管、安装件及孔洞,对发现的问题进行整改,设备基础施工。

②电缆桥架、托架安装及干线电缆敷设,支线导线穿管敷设。

③泵房设备及管道安装(两岸雨水出水主管到泵房外后主要与洞顶消防、绿化、电缆沟、截水沟等单位相互交叉,在实施过程中多次协调管道走向,保证洞顶整体布局的需要。而中间废水泵房的出水管道,经过服务隧道T型板下的排水管沟,这个通道主要与厦门水务公司的DN1000自来水管交叉施工,考虑排水管道位于下方和斜上方,由排水专业先施工下方管道,向五通排水管道投入运行后,市政给水的施工单位跟进五通端市政给水管道施工,向翔安排水管道投入运行,五通端斜上方排水管道安装在市政给水管道安装后进行,前两条采用排水槽内安装,第三条采用钢支架悬吊式安装)。

④配电箱、电源箱、软启动控制柜、自动监测控制设施和发电机组设施安装。

在安装工程全部结束后,进行系统绝缘、接地测试,设备单机测试,具备条件下安排施工人员分段进行抽排水(主要确保中间废水泵房的24h连续运行)、发电机组系统及系统综合调试,调试完毕确认各系统正常无误后,再配合其他专业进行调试。

工程施工完毕,对单位工程质量进行评定,整理、归档施工资料,编制竣工资料,向建设单位提出竣工验收申请,由建设单位组织工程竣工验收。

(2)管道

两岸雨水泵房管道采用焊接管道,管道焊接前对管子的质量进行检查,首先检查管道的质量证明,包括质量合格证书、核对管道批号、材质。管道在焊接前进行全面的清理检查,将管子的焊端坡口面管壁内外20mm左右范围内的铁锈、泥土、油脂等脏物清除干净。

管子坡口采用氧气—乙炔方法切割后为了消除表面的淬硬性,用手提砂轮机进行磨削,坡口形式的选择应考虑保证焊接质量,便于操作,减少填充金属和减少焊接变形等原则。

焊接管对口间隙严格控制工艺要求,保证两管段中心线在同一条直线上。管道上的焊缝不得放在支架或吊架上,也不得设在穿墙或穿楼板的套管内,焊缝离支吊架的距离不得小于100mm。

管子管件组对好后,要先施行定位焊接,且定位焊接的工艺措施及焊接材料与正式焊相同。定位焊接的长度一般为10~15mm,焊缝高度为2~4mm且不超过壁厚的2/3。不同直径的管子对焊时,中间通过变径件实现。

管道安装前进行除锈、油漆工作(考虑主管道口径大,内外均进行了除锈和油漆工作),管路安装完成后,泵站内管道进行清洁表面,然后涂装2遍环氧树脂粉末涂层工作(主要考虑雨水泵房下部水池的水汽较大,故将排海水管道涂层应用两岸雨水泵房内),管路上的阀门、组件均进行涂装,保证潮湿条件的保护。而泵站外的埋地焊接管道(管道通过泵房竖井出到隧道顶部,通过埋地方式延伸到隧顶消能池),内部进行了除锈和防腐油漆3遍,外部采用一底三布五油的防腐方式,管沟底部采用混凝土垫层加管墩,管道压力实验、冲洗合格并防腐检验合格后回填砂,最后回填土方、平整并恢复绿化。

(3)法兰

中间废水泵房及沿服务隧道分别向两岸出水的管道采用法兰连接,管道内外涂环氧树脂涂层。为了确保工程质量和整体防腐要求,在管道喷涂、烤漆之前就将法兰焊接完成,以上工作均在厂内进行,焊接部位进行了焊缝抽检工作,涂层在出厂前进行了严格的测量和过程控制。

对于法兰选用,根据压力等级要求为2.5MPa,法兰表面光滑,不得有砂眼、裂纹、斑点、毛刺等降低法兰强度和连接可靠性的缺陷,法兰的螺栓孔位置偏差不得超过规定。而当选择与设备、阀门相连接的法兰时,应按设备与阀件的标称压力来选择,并核实属于哪个标准的法兰,否则将造成所选法兰尺寸与设备阀件上的法兰尺寸不符。

法兰垫片选用工业橡胶板(成品件),每个均核实材质、尺寸,且质地柔韧,无老化变质现象,表面也不应有折损皱纹缺陷。

法兰连接用螺栓采用8.8级强度螺栓,镀镍,螺栓及螺母的螺纹完整,无伤痕、毛刺等缺陷。螺栓螺母配合良好,无松动和卡涩现象。法兰与管子连接前应用弯尺对管子端面进行检查,管口端面倾斜尺寸不得大于1.5mm。法兰与管子组装时,要用法兰弯尺检查法兰的垂直度。法兰与法兰对接连接时,密封面应保持平行。

为了便于装、拆法兰紧固螺栓,法兰平面距支架和墙面的距离不小于200mm。拧紧螺栓时应对称成十字交叉进行,以保证垫片各处受力均匀。

每根管道在运输到施工堆货现场以及运输到施工部位,采用了外保护包裹方式,防止涂层的破坏,考虑单条管道约700kg,前两条安装采用葫芦群集体吊装的方式(服务隧道内的泄水槽安装空间为宽度700mm,深度650mm,直接下管无法进行法兰螺栓的安装),每150m为1组进行,并密切观察涂层的保护工作,对法兰连接螺栓的紧固情况全面检查,管道安装完成后进行清水冲洗工作和管道压力试验。第三条管道采用钢支架悬吊安装,支架制作安装完成后,下部横梁在管道就位后进行现场焊接,支架与管道接触部位垫橡胶垫,每条管道通过高脚台车运输到安装部位再吊装。

(4)阀门

阀门安装,安装前核对阀门型号规格与设计是否相符,检查外观,察看是否有损坏,阀杆是否歪斜、灵活等;由管道工程施工规范,对阀门作强度试验和严密性试验,低压阀门抽检10%(但至少1个)。严密性试验即可按公称压力进行,也可按1.25倍工作压力进行试验。阀门到货后,根据监理的抽检要求,现场制作试压装置,同时可进行各类规格阀门的试验,保证阀门质量。考虑中间废水泵房的重要性,全部阀门进行了强度试验和严密性试验,并对备用阀门也进行试验,确保该泵站工作的安全等级。

阀门搬运时不允许随手抛掷应按类别进行摆放,搬运过程中采用软麻袋包裹。阀门吊装搬运时,钢丝绳不得拴在手轮或阀杆上,应拴在法兰处。阀门介质流向要和阀门指示方向相同。不论何种阀门都不应埋地安装(隧道顶部阀门设置了阀门井),电动阀门的电机转向要正确。

(5)管道安装

隧道顶部排水主管道分别采用明式安装和埋地敷设。考虑洞顶排放的水有雨水泵站的雨水出水和中间渗海水泵站的海水出水,故到达隧顶消能池时分别排放独自的消能池,防止海水进入雨水管道中造成焊接管道的腐蚀,或者雨水系统非使用阶段海水回流到雨水泵站损坏雨水设备等。

明式安装的管道采用混凝土管墩的支撑方式,每4m设置一个,混凝土强度为C25并内配钢筋,雨水主管道外涂钢结构油漆,中间海水排放管道采用内外涂环氧树脂的复合钢管。在排雨水焊接管道埋地部分,对管道采用一底三布五油的防腐方式,管道底部做C15垫层并回填砂将管道覆盖,然后回填土以及平整、绿化。

所有管道连通后,做闭水试验和通水试验。

(6)水泵

水泵安装,水泵到货后进行开箱检查,按设备技术文件清点泵的零件和部件,并应无缺件、损坏和锈蚀等,管口保护物和堵盖应完好。

与水泵连接的管道内部和管端应清洗洁净,清除杂物,吸入管道(或吸入口)和输出管道应有各自的支架,泵不得直接承受管道的重量。相互连接的法兰端面应平行,管道与泵连接后,应复检泵的原找正精度,管道与泵连接后,不应在其上进行焊接和气割。

水泵就位前应检查设备基础尺寸、位置、高程是否满足,检查水泵配件、检查填料函、检查电机。当水泵基础的尺寸、位置、高程符合设计要求后,将底座置于基础上,套上地脚螺栓,调整底座的中心位置与设计位置一致。

测定底座水平度,底座安装时应用平垫铁片使其调成水平,并将地脚螺栓拧紧,地脚螺栓拧紧后,用水泥砂浆将底座与基础之间的缝隙嵌填充实,再用混凝土将底座下的空间填满填实,以保证底座的稳定。

每个地脚螺栓近旁至少有一组垫铁,垫铁组在能放稳和不影响灌浆的情况下,应尽量靠近地脚螺栓,相邻两垫铁组间的距离,一般为500~1000mm,每一垫铁组间的面积应能足够承受设备的负荷,每一垫铁组应尽量减少垫铁块数,一般不超过3块,并少用薄垫铁,放置平垫铁时,最厚的放在下面,最薄的放在中间,并将各垫铁相互焊接。每一组垫铁放置整齐平稳,接触良好。设备找平后,每一组均应被压紧,并可用0.25kg手锤轻击听音检查。设备找平后,垫铁露出设备底座底面外缘,平垫铁应露出10~30mm,斜垫铁应露出10~50mm,垫铁组伸入设备底座底面的长度应超过设备地脚螺栓孔。

水泵找正:在水泵外缘以纵横中心线位置立桩,并在空中拉相互交角90°的中心线,并在两根线上各挂垂线,使水泵的轴心和横向中心线的垂线相重合,使其进出口中心与纵向中心线相重合。水泵找正允许误差,横向平行误差不大于0.5mm,交叉误差不大于0.1/1000。

水泵找平:测量水泵高程,利用水泵安装附近的已知水准点的高程,用水准仪进行测量,安装高程允许误差为单机组10mm,多机组5mm。在进行调整时,各项安装工序之间会相互影响,所以需经过几次反复调整直至符合要求为止。最后拧紧地脚螺栓。

水泵运行调试前检查所有与水泵运行有关的仪表、开关,检查电动机的转向,各紧固件不得松动,润滑部位应符合运行要求,水泵进出水闸阀应处于相应启闭状态,安全保护装置齐全可靠,水泵叶轮转动灵活。

按设计方式进行水泵机组的启动,同时观察机组的电流、真空、压力噪声等情况。如不能启动,则应从电气设备、水泵、吸水管路、引水系统等方面逐个查找,排除故障。机组启动时,机组周围不要站人。

运转:泵在设计负荷下连续运转不应小于2h,附属系统运行应正常,真空、压力、流量、温度、电机电流、功率消耗、电机温度等要求应符合设备技术文件要求。运转中不应有不正常的声音,无较大振动,各连接部分不得松动或泄漏。泵的安全、保护装置灵敏、可靠,整个泵房内所有机组可以根据自动控制系统实现对应功能。

(7)其他

其他安装还包括排水配电系统中电缆敷设、软启动柜安装、控制箱安装、接线箱安装、桥架安装、钢管配管、支架制作安装、接线、测试等。以及柴油发电机组成套安装,包括设备本体就位安装、电缆敷设、母线槽安装、油管敷设、排烟管安装(无缝钢管焊接、保温、金属保护壳)、就地切换柜安装、排气罩制作安装等。以及两岸洞顶电缆沟工程(连接隧道顶部变电所和隧道的电气通道,沟内两侧设置电缆支架,各专业根据事先划分进行电缆敷设)、隧道内2号变电所工程和泵站附属通风系统、照明系统、消防器材、检修设施、装修等项目。

配电设施的运输根据重量及形体大小,结合现场施工条件决定采用吊车、汽车或人力搬运,设备上有吊环的吊索应穿过吊环,无吊环的吊索最好挂拴在四角主要承力结构处,运输中要固定牢靠,防止磕碰,避免元件、仪表及油漆的损坏。到达现场后根据进度情况进行开箱检查,安装前基础槽钢应施工完成。

柴油发电机组安装:设备开箱检查记录齐全并检查合格;施工图和技术资料齐全,土建工程基本施工完毕,门窗封闭好;基础验收合格,才能安装机组;地脚螺栓固定的机组经初平、螺栓孔灌浆、精平、紧固地脚螺栓、二次灌浆等机械安装程序;安放式的机组将底部垫平、垫实;油、气、水冷、风冷、烟气排放等系统和隔振防噪声设施安装完成,经检查无油、不泄漏,且机构运转平稳、转速自动或手动控制符合要求。为了防止空载试运行时发生意外,燃油外漏,引发火灾事故,所以要按设计要求或消防规定配齐灭火器材,同时应做好消防灭火预案。当发电机的静态试验、随机的配电盘、控制柜接线检查合格,才具备做下一步的发电机空载试验；柴油机空载试运行和试验调整合格，才能做发电机空载试验，否则盲目地带上发电机负荷，是不安全的；正因为备用电源的重要性和提供人们安全感的需要，所以在投入备用状态前，要在规定时间内，连续无故障负荷试运行合格，然后才能投入备用状态。

2.5.5 关键施工点

翔安隧道抽排水及相关配套工程是整个隧道建设中相当重要的子单位工程，它关乎整个隧道日常运营的安全，是整个隧道的核心单位工程之一。两岸雨水泵房系统实施根据位置比较便利，安装条件较好，隧道顶部通道协调顺畅。隧道中间废水泵房抽排水系统是实施中最关键的部分，根据渗透水数据变化情况，通车前分别召开3次专家审查会，最终形成了11台排水泵(3用8备)及3条独立的排水管道的系统规模，全面保障隧道渗透水以及应急情况下汇集水的排出，中间废水泵房抽排水系统为24h不间断排出汇集来的海水和隧道冲洗、消防喷淋等的来水，排水系统的平稳运行显得至关重要，关乎翔安海底隧道的运营安全。

废水泵房抽排水系统能够早日安装完成和投入使用，是整个隧道工程后续施工顺利完成的保障，业主多次组织现场协调和专题会议，为早日进入废水泵房施工创造条件，采用与主体单位穿插施工的方式，在上面主体施工单位还进行土建结构施工、下面集水池汇集海水的情况下，施工人员进入海面下-79.136m的集水池底部，边抽排一直汇集进来的海水、边进行设备及管道安装，同时服务隧道T型板下的排海水专用管道安装有序进行，每单根管道重720kg，共1800多根，安装管廊空间狭小(高度2.15m，宽度1m的空间)，运输及安装均受空间限制，实行24h3班倒的流水施工安排，30天内实现3台主排水设备、向厦门端泄水槽内排水管道系统完成，设备房的电气设备安装和电缆敷设均同步进行，安装完成后在监理单位、建设单位现场管理代表参与下进行电气检测和相关试验，各项指标达到要求后，正式启动潜水泵进行工作，把翔安隧道最底部的汇集渗透的海水通过90.036m的垂直高差、3150m的管道，一次性排到洞顶消能池。建设单位、监理单位对施工进行了精心组织，在2月20日完成了第2条管道和5台主泵的运行工作，3月10日胜利完成了第3条管道和7台主泵的运行工作，为4个主体标段分阶段撤除各级临时排水设施创造条件，路面、装饰板、机电等单位均积极跟进，如期实现厦门路桥集团公司下达的任务，为海底隧道的通车创造工作条件。

2.5.6 抽排水系统运营的注意事项

①通过观察仪表显示的数字，可了解和判定机器是否运转正常。当电流表、电压表读数超过其额定范围时，则属不正常，应停机检修。

②轴承过热的原因很多，如轴承安装不准确；轴承缺油或油太多(用润滑脂时)；油质不良、不干净及滑动轴承的甩油环不起作用；轴承损坏等。发现轴承温度过高时，应停机查明原因加以维修。

③引起设备产生异常振动、噪声的原因很多，发现此类情况，应仔细查找原因，及时排除。

④运行中应经常检查集水池水位。水位太低，在水面上产生漩涡，应设法提高水位，避免水泵产生气蚀现象。

⑤应保证各种电气开关、软启动器、附属电气设备等齐全、灵活可靠。各种电器接触点连接处、电机进线、补偿线的连接及开关接线等应保持良好的接触，如有磨损、腐蚀严重、松动，应及时处理。

⑥为保证水泵的运行效率，发现出水量减少及水泵电流急剧上升时，应及时停泵，清除叶轮等处的阻塞物。

⑦泵房集水池长期使用，大量的沙粒将积存在池内，不仅减少了集水池的容积，还可能堵塞进水口，降低水泵的运转效率或造成水泵磨损。所以应定期清理池底，两岸雨水泵房可以排空水后进行清理，而中间泵房底部清理则需要细致工作和保护措施。

⑧设备工作时出现停电或故障时，值班人员应立即上报相关负责人，在最短的时间内采取措施来解决面临的问题。

⑨由于隧道中间废水泵房为连续运转，应采用现场值班制度，值班人员要具有长期操作和管理这类泵站的经验。两岸雨水泵房平时依靠自动控制系统和人员巡查制度结合的方式，在雨天增加人员到泵房

值班。这样可以确保排水系统工作的安全性。

⑩由于排水设备间比较潮湿、水汽较大,设置的排风机应根据需要进行工作,平时保护电气设备,也为值班人员改善工作条件。

2.6 消防泡沫-水喷雾系统

2.6.1 系统构成及泡沫喷雾系统说明

1. 系统构成

系统构成包括消防泵房设备与材料的安装、泡沫-水喷雾联用灭火系统供水设施、两侧洞顶消防水池工程和隧外工程。

(1)消防水泵房(泡沫泵组系统设置在1层,其余设置在2层)

消火栓泵组:包括2台消火栓泵(互为备用)、2台稳压泵(互为备用)。

水喷雾泵组:包括2台喷雾泵(互为备用)、2台稳压泵(互为备用)。

泡沫泵组(全不锈钢):包括2台泡沫泵(互为备用)。

消防水泵房还包括了其他的配电设备、控制设备及管道。

(2)泡沫-水喷雾联用灭火系统

主隧道左右线行车方向两侧设置了泡沫-水喷雾联用灭火系统,自厦门端及翔安端消防泵房内的水喷雾泵出水管上各引出两根DN250的消防总管,敷设在左右线隧道行车方向左侧消防管沟内,全线贯通。供给每条隧道的泡沫-水喷雾联用灭火系统用水。在泵房的水喷雾主管道上设置信号蝶阀、水流指示器。

自厦门端及翔安端消防泵房内的泡沫泵出液管上各引出两根DN65的泡沫液总管,敷设在左右线隧道行车方向左侧消防管沟内,全线贯通,供给每条隧道的泡沫-水喷雾联用灭火系统用泡沫液。在泵房的泡沫液主管道上设置不锈钢信号蝶阀、水流指示器,泡沫液储罐有效容量可供系统两个分区同时喷射至少20min。整个系统平时在比例混合器前的泡沫管道内充满泡沫原液。系统中采用的水成膜泡沫液必须为喷放后可直接排入雨水管道的环保型泡沫液。

主隧道左右线共设置了482组泡沫-水喷雾联用灭火系统,每组长度为25m,行车方向左侧设有7只远近射程喷头(根据喷雾全断面需要在原来设计基础上管道进行了延伸),共布置了3374只喷头,行车方向右侧设有7只近射程喷头,同样共布置了3374只喷头,通过每25m一根洞顶横跨引管连通。主隧道左右线共设置482套隧道专用泡沫喷雾控制阀组箱,每套箱内设有一只电控雨淋阀,用以开启每组泡沫喷雾系统,同时设置2只信号蝶阀(为常开状态)、泡沫液比例混合器、平衡阀、泡沫液止回阀、压力开关、泡沫液球阀、泡沫液控制电磁阀、试验排水管路等。每组泡沫-水喷雾联用灭火系统与相应的火灾报警系统的分区一一对应。系统的操作顺序:火灾发生、火灾探测器动作、经中控室确认并开启雨淋阀、泡沫液控制电磁阀,启动水喷雾泵系统动作、泡沫泵动作,本系统中的信号蝶阀、雨淋阀、电磁阀的开启状况及水流指示器的动作均需在中控室内显示。

(3)两侧洞顶消防水池工程和隧道外工程

泡沫-水喷雾与消火栓系统内外涂改性重防腐环氧树脂复合消防管3850m、室外消火栓16套、水泵结合器16套、水池仪表、金属构件制安、阀门及部件、阀门井、检查井、土方开挖、回填砂、回填土、水池排水系统(含水泵、配电、排放管道)、排放间潜污排水系统(含水泵、配电、排放管道)等工程。

针对行车方向右侧遇到高大车辆喷射强度及覆盖面偏弱,为了确保全断面覆盖,通过喷淋支管向前延伸,并将阀组主管通过隧道顶安装延伸至对面,在行车方向右侧布设了1组对应喷头。

隧道顶部的消防水池配管主要包括:市政联通管道和自灌式消防水池引水管道。

2. 泡沫喷雾系统说明

(1)隧道专用泡沫喷雾控制阀组说明

隧道专用泡沫喷雾控制阀组(以下简称控制阀组)是隧道专用泡沫喷雾灭火系统的关键部件,在接收到消防报警控制器的控制信号后能立即启动，将来自系统总管道的消防水和来自泡沫液管道的泡沫原液混合成3%水成膜泡沫混合液，通过管网输送给隧道专用水成膜泡沫喷头扑灭隧道火灾。

(2)工作原理

①备用状态：控制阀组中各阀件处于常态位置(结构)，雨淋报警阀、泡沫液控制电磁阀、信号蝶阀、压力开关与消防控制中心之间的电路连接正常，且处于准工作状态。

②工作状态：泡沫液管路压力表(显示泡沫液管路入口压力)、雨淋报警阀入口压力表及控制腔压力表(显示供水侧水压)指针位置处于正常范围内。

③工作状态：发生火灾时，雨淋报警阀和泡沫液控制电磁阀在接收到消防控制中心报警控制器发出的启动电信号后迅速开启，压力开关动作启动消防水泵和泡沫原液泵，水经过雨淋报警阀后进入比例混合器的进水口，泡沫液流经泡沫液控制球阀、控制电磁阀、平衡阀后流入比例混合器的泡沫液入口，比例混合器将水和水成膜泡沫液混合后送至管网，管网上喷头喷洒出泡沫水雾扑灭隧道火灾。

④紧急状态：当远程电控制失灵或发现火灾时自动启动尚未开启时，可在现场手动打开雨淋报警阀紧急启动球阀和泡沫液控制电磁阀，进行手动应急启动。

(3)结构

进水短管其下部进水端伸出箱体外，通过柔性沟槽式卡箍接头与分区进水水管道连接，其下部出水端与雨淋报警阀的入口端相连；雨淋报警阀上部出口端依次连接对夹式比例混合器、系统侧信号蝶阀，通过柔性沟槽式卡箍接头与区域管网(泡沫混合液管路)连接；比例混合器的泡沫液入口端通过活接与泡沫液管路连接，泡沫液管路的入口端通过活接与区域泡沫液管道连接；在比例混合器的泡沫混合液出口与系统侧信号蝶阀之间的混合器外接管侧面上设有1个旁通短管，旁通短管与试验排水管路通过活接头连接，试验排水管的出水口通至箱体底板下预埋的排水管地漏口。

隧道专用远近程水成膜泡沫喷头SZT146/64-120型喷头外形见图3-2-18，喷头喷洒曲线及覆盖面积见图3-2-19。

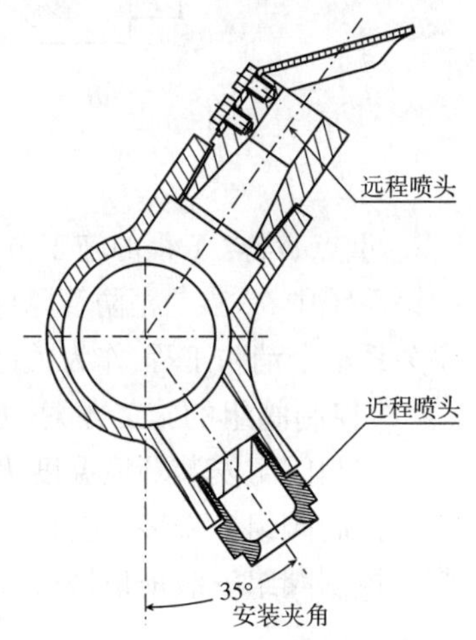

图3-2-18 SZT146/64-120型喷头外形

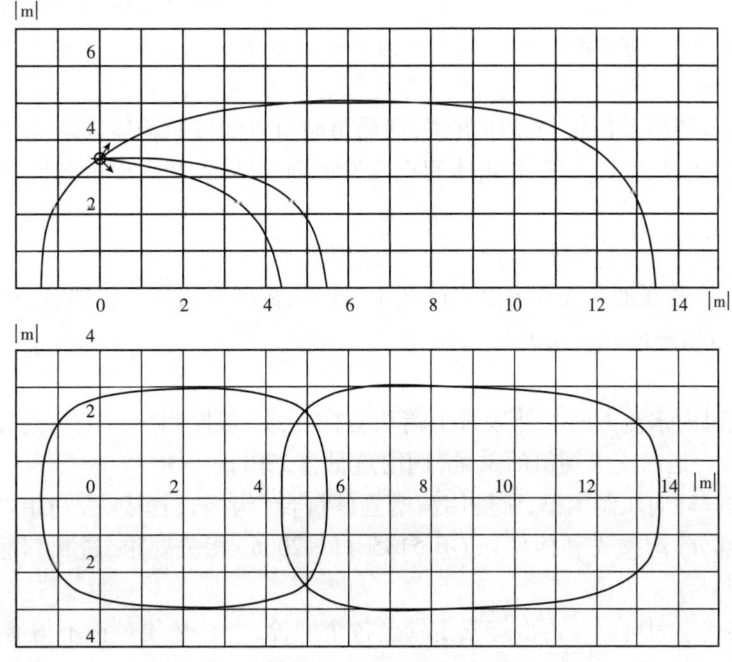

图3-2-19 SZT146/64-120型喷头喷洒曲线及覆盖面积

2.6.2　消防系统安装技术方案

1. 消防系统安装工程流程图

消防系统安装工程流程图见图3-2-20。

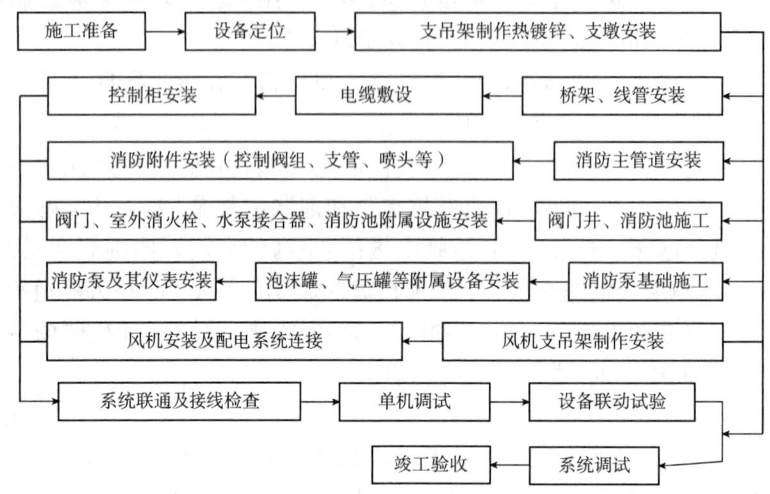

图3-2-20　消防系统安装工程流程图

2. 重点、难点工程的施工方案、方法及措施

该系统中，重点是消防管路（包括内外涂层消防管道和不锈钢管道）和泡沫喷雾控制阀组的安装，此项工序关系整个消防工程，作为关键工序施工时间紧，工程量大，各单位交叉施工严重，管沟狭小、施工环境差。

（1）控制阀组的施工方案、方法

①控制阀组安装环境温度为4～50℃之间，其空气湿度不得超过70%。

②控制阀组应安装在隧道内侧壁，阀组正面朝车道方向，阀箱底部离隧道底部高度不大于0.8m。

③控制阀组安装前请检查其配件是否齐全完好，质量保证书、合格证是否齐全。

④箱体安装：

a. 控制阀组一般都是暗装，即箱体嵌入装饰板进行安装，装饰板预留洞口最小尺寸长×宽×深为1220mm×1220mm×430mm，进出液管和排水管等为了安装方便也预留洞口。泡沫原液管与消防水管在同一平面上。

b. 在箱体安装前将箱门及门框与箱体拆离，在预留洞口背面按照箱体固定孔位置打膨胀螺栓，将箱体部分用膨胀螺栓固定在支架上，洞口和箱体间充入发泡剂，箱体安装后要做到横平竖直，防止其受力挤压变形。

⑤管道安装：

在安装管道前，必须彻底地冲洗管道以去除泥土、铁屑、瓦砾等杂质。忽视这一步骤可能会导致控制阀组中任何部件和管道堵塞而导致失灵。

主管安装：

a. 安装前确认阀组内水流方向与外接管上箭头方向一致，与控制阀组主管连接的消防水管和灭火管网必须有良好的支撑，足以支撑阀组的重量（阀组重量为120kg）。

b. 进出口管道进行环向压制沟槽，所使用沟槽管件符合《沟槽式管接头》（CJ 156T—2001）和《自动喷水灭火系统第11部分：沟槽式管接件》（GB 5135.11—2006）相关要求，进出口管道连接端面间距约为1089mm。

c. 主管连接后必须牢固可靠并再次旋紧主管上各个螺栓，中心必须对正不得有歪曲现象，否则可能会有渗漏。

d. 管道进行提升或降低时不得借用其控制管路任何阀门和管道，请使用混合器外接管上提拉环。

支管安装：待主管安装后将泡沫原液管、排水调试管、水力警铃管、冲洗管分别与主管用活结方式进行连接。将泡沫原液管、排水调试管与系统管路进行妥善连接，所有管道连接后应做到横平竖直，不得有歪曲和应力集中等缺陷。

⑥确认控制阀组内部结构安装妥当后将阀箱的门框和箱门安装在箱体后，箱门安装后应做到启闭灵活无卡滞，锁好箱门待调试。

(2)管材、支吊架、其他

①管材：

a. 消火栓系统供水干管及支管采用热镀锌无缝钢管，管径＜DN100的管道采用丝扣连接；管径≥DN100管道沟槽式挠性连接。

b. 水喷雾—泡沫联用系统供水干管和支管采用内外涂改性重防腐环氧树脂复合钢管，管径＜100的管道采用丝扣连接；管径≥DN100管道沟槽式挠性连接。

c. 水喷雾——泡沫联用系统供泡沫管道采用全不锈钢，环压式连接。

d. 水泵房内所有管道均采用内外涂改性重防腐环氧树脂复合钢管，管径＜100的管道采用丝扣连接；管径≥DN100管道沟槽式挠性连接。

②支吊架：

a. 水泵进水管的固定采用弹性吊架、弹性支架或弹性托架。

b. DN150、DN250消防总管需在各类弯头处及引出DN100支管的总管两端各设置一道支吊架，管道的支架按《室内管道支架及吊架》03S402施工。管道支架安装严格按标准设置，以免试压时管道脱落。

③消火栓、水泵接合器、水泵安装要求：

a. 隧道内消防水管进入消火栓箱应“横平竖直”不得斜进箱内，消火栓栓口应垂直墙面朝外，消防箱底边与水平方向平行。

b. 隧道外消火栓安装按照国家建筑标准设计图集《室外消火栓安装》01S201施工。

c. 消防水泵接合器安装按照国家建筑标准设计图集《消防水泵接合器安装》99S203施工。

d. 消防水泵安装按照国家建筑标准设计图集《消防专用水泵选用及安装》04S204施工。

④管道试压：

a. 消火栓管以1.05MPa试压，水喷雾管以1.6MPa试压，泡沫原液管以1.6MPa试压。

b. 管道的水压试验按《建筑给排水及采暖工程施工质量验收规范》执行。

(3)卡箍式管道连接安装说明

①安装前准备：

a. 安装机械：开孔机，滚槽机，钢管切割机。

b. 准备工作：待装管子(应符合国家标准)，扳手，游标卡尺，水平仪，润滑剂(用肥皂水或洗洁精)木榔头，安装脚手架等。

c. 施工现场按设计要求装好待装管子的支架，拖架。

②滚槽：

a. 用切管机将钢管按所需长度切割，切口应平整。切口处若有毛刺，应用砂轮机打磨。

b. 将需加工沟槽的钢管架设在滚槽机和滚槽机尾架上。

c. 在钢管上设置水平仪，用水平仪检测，使钢管处于水平位置。

d. 将钢管端面与滚槽机止面贴紧，使钢管中轴线与滚槽机止面呈90°。

e. 启动滚槽机电机，徐徐压下千斤顶，使上下压轮均匀滚压钢管至预设定沟槽深度为止。

f. 用游标卡尺检查沟槽的深度和宽度，确认符合标准要求。

g. 千斤顶卸荷，取出钢管。

③安装：

安装必须遵循先安装大口径，总管，立管，后装小口径，分管的原则。安装过程中不可跳装，分段装，必须按顺序连续安装。以免出现段与段之间连接困难和影响管路整体性能。

a. 准备好符合要求的已预制的沟槽管段,配件和附件。

b. 检查橡胶密封圈是否损伤,将其套上一根钢管的端部。

c. 将另一根钢管靠近已套上橡胶密封圈的钢管端部。两端处应留有一定间隙,间隙应符合标准要求。

d. 将橡胶密封圈套上另一根钢管端部,使橡胶密封圈位于接口中间部位,并在其周边涂抹润滑剂(洗洁精或肥皂水)。

e. 检查管道中轴线。

f. 在接口位置橡胶密封圈外侧安装上下卡箍,并将卡箍凸边卡进沟槽内。

g. 用手力压紧上下卡箍的耳部,并用木榔头槌紧卡箍凸缘处,将上下卡箍靠紧。

h. 在卡箍螺孔位置穿上螺栓,并均匀轮换拧紧螺母,防止橡胶密封圈起皱。

i. 检查确认卡箍凸边沿全部卡进沟槽内。

④开孔,安装机械三通:

安装机械三通的钢管应在接头支管部位用开孔机开孔。

a. 用链条将开孔机固定于钢管预定开孔位置处。

b. 启动电机转动钻头。

c. 操作设置在立柱顶部的手轮,转动手轮缓慢向下,并在钻头处适量添加润滑剂(以冷却保护钻头),完成钢管在三通处的开孔。

d. 清理开孔部位钻落金属块和残渣,孔洞有毛刺,需用砂轮机打磨光滑。

e. 将机械三通卡箍置于钢管孔洞上下,注意机械三通,橡胶密封圈与孔洞间隙均匀。

f. 紧固螺栓到位。

g. 安装机械四通步骤,要求同上。

⑤试压:

管道安装完毕,应进行系统试压。试压前应全面检查各安装件,固定支架等是否安装到位。

a. 管道试压可分段,分层,分片进行。

b. 当管道有压时,不得转动卡箍,螺母等部件。

c. 管道试压的压力值,持压时间,试压合格标准应按有关标准规范执行。

(4)环压式连接不锈钢管道安装方法

①环压式不锈钢管管道系统安装前,应仔细阅读环压式不锈钢管道使用说明书,然后按照说明书中安装操作顺序及安装方法进行安装。

②管材下料应符合下列规定:

a. 材料按所需长度下料,锯切端面切斜度小于或等于1.0mm。

b. 去毛刺,飞边。

c. 去除管材与管件内外污垢。

③环压或链接操作应符合下列规定:

a. 选择与管件规格相对应的环压工具,并检查环压组件上的滑动块动作是否灵活,同时保持环压组件的清洁;

b. 将管材插入管件承口并推至底端,用画线笔沿管线承口边缘在管材上画线;

c. 将密封圈套在管材上,插入承口并推至底端,使管材深度标记与管件边缘对齐,再把密封圈推入管件与管材之间的密封腔内;

d. 将管件的密封部位置于上下环压组件之间,注意应使管材指向与环压组件作色面,管件和管材轴线与做色面垂直;

e. 用油泵对环压工具加压至上下环压组件无间隙后稳压3s后卸压,环压操作完成;

f. 公称直径为80～100mm的管材与管件的压接,除按上述操作外,还需做二次压接,二次压接时,将环压组件向管件方向平移一个密封带长度后再进行下一次环压操作。

④环压操作完成后,应检查压接部位质量,并应符合下列要求:

a. 环接部位360℃压痕应凹凸均匀。

b. 管件端面与管材结合处应紧密无间隙。

c. 管件端面与管材压合缝挤出的密封圈多余部分应能自然断掉或简便轻松去除。

d. 当环压不到位时,应成对更换环压组件或将工具送修。在环压不当处可用正常工具再做一次环压,并应再次检查压接部位质量。

e. 当采用转换螺纹接头连接时,应在旋紧螺纹后再进行一次环压。

2.7　消火栓系统及火灾报警系统

2.7.1　工程概况

隧道消防系统参照《建筑给水排水设计规范》(GBJ 15—88,1997年)及《火灾自动报警系统设计规范》(GB 50116—98)的相应标准进行设计。

翔安隧道消防系统包括:消火栓系统、泡沫水喷雾系统及灭火器。

火灾报警系统初步设计确认光纤光栅感温火灾探测系统作为翔安隧道消防系统的方案。

施工图对消防系统、火灾报警系统方案进行详细的设计,在施工阶段根据隧道按现场实际情况做了部分变更。

2.7.2　设计原则

该系统认真贯彻执行"预防为主,防消结合"、"以人为本"的消防工作方针,并遵循以下原则:

①针对海底隧道的特点,结合消防设计对报警系统的要求,综合考虑,确定总体方案。

②系统设计在满足系统基本功能的前提条件下,做到"安全可靠、方便使用、技术先进、经济合理"。在满足使用要求的前提下,力求简单实用,节约投资。

③系统设计涉及在隧道内穿管配线、安装、预埋等一系列问题,做好与相关专业互相协调。

2.7.3　消防系统

1. 系统构成

消防系统采用双泵房双环网方案,水泵房设置于五通端及翔安端洞口建筑地面2层。消防系统主要包括消火栓系统、泡沫水喷雾灭火系统、消防控制系统、消防配电系统。

2. 系统布设

(1)系统配置

主隧道及服务隧道均设置消火栓系统,自五通端及翔安端消防泵房内的消火栓泵出水管上各引出两根DN150的消防总管,敷设在左右线隧道行车方向右侧消防管沟内及服务隧道侧壁消防支架上,全线贯通,供给每条隧道的消火栓系统用水。消火栓布设间距50m,在消火栓总管上每隔5组消火栓设一只蝶阀,在总管的最高点处设放气阀,最低点处设放水阀。消火栓栓口的出水压力大于0.5MPa时,该消火栓采用稳压消火栓。

(2)灭火器配置

在每孔隧道的一侧每隔50m设1只灭火器箱,每只箱内放置干粉灭火器及泡沫灭火器,消防箱与监控设备项综合考虑。

在每孔隧道的另一侧每隔25m设一只编号与水－泡沫阀组对应的灭火器箱,每只箱内放置2个手提式水基型灭火器。

3. 灭火与救援

(1)隧道灭火

初期火灾,主要靠隧道内驾驶员和乘客操作洞内配备的灭火器及消火栓灭火或泡沫水喷雾灭火系统。

其次,由接到火灾信息的隧道管理单位的消防队赶赴火灾现场灭火,再由接到火灾信息的附近地区专业公安消防队赶赴现场灭火。

(2)消防组织

根据隧道灭火情况及时间先后,隧道灭火组织可由3个梯队组成。

第一梯队:火灾最先发现者,由隧道公众组成,包括驾驶员和乘客,缺少专门消防知识,对隧道消防设施的设置和使用缺乏了解,而这些人往往是消灭初期火灾的关键,所以有必要在进入隧道前对其进行安全教育和洞内消防设施的使用说明。

第二梯队:隧道管理所的消防队,具有专门的灭火技能,其能熟练使用隧道内设置的灭火设备。要求以最短时间到达着火点,指挥人员疏散、扑救火灾。

第三梯队:附近地区专业消防队,他们是灭火的最强力量,要求接到报警后10~15min内赶到现场。

2010年4月10日,在福建省消防总队、厦门市政府、厦门市消防支队、厦门路桥建设集团等单位组织下,厦门翔安海底隧道进行了一场实战性质的消防演练。

消防演练将通过现场火灾试验测试证明隧道消防系统的有效性,并为消防救援提供理论指导。

在火盆点火(模拟火灾)、事故区域内光纤光栅火灾探测系统动作、手动报警按钮动作、火灾报警控制器声光报警、中控室监控系统确认、事故区域内水-泡沫喷淋系统动作等一系列自动、有效指令中,泡沫水雾对火灾进行了有效控制,防止火灾事故的扩大,大火被迅速扑灭。

在及短时间内,隧道管理区消防队到达现场,及时指挥人员疏散,并利用现场的消防水系统及灭火器控制火灾现场,将火灾事故现场进行有效控制,防止火灾蔓延。

在整个消防演练中,光纤光栅感温探测器在国家规范及设计时间内向火灾报警主机输出火灾信号,火灾报警控制器在接收报警信号后发出声、光报警(声压级大于背景噪声15dB),水-泡沫喷淋阀组输出/输入模块无短路、断路现象,信号回路传输顺畅,动作及反馈信号正确。

火灾现场消火栓箱标志明显,组件齐全,箱门开关灵活,减压稳压消火栓阀门启闭灵活,栓口位置方便安装水带,且消防水泵启动后消火栓出水压力小于0.5MPa,保证了灭火可靠性。

2.7.4 火灾报警系统

1. 光纤光栅感温火灾探测系统原理

光纤光栅作为温度敏感元件,对波长信号进行数字式测量,采用先进的可调法布里—珀罗腔滤波技术进行波长检测。原理图如图3-2-21所示,当信号处理器检测到光纤光栅的反射波长出现异常,它会发送报警信号给火灾报警控制器,火灾报警控制器再发出采取措施的信号。

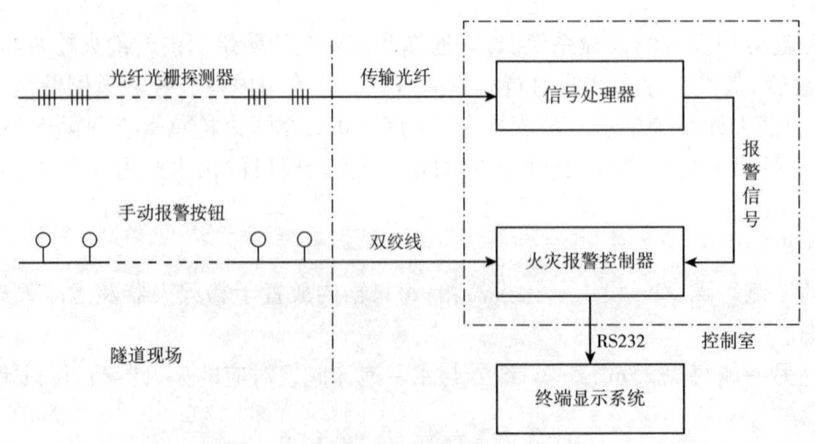

图3-2-21 火灾报警信号传输示意图

光纤光栅感温火灾报警系统将传统波分复用技术和全同光纤光栅复用技术结合，使用波分复用与全同光纤光栅混合复用方法，解决了传统的光纤光栅火灾报警中由于受光源带宽的限制下，传感器探头的复用数量非常有限的难题。

波分复用与全同光纤光栅混合复用的方法如图 3-2-22 所示，系统将监测场所分为多个防火分区，不同防火分区以全同光栅的波长 $\lambda_1,\lambda_2\cdots\lambda_n$ 进行区分，每个分区长度为 50～100m。$\lambda_1,\lambda_2\cdots\lambda_n$ 中每一个波长对应的防火分区内有许多监测点，同一防火分区的所有监测点采用全同光栅，通常 100m 的监测区布设 10～15 个监测点，这些监测点上的光纤光栅的反射波长都等于该区域的对应波长。如果系统检测到 λ_i 波长产生了移动，就表明它所监测的防火分区的温度发生了变化，若温度变化超过了设定值，系统就会报警。光纤光栅混合复用的方法，大大增加了系统的测量距离和测量点数，使之能够应用到翔安隧道工程中。

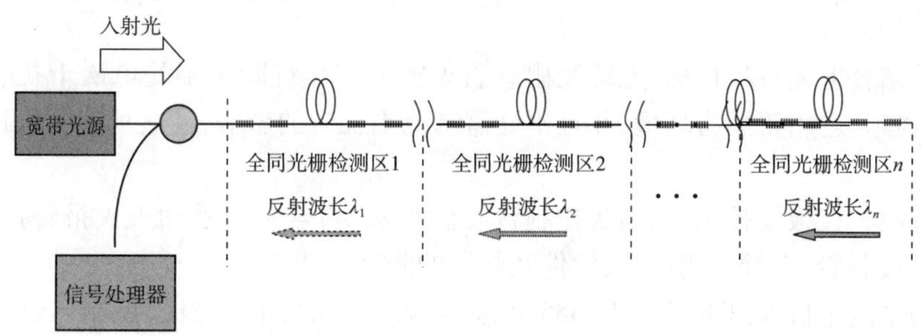

图 3-2-22　混合复用方法示意图

(1)光纤光栅感温火灾报警系统组成

①光纤光栅探测器：

光纤光栅探测器是温度敏感元件，由连接光缆和探头组成，探头采用光纤光栅为测量单元，多个检测探头之间相互串接，形成线型结构。其主要作用为检测现场环境温度，实时传递火灾报警信息给信号处理器，在监控现场，光纤光栅探测器悬吊敷设于监控场所顶部。

②传输光缆及光缆接续盒：

传输光缆将控制室内信号处理器和监控场所内光纤光栅探测器连接在一起，用来传输光信号。光缆接续盒用来保护光纤接头的熔合点和光纤连接法兰，使之能在恶劣环境下正常工作。

③光纤光栅信号处理器：

信号处理器的主要作用为：a. 给现场检测光栅提供光源；b. 对检测光栅返回的光信号进行调制解调；c. 输出报警信号；d. 进行声光报警。e. 每台处理器最多连接 8 路光纤光栅探测器，分别监测 64 个报警分区，其编码与监控场所的位置坐标相对应。

④火灾报警控制器：

火灾报警控制器接收来自光纤光栅感温火灾探测信号处理器和该监控段的手动火灾报警按钮的信号，通过通讯口(RS232)将信号传送到控制中心计算机，计算机可显示可视化报警界面，经人工确认后，输出报警和其他控制信号。

(2)光纤光栅火灾报警系统特点

①对温度实时、分布监测。对监控场所中所有分区的温度进行实时在线、全天候 24h 监测，对确定事故地点以及火势蔓延方向提供重要数据。

②灵活的报警控制。系统测量的是连续的温度信号，可设置多级定温报警，比如在 70℃时预报警，90℃时报警并采取措施，并且可以根据环境不同进行修正。

在定温报警的同时，还可以设定多级差温报警，根据温度上升的快慢程度给出不同的报警信号，分别启动喷水降温装置或者灭火装置。两种报警方式结合可以基本消除误报。

③响应时间短。系统的响应时间不超过 10s，而且与监测长度与精度无关，对温度变化做出及时的

反应。

④准确性、可靠性。采用了先进的数字式测量技术,不受光源波动、连接损耗、光缆的随机振动等因素的影响。

⑤优良的兼容性。系统通过 RS232/485 标准端口或者继电器输出与外部其他控制设备进行通信,与消防领域中使用的其他系统联网。

⑥灵活的布点措施。系统组成方便灵活,各检测系统相对独立,避免了设备间的影响,根据工程需要,灵活方便的选择探头位置和疏密程度。

⑦安全特性。系统的光纤光栅感温探头对温度信号的采集是在无电的情况下进行的,本质防燃防爆。

⑧自检功能。系统具有自检功能,通过尾端的自检探头可实时监测自身运行情况并输出故障报警声光信号。

⑨综合评价。结合上述各项指标,光纤光栅感温火灾探测系统除了不受电磁干扰、体积小、无源性、防燃防爆、传输距离远、适用于恶劣环境,并且不受监测范围长短的影响,使之可以更好地在隧道中应用。

2. 系统构成

火灾报警系统由火灾报警控制器、消防控制台硬启动机柜、若干个手动火灾报警按钮、感烟探测器、光纤光栅探测系统控制器、光纤光栅探头、软件及必要的附件构成。

光纤光栅探测系统主机通过 RS232、RS485 等通信接口与火灾自动报警控制器进行通信,将光纤光栅探测系统主机的火警、故障等信息上传至火灾报警控制器上显示,并可对光纤光栅探测系统主机进行复位。

火灾报警控制器具有手动/自动两种工作状态,当在手动状态时,光栅报警系统通过协议模块把报警信息传至火灾报警控制器上进行显示,火灾报警控制器通过 RS232 串口上传至监控中心,监控中心调用 CCTV 查看火警是否属实,再决定启用相应预警方案。当在自动状态时,光栅报警系统通过协议模块把报警信息传至火灾报警控制器上进行显示,火灾报警控制器通过 RS232 串口上传至监控中心,监控中心调用 CCTV 查看火警。但同时火灾报警控制器自动联动相应的水喷淋系统喷水,进行抑火及灭火。

为保证火灾报警系统的可靠,杜绝火灾报警主机紧急状况无法启动的可能性,中控室消防控制台设置了硬接线启动机柜,机柜内布置 41 块总线控制卡,每块总线控制卡上含有 12 组开关,合计 484 组开关一对一控制隧道现场 484 组水喷淋阀组,当监控人员发现现场发生火灾时,及时准确按下相应的水喷淋阀组对应的总线控制卡开关,形成准确有效的点对点喷淋。

3. 系统布设

①隧道主洞及服务隧道均设置光纤光栅测温火灾自动报警系统及手动报警系统;

②感温光纤光栅沿线敷设,手动报警按钮每隔 50m 设置在消防箱处;

③变电所、竖井风机房、中控制室设置点式感烟火灾探测器及手动报警按钮;

④1 号、2 号火灾报警控制器及光纤光栅探测系统控制器设置在中控制室内,3 号、4 号火灾报警控制器设置在隧道内变电所内。

4. 系统功能

①隧道火灾报警系统能无间隙、不间断地监测隧道内空间的温度变化情况。

②系统有故障自诊断的能力,能连续检测火灾探测器和手动报警按钮的工作状态,报告故障准确位置,能反映系统工作正常和故障。

③火灾发生时,系统在火灾报警控制器上发出声、光报警信号并指示火灾报警位置。系统向中心计算机系统提供报警信息,及时向管理人员提供火灾报警信号,自动转至相应区段的电视摄像机画面,供值班人员确认。值班人员确认后,自动控制隧道风机按火灾排烟方案运转,控制信号灯关闭隧道,开启汽车横通道门及绕行指示标志,按预先录制的广播内容自动播放防灾疏散指挥。

④报警信号出现时,中心计算机系统能自动记录,存贮,并立即打印出报警报告。

2.7.5　消防系统安装与调试

消火栓系统施工工序如图3-2-23。

1. 消防主管及配件安装

(1)总干管安装

服务隧道消防主管在横穿5处行车及12处行人横洞时,采用在行人或行车横洞路面开槽加盖板的方式,保证行人和行车横洞的畅通。主隧道消防管沟尺寸为500mm×300mm,联合设计中考虑管沟尺寸太小,将钢支架变更为混凝土支墩。

主隧道消防主管安装位置为行车方向右侧消防管沟内,采用沟槽方式连接。热镀锌无缝钢管的沟槽连接如下:

①管道的沟槽加工:利用电动机械压槽机加工,根据管道口径大小配置(调正)相应的压槽摸具,同时调整好管道滚动托架的高度,保持被加工管道的水平,并与电动机械压槽机中心对直,保证管道加工时旋转平稳,确保沟槽加工的深度与宽度符合要求。不定期的对已加工的管道进行抽样检验与试压检验,以确保管道预制加工、安装的质量处于受控状态。

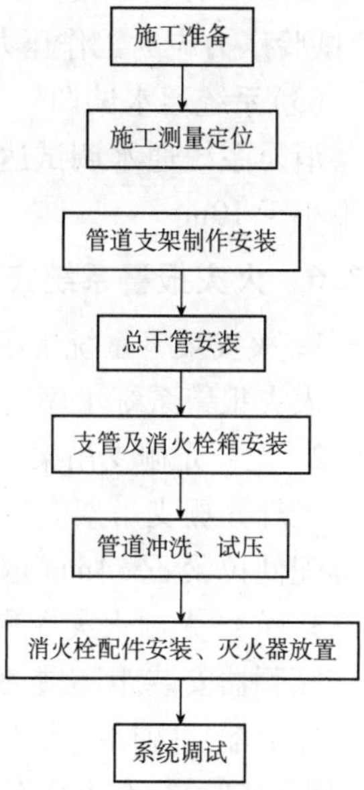

施工准备 → 施工测量定位 → 管道支架制作安装 → 总干管安装 → 支管及消火栓箱安装 → 管道冲洗、试压 → 消火栓配件安装、灭火器放置 → 系统调试

图3-2-23　消火栓系统施工工序

②管道安装:

a. 检查和润滑密封圈。检查密封圈,确保密封圈规格正确。在密封圈外部和内部密封唇上,涂薄薄一层润滑剂。

b. 密封圈安装。滑动密封圈到管端,确保密封唇不要悬垂在管端。

c. 密封圈定位。将密封圈在靠拢的两侧管端上定位后,把密封圈拉到两侧管端凹槽的中心位置。密封圈不应进入管道凹槽。

d. 安装连接器外壳。把外壳合在密封圈上,使壳体卡口咬合在管道凹槽内,插入螺栓,用手拧紧螺帽。

e. 拧紧螺帽。交替、均匀地拧紧两侧螺帽,直到螺栓底座金属面接触,螺栓收紧。

f. 法兰片安装。安装法兰片:先松开两侧螺丝,将法兰两块分开,分别将两块法兰片的环形键部分装入开槽管端凹槽里,再把两侧螺丝插入拧紧,调节两侧间隙相近。

(2)阀门安装

管道与阀门采用消防专用的卡套法兰进行连接,通过螺栓进行固定。工程中所有阀门均为主干管上起切断作用的闭路阀门,所以逐个做强度和严密性试验。

2. 成套消火栓安装

消火栓支管以栓阀的坐标、高程定位甩口,核定后再稳固消火栓,箱体找正稳固后再把栓阀安装好,消火栓箱安装要求做到稳、准、牢。箱体与隧道装饰板齐平。

3. 阀门安装

管道与阀门采用消防专用的卡套法兰进行连接,通过螺栓进行固定。

因消防管沟尺寸为500mm×300mm(深×宽),限于管沟太浅,项目部采用逐步降低支墩的方式,将蝶阀安装的高度降至管沟最低点,但部分阀体仍超出管沟,消防管沟盖板为混凝土预制盖板,厚度为100mm。施工中,采用10号槽钢加花纹钢板制作管沟盖板,利用提高的100mm空间,将整个阀门隐蔽于管沟内,使整个管沟盖板保持平整状态,保证美观性。

4. 水系统冲洗及试压

(1)管道冲洗

因系统管路较长,将系统分段冲洗。以不小于1.5m/s的流速进行,当出口的水色和透明度与入口处的水质目测一致为合格。

(2)管道试压

消防管道试压分段进行,以每500m为一段进行试压,试压强度为1.05MPa。管道达到试验压力后,稳压10min,接口未发生破裂和泄露,且压力降不大于0.05MPa,可将压力降至工作压力,进行严密性试验,试验压力应为工作压力,稳压24h,无泄漏合格。

(3)系统通水试调

消防系统通水调试达到消防部门测试规定条件。消火栓用水量不小于20l/s,最不利点水枪充实水柱不小于10m。

2.7.6 火灾报警系统安装工艺

1. 火灾报警系统工序流程

火灾报警系统工序流程见图3-2-24。

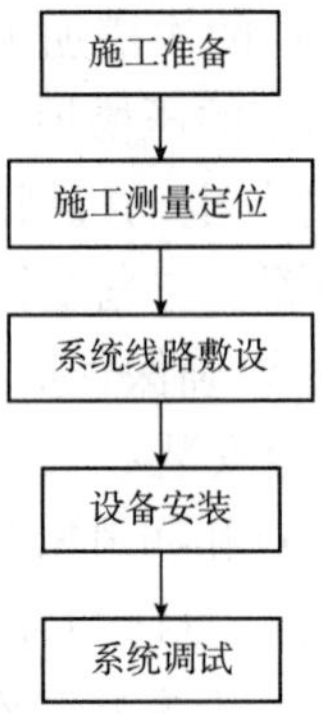

施工准备 → 施工测量定位 → 系统线路敷设 → 设备安装 → 系统调试

图3-2-24 火灾报警系统工序流程

2. 光纤光栅支吊架安装

光纤光栅支吊架安装于隧道顶部以下180mm位置,通过卸扣、钢丝夹等配件拉紧ϕ5.4mm钢丝绳。

3. 光纤光栅火灾探测器安装

探测器安装距离隧道顶部180mm,保证了光缆周围良好的空气流动。探测器线缆用线夹固定在ϕ5.4钢丝绳上,探测器尾纤沿隧道横向预埋管至隧道行车方向右侧监控桥架中的光纤接续盒内,与传输光纤进行熔接。探测器和钢丝绳用线卡固定,间距为0.5m,探测器的多余光缆绑扎成束放置于线槽内。

4. 火灾报警控制器安装

火灾报警控制器在安装前进行功能检查,不合格者不得安装。火灾报警主机的外接导线,当采用金属软管作套管时,其长度不能大于2.0m,且要采用管卡固定,其固定间距不应大于0.5m。火灾报警主机外接导线的端部应有明显标志。火灾报警主机柜内不同电压等级,不同电流类别的端子应分开,并有明显标志。

5. 信号处理器及柜体安装

光纤光栅感温火灾探测信号处理器为架装式,安装在仪表控制柜上,采用DC24V供电。信号处理器的8个光通道接口分别连接隧道内光纤光栅传感器。各个分区的报警信号通过光纤光栅感温火灾探测信号处理器输出给火灾报警控制器,实现火灾报警及地址判断。

6. 点式火灾探测器安装

感烟型、感温型探测器底座安装时应保证盒内清洁,探测器安装与底座应拧紧,探测器信号灯要朝向易观察方向,并保持外观整洁。

感烟型、感温型探测器导线连接必须可靠压接。采用冷压线鼻压接时,线鼻与导线应压紧,底座端子与线鼻也应拧紧。探测器底座的外接导线,要留有不小于150mm的余量,端部有明显标志。

7. 手动报警按钮安装

主隧道手动报警按钮安装于行车方向右侧装饰板上,安装高度按设计要求为距地面1.2m。

手动报警按钮安装平整牢固,外观整洁。手动报警按钮的外接导线,要留有大于150mm的余量。其端部要有明显标志。手动报警按钮接线方式为两总线制,正为电源及信号线,负为地线,并联挂接总线。

8. 设备接地

火灾报警主机外壳必须和控制室、变电洞内接地干线连接,电源进线必须保护接零。处理器仪表柜接地装置做相同处理。

9. 设备单机试运行及调试

光纤光栅探测器、点式火灾探测器、手动报警按钮、信号处理器等单体设备在安装前需按照产品厂家提供的工序要求，按照步骤进行单体调试后，才能安装。

10. 火灾报警系统调试

火灾报警系统的调试在系统安装完成后进行。

调试前整理好完整的技术资料及调试必需的其他资料，由专业技术人员担任调试负责人。并编制调试程序，并按照调试程序工作。

火灾报警系统的调试包括以下内容：

①报警系统的检查；

②报警系统的参数设置；

③显示温度及报警温度的调校。

火灾报警系统调试完成后，按《火灾自动报警系统施工及验收规范》(GB 50116—2007)的相关规定进行下列功能检查。

①高温报警功能；

②消音、复位功能；

③故障报警功能；

④主电源和备用电源自动转换功能。

根据现场情况，采用模拟火灾响应试验对探测器逐个进行试验，其动作准确无误。

①手动火灾报警按钮调试。施加适当的推力使报警按钮动作，报警按钮应发出火灾报警信号。

②点型感烟、感温火灾探测器调试。采用专用的检测仪器或模拟火灾的方法，逐个检查每只火灾探测器的报警功能，探测器应发出火灾报警信号。

③光纤光栅感温火灾探测器调试。在探测器上模拟火警和故障，探测器应能分别发出火灾报警和故障信号。

④火灾报警控制器调试。调试前应切断火灾报警控制器的所有外部控制连线，并将任一个总线回路的火灾探测器以及该总线回路上的手动火灾报警按钮等部件连接后，方可接通电源。

按照现行国家标准《火灾报警控制器》GB4717 的有关要求对控制器进行下列功能检查并做记录：

①检查自检功能和操作级别。

②使控制器与探测器之间的连线断路和短路，控制器在 100s 内应发出故障信号(短路时发出火灾报警信号除外)；在故障状态下，使任一非故障部位的探测器发出火灾报警信号，控制器应在 1min 内发出火灾报警信号，并记录火灾报警时间；再使其他探测器发出火灾报警信号，检查控制器的再次报警功能。

③检查消音和复位功能。

④使控制器与备用电源之间的连线断路和短路，控制器应在 100s 内发出故障信号。

⑤检查屏蔽功能。

⑥使总线隔离器保护范围内的任一点短路，检查总线隔离器的隔离保护功能。

⑦使任一回路上不少于 10 只的火灾探测器同时处于火灾报警状态，检查控制器的负载功能。

⑧检查主、备电源的自动转换功能，并在备电工作状态下重复本条第 7 款检查。

⑨检查控制器特有的其他功能。

依次将其他回路与火灾报警控制器相连接，重复上述第②、⑥、⑦款检查。

应在连续运行 120h 无故障后，填写调试记录和质量检查记录。

2.7.7　重点、难点工程的分析

根据施工周期、工作量、技术含量及其对整体工程的影响，对该系统的重点和难点工程进行了分析。

(1)隧道内管道安装

隧道内管道安装工作量大，管材、管件数量多。隧道内作业单位多，施工干扰大，来往施工车辆多，且作业空间有限，施工安全、行车安全的安全防护要求高。隧道的作业区域小，不易组织大规模施工，可能

影响整体工程进度。管道安装完成与否直接影响到整个消火栓系统的安装。隧道内管道能否保质、安全、按期完成,是该系统各项目目标实现的一个关键因素。因此,隧道内管道安装为该系统的重点工程。

(2)光纤光栅感温探测器安装

光纤光栅感温探测器数量多,跨线长,主隧道和服务隧道均有。安装在隧道顶端中部钢绞线上,距顶部180㎜,安装高度均在7m以上,全部为高空作业,施工难度大,安装作业危险性大。光纤光栅安装完成与否直接影响到火灾报警系统的完成。针对以上的分析,隧道光纤光栅感温探测器安装是该系统的难点。

(3)施工协调配合

主要工程量均在隧道内,施工现场空间有限,各专业施工队伍较多,交叉严重,如何理顺施工协调配合成为本工程的又一难点。

2.8 预埋管线工程概述及管理

1. 工程概况及工作内容

翔安隧道起自厦门岛五通,接厦门岛内仙岳路(城市快速干道)和环岛路,止于厦门市翔安区西滨,接规划建设的翔安大道和环东海域公路,工程全长约8.695km。

本工程的主要内容为交通监控设施、通风照明控制设备、横通道控制、环境检测、电视监控、有线广播、火灾自动报警等各系统的信号传输和电源线路预埋管道。隧道预埋管采用防水型可挠金属电线保护套管。

此类管线预埋,在以往的工程中,一般都附属于土建施工中。由土建施工单位实施。但海底隧道二次衬砌不同与一般的隧道二次衬砌,一般隧道在后期的设备安装过程中,如所需的线缆管道不足以满足设备安装的要求,可以在二次衬砌上进行开槽作业,按照设备安装的需求,增加相应的管道数量后,再进行回填修补。

由于海底隧道位于海平面以下,衬砌壁的渗水量远远大于一般隧道。因此对二次衬砌与初次衬砌之间的防水层要求极高,安装设计要求,海底隧道二次衬砌严禁进行任何的破坏或者开槽作业。充分考虑到后期设备安装的需求,因此不允许出现任何一根管线漏埋的情况。所以需要成立一支专门负责管线预埋的施工队伍,24h跟进土建施工作业,配合土建施工进行管线预埋作业。

2. 编制依据

《可挠金属电线保护套管配线工程技术规范》(CECS 87:96);

《通信管道工程施工及验收技术规范》(YDJ 39—90);

《公路隧道施工技术规范》(JTJ 042—94)。

3. 针对海底隧道预埋的组织机构及劳动力安排

(1)组织机构

本工程施工实行项目经理负责制,成立项目经理部,强化统一指挥,统一协调,明确职责,加强施工现场管理,严格按照施工图纸、施工规范标准施工,确保施工进度和施工质量。项目经理对该工程负全面责任,负责该工程进度、安全管理,设备、材料设备的组织协调工作,对内接受公司的领导,对公司负责,对外代表公司开展与本工程有关的业务活动。为加强技术管理力度,项目经理部设一名项目技术负责人,负责该工程技术和质量,负责编制、审查施工技术方案,负责技术问题的处理。

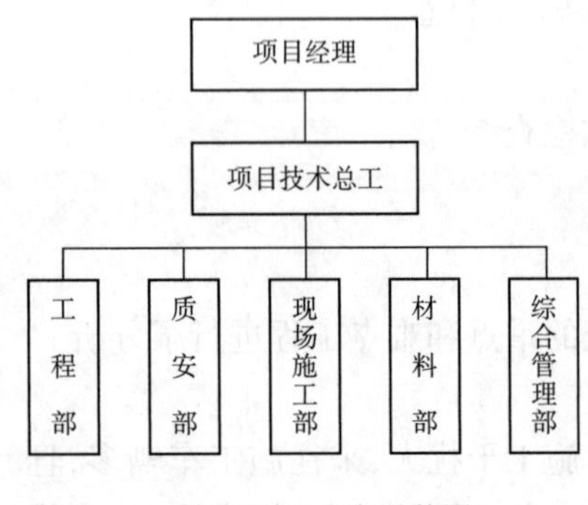

图3-2-25 组织机构图

组织机构图如图3-2-25所示。

(2)劳动力安排

根据本工程的特点和工期要求,劳动力主要由工程技术管理人员、各种专业施工班组组成。

①工程管理和技术人员:从参加过多次机电工程施工的工程技术管理人员,经考核选派,为本工程的常驻人员。

②各种专业施工组的主要技术工人：从参加过多次机电工程施工的各种专业施工组选拔调入。

a. 切实履行24h跟进制度，每天安排专职负责人实时跟进。做到每天不少于3次巡检。由于预埋位置涉及仰拱、初次衬砌及二次衬砌，因此巡检必须确实巡检到位，并形成巡检记录表。

b. 巡检过程中，必须与土建单位的现场负责人、调度人员随时保持联系。熟悉土建施工进度、施工工艺、施工流程，对即将可能出现的工作面加强跟进力度，并且必须确定预埋的桩号是否与土建施工符合。

c. 对可能出现的各类无法进行预埋的情况（如：二次衬砌台车过早在需要预埋的桩号段定位，预埋点刚好处于伸缩缝中间，管线预埋桩号与将来需安装的设备预埋件桩号不符合等），及时与现场指挥部及土建单位沟通协调。

(3)材料选择

施工的电线、电缆导管为LV－5Z包塑阻燃型可挠金属电线保护套管（聚氯乙烯覆层套管）。

与镀锌钢管相比，此类产品拥有更强的可塑性。海底隧道二次衬砌的钢筋网密度要大于一般隧道，且二次衬砌厚度、钢筋网密度不均匀。因此如选用镀锌钢管，会增加很大的施工难度，如弯曲角度不易控制，过路盒内预留长度不易把握，保护层厚度不易控制等。

且此类产品用优质耐温阻燃级，耐火性能强。拥有优异的耐水性、耐腐蚀性、耐化学药品性，适用于室内外潮湿场所防火要求较高的明、暗预埋，电气施工、裸露配管、仪器仪表、设备安装配管和直埋地下配管，更可替代地面线槽布线用管等。

4. 针对素混凝土段的预埋工艺

如依照厦门翔安隧道及两岸接线工程《两阶段施工图设计》预留预埋设施（全一册）施工，由于素混凝土施工无二次衬砌钢筋网，且有严禁破损的PVC防水层，预埋管线部件无法固定在相应桩号位置。因此针对素混凝土段重新拟定施工工艺。

(1)桩号测量

严格按设计图纸要求的桩号进行桩号定位测量，定位测量使用的测量器具应具有在有效期内的计量检定合格证书，测量使用卷尺及皮尺，纵向及环向长度应一次测定，各类标桩应齐全，如有怀疑或遗失，应进行复测。

(2)钢筋埋设

鉴于土建单位基本为10m一组二次衬砌，因此在原设计预埋桩号所在二次衬砌组，与之前二次衬砌组之间，需纵向预埋若干$\phi16$螺纹钢筋，环向间隔0.5m，纵向长度1.5m（原设计预埋桩号所在二次衬砌组为1m，之前二次衬砌组为0.5m）。

要始终保证钢筋安装尺寸及水平高程符合设计规范，并且要保证已埋入的钢筋周围的混凝土的密实，混凝土灌注完毕后要重新核实尺寸及高程并涂油包裹起来，以免生锈。

(3)管线预埋

以二次衬砌一组10m为单位，若原设计预埋桩号所处位置为二次衬砌纵向1～5m，则需将原设计预埋桩号往回纵向移动1～5m。若原设计预埋桩号所处位置为二次衬砌纵向6～9m，则需将原设计预埋桩号往前纵向移动1～5m。例：ZK7＋551有XX预埋管线，此设计桩号所处二次衬砌组桩号为ZK7＋547～ZK7＋557，按此设计方案需将此桩号预埋管线移动至ZK7＋548。

5. 交工使用

在交通机电工程各个标段进场前，要做好移交工作。由于土建单位不能完全提交工作面给交通机电工程，因此采用分段移交的方式，逐段移交给交通机电工程各个标段。

(1)移交前准备工作

认真对即将移交的工作面，进行自我检查，保证预埋管线的合格率。拟订移交工作书面表，并上报至监理及业主单位。

每组预埋管线必须用明显标志做好标识，包括预埋管线名称（如：照明供电预埋管），预埋桩号。

(2)管线移交

安排专职人员,并邀请监理单位与各个标段移交人至现场,根据之前制订的移交表,逐个移交。移交完毕后,各个标段移交人员签字,并存档。

【本章主要编写人员】:胡　宁　袁　强　冯荣钦　刘志勋　倪伟龙　吴雪奎　谢　彬　左传文　刘志川　樊小军　石京伟　闫淑芳　李景辉　林　蔚　叶　俊

厦门翔安海底隧道工程技术丛书

下册　第四篇　建设管理篇

- 工程建设管理
- 工程施工安全管理
- 工程质量管理
- 政府质量安全监督
- 工程运营管理

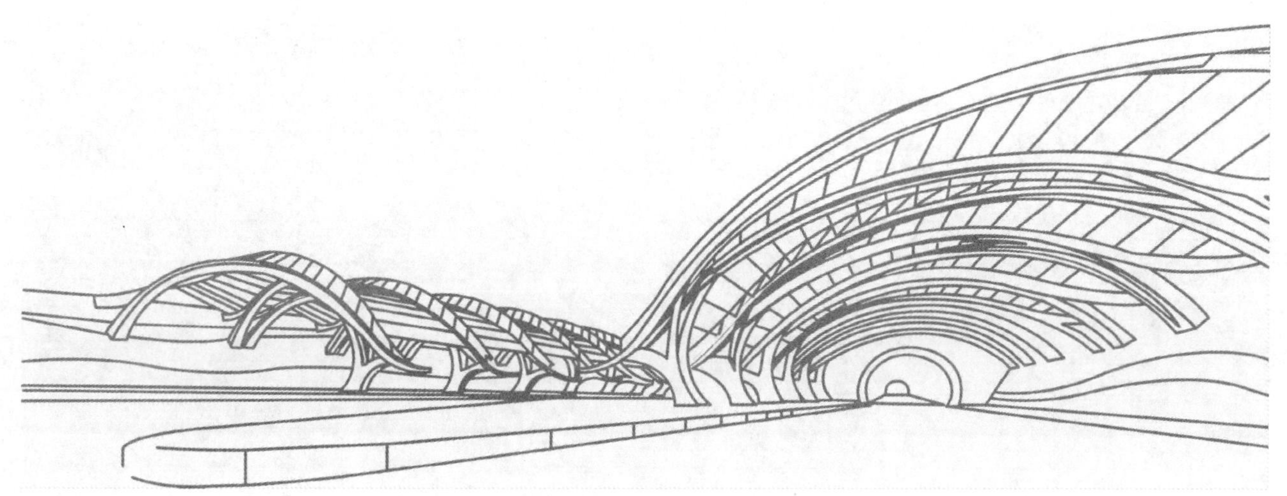

第1章 工程建设管理

1.1 概述

厦门翔安隧道作为国内大陆地区第一条海底隧道，是我国隧道建设史上具有里程碑意义的工程，具有建设规模大、工程经验少、地质条件复杂、技术难度高、施工风险大、社会影响大等特点，其规模与难度都堪称世界级海底隧道工程。作为厦门城市建设史最大的一项交通基础设施工程，也是一项世界性的跨海工程，抓好项目前期论证、设计、施工等建设全过程管理对保障工程顺利建成至关重要。翔安隧道在各级政府及主管部门的正确领导下，前期阶段，广泛征求民意、专家反复论证、深入方案比选，确保科学决策。施工阶段，精心组织、科学管理，全体参建者齐心协力，攻坚克险，保质保量，安全、优质、高效地完成了工程建设目标，实现了胜利通车，由此开创了我国海底隧道建设事业的新纪元。

1.1.1 重大项目方案决策

国家有关部委和福建省、厦门市各级政府部门在翔安隧道建设方案决策过程中，始终把翔安隧道放在国内隧道建设史上具有里程碑意义的项目和事关厦门社会经济又好又快发展的重大交通基础设施工程的战略高度和长远角度，积极贯彻落实科学发展观，确保做到方案科学，实现项目和地区的可持续发展。

厦门是个美丽的海湾型城市，早在20世纪八十年代，厦门市就规划了东部进出岛公路通道，即东通道工程。改革开放以来，随着厦门社会经济发展水平的不断提高，原有的进出岛通道通行能力有限，对东通道的建设需求日益凸显。1998年全面启动东通道项目现场勘察和方案研究等前期工作，严格按照国家有关规定，坚持做细做深的原则开展工程前期工作，确保决策科学合理。

一方面，充分可靠的前期工作为工程建设方案论证和决策提供科学依据，优质高效地完成了详实的勘探、前期科学研究及试验，获取了工程建设所需的地质、水文、环境等重要参数，本着国内第一条海底隧道安全、科学、认真、求实和发展的原则，不断推进工程预报、预防、预警可行性（简称“预可”）方案研究和初步设计方案。工程可行性（简称“工可”）方案研究和初步设计工作，从工程技术、使用功能、资源、生态环境保护及国防战备等方面进行综合对比，确保了方案的科学合理。在预可阶段，对潮汐发电、桥梁和隧道等多种建设方案进行了研究比选；在工可阶段，对桥梁和隧道方案进行了同等深度的研究。经国务院、国家发改委、交通运输部、福建省、厦门市有关部门多方评估和审查，2003年11月国家发改委批复厦门东通道立项，2005年2月国家发改委正式批复厦门东通道工程可行性研究报告，明确同意采用隧道方案。经广泛征求社会各界意见，2005年4月25日厦门东通道工程被正式命名为“翔安隧道”。

另一方面，针对海底隧道的难点和特点，尽可能作周全的考虑，深入细致的组织完成施工图审查、施工技术规范编制、招标文件编制、三通一平，以及环保水保、海域使用审批等开工前各项准备工作，为工程顺利开工创造了良好的条件，为工程顺利建设提供了良好的技术保障。

经综合比选，科学论证，厦门东通道采用钻爆法海底隧道建设方案，与厦门区域社会经济和交通发展需求相适应，符合工程场区海洋生态环境保护要求，可显著提升厦门城市功能，大大改善厦门市东部地区的投资环境，拓展城市发展空间，优化产业布局，促进区域社会经济协调发展，为加快海峡西岸经济区建设奠定坚实的交通基础设施，其社会和经济效益十分显著。由此，厦门进出岛公路通道形式也将由单一的桥梁转变为桥隧兼备，进出岛通道的多样性对台风暴雨等恶劣气候下桥梁被迫封闭时仍保障岛内外陆路交通具有特殊意义。同时，作为国内第一条海底隧道，其工程经验与技术总结有利于提升我国隧道修建技术水平，为我国今后修建更多的海底隧道提供难得的参考和借鉴，这对我国这样的一个分布漫长海岸线的海洋大国具有特殊的重要意义。

1.1.2 精心组织科学管理

厦门路桥建设集团有限公司受厦门市委、市政府委托，作为翔安隧道建设单位，负责项目前期、建设期到运营期的全过程运作和管理。在厦门市委、市政府的正确领导下，厦门路桥集团精心组织、科学管理，保质保量安全高效地完成了翔安隧道建设任务，打造了国内第一条海底隧道精品工程，也实现了路桥集团驾驭重大工程项目建设管理的新跨越。

厦门路桥建设集团是厦门市交通基础设施政府工程建设单位龙头企业，主要承担厦门市大中型桥梁、中高等级公路及配套工程的投资建设及建成后的经营管理；先后组织建设完成包括我国第一座跨海大桥—厦门大桥（1991 年），亚洲第一座三跨连续全飘浮钢箱梁悬索桥—海沧大桥（跨海，1999 年），厦门环岛路滨海景观大道、厦门杏林公铁大桥（跨海，2008 年）、厦门集美大桥（跨海，2008 年）等一大批国家、省、市重点工程，积累了较为丰富的重大工程项目建设运营管理经验，培养和锻炼了一大批技术和管理人才，形成了良好的重大基础设施从前期规划、融资、建设到运营管理的“建、管、养”全过程项目运作能力。这些跨海公路通道，不仅仅是厦门交通的载体和特区经济腾飞的助力器，也是我国桥梁建设科技实力的体现，是海洋环境保护和科学发展观建设理念的体现，更是艺术精品雕琢，每一座桥梁都成为一处风景，一个地标，展示着绚丽的风采，在推动厦门特区经济发展和我国桥梁修建技术进步的历史进程起到重要促进作用。

面对组织建设国内第一条海底隧道这样的艰巨任务，厦门路桥集团高度重视，秉承厦门大桥、海沧大桥建设所凝聚的“锐意进取、追求卓越”的路桥精神，以翔安隧道作为项目建设管理的新高度，迎难而上，挑战新高度，调配精兵强将，科学运作，实现新跨越。在交通运输部、福建省交通厅、厦门市委市政府及交通委等各有关部门的正确领导下，在省、市交通质量监督站的严格监督下，翔安隧道全面贯彻“安全高于一切，质量同于生命，防患胜于补救，责任重于泰山”的指导思想，按“严格管理、严格工艺、严格纪律”的三严要求，认真组织落实项目管理和各项建设任务，精心打造国内第一条海底隧道。

作为国内第一条海底隧道，需要技术创新，也需要管理创新。翔安隧道精心组织、科学管理、勇于创新，全面抓好“五控、两管、一协调”（即工程安全、质量、进度、费用、环保五大控制，合同、信息两大管理，以及组织协调），保质保量按期完成工程建设任务，实现建设国内第一条海底隧道精品工程和示范工程的目标。建设期主要管理措施如下：

1. 抓好招投标管理选择合适的承包人

招投标管理因对保障工程建设目标的顺利实现至关重要。作为国内第一条海底隧道，施工技术难度大和风险高是显而易见的，国内还没有成熟的招标范本可以借鉴，需要自行探索和创新。这些意味着翔安隧道的招标工作同时面对复杂技术、全新的商务领域，以及更高的项目实施管理的挑战。为此，翔安隧道深入研究了标段划分、工期计划、施工技术规范，提出了明确的施工安全管理、环保水保和施工期科研技术要求、设备和材料技术指标、合理的资格预审条件等，完善了施工、监理、设备、材料招标文件。同时，为贯彻公开、公平、公正原则，并兼顾合理报价，翔安隧道工程招标创新采用了技术优先情况下的合理低价中标，同时引入了同等低价的概念，把最低评标价法、综合评估法、双信封评标法进行综合，取得良好成效，既有效控制了投资，又确保了承包商的胜任工程的实力，有力保障了工程的顺利建设。

2. 配备强有力的项目管理组织机构，注重人才队伍培养

建设单位（业主）是项目管理的龙头。翔安隧道十分重视加强业主项目管理力量，集中路桥集团公司优势力量，聘请部分老专家，配备了专业配置和年龄结构合理的老、中、青梯队，组建了业务精、战斗力强的工程现场指挥部。同时，厦门市政府还聘请了交通部原总工程师杨盛福、中国工程院院士王梦恕、挪威海底隧道专家艾瑞德博士等 3 位资深专家组成本项目政府工程顾问组。同时，建设单位通过招标文件资格预审等，确保各参建单位都能配备精兵强将参与作战，为工程顺利建设提供了强有力的项目管理组

织机构保障。

作为一个我国隧道建设史上具有里程碑意义的宏伟工程,翔安隧道也为人才培养提供了千载难逢的机会。在翔安隧道的建设过程中,培养和锻炼了一大批技术和管理人才,造就了一批能征善战的海底隧道建设和管理队伍。各参建单位涌现出了一大批先进集体、全国和省、市劳模等先进个人,不少工程技术人员和管理干部成长为能独当一面的干将并走上各级领导岗位。以翔安隧道科研项目为依托,培养出了近十名博士后和博士以及10多名硕士,此外,建设单位还牵头与同济大学在翔安隧道联合举办工程硕士班,培养了20余名工程硕士,取得了丰硕的科研和人才培养成果。

3. 坚持安全高于一切确保海底隧道施工万无一失

海底隧道是高风险工程,国内第一条海底隧道更是天字号工程,翔安隧道施工可谓如履薄冰,全体参建单位在思想认识上高度统一,始终把安全当作高于一切的前提保证。与以往工程建设管理有所不同的是,翔安隧道工程现场指挥部专门成立安全监督办,制定海底隧道施工安全管理细则,强化安全生产监督管理,实行安全一票否决制,落实各项安全生产责任,确保安全措施到位,完善安全应急预案,统一险情指挥,取得良好成效,实现因工零死亡纪录的佳绩。受到交通运输部和国家安监总局的联合表彰。

4. 高起点严要求全面推行标准化管理

作为具有里程碑意义的国内第一条海底隧道,翔安隧道不仅技术难度高,社会影响也大,一定程度上代表着国内海底隧道的施工和管理水平,推行标准化、规范化管理,对保障工程安全和质量,提升项目管理水平都十分重要。为此,翔安隧道在工程建设过程中,以业主组织协调为龙头,全面推行高起点、高标准的规范化管理,严格管理、严格工艺、严格纪律,按示范工程的标准,严格规范施工过程中的施工工艺、施工质量控制、施工安保措施、场地文明施工、洞内布置、内业等各个环节,取得良好成效,与山岭隧道相比,工程建设管理各方面都上了一个台阶,得到各级主管部门的肯定和国内外专家的称赞,如质量通病治理还被推荐为福建省示范工程。

5. 依靠科研攻关和科技创新攻克世界性难题

翔安海底隧道技术难度高、施工风险大,需要穿越海底风化深槽,堪称世界级难题,有不少重大技术课题需要攻关解决。为此,翔安隧道坚持把系统化的科研、试验作为方案决策和施工建设的技术保障和推动力,系统地开展了工程前期专题科研和施工期关键技术研究,共30余项科研课题研究。见表4-1-1,涵盖了工程方案决策和海底隧道建管养全过程关键技术研究,投入科研费用约2500万元,在海底隧道软弱地层施工、注浆、超前地质预报、监控量测等方面取得不少创新成果,有力保证了工程顺利建设。翔安隧道十分重视结合工程特点进行自主科技创新,保障工程顺利建设;同时注重科研成果的总结提高和推广应用,瞄准世界先进水平,取得了一大批科研成果和宝贵的工程实践经验,形成了有中国特色的钻爆法海底隧道修建成套技术,为我国越江跨海通道工程建设提供了可借鉴的成果和经验。

翔安隧道主要科研课题清单 表4-1-1

序号	课题名称
一	前期科研课题
(一)	潮汐综合开发方案科研课题
1	东通道潮汐综合开发方案设计研究
2	东通道潮汐综合开发工程数模分析研究
3	东通道工程地形测量及海底地形测量研究
4	东通道场址风、海流、波浪专项调查
5	东通道海水物理力学参数专项调查

续上表

序号	课题名称
(二)	桥梁方案科研课题
1	东通道桥位水域泥沙运动及海床冲淤特性研究
2	东通道工程桥址水文及泥沙调查及专题计算研究
3	东通道通航净空专题及船舶撞击力标准桥梁防撞方案研究
4	东通道工程桥隧区海床演变数学模型研究
(三)	隧道方案科研课题
1	东通道暗挖隧道最小安全顶板厚度研究
2	东通道暗挖隧道施工掘进技术及突水预防和处理技术研究
3	东通道隧道衬砌结构形式及其可靠性研究
4	东通道隧道通风系统及防灾技术研究
5	东通道全强风化层地质注浆加固措施课题研究
6	东通道海底隧道结构设计若干技术关键问题研究
7	厦门东通道海底隧道材料与结构的耐久性研究
8	厦门海底隧道工程基于MAPGIS支持的施工期高压突水超前地质预报和险情预警及其决策系统的研究与应用
9	东通道海底隧道衬砌受力特征及优化断面的模型试验
10	东通道海底隧道土建结构维修养护技术研究
二	施工期科研
1	厦门东通道(翔安隧道)施工爆破对围岩扰动的影响及爆破方案优化研究
2	厦门东通道(翔安隧道)注浆堵水技术研究
3	厦门东通道(翔安隧道)数字化海底隧道技术研究
4	厦门东通道(翔安隧道)超前地质预报综合技术研究
5	厦门东通道(翔安隧道)大断面海底隧道软弱地层施工方法研究
6	厦门东通道(翔安隧道)结构防排水技术研究
7	厦门东通道(翔安隧道)全强风化地层注浆技术研究
8	厦门东通道(翔安隧道)穿越砂层地段的施工技术研究
9	厦门东通道(翔安隧道)施工阶段围岩分级研究
10	厦门东通道(翔安隧道)长期监测技术研究
11	厦门东通道(翔安隧道)地层变形监测及其控制技术研究
12	支护结构耐久性研究
13	海底隧道结构安全性评价成套技术研究(注:厦门市2007年科技计划项目)
14	钻爆法海底隧道建造与运营成套技术研究(注:交通运输部2008年行业联合科技攻关项目)

6. 实行重大技术方案审查制度确保施工安全

海底隧道施工过程中重大技术方案决策对确保施工安全至关重要。翔安隧道施工主要有三大难点,一是两端陆域段全强风化地层大断面隧道超浅埋暗挖施工;二是翔安端浅滩端富水砂层施工;三是海底多处风化深槽施工。这些地段施工极易发生坍塌和涌水，尤其是海底风化槽头顶无限海水，如处理不当，甚至有可能造成灾难性事故。为此，翔安隧道把动态设计和信息化施工作为海底隧道动态施工的重要方法，实行重大技术方案审查制度，由专家和参建各方共同研究制定了可靠的施工方案，进行层层审查和把关，并在施工过程根据实际效果调整优化方案。翔安隧道探索出软弱地层浅埋大断面隧道CRD法施工成套工艺，富水砂层地下连续墙隔水施工方案和海底风化深槽注浆堵水加固方案，取得良好成效，实现了安全穿越。尤其在风险最大的海底风化深槽地段，形成了风化深槽施工制度，建设单位牵头组织对风化槽每一循环施工方案和实施效果进行审查把关，对施工异常情况及时处理，确保了风化槽施工万无一失。

7. 严格监理考核制度

现场监理是保证工程安全和质量的关键环节。翔安隧道高度重视驻地监理招标、履约检查和定期考核工作，实施动态管理，同时牢固树立全体参建单位尤其是驻地监理参建国内第一条海底隧道的历史使命感和责任感。为此，制定了《厦门东通道(翔安隧道)工程驻地监理考核暂行办法》，每季度对各驻地办进行考核，考核内容包括：驻地建设、质量管理、试验检测管理、费用及合同管理、进度管理、内业管理、安全管理及环保水保管理，考核结果直接与监理费用挂扣，对驻地办工作起到了很好的促进作用，监理考核检查表，见表4-1-2。通过强化监理考核，有效加强了工程质量过程监管，尤其是关键工序、隐蔽工程质量检验和原材料控制，重点抓好注浆质量检验、施工监控量测、超前地质预报、控制爆破等关键环节，及时纠正施工工艺偏差和不规范行为。翔安隧道工程质量经检验为优良工程。

厦门东通道(翔安隧道)工程驻地监理考核检查表　　表4-1-2

监理单位：　　检查组签字：　　检查时间：

考核项目	考核与检查内容	要求	满分	扣分方法	扣分	扣分原因
安全管理(10分)	健全安全责任制	建立健全高监、副高监和各专业监理工程师岗位安全监理责任制	1分	每缺少一项扣0.5~1分		
	专业监理工程师	按照合同条款配备专业安全监理工程师	1分	未配备或未经批准离岗扣1~2分		
	落实安全措施、方案、制度	审查和督促施工单位制定和落实安全技术措施、方案及安全制度	3分	各项施工方案、专项方案未审批或无安全技术措施或落实不到位扣2~3分		
	安全检查、监控	定期不定期组织安全检查、召开安全生产分析会，现场安全监控到位	1分	安全检查或现场安全监控不到位扣0.5~1分		
	事故隐患和问题整改	对自行检查和总监办、安监办指出的事故隐患及问题按照“三定一落实”的要求组织监督整改	2分	隐患或问题有一项未整改扣1~2分		
	事故和事故报告	发生险情、安全事故要立即报告总监办和安监办	1分	发生亡人事故扣1分，发生事故或险情报告不及时每次扣0.5分		
	现场文明施工	现场文明施工达到JGJ59—99安全检查标准	1分	有一项不达标扣0.5分(不超过本项应得分)		
环保、水保管理(5分)	环保、水保措施的落实	发现环保水保存在问题及督促施工单位落实环保水保措施	4分	未发现存在问题、未落实施工单位完善整改环保水保措施，每出现一次扣0.5~1分		
	环保、水保资料的汇总上报	对环保水保措施过程资料的汇总上报要及时、准确	1分	资料汇总上报不及时、准确每出现一次扣0.5分		

续上表

考核项目	考核与检查内容	要求	满分	扣分方法	扣分	扣分原因
试验检测管理(10分)	对承包人试验检测管理(4分)	对承包人的试验工作实行有效的监督和管理,每月组织一次试验工作检查,对检查存在的问题落实整改,并有检查记录和整改闭合资料	1分	监督不力,未组织检查每次扣0.5分,有组织检查无记录每次扣0.5分,有问题没有落实整改每次扣0.5分,有整改无记录每次扣0.5分		
		监督承包人按标准、规范要求的抽检频率进行抽样检验、验证试验、标准试验和工艺试验。对重要的试验项目进行现场旁站监督,对外委的工程材料试验进行见证取样送检	2分	缺一项试验扣0.5分,抽检频率不足扣1分,重要试验项目未旁站每发现一次扣0.5分,外委的材料未见证取样送检每发现一次扣0.5分		
		审查承包人的试验报告并予以签认,及时审批承包人的报验资料;对承包人的抽检频率、取样方法及试验过程进行监督检查,对不合格的材料予以清退,不合格的工序予以返工	1分	未及时审批,每发现一次扣0.5分;对不合格的材料和不合格的工序未跟踪落实整改,每发现一次扣0.5分,总监办现场抽检不合格每发现一次扣0.5分		
	自身的试验检测管理(4分)	对工程质量与材料按照规定的频率独立进行抽样并独立检测,对承包人的标准试验独立进行平行验证试验,对完工项目进行验收试验	2分	抽检频率不足扣1分,没有独立进行抽样检测和标准试验每发现一次扣0.5分,未进行标准试验的平行验证试验和完工项目的验收试验每发现一次扣0.5分		
		试验室的环境条件和仪器设备符合要求;试验采用的标准和方法正确,数据采集和计算处理无误;试验结论准确	2分	检查温度和湿度记录、仪器使用记录和试验原始记录,每发现一处不符合要求扣0.5分		
	试验资料管理(2分)	形成的试验资料应及时进行分类整理装订、归档保存;每月编制试验月报,及时上报	1分	试验资料未及时整理、归档,未编制试验月报或迟报,每发现一次扣0.5分		
		试验资料应真实,不得弄虚作假;试验原始数据不得随意涂改或涂黑;若记录或书写错误需更正时,应采用"杠改"并签章	1分	资料随意涂改或涂黑每发现一次扣0.5分,资料弄虚作假被发现扣10分		
费用及合同管理(15分)	工程数量的审核	数量真实、准确、计算依据资料完整	4分	数据不真实每次扣1分,计算不正确每次扣1分		
	计量及支付各项的理解与套用,套用合同清单单价,支付报表计算	正确理解并套用技术规范及合同条件中有关计量支付的条款,按照合同条款正确套用清单单价,报表汇总计算正确无误	3分	理解套用不正确每次扣0.5分,计算不正确每次扣1分		
	各支付项下质保资料	质保资料完整,签字齐全	2分	资料不完整每次扣0.5分		
	报表审核、计量支付报送及时性	及时审批当月计量表,每月30日完成支付报表的审核和签认,送总监办审批	2分	审批不及时每次扣1分,签字不齐全每次扣0.5分		
	变更、索赔的审核	变更、索赔及时处理,符合程序,资料完整,依据充分,变更费用严格审核	4分	资料不完整每次扣0.5分,变更审核不及时、不严格每次扣0.5分		

续上表

考核项目	考核与检查内容	要求	满分	扣分方法	扣分	扣分原因
进度管理(10分)	进度计划的报审情况	督促承包人按要求及时上报总体进度计划及年、季、月进度计划,并及时审批	2分	各类进度计划没有及时上报到总监办时每次扣0.5分		
	进度计划的检查、督促	每天跟踪检查承包人的施工进度并形成记录,并根据承包人的施工进度计划核对承包人是否按计划组织施工。每月对承包人未完成的施工任务要进行分析、总结、形成记录,并发文督促承包人按限期完成	3分	检查施工进度记录及形象进度图是否及时真实填写,每缺一处扣0.5分,承包人未按计划组织施工每处扣0.5分;每月未对承包人未完成的施工任务进行分析、总结的每次扣0.5分(查驻地办的分析总结记录),未发文督促承包人限期完成的每处扣0.5分(查发文记录)		
	进度控制实绩	加强对承包人的进度控制管理,确保承包人能按计划按期完成施工任务	5分	扣分=两承包人未完成本季度计划(包括协调会定下的施工计划)的百分比之和÷2×5		
内业管理(10分)	内业资料填写、整理	及时审批承包人各类审报表和分项、分部、单位工程质保资料,并按规定频率开展监理独立检测、评定;工序检查、验收、原始记录表格等内业资料填写应规范、完整、及时、真实;行成的纸质材料应符合归档办法的要求;有关工程质量、进度和费用的一切函件、报表、记录等资料均应分类编号归档保存	3分	审批不及时每次扣0.5分,内业资料填写不规范、不完整、不及时、不真实,每发现一处扣0.5分;纸质材料不符合归档办法的要求每处扣0.5分;未按规定频率独立检测、评定,每处扣0.5分;资料未及时分类整理、归档,每处扣0.5分		
	监理旁站记录和监理日记	对隐蔽工程、重要工程部位、重要工序及工艺,监理人员应旁站监督,签证及时,记录齐全、真实;监理人员日记应真实、详细反映工程情况,驻地高监定期检查评析	2分	检查监理旁站记录,每缺一项扣0.5分,未及时填写、签证每次扣0.5分,资料不真实或弄虚作假每发现一次扣0.5分;日记不完整、不及时或不真实每人次扣0.5分,驻地高监未定期检查评析,每人次扣0.5分		
	内业检查	每月组织一次对承包人内业资料的检查和自查,有检查记录、落实整改、反馈复查等程序,并负责对承包单位的内业资料规范化归档进行指导	3分	未组织检查每次扣0.5分,程序不完整,每缺一项扣0.5分。抽查承包人的内业资料,发现承包人内业资料填写、整理、归档不规范时每处扣0.5分		
	工程信息管理	检查工程信息管理系统的执行情况,有关数据、信息录入是否及时、准确、完整,对指挥部、总监办等上级部门要求上报的资料应及时、准确	2分	未检查执行情况扣1分,数据、信息录入不及时、不准确、不完整扣1分,要求上报的资料不及时、不准确扣1分		
安全管理(10分)	健全安全责任制	建立健全高监、副高监和各专业监理工程师岗位安全监理责任制	1分	每缺少一项扣0.5~1分		
	专业监理工程师	按照合同条款配备专业安全监理工程师	1分	未配备或未经批准离岗扣1~2分		
	落实安全措施、方案、制度	审查和督促施工单位制定和落实安全技术措施、方案及安全制度	3分	各项施工方案、专项方案未审批或无安全技术措施或落实不到位扣2~3分		
	安全检查、监控	定期不定期组织安全检查、召开安全生产分析会,现场安全监控到位	1分	安全检查或现场安全监控不到位扣0.5~1分		

续上表

考核项目	考核与检查内容	要　求	满分	扣分方法	扣分	扣分原因
安全管理（10分）	事故隐患和问题整改	对自行检查和总监办、安监办指出的事故隐患及问题按照"三定一落实"的要求组织监督整改	2分	隐患或问题有一项未整改扣1～2分		
	事故和事故报告	发生险情、安全事故要立即报告总监办和安监办	1分	发生亡人事故扣1分，发生事故或险情报告不及时每次扣0.5分		
	现场文明施工	现场文明施工达到JGJ 59—99安全检查标准	1分	有一项不达标扣0.5分（不超过本项应得分）		
环保水保管理（5分）	环保、水保措施的落实	发现环保水保存在问题及督促施工单位落实环保水保措施	4分	未发现存在问题、未落实施工单位完善整改环保水保措施，每出现一次扣0.5～1分		
	环保、水保资料的汇总上报	对环保水保措施过程资料的汇总上报要及时、准确	1分	资料汇总上报不及时、准确每出现一次扣0.5分		

8. 抓好国内外专家技术咨询与交流

为弥补国内海底隧道建设经验的不足，现场指挥部十分重视抓好国内外专家技术咨询与研讨交流，汇集国内外专家智慧，引进国外先进技术与经验，开拓思路，翔安隧道建设提供强大的技术咨询保障。翔安隧道政府工程顾问、国内隧道专家王梦恕院士、孙钧院士等隧道专家多次进行现场技术指导。工程前期阶段邀请英国（香港）奥雅纳咨询公司进行施工风险评估，挪威顾问集团参与技术规范和招标文件的咨询。施工阶段，根据工程进展，针对遇到的施工难题，邀请挪威、日本等海底隧道专家进行现场技术咨询与研讨，为软弱地层施工、风化槽施工、海底隧道机电系统、施工安全管理等提供了科学依据，外国专家历次咨询报告清单见表4-1-3。

外国专家咨询报告清单　　表4-1-3

序号	日期	报告名称	完成单位
1	2004.10	厦门东通道海底隧道施工期风险评估与分析（初期报告）	奥雅纳工程顾问（香港）
2	2005.1	厦门东通道海底隧道施工期风险评估与分析（中期报告）	
3	2005.12	厦门东通道海底隧道施工期风险评估与分析（后期报告）	
4	2003.12	厦门东通道工程隧道建设方案地质条件评估	挪威顾问集团
5	2005.1	厦门东通道工程招标文件节选部分咨询报告	
6	2005.12	翔安隧道两端陆域全强风化地层施工技术咨询报告（挪威）	
7	2006.4	翔安隧道施工安全管理咨询报告（挪威）	
8	2006.6	翔安海底隧道防水设计技术咨询报告（挪威）	
9	2006.10	翔安隧道施工期渗水控制技术咨询报告	
10	2007.5	翔安隧道F1风化深槽施工技术咨询报告（挪威）	
11	2007.11	关于加快翔安隧道风化深槽施工速度的咨询报告	
12	2008.8	翔安隧道机电工程、内装饰、长期监测等技术咨询报告（挪威）	

续上表

序号	日期	报告名称	完成单位
13	2005.12	翔安隧道两端陆域全强风化地层施工技术咨询报告(日本)	日本隧道技术顾问团（由日本长大公司牵头组建）
14	2006.4	翔安隧道施工安全管理咨询报告(日本)	
15	2006.6	翔安海底隧道防水设计技术咨询报告(日本)	
16	2007.5	翔安隧道 F1 风化深槽施工技术咨询报告(日本)	
17	2008.8	翔安隧道机电工程、内装饰、长期监测等技术咨询报告(日本)	

9. 认真抓好环保水保与海洋环境协调发展

厦门以海立市，环保水保是关系翔安隧道建设方案决策的重大影响因素。翔安隧道高度重视海底隧道的环保水保工作。在工程前期，对建设方案进行了科学论证，考虑了工程场区中华白海豚和厦门文昌鱼等海洋生态资源的保护等因素，采用的海底隧道方案在施工中，也积极对海洋生态进行监测和保护，是人与海洋环境协调发展的典范工程之一。工程建设过程中，积极贯彻环保水保设施与主体工程“同时设计、同时施工、同时投入使用”的“三同时”制度，开展环保水保专项方案设计与施工，由专业环保、水保监测单位全程监督。同时还委托厦门大学海洋与环境学院对海底隧道爆破施工进行水下声波监控，减轻和控制爆破噪声对中华白海豚的影响。被评选为全国水保工作突出的生产建设单位。

10. 一丝不苟及时高效抓好工程档案管理

翔安隧道十分注重工程档案和内业管理工作，要求一丝不苟、及时高效地与工程建设同步做好内业归档工作。开工前，就依据最新执行的《公路工程质量评定标准》制定了一套适合海底隧道的表格，对单位、分部、分项工程进行划分，并征求质监主管单位和部门的意见，最后确定的表格包括施工监理用表 35 种、质检表 121 种、现场施工记录表 80 种、测量用表 11 种、试验记录及报告 44 类，这些技术支持性文件在使用过程中又得到不断完善，在工程质量控制和归档中起到了很好的标准化、程序化和规范化的管理作用。在工程建设过程中，及时与国家和省市档案管理单位和部门沟通、协调，及时明确工程档案管理的标准和要求，加强过程管理，提高准确率，减少以往工程常有的内业返工和补材料等档案管理通病。

1.2　组织机构

翔安隧道工程建设采取“政府宏观管理、项目业主责任制”，厦门市政府设翔安隧道工程建设领导小组，政府有关监督机构进驻现场实施全过程监督，建设单位组建工程现场指挥部负责现场协调，形成了多方协同的组织管理体系。项目管理机构设置如图 4-1-1 所示。

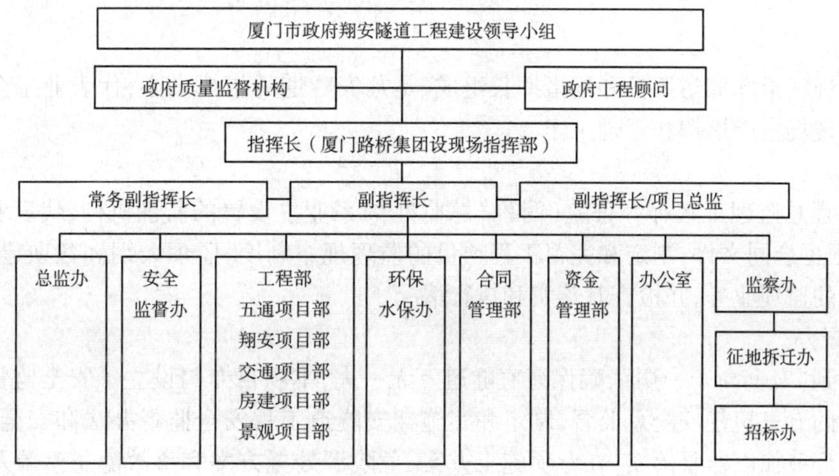

图 4-1-1　翔安隧道工程管理组织机构图

1. 厦门市政府翔安隧道工程建设领导小组

为适应翔安隧道建设需要,厦门市人民政府组建了由厦门市副市长潘世建任领导小组组长,厦门市各职能部门作为成员单位的“厦门市政府翔安隧道工程建设领导小组”。领导小组主要对工程建设重大决策问题进行协调,如:桥隧方案论证、征地拆迁协调、施工安全应急预案联动演练等。

2. 政府质量监督机构

翔安隧道是国家重点工程,且技术含量高、工艺复杂、施工难度大,为加强该项目工程质量监督管理,确保项目顺利实施,由福建省交通质监站和厦门市交通质量监督站共同组建翔安隧道质监办,负责项目的质量与安全政府监督工作。同时,由国家环保总局、水利部等部门和单位组建环保、水保监督和监测组,负责项目环保和水保政府监督工作。

3. 政府工程顾问

翔安隧道是国内第一条大断面海底隧道,规模大,技术难度高,工程经验少,为保证隧道工程顺利进行,厦门市政府聘请了中国工程院王梦恕院士、交通部专家委员会副主任、交通部原总工杨盛福及挪威海底隧道专家艾瑞德博士担任政府工程顾问。政府工程顾问的主要职责如下:

①对翔安隧道的建设工作提出咨询意见;

②协助业主做好各建设参与单位(含设计、监理、施工、材料、设备供应商等)间的协调工作;

③受市政府或业主委托,组织召开翔安隧道重大工程技术问题、技术方案的讨论、审查会;

④指导翔安隧道工程现场指挥部开展工作。

4. 翔安隧道工程现场指挥部

在厦门市委、市政府的领导下,厦门路桥建设集团有限公司作为翔安隧道工程建设主体单位,具体负责项目前期、资金筹措、实施建设、养护管理、贷款偿还等全过程管理。在前期阶段,由路桥集团成立厦门东通道工程项目部,由集团副总分管和协调,负责项目前期各项工作。在施工阶段,由路桥集团组建翔安隧道工程现场指挥部,全权代表路桥集团公司行使翔安隧道施工阶段的业主指挥权及履行业主应尽的职责。现场指挥部共有工程技术人员 30 多名,中级职称人员占 60%,高级职称占 35% 以上,其中大多数工程技术人员都有重大工程建设的现场管理经验。指挥部由厦门路桥建设集团总经理任指挥长,3 位副总经理分别担任副指挥长和项目总监,下设总监办、安全监督办、工程部、环保水保办、合同管理部、资金管理部、监察办、征地拆迁办、招标办、办公室等部门。指挥部以建设国内第一条海底隧道的历史使命感和责任感,坚决贯彻海底隧道“安全高于一切,质量同于生命,防患胜于补救,责任重于泰山”的指导思想,坚持“以风险管理为核心,以质量管理为重心,以创精品工程为目标,全面完成四大控制任务”的工作方针,本着“务实、高效、创新、廉洁”的工作精神和良好的服务意识,按“严格管理、严格工艺、严格纪律”的管理要求,建立健全工程管理体系,在工程实施过程对工程质量、安全、工期、投资进行全方位管理。

(1)指挥长室

指挥长室由现场指挥部指挥长和副指挥长组成,是翔安隧道的指挥中心,代表业主全面负责翔安隧道建设过程中的现场生产指挥和管理工作。

(2)总监办

翔安隧道工程总监理工程师办公室(简称“总监办”)系业主设置的监理机构,代表业主对工程实施全方位管理,并根据合同文件,制定和完善工程项目的监理规章制度、监理大纲和各项建设工程程序,统一管理整个项目的监理业务,并检查其落实和执行情况。

(3)安全监督办

为了切实做到“安全高于一切”,确保海底隧道万无一失,本项目专门设立了安全监督办。由具有丰富隧道施工经验的专家担任安全总监督,制定和实施翔安隧道工程安全监督办法和安全技术措施,并在工程建设的各个环节加以监督落实,在专项施工方案、危险源处置方案和事故隐患整治及重大安全施工管理等方面,实行安全一票否决制。

(4)工程部

工程部根据负责范围分为5个项目部,分别为五通项目部、翔安项目部、交通项目部、房建项目部和景观项目部,五通项目部和翔安项目部分别负责管理五通侧和翔安侧的隧道主体工程,交通、房建及景观项目部分别负责管理隧道交通工程、房建工程和景观绿化工程。工程部的主要职责是及时跟踪掌握工程动态包括工程质量、进度、资金情况,全面进行工程管理,同时负责解决施工存在的各种问题,协调对内对外的各种关系,为工程实施创造有利条件。

(5)环保水保办

翔安隧道工程环保水保工作由专人负责,并成立环保水保办公室,其主要职责是根据水利部、环保总局和海洋局对翔安隧道项目环保水保批复意见,协调督促本工程的各项生态保护恢复、水土保持措施的实施,落实本项目环保水保监理、监测计划,确保环境保护和水土保持的“三同时”制度。

(6)合同管理部

合同管理部是翔安隧道现场指挥部的一个重要组成部分,其人员都具有重大工程合同管理经验,其主要负责审核工程计量支付及变更索赔工作,协调工程项目合同管理工作,同时负责项目概预算执行情况的汇总分析,并提出合理控制建议,最后协调第三方工程造价咨询部门做好工程决算,负责配合项目审计工作。

(7)资金管理部

在现场指挥部领导下,资金管理部主要负责筹措项目建设资金,保障工程建设资金;同时建立健全资金调度计划和使用分析计划、工程款支付管理制度,使建设资金筹措、调度、使用、管理各环节紧密衔接,以加快资金流转速度;并且控制资金存量,降低资金使用风险和资金成本,确保资金高效、安全运作,提高资金使用效益。

(8)监察办、征地拆迁办、招标办

监察办:主要对招投标及工程施工过程中可能出现的违法违纪和贪污腐败行为进行监管和督察。

征地拆迁办:由厦门路桥集团有限公司下属全资子公司路桥拆迁公司专人组成,负责按规划和设计要求征用翔安隧道建设用地,组织拆迁,建设红线报批以及征地拆迁资金管理等工作。

招标办:主要负责工程、设备、材料招投标组织实施工作,包括编制招投标实施办法、招投标文件、招投标组织实施、文件送审、发标等。

(9)办公室

翔安隧道现场指挥部办公室主要职责为办理各种往来公文、函件的收发、阅办及归档工作,同时负责工程技术资料的档案管理及档案验收工作以及会议安排、接待和对外宣传工作,另外还负责现场指挥部办公、后勤及安全保卫、固定资产管理工作。

翔安隧道与常规项目管理有所不同的地方,一是现场指挥部专门设立“安全监督办公室”,专司安全监管,负责与政府安全监督部门对接,执行施工过程业主方的安全监管职责,施工和监理单位也配备相应的安全第一责任人和安全工程师,真正贯彻落实“安全高于一切”的安全控制理念,这是对以往工程项目管理模式的一个突破。二是聘请国内外专家担任本项目政府工程顾问,为重大技术问题把关。实践证明,这些针对性措施都十分有效。

1.3 资金筹措与管理

厦门东通道(翔安隧道)项目资金筹措工作早在2003年就启动了,伴随着厦门两桥(系指厦门大桥、海沧大桥,下同)资产置换和进出岛通道收费改革工作的进行,翔安隧道项目资金筹措工作也随之一波三折,多次调整方案。可以说,翔安隧道项目资金筹措工作不单纯是传统意义上的项目融资,它是在厦门市政府主导进出岛通道收费改革的新形式下,利用政府信用和建设单位企业信用共同建设厦门新通道的一种尝试,摆脱了项目融资需依赖项目本身效益的模式,把厦门岛进出岛通道经营进行捆绑,利用已有两桥和未来新建成的翔安隧道项目收益,在落实翔安隧道资金的基础上同时解决了接线及配套项目(系指翔安大道及水浏线工程,下同)资金需求。

1.3.1 进出岛通道收费改革前的项目融资安排

2003年初,启动厦门东通道项目融资工作时,厦门市政府已提出拟对两桥收费进行改革的设想,为配合两桥收费改革的顺利进行,需将两桥资产从原厦门路桥股份公司置换出来作为厦门路桥集团的经营性资产,按原收费标准和未来车流量的预计,两桥及翔安隧道项目的收费预计较乐观,政府安排在落实翔安隧道项目资金的同时,一并落实翔安大道及水浏线工程项目资金,并明确翔安隧道、翔安大道及水浏线工程合并成为厦门东通道项目,故翔安隧道项目的融资也就是厦门东通道项目融资。当时估算翔安隧道投资31.65亿元,翔安大道及水浏线项目投资8亿元,合计需要融资39.65亿元。

根据国家对项目资本金的要求,东通道项目需筹集13.65亿元的项目资本金,当时确定的项目资本金来源主要有东通道建设期"两桥"通行费的净节余3.5亿元、申请国债补助2.5亿元、申请交通部补助1.5亿元、申请交通战备补助1亿元,合计8.5亿元,存在5.15亿元的缺口,拟通过发行信托凭证的方式予以解决。

对于项目资本金以外的26亿元资金,当时厦门路桥集团提出了以三通道捆绑抵押,采用银团贷款、联合贷款以及质押权分割式银行贷款等3种方案。

银团贷款是由厦门路桥集团委托主办行,组织多家获准经营贷款业务的银行或金融机构,采用同一贷款协议,同一担保方式,由主办行统一向借款人发放和管理贷款,是重大项目建设融资的主要方式。其主要特点为:贷款额度大,贷款额度有保证,贷款手续简单,担保手续简单,可以兼顾市各家银行的利益。问题是:主办行的选择没有统一标准,主办行有可能独家提供贷款而不能兼顾各家金融机构的关系和利益。

联合贷款是一种松散式的银团贷款,是多家银行联合起来,采用统一贷款协议,统一担保方式,与借款人分别签定协议并分别提供贷款,也是重大建设项目融资的一种重要方式。其主要特点为:贷款额度大,贷款手续简单,担保手续简单,可以兼顾市各家银行的利益。问题是:由于各家银行内部评审采用的依据不同,评审时间和评审程序不同,有可能导致贷款额度有风险,组织管理难度加大。

质押权分割式银行贷款是把三通道(即两桥加翔安隧道)的经营权分割开,分别质押、统一还贷,分别向不同的银行贷款。其主要特点为:贷款行安排较简单。提款和还款比例安排较灵活。问题是:贷款和担保手续较繁杂,不能完全兼顾各家银行的利益和关系,贷款额度有风险。

经厦门路桥集团与厦门市发改委资金处、市财政局基建处对上述各种方式多次比较论证。报经厦门市政府批准后采用银团贷款方案,并"本着遵循历史,相互支持"的原则,考虑到未来东通道的偿债须依赖于海沧大桥与厦门大桥的收费,而海沧大桥与厦门大桥的收费同时也是海沧大桥债务的偿债来源,为避免两桥资产在海沧大桥和东通道两次融资中重复抵押等及两桥资产置换需最大债权人的配合等问题,确定由中国银行作为牵头行有较好的延续性,同时中行在预授信额度、搭桥贷款、利率、期限、提款、还款、减免前端费、代理行费等相关费用方面均承诺给予积极和优惠政策。

至此,厦门东通道项目融资方案确定下来,各银团贷款银行份额分别为:中国银行9亿元,国家开发银行8亿元,工商银行、农业银行、建设银行分别为3亿元。根据测算,政府同意厦门路桥集团对两桥及翔安隧道的经营年限至2018年。

1.3.2 收费改革和新通道建设对项目融资的影响

2004年9月,随着两桥资产置换工作的顺利完成,在厦门市政府的主导下,两桥收费改革随之展开。首先在2004年9月采用电子钱包方案,降低了车辆进出岛的收费成本,导致两桥收费比原预计收费下降了约80%。厦门市政府为促进岛外经济发展,更于2005年推出了"贷款道路年费制",东通道项目融资原依赖的较好效益的通行费收入大幅下降,未来可预计收费已不足以支持东通道项目融资。同时,由于厦门岛进出岛交通阻塞情况日益严重,厦门市政府对杏林大桥的建设也加快了推进工作,考虑到杏林大桥建成后对其他通道的分流,必然影响东通道抵押资产的收益,各银团成员的评审工作受到影响。

为支持厦门东通道建设,厦门市政府同意放开厦门路桥集团对三个通道的经营年限,在所有债务偿清前,不再对收费年限进行限制。承诺如果未来新的进出岛通道建设、收费政策调整以及因技术等不可预见因素引起的超概或延期等产生的不利影响,政府将采取相应的补偿措施,以保证项目融资的偿还。在政府信用支持下,银团评审工作得以顺利进行,银团各成员报经总行批准,在2005年4月30日与厦门路桥集团签订了厦门东通道项目银团贷款协议。至此厦门东通道项目银团贷款工作顺利完成。

1.3.3 发行企业债券筹措项目资本金

由于相关政策的变化,原东通道项目资本金筹措计划也发生了较大变化,除交通部补助明确了2.34亿元外,国债补助和交通战备补助均无法落实,通行费节余也因收费改革大幅下降,东通道项目资本金存在不足。厦门路桥集团提出了发行8亿元企业债券解决东通道项目资本金的设想。经厦门市政府批准,厦门路桥集团于2005年初启动了企业债券发行工作,得到了厦门市政府的大力支持,连续于2004年、2005年对厦门路桥集团增资,满足了发行企业债券的财务要求,经国家发改委批准同意,于2006年6月20日成功发行了8亿元企业债券,期限为15年,年利率为4.25%,接近历史最低水平。

东通道项目8亿元企业债券的发行不但解决了项目资本金的缺口,同时促进了公司融资体系的完善,拓宽了融资渠道,降低了融资成本,奠定了厦门路桥集团在资本市场持续融资的基础,初步引入了有效的外部约束机制,促进公司提高经营管理水平,积极推进管理体制和机制的创新。

至此,8亿元企业债券,2.34亿元交通部补助、两桥收费结余及厦门路桥集团自筹其他资金,完全落实了东通道项目资本金。

1.3.4 项目资金管理

由于翔安隧道资金来源渠道多,不但有银行信贷资金,还有交通部补助资金、企业债券资金、两桥通行费结余资金和其他自筹资金。使用上除项目建设外,还涉及两桥管养、还本付息等。为保障东通道项目资金足额及时到位,提高资金使用效率及安全,业主单位即厦门路桥集团制定了专门的资金归集和拨付流程,设置了6个专用账户对资金归集和拨付进行专门管理。

①项目资本金专户。用于归集交通部补助资金、企业债券资金、两桥通行费结余资金和其他自筹的项目资本金。

②贷款代理专户。用于归集银团贷款。除牵头行的贷款资金直接进入本账户外,银团其他成员的贷款资金从各自的贷款账户归集到本账户。

③通行费收入账户。用于归集车辆通行费及年费。

④投资支出专户。用于东通道工程支出,资金从项目资本金专户、贷款代理专户、通行费收入账户划入。

⑤营运支出专户。用于厦门大桥、海沧大桥及东通道等项目的维护管养,从项目资本金专户或通行费收入账户划入。

⑥还贷储备专户。用于偿还海沧大桥、东通道项目贷款本息。资金从项目资本金专户、贷款代理专户、通行费收入账户划入。

以上专户的设立和流程的制定,既符合了监管部门和贷款银行的资金监管要求,也提升了业主单位的资金管理水平。不但反映了项目的投资活动,还反映了项目营运和还本付息的整个过程。使整个项目的资金流动得以较为明晰的显现,资金走向更为流畅。

1.4 工程、设备招投标管理

招投标制度是我国经济体制改革进程中,由传统的计划经济转向社会主义市场经济的必然结果。

对于基本建设工程而言，工程、设备、材料乃至设计、监理招投标，是工程由策划阶段转入实施阶段的“枢纽环节”，因对工程建设具有“控制性”和“关键性”作用，而受到政府主管部门、建设单位、投标单位的重视。

政府主管部门和建设单位希望通过招投标制度选择到最合适的工程设计、监理、施工承包人或设备、材料供应商。合理利用竞争机制，发挥市场经济在质量、工期、投资三大控制中的杠杆作用，以确保工程质量，缩短建设周期，降低工程造价，提高投资效益，最大限度减少或避免工程建设中发生合同纠纷或索赔事件。投标人则希望通过竞争进入建设市场，同时获得希望的效益。从表象上看，招投标似乎是投标人之间的竞争。但从实质上分析，招投标是招标方和投标方之间有条件的互相选择、互相较量。招标和投标是统一体中两个主要矛盾方面，这种统一与矛盾关系将会从招投标开始贯穿于整个工程建设阶段，直至工程合同中止之时。招标过程既是对两个矛盾方面作科学分析的过程，也是建立合理的相互约束机制，促使矛盾向统一、协调方向转化的过程。大量工程建设实践已经证明，科学、正确地应用招投标制度，对建设方和承包方都是有利的。反之，如果招投标合同条款缺乏科学性、合理性，片面扩大了制约机制和矛盾的对立方面，造成恶性循环，将会对工程建设造成不良影响，招投标双方都会蒙受不必要的损失。

为了规范建设市场，正确处理招投标双方关系，近年来国家或政府行业主管部门相继颁布了一系列招投标管理、监督、审查办法、规定、标准，至1999年8月30日第九届全国人民大会常务委员会第十一次会议通过《中华人民共和国招投标法》(2000年1月1日起实行)，我国招投标已有法可依，有章可循。

翔安隧道从2003年初开始招投标工作，陆续进行了初勘、勘察设计、土建施工、监理、材料、机电工程、景观工程等的招标工作，本着“公开、公平、公正和诚实信用”的原则，勘察设计、施工、监理、材料、机电的招标遵循《中华人民共和国招投标法》，依据交通部2003版的《公路工程国内招标文件范本》以及福建省、厦门市颁布的有关法规、文件，并结合翔安隧道工程实际制定的招标原则、招标程序、招标组织机构、评标办法进行，并在实施过程中不断调整、修正、完善，使之成为海底隧道工程招标的典范。

1.4.1 招标程序和组织机构

根据相关法规的规定，经过厦门市政府翔安隧道工程建设领导小组批准，确定了招标程序和相关的组织机构，见图4-1-2。

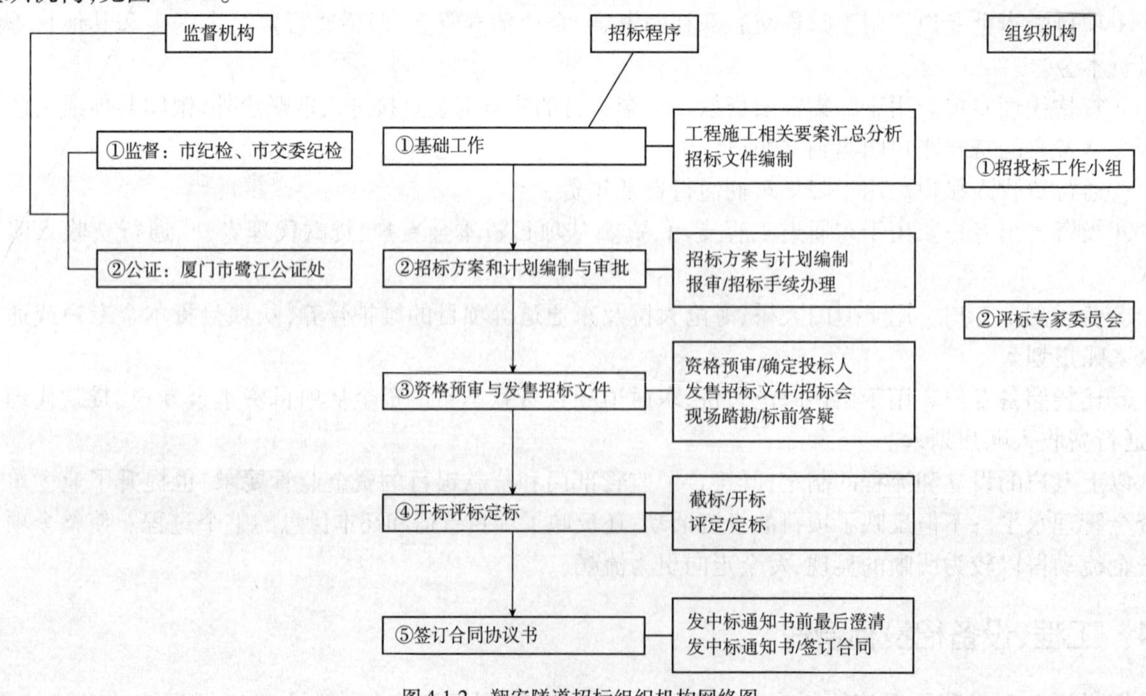

图4-1-2 翔安隧道招标组织机构网络图

(1)翔安隧道招标工作程序

①基础工作:分为工程界面划分、设计图纸的准备、工程量清单编制、技术规范编制、合同条款编制、三通一平条件汇总分析、工期目标制订、汇总编制招标文件。

②招标方案和计划编制与审批:分为招标方式选择、拟定合格的投标人条件或提出候选投标人名单、评标办法的制订、招标组织机构与具体人员安排、进度计划、报审。

③资格预审与发售招标文件:分为在《中国建设报》发布资格预审通告,审查、确定投标人,发售招标文件,现场踏勘,标前会议、答疑。

④开标评标定标:由业主、投标人和监察机构参与开标仪式,宣读投标书的主要内容;由招标工作小组对投标书的各项竞争指标进行摘录,汇总成对照表,并做出初步分析,形成投标书基础资料汇总分析报告。由专家委员会对投标书进行分析和评价,必要时邀请投标人到场接受专家答辩,最后由专家以记名方式投票得分确定推荐中标人,专家对其推荐意见必须做出书面说明,形成专家评标报告。最后由工作小组编辑评标报告,由市交通主管部门审批上报领导小组,确定中标人。

⑤签订合同协议书:依据专家委员会的意见,对中标人在招标文件中存在疑义的问题进行最后澄清。发中标通知书,签订合同协议书。

(2)组织机构

根据招标程序的设定,设立招标组织机构行使相应的职能或权限。

①招标工作小组:由项目业主为主组建,包括设计、监理、政府造价管理机构,负责招标全过程的组织工作。

②评标专家委员会:根据标段的不同特点,邀请来自国内外的相关行业专家为主组建;负责投标书的分析与评价比较,推选中标候选人。

(3)监督机构

①监督:以厦门市纪检监察局为主体、厦门市交委纪检室、项目法人监察室派员组成,负责翔安隧道项目的招标采购的监察工作,全过程参与。

②公证:厦门市鹭江公证处负责招标过程的公证。

1.4.2　招标工作的总体思路

2003~2008 年,翔安隧道工程从前期到实施阶段,招标采购工作历经六年多时间,采购标的涉及勘察设计、土建工程、机电工程、材料设备、营运管理等,价值合计约人民币 22 亿元。标的类型包括隧道、道路立交工程施工,交通工程、景观工程和房建工程,机电设备与大宗材料采购。厦门翔安隧道工程作为大陆第一座海底隧道,头顶着无限的海水,面对复杂的地质条件,有很多可预见和不可预见的技术难题,国内没有这方面的施工经验,更没有任何招标的范本可以借鉴,一切只能依靠自己。再者,根据厦门市政府的有关规定对全市的工程建设实行最低价中标,这些意味着翔安隧道的招标工作同时面对复杂技术、全新的商务领域,以及更高的项目实施管理的挑战。

在总结以往工程建设管理经验的基础上,建立了新的工程管理概念,认识到“招标是工程前期工作阶段转入工程实施阶段的枢纽环节”。编制了《翔安隧道项目实施管理纲要》,将项目前期工作进度、招标工作进度和工程施工进度三个计划融为整体的总进度计划。首先根据总进度计划,对各节点工作进行详细分析,确定完成工作的主要关键问题,预先组织有关专家进行研讨和论证,找出解决方案;同时科学合理对整个项目的标段划分进行统筹安排,充分考虑现场施工的具体情况和管理需求;在技术方面,制订了全强风化地层施工技术规范、砂层技术规范、海底风化槽技术规范以及《翔安隧道安全施工手册》和环保水保施工要求等。另在科研方面提出了管理要求,力争做到科技创新;在商务方面,着重对海底隧道的风险控制,包括对风险认识、风险管理、风险规避转移、安全制度、安全培训、资金投入等明确了具体要求;由于部分重要原材料由业主通过招标采购,然后通过第三方提供给承包人使用,则需处理相关商务环节。其次,对工程建设的各项具体业务及其运作流程加以详细分析,合理拟订参建各方的权责和相应的工作程序,确定了业主、承包人和监理工程师之间以及承包人与承包人之间的协调运作原则,从而构建了项目

管理的组织框架和管理模式。第三,在上述计划、业务分析和解决方案的基础上,各相关部门明确任务,分工协作,保证做到:

①在某一标段工程招标或材料采购招标工作开始之前,完成设计文件;

②在规定的时间内,由不同部门或单位分别完成技术规范、工程量清单(或采购清单)、合同条件,进行汇总检查,保证各个文件之间相互协调和支持;

③在定标授予合同之前,完成招标文件中明确规定的施工条件,包括三通一平、统一建设的临时办公和生活设施等;

④在定标授予合同之前,完成业主项目管理机构、监理机构组织进驻现场。

上述计划制订与控制措施为翔安隧道工程建设的高效有序进展奠定了必要的基础。

1.4.3　招标工作中的事前控制

在翔安隧道工程招标方案的策划中,建设单位始终坚持将企业管理的事前控制观念运用于工程管理。在招标阶段,事先分析和判断可能对工程施工质量有重大影响的环节,并决定控制模式。

隧道主体土建工程是翔安隧道重中之重的控制工程,是翔安隧道成功建设的根本。如何选择有实力的承包商并在施工过程中规范各种行为以减少合同纠纷是翔安隧道招标的关键。建设单位组织专门班子花了近1年半时间历经20多稿编写完成翔安隧道招标文件,在"投标须知""专用条款"等主要章节把施工中可能出现的技术、商务问题进行预判断,分析可能存在的各种状况,尽可能给予明确,以减少业主风险。如:

①对过去山岭隧道常发生扯皮的预留变性量、允许超挖而产生的工程量明确业主不予以承担,同时对隧道施工中可能出现的坍方、突泥、涌水等地质灾害所产生的责任进行界定,明确业主、施工各自的责任。

②鉴于监控量测在隧道开挖中的重要性,在招标文件中规定量测断面、量测内容、技术要求,在工程量清单中独立分项报价,作为一项分项内容,使施工单位在现场规范监控量测,否则无法计量,有效避免以往工程中监控量测弄虚作假流于形式的现象。同时业主独立邀请第三方进行量测,验证审核施工单位的量测结果,确保量测的实际效果。

③对工程项目的环保水保根据国家批复文件在招标文件中予以规定要求投标人在投标报价中予以考虑,业主不单独支付。

④作为大陆第一座海底隧道,面临很多新的、关键技术问题,需在现场大量科研试验。现场试验离不开施工单位的现场数据,也不能脱离科研单位的理论分析。因此在招标文件中如何规定二者以保证现场科研试验的可操作性、真实性和实用推广性,是一个复杂的问题。招标暂定500万的现场科研经费要求投标人联合科研单位根据对工程的理解列出科研题目,编写科研大纲,并对每个科研报价。在评标办法中把科研单位和科研题目的选择、大纲的内容作为评分的重要内容,这样既保证了施工、科研单位作为一个整体可以有效进行现场配合,同时可以发挥施工、科研单位积极性有针对性选择科研题目,业主也可以有效监督。

根据以往的工程建设经验分析认为,工程材料和设备的采购控制对工程质量的保证具有重大影响。因工程材料品质低劣导致的豆腐渣工程屡见报端,用户投诉建筑设备在投入使用不久就不能使用的情况也时有所闻,其原因之一是业主对工程设备和材料的采购失控。在工程发包中,惯例做法是将工程整体发包,材料和设备全部由承包人采购,在施工承包合同中,最多仅规定一般的技术指标。有的施工单位受经济利益的驱使,一般会采购满足技术指标要求的最低价的产品,而这些低价产品的品质一般也是较低的,采用这种材料或设备不可能建造高质量的精品工程。鉴此,建设单位研究决定,翔安隧道使用的钢材、水泥、防水材料、隧道装饰材料,以及机电设备等对工程质量有重大影响的大宗材料和设备全部由业主统一招标采购,并提供给各承包商。实践证明,该项措施不仅有效地保证了工程质量,且由于材料和设备由业主集中大批量采购,保证了翔安隧道所使用的材料和设备全部是国内外优质产品，并有效地降低了采购价格，达到了高品质、低价格的双重效益。同时可以有效减少施工单位应对材料涨价的风险，将涨价风险通过业主的招标转嫁给专业的第一手的材料供应商。

材料供应对采取上述措施所带来的责任界面划分、税负以及管理程序等方面的问题，业主预先缜密策划，在招标文件中制订了完整的操作方案，保证了业主、承包人以及供货商三方均能在合理保障各自权益的前提下，明确各自责权，协调运作。

1.4.4 评标办法选择

评标办法选择是招标方案的关键，我国现阶段的评标办法有多种模式，但可归纳为三大类型：一是最低评标价法，即不设标底、但作成本分析、由最低标中标；二是综合评估法，即报价与技术方案设定分值，评分确定；三是双信封评标法，即商务技术与报价分别独立密封，先评商务技术取前3名开报价，进行评分确定。在以往的招标实践中，曾采用过多种评标办法，注意到各种评标办法的实质问题在于两方面：其一，是否采取最低标中标；其二，是否采用评分制作为招投标综合评价指标。

在招标实践中认识到：在建设市场上，由于各施工单位的管理水平、施工工艺、组织方案及工效等方面存在差异，对于本项目作为大陆第一座海底隧道而言，技术难度极大，施工风险高，国内没有类似工程造价可参照，各投标人对工程认识差异很大，其建设成本离散性很大，而且施工中有太多不可确定的成本和风险，因此，实行最低评标价法虽然符合一般意义上的公平原则，却脱离了采用招标方式选择优秀施工单位的基本出发点：即通过市场竞争，选择管理水平高、施工经验丰富、建设成本低，足以确保工程质量、保证工程进度、适当降低工程造价的承包人，使业主和承包人都获取最大利益。

关于采用何种评分方式，标价相对而言是重要的，但不应该是定标的唯一考虑因素，而且报价绝对数值的差异哪怕是几万几十万就决定了一个3、4亿的高技术复杂工程的中标单位，显然是不可取的。因此，投标单位的业绩、信誉、综合实力、施工组织设计、工艺水平、施工装备以及对海底隧道难点重点的认识理解等也应当是评价比较的重要因素。对复杂特殊项目，个别非标价因素对评标具有关键性作用，而这些因素是难以量化和确定分值比例的，如投标人的施工经验、工艺合理性、拥有的成熟技术和专用设备等是安全顺利完成本工程的技术保证，同时将严重影响工程成本和投标报价的问题，因此采用单纯的综合评分法也有某种弊端。

基于上述认识，翔安隧道工程招标创新采用了技术优先情况下的合理低价中标，同时引入了同等低价的概念，把最低评标价法、综合评估法、双信封评标法进行综合。即在投标时采取三信封制，把商务、技术、报价分别密封，且技术卷不得出现任何单位标志。暗标评估各投标单位技术卷的施工工艺、施工组织设计方案，进行打分并累加商务部分，得出综合分值，每个标段取综合分值最高的前5名进入下阶段的报价比选。报价原则采用最低价中标，但对报价在标价3%以内的视为同等低价，以综合分值高的为中标人。

为消除评标过程中可能出现的个人偏见或考虑不周，保证公平、公正、公开、科学原则，设立了招标工作小组、评标专家委员会互相独立的招标组织机构，各司其职。其中，招标工作小组负责对投标书中的各项指标加以分类整理，形成系统的对照表，以保证评标专家对各投标人做出完整、系统的评价和比较；评标专家委员会的构成力求具有广泛的权威性，包括了水文、地质、隧道、结构、设计以及其他相关方面的院士和专家，通过各个专家之间的知识互补和互相制约，达到评价的相对合理公正；专家委员会以有记名、附文字说明的方式投票推荐中标人，以示负责，并充分表达专家个人意见；评标委员会对招标程序、专家意见进行全面审查和质询，最后以投票方式决定中标人。同时由厦门市纪检、交通纪检为主的翔安隧道工程监察工作组全过程参与评标监督。

翔安隧道主体工程和设备合同招标结果表明，上述评标办法是成功的，有力保证了工程的顺利实施，节约了投资，取得了良好的综合效益。翔安隧道主要招标项目见表4-1-4。

翔安隧道主要招标项目 表4-1-4

标段分类	标段编号/名称	标的细分
土建工程	A1	五通端的左线主隧道3160m
		五通端的服务隧道3158m
		五通端的通风竖井
	A2	五通端的右线主隧道3141m
		五通端洞外接线路基
	A3	翔安端的左线主隧道2785m
		翔安端的服务隧道2890m
	A4	翔安端的右线主隧道2910m
		翔安端的通风竖井
		翔安端洞外接线路基
	A5	通风塔建筑工程
	A6	装饰板工程
	B	翔安西滨立交
	E	沥青路面(隧道内及连接线)
房建工程	C1	五通管理区工程
	C2	翔安管理区工程
	C3	遮光棚、收费棚及收费广场
	C4	管理区污水处理工程
	C5	隧道博物馆
景观及绿化工程	D1	五通端洞顶绿化
	D2	五通端路基及竖井绿化
	D3	翔安端洞顶及路基绿化
	D4	西滨立交绿化
	D5	五通永久弃渣场绿化
交通工程	F1	通风系统
	F2	照明系统
	F3	三大系统(监控、通信、收费)
	F4	隧道抽排水系统
	F5	消防系统
	F6	交通安全设施
	F7	夜景工程
	F1	通风系统

续上表

标段分类	标段编号/名称	标的细分
甲供材料	防水材料	防水板
	水泥	袋装水泥、散装水泥
	钢材	工字钢、钢筋
	装饰板	
驻地监理	J1	第一驻地办(五通端土建)
	J2	第二驻地办(翔安端土建)
	J3	第三驻地办(交通工程、房建等)
单列项目	翔安端隧顶花园工程	
	隧道建设展示馆建筑工程	
	抢险车辆采购	

1.5 工程计量支付及概算管理

翔安隧道是我国修建的第一条海底隧道,技术难度大、风险高、工期长、投资大,工程现场指挥部高度重视工程计量支付、变更设计及概算管理工作,成立以合同部(业主)牵头,总监办、驻地办二级监理具体把关的组织机构,建立和完善了有关管理制度,审批规程,严格按照国家规范要求开展相关工作,对保证工程资金的正常周转、工程投资的有效控制、保障工程顺利实施起到了重要作用。

1.5.1 计量支付

工程正式开工前,业主、总监办依据国家相关规范要求,针对项目的特点制定了一套完整的计量支付规则,详细规范有关程序、报表格式,开工后进一步完善了计量支付台账管理,针对特殊工程项目,研究制订计量支付方法,结合施工实际情况,灵活调整计量支付办法,在充分调研基础上进行甲供材料的扣款,有效地保证工程资金的及时计量和拨付,缓解施工单位资金周转困难,保障了工程的顺利开展。

1. 计量支付规则

(1)工程计量

①由承包人在规定的时间提出计量申请,按照合同条件、工程量清单、合同图纸、工程变更文件等规定的内容、范围和单位进行计量。经驻地办审查有关准备资料合格,双方到现场共同测量计算后,承包人填写相关报表,经各级监理人员审查、签认。

②对资料不齐全或发现有质量问题的工程暂不计量,对不符合合同文件要求的工程不得计量,对于监理工程师认可的,或批准的工程,即使承包人不派人参加现场测量,也可作为支付依据。

③据实计量。以现场测量和图纸、变更设计资料计算的量为控制量分阶段计量,其累计总量均不得超过控制总量。

④承包人每月的20日向驻地办报送当月计量表,驻地办在23日审查后批复返还承包人,由承包人根据批复的计量表和合同综合单价编制支付申报表,于每月26日报驻地办,驻地办于每月30日完成审核和签认后,送总监办审批,总监办在每月的5日完成审批,同时签发"中期支付证书"并报送业主,业主在收到该"中期支付证书"后的14天内核准,并通知经办银行支付给承包人。承包人逾期不报时,则作放弃当月计量支付处理。

(2)工程支付

在合同实施期间,对工程的预付款支付、中期支付和最终支付的所有应支付的项目都必须按照合同文件要求，以规定的报表形式，由承包人提出申请，经驻地办审查、确认扣除应扣款项后，由总监办审核，并签发支付证书，经业主审批后支付。

(3)计量支付程序

①施工阶段计量支付工作程序见图 4-1-3。

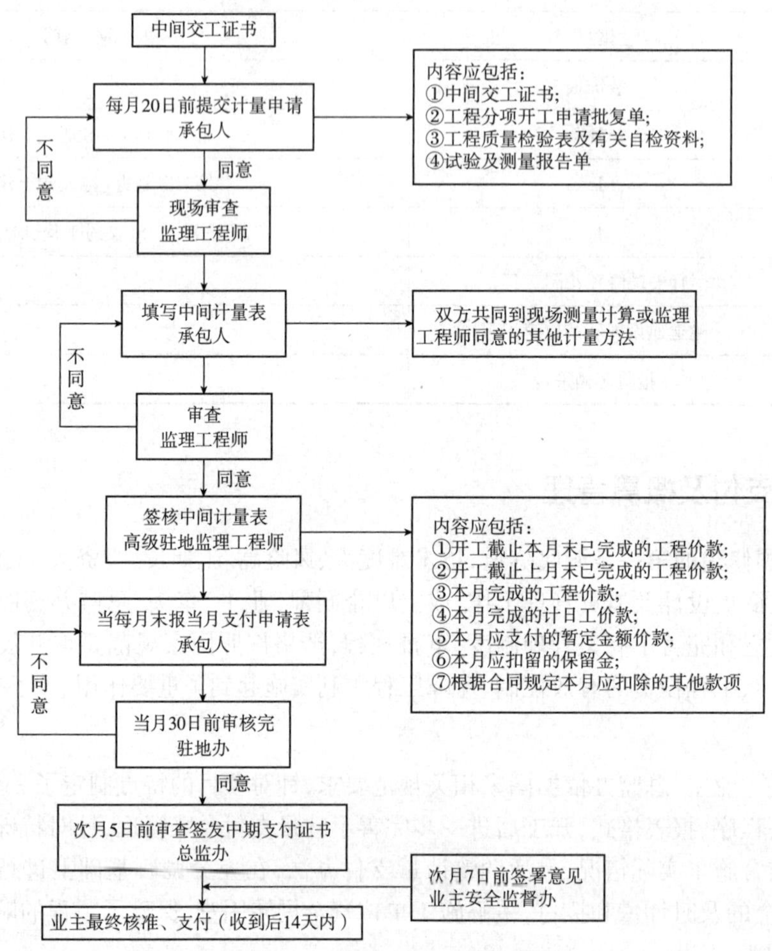

图 4-1-3 翔安隧道施工阶段计量工作程序

②计量支付程序的调整。本项目分部分项工程的划分是结合围岩级别，根据总工期按进度划分的，考虑到完成单项工程取得中间交工证书的时间较长，为做到按月计量，保证工程资金的及时拨付，对施工阶段中间计量支付，根据实际完成工作量，在分部分项工程中分阶段进行，要求工程质量合格、相关质量保证资料齐全，涉及混凝土的分项工程可以在混凝土 7 天强度检验报告合格后当月计量支付 90% 工程款，下月补报 28 天强度检验报告，同时补计 10% 的工程款，若报告不合格，则扣回上月计量款。

2. 特殊项目的计量支付

隧道施工超前支护手段中最重要的就是通过注浆来改善前方地质围岩，本项目施工方法以超前预加固为主，堵水防渗注浆为辅，超前预加固主要采用超前预加固注浆、全断面帷幕注浆、超前大管棚等方法，堵水防渗注浆支护手段中主要有补偿注浆、局部堵水注浆、初支止水注浆等。注浆根据采用材料不同，分为普通水泥浆、普通水泥水玻璃浆、超细水泥浆、超细水泥水玻璃浆、超细早强水泥浆、超细早强水泥水玻璃浆、水溶性聚氨酯浆等，受注浆工程量大、隐蔽性强、测量复杂等因素影响，注浆工程量的统计成为计量工作中的难点。

穿越海底风化深槽段是本项目的重点和难点。本工程风化深槽数量多，海域Ⅴ、Ⅳ级风化深槽地质变化多端，施工工序复杂、风险高，投资大、周期长、造价高，如何保证施工计量的及时到位，工程资金的正常周转,是计量支付的重要工作。

(1)注浆量的计量支付

本工程注浆工程计量的主要特点为工程量大、品种多、造价高、分布广。为了科学、客观地对注浆量进行统计与计量支付审核,保障工程的顺利进行,制定出一套适合本工程实际情况的注浆量统计与计量支付方法。

首先把好原材料进出场统计关,实施承包人技术人员和监理共同核对签认制度,即原材料进场和使用做好详细收发料统计台账的同时,向业主、总监办、驻地办分别报备。

其次把好现场施工质量关,根据风化槽注浆施工特点,监理安排 3 班制对注浆施工进行全过程旁站监督,每道工序严格执行报检制度,实行注浆水泥总量和每孔注浆水泥量统计相结合,在每次注浆开盘报检前,监理和承包人技术员核对水泥数量后开始注浆,监理人员监督技术人员认真如实做好注浆施工原始记录并在记录上签认,按每孔、每班次、每循环的注浆量(统计水泥用量为准)进行记录,每孔注浆以注浆压力和设计浆量控制相结合的原则,监理人员旁站交接班时做好注浆量统计和签认,按照这样方法以此客观汇总并及时上报驻地办、总监办和业主。

再次把好现场施工工程量统计关,由承包人现场工程师与现场监理共同核对原始记录,并填写工程量现场签证单。

最后把好工程量计量关,由专监及计量专监共同对设计图纸,施工记录及现场签证单进行核对,确认最终计量工程量。并报总监办、设计院和业主进行审核,最终形成计量支付。全过程、全方位的计量支付监管,对注浆量的统计与计量支付做到了很好的控制。

(2)风化深槽的计量支付控制

风化深槽地质变化多端,施工工序复杂、风险高,投资大、周期长、造价高,结合施工实际情况,灵活调整计量支付办法,保证了工程资金的及时计量和拨付,保障工程顺利进行。

①风化深槽施工投资大。主要表现在施工设备投入上,根据不同的施工阶段,施工设备配置主要分为帷幕注浆阶段、大管棚施工阶段和开挖支护阶段。

a. 帷幕注浆及大管棚施工阶段:帷幕注浆及大管棚施工阶段主要设备为钻孔及注浆设备,以左线隧道 F1 风化深槽为例,帷幕注浆及大管棚施工阶段主要设备投资约 1598 万元,详见表 4-1-5。

帷幕注浆及大管棚施工阶段主要设备投资表　　表 4-1-5

序号	机 械 名 称	型号	数量	单位	单台造价(万元)	设备投资(万元)
1	意大利卡萨钻机	C6	1	台	800	800
2	日本矿研钻机		1	台	750	750
3	双液注浆泵	KBY - 80/70	6	台	8	48
	合计					1598

b. 开挖支护阶段:开挖支护阶段主要设备为喷混凝土及出碴机械,以左线隧道 F1 风化深槽为例,开挖支护阶段设备投资约 1659 万元,详见表 4-1-6。

开挖支护阶段主要设备投资表　　表 4-1-6

序号	名　称	规 格 型 号	单位	数量	单台造价(万元)	设备投资(元)
1	装载机	WA380	台	2	80	160
2	挖掘机	MX337	台	2	45	90
3	挖掘机	PC - 60	台	1	47	47
4	自卸汽车	≥15t	台	5	250	1250
5	电焊机	BX400	台	4	0. 24	1. 0

续上表

序号	名称	规格型号	单位	数量	单台造价(万元)	设备投资(元)
6	风钻	YT28	台	18	0.35	6.3
7	风镐	GT150	台	5	0.1	0.5
8	污水泵	WQ50-25-32-5.5	台	3	0.1	0.3
9	注浆机	KBY-50/70	台	2	8	16
10	喷浆机	PC-60	台	3	1	3
11	门吊	15T	台	1	85	85
	合计					1659

②工程造价高。以左线隧道F1风化深槽为例,第一循环施工里程为ZK8+270~ZK8+294,全长24m,工程造价约941万元,每米造价高达39万元,其中帷幕注浆及大管棚工程造价约373万元,开挖初支工程造价约429万元,二次衬砌工程造价约139万元。

③施工周期长。以左线隧道F1风化深槽为例,第一循环施工里程为ZK8+270~ZK8+294,全长24m,施工自2007年2月始至2008年2月止,历时1年之久,其中帷幕注浆历时7个月,大管棚施工历时1个月,开挖支护施工历时4个月。平均月进尺仅2m,与一般Ⅴ级围岩段平均月进尺45m相差甚远,风化深槽施工周期长。

④风化深槽段计量支付措施。按照计量支付及变更程序(风化深槽段施工方案对原设计进行了优化变更)规定,承包人需要在一个循环完工后申报变更意向审批表,变更意向审批结束方可按程序进行计量支付。以左线隧道F1风化深槽为例,第一循环施工历时12个月,变更意向审批历时4个月,这将给承包人资金周转造成极大困难,从而直接影响到整个工程的顺利进展。

考虑到风化深槽施工的实际情况,从F1第二循环开始,结合左线隧道第一循环风化深槽的实际情况,讨论研究了风化深槽段施工投资大、造价高、周期长的特点及承包人的资金周转状况,制定出关于风化深槽段计量支付的规则,主要是在帷幕注浆每循环按分部完成后,即对注浆相关工程量进行统计,施工记录和内业资料齐全并经监理签认后按照正常计量支付规则,参照设计通知单先进行计量支付,等每循环工程变更意向审批后,对已计量支付的注浆相关工程量进行增减更正计量,一方面极大缓解了承包人资金周转紧张的状况,有力促进施工进度,确保了整个工程的良性循环,另一方面保证了计量支付的真实准确,有效对整个工程造价的总体控制。这套计量支付方案经过后续施工的验证,实际操作简单可行,过程资金控制、工程总体造价控制有效。

3. 材料扣款

翔安隧道按100年的设计使用年限以确保工程的安全性和耐久性,原材料的质量直接关系着工程的使用寿命及安全,为确保原材料的质量可控,业主单位对翔安隧道的主要原材料(包括钢材、混凝土、水泥、防水材料等)采用招标甲供方式。甲供材料有利于原材料质量的把关,避免出现承包商为了自身利益采用低劣材料的现象,同时有利于确保材料的及时供应。

翔安隧道甲供材料采用由业主直接从承包商的计量款代扣的方式,材料数量由施工单位确认,每个月扣款一次。直接代扣有利于保障材料供应商的材料款及时到位,提高材料商供应的积极性,但也存在若工程进度缓慢,计量金额较少的月份,直接将当月的材料款全部扣除,剩余的计量款将难以维系承包商正常运营的问题。翔安隧道地质条件复杂多变,且存在着多段不良地质段,导致在部分不良地段工程进展较慢,月计量款少,然而地质困难段维系工程的正常施工成本又较高,若材料款扣除较少又将影响到材料商材料供应的积极性,反过来又将影响工程的正常施工,这给业主的材料扣款提出了难题。在通常情况下,业主单位先充分调研承包商维系正常施工所需的成本,每月在工程计量款拨付时,由业主召集承包商及各家甲供材料供应商共同协商当月的材料款扣除问题,首先必须确保承包商的正常运营,又充分考虑各供应商的利益,先支付部分材料款。部分材料款暂欠,在进入正常地段施工后,资金较充裕再予以扣除。在日常情况下,各方基本能够就计量款达成一致,但在即将过年期间,承包商必须确保工人全年工资的及时到位,供应商(部分为上市企业,财务制度极其严格)的材料款必须年内到账,双方矛盾较突出。在这种情况下,业主单位及时计量,及时支付,加大工程款协调力度,首先保证承包商工人工资到位及维持正常施工需要的款项。翔安隧道4年多的施工过程中,在业主单位的充分协调及各方相互尊重、相互理解的前提下,保证原材料质量控制和供应环节,有力确保了工程顺利施工及质量保证。

1.5.2 工程变更管理

厦门翔安海底隧道穿越陆域全强风化、浅滩透水砂层、海底风化深槽等地质复杂地段,采用信息化施工和动态设计方法,变更设计较多,业主、总监办、驻地办依据监理规范、合同要求制订变更管理办法、严格变更审批程序,在重大变更方案的选择上,注重技术经济比选,从组织、技术、经济、合同管理等多方面采取措施,精心组织施工,挖掘各方面潜力、优化设计、节约投资,取得了较好的投资控制效果。

1. 工程变更管理办法

(1)设计变更的原则

①周密调查,充分论证,本着"保证工程质量、确保安全、利于施工进度,节约工程投资,降低运营成本,提高服务水平"的原则。

②符合技术标准和相关规范、规程要求、严格控制建设规模、投资和工期。

③保证工程的使用功能和安全性,有利于保护环境。

④按交通部令2005年第5号《公路工程设计变更管理办法》的规定程序进行,未经审批的设计变更不得实施。

(2)设计变更的等级

在本项目中,依据交通部令2005年第5号《公路工程设计变更管理办法》及本项目实际情况,有下列情形之一的属于重大设计变更,项目法人组织审查后逐级上报交通部负责审批:

①隧道通风方案发生变化的;

②互通式立交的数量发生变化的;

③收费方式及站点位置、规模发生变化的;

④超过初步设计批准概算的。

有下列情形之一的属于较大设计变更,由项目法人组织审查后上报省级交通主管部门负责审批。

①连续长度2km以上的路线方案调整的;

②连接线的标准和规模发生变化的;

③特殊不良地质路段处置方案发生变化的;

④路面结构类型、宽度和厚度发生变化的;

⑤隧道方案发生变化的;

⑥互通式立交的位置或方案发生变化的;

⑦监控、通讯系统总体位置或方案发生变化的;

⑧管理、养护和服务设施的数量和规模发生变化的;

⑨其他单项工程费用变化超过500万元的;

⑩超过施工图设计批准预算的。

(3)设计变更审批程序及权限

一般设计变更是指除重大设计变更和较大设计变更以外的其他设计变更,由项目法人负责进行审查,其中变更费用在10万元以内的由驻地监理工程师审批,变更费用在10~50万元的由总监理工程师审批,变更费用在50万元以上的由业主审批。

业主、总监办依据监理规范、合同要求严格变更审批,除紧急情况外,任何变更都须经设计、施工、驻地办、总监办、业主五方讨论及审查通过,并由设计方下发设计通知单,指挥部转发;根据项目管理机构设置情况，严格变更审批流程，《工程变更意向审批表》充分体现驻地办、总监办、设计、业主各级审批意见；变更依据资料要求齐全，施工单位依据设计通知单提出变更意向审批，资料应包括变更申请单、变更增减明细表、工程量数量计算表、设计通知单含变更图纸及相关会议纪要等。因施工单位责任引起的设计变更，实施设计变更所需增加的工程费用，由其自行承担。

(4)特殊情况下的变更程序

鉴于本工程项目的特殊性，施工风险大，按照地下工程动态设计、动态管理的原则，对特殊情况下的变更设计，如富水砂层、洞内风化槽的处理以及紧急抢险工程主要包括隧道涌突水、涌泥、坍方等特殊情况，由驻地高监牵头组织施工、设计、监理、业主代表成立动态工作小组，对事件性质进行判定后，现场研究确定，及时对原设计进行调整和完善，符合合同变更条件情况的，补办监理工作指令、会议纪要、变更设计通知单作为变更依据，按设计变更的审批程序和管理权限报批。

(5)设计变更费用的确定

①设计变更数量的确认。根据变更图纸给定的尺寸计算得出，并列出详细的计算过程。业主代表、监理工程师、设计代表、承包人现场共同实地丈量并绘制草图，列出计算式。若属隐蔽工程且数量无法事先确定，承包人应在开工前和覆盖前通知监理工程师、监理工程师召集业代、设代、承包人现场丈量，记录施工前和完工后的有关原始数据绘制草图，共同签认数量。未按上述要求确认的变更数量、监理有权不予批复。

②设计变更单价的确认。凡合同工程量清单内有单价或可以直接套用的单价，采用工程量清单价，不能套用的则按招标采用的费率、材料单价、工程预算定额、下浮比率等确定变更工程费用，报驻地办审查，提出审查意见，再送总监办审定后报业主批准执行。对于变更中影响造价较大的新增项目单价，业主还及时报送第三方造价咨询单位同步进行审核，确保变更费用审核的及时性和准确性。

2. 注重变更设计方案技术经济合理性、优化设计降低工程造价

为有效控制工程投资，在重大设计变更方案的选择上，注重技术经济比选，从组织、技术、经济、合同管理等多方面采取措施，精心组织施工，节约投资，取得了较好的效果。首先从组织上采取措施，明确项目组织结构，使项目投资控制有专人负责，明确管理职能分工；从技术上采取措施，在施工过程中重视设计多方案选择，严格审查施工组织设计，深入技术领域研究节约投资的可能性；从经济上采取措施，考虑施工方案对工程造价的影响，动态地比较项目投资的实际值和计划值，严格审核各项费用支出，力求在技术先进条件下的经济合理，在经济合理基础上的技术先进。

(1)透水砂层段变更方案的技术经济比选

翔安隧道翔安端浅滩透水砂层段，原设计采取洞顶高压旋喷桩结合洞内水平高压旋喷桩的措施进行砂层加固处理，施工阶段对砂层重新进行了补充钻孔，查明穿越砂层范围较原设计长，面积大，为安全通过特殊地质段、防止砂层透水形成突水、涌砂重大工程灾害，根据试验段取得的相关数据，业主主持召开了过含水砂层施工方案的专家研讨会，就施工方案采取高压旋喷桩还是采取"防渗地下连续墙 + 降水井"进行了专家论证，专家们意见认为采用高压旋喷加固含水砂层，使其达到一定强度是有可能的，但对抗渗要求的实现有一定难度，而采用暗挖施工将隧道含水砂层区段用止水帷幕围合，并在其内采取降水措施，施工较安全可靠。专家要求从安全、质量、成本和工期等方面综合考虑，对多个方案作技术经济论证后择优选取。

从技术方面分析：高压旋喷桩方案采用三重管法 $\phi 1.2m$ 咬合桩，利用高压设备把浆液喷射出去，冲击切割土体，与土体搅拌混合，浆与土体经过一系列的物理化学反应，固结成桩，桩桩咬合，将隧道洞顶范围内的砂层全部固结，达到止水、加固的作用。根据试验桩有关数据，达到了加固地层的作用，但由于砂层中水受潮汐影响具有流动性，影响水泥浆的凝固以及成桩效果，难以形成咬合良好的群桩效果，渗透系数未达到小于 $1 \times 10^{-6}cm/s$ 的设计要求。"防渗地下连续墙 + 降水井"方案在砂层影响范围内首先采用帷幕止水，切断地下水的通道，并通过降水使该区域满足隧道施工要求，即洞外地下水控制（混凝土地下连续墙防渗止水帷幕和设置疏干减压井）+ 洞内对砾砂层的加固处理，以求从根本上消除隧道施工时砂

层和其他不良土层产生突水、涌水和坍塌的安全隐患。方案具有实现的可能性和易操作性。

从经济方面分析：原设计左线隧道砂层分布较厚，部分位于隧道内，设计在地表高压旋喷桩全固结，地表处理长175m，宽23.4m，右线砂层较薄，基本位于隧道开挖轮廓线外，设计在洞内采用水平高压旋喷桩加固，并辅以超前小导管。根据施工单位投标报价，单洞洞顶175m、砂层共4095m^2范围内进行高压旋喷加固处理，造价达1680万元，折合4100元/m^2。根据施工阶段查明的穿越砂层范围，若在整个砂层段618.3m范围内，施做左线隧道、右线隧道及服务隧道三洞的高压旋喷加固工程，加固面积为33883m^2，总造价达1.39亿元，而采用地下连续墙和降水井来保证三洞在砂层段的安全掘进，经计算，总费用为4961万元。

两种方案经过技术经济比选后，最终指挥部择优选取了地下连续墙方案，保证了隧道的安全施工，同时节约了大量的投资。

(2)变更施工方案的经济合理性

经济合理性是指合理地消除和减少工程造价中的不必要的或可以压缩的开支，尽量采用降低施工费用的一切正当、有效的措施，挖掘节约的潜力，使施工费用降低。在不改变原设计要求并保证工程质量的原则下，可采取一些具体的措施降低工程造价，使其施工方案符合经济合理性的要求。

翔安端洞口开挖出来的地质较差，含有大量的高岭土成分，且该段地下水发育，造成原设计的路基边坡出现了坍塌，为保证工程安全及较好的景观要求，根据专家意见，将左右线及服务隧道分别延长100m。原设计的明洞回填材料要求采用碎石土，施工投标报价较高，明洞延长100m后将增加不少回填量，为合理控制工程造价，经参建各方会议研究决定，明洞两侧在原设计回填浆砌片石基础上增加部分浆砌片石，其上变更为素土回填至明洞衬砌拱顶。此项变更在保证工程质量的原则下，降低了工程造价，施工方案更符合经济合理性的要求。

(3)优化设计挖潜节约投资

按照隧道地下工程动态设计，动态管理的理念，通过优化设计挖潜节约投资，及时调整支护参数，根据现场实际地质及施工情况，全洞Ⅴ级围岩地段设计均取消了拱部系统锚杆，对Ⅲ、Ⅳ级围岩地段的结构进行了调整，取消了主洞及服务隧道的超前锚杆支护及系统锚杆，Ⅲ级围岩地段，可根据围岩破碎情况局部设置锚杆，仅此一项系统锚杆优化设计为整个工程节省造价近亿元。

1.5.3 项目概算的管理

1. 概算的编制与审批

翔安隧道工程概算委托设计单位中交第二公路勘察设计研究院编制，主要依据交通部公路基本建设工程、交通机电工程概预算编制办法、概预算定额、福建省有关补充规定及厦门市政府有关文件、市建设工程信息等资料，采用同望科技WCOST2000(7.23版)公路工程造价管理系统编制。

概算文件编制中，为了尽可能准确地测算工程的总投资，业主对土建主体工程中使用的钢材、水泥等主要材料价格进行了市场调研，对隧道衬砌混凝土进行了配合比研究试验、对工程施工组织方案做了分析，对征地拆迁费用进行了详细测算，概算初稿编制完成后组织相关部门进行了认真审查，确保概算既不缺、漏项，又不高估冒算。

工程原报概算32.7亿元，经过中交第一公路勘察设计研究院有限公司专家审查，2005年5月交通部以交公路发(2005)185号文批复概算31.97亿元。

2. 概算的执行

翔安隧道工程从1998年开始了项目的前期工作，至2005年项目开工，前期工作长达7年，概算的执行根据工程建设开展进程，前期勘察设计、研究试验、工程咨询等合同费用由前期工作小组负责归集，2005年成立工程现场指挥部，根据项目管理机构设置，由各职能部门对各分项概算项目实行归口管理，由现场指挥部合同部具体负责概算投资执行情况管理。工程现场指挥部主要职能部门概算执行分工：

①工程招标办负责根据概算执行的进度及时开展招标工作;

②征地拆迁办负责征地、拆迁、补偿等相关概算项目的实施及费用统计;

③工程项目部负责施工阶段项目管理工作,具体组织各单项工程概算项目的执行,负责较大以上变更项目的报批工作;

④总监理工程师办公室负责建设期间对概算有直接影响的重大、较大、一般变更设计的技术、经济把关;

⑤资金管理部门负责建设资金的拨付及建设期利息的测算管理;

⑥合同部负责土建主体工程合同标段的计量支付、变更费用、结算审查,负责概算执行情况的统计、汇总及概算调整工作。

资金到位是保证工程工期的前提,但翔安隧道地质复杂多变,除已探明的海底风化槽等多处不良地质段外,海底硬岩段还存在多处未探明的破碎段,在不良地质段施工,进度慢、投资大、变更多,导致施工单位资金比较紧张,因此采取有效措施,保证施工单位资金到位是工程进度管理的一项重要内容。指挥部资金管理部负责筹措项目建设资金,保障工程建设资金,资金管理部在每年底即深入调查分析下一年度的工程资金需求情况,向银行等相关单位报请下一年度资金需求,并在每个季度前即将下季度的需求资金预贷出至集团公司账户,确保满足建设资金需要。

在日常工作中,工程现场指挥部非常重视概算的执行情况,在工程招标阶段,有针对性地进行标段划分及费用分摊,以便于单项概算和招投标标底及投标报价作同口径对比。在工程实施阶段,不定期地召开相关会议,对各分项概算费用进行统计,研究各施工标段的正常变更费用、有争议的费用申报审核情况,预估工程实际发生总投资并与概算投资作对比,及时掌握概算投资的使用情况,对超概项目进行分析。

3. 概算的调整

根据施工现场实际地质情况,工程建设过程中发生了一些重大变更,同时由于建设期间钢材、水泥、汽柴油、沥青等各项主要建材价格上涨较快,交通工程优化设计、政策性变化导致征地拆迁费用、建设期贷款利息增加等因素导致概算出现较大变化,需要进行概算调整。在得到政府的同意下,工程现场指挥部于2008年12月开展概算调整工作,委托原概算编制单位编制调整概算。调整概算主要内容如下:

(1)受政策性因素影响调整项目

①材料价格影响:钢材、汽油、柴油、沥青、硝铵炸药、电缆、灯具等主要建材和设备价格上涨。

②征地拆迁:原概算编制采用厦府[2003]173号文,实施拆迁政策按厦府办[2005]176号文,以人口认定拆迁面积,拆迁面积因计算口径不同而增加。

③建设单位管理费:建设期间政策变化,按交通部颁发交公路发[2005]230号文件。

④建设期贷款利息:建设期间利率变化造成利息增加。

(2)主要土建主体工程调整项目

①西滨互通:根据厦门规划局翔安分局会议纪要[2007]5号文件精神,西滨互通的被交道路由环东海域公路调整为窗东路,向北移动了100m,且考虑城市发展的景观因素,原桥台填土高度由6m控制调整为3.5m,由此造成西滨互通桥梁增长937.683m。

②隧道土建:翔安端明洞延长100m(厦交建[2006]85号文)、过透水砂层段采用地连墙和降水井辅助施工(厦交建[2006]87号)、五通段增设一座斜井(厦交建[2007]91号)、过风化槽、竖井建筑加高、排水系统等变更设计。

③管理及养护设施:通风照明、通信监控、供配电、消防、治超、收费系统优化设计。

④永久电源接入:原概算未列,为保证隧道正常运营,根据市政府要求列入。

(3)概算定额调整

翔安海底隧道穿越地质复杂多变的陆域、浅滩和海域段,根据实际地质情况,采用了多种开挖施工方法。软弱围岩段采用CRD法或双侧壁导坑法分部开挖,浅滩砂层段采用洞外地下水控制(地下连续墙和降水井)结合洞内超前加固处理方案,风化深槽段采用全断面帷幕超前预注浆配合超前大管棚及补偿注浆施工方案,硬质岩段采用控制爆破方案以减少海底围岩扰动和降低对中华白海豚等海洋生物的影响。这些开挖方法,工序繁多,工艺复杂,控制指标严格,为确保施工安全,严格按稳扎稳打,步步推进的原则实施,客观上造成开挖施工工效较低。其次,海底隧道纵向为V字形,需强制排水,施工期间尽管对周边围岩进行了注浆封堵,但渗水量仍较大,需要不停地分级抽排水;另外,施工期间受海水腐蚀影响,各种机械设备的折旧大大加速;海底隧道独头掘进作业,施工环境艰苦恶劣,通风、防尘、文明施工等辅助措施要求高,这些因素也都客观上造成海底隧道施工成本比常规项目高。基于以上因素,鉴于海底隧道施工的特殊环境,采用现有的概算开挖定额编制海底隧道概算会有较大的出入。根据实际施工统计资料,对影响较大的隧道开挖定额进行了重新编制,主要调整以下三项:

①人工消耗量;

②抽水机台班消耗量;

③机械折旧费。

2011年1月,交通运输部批复厦门翔安隧道概算调整为40.74亿元。

1.6 工程进度管理

进度管理是项目管理的重要组成部分,工程进度与安全、质量、投资息息相关。翔安隧道是国内第一条海底隧道,地质条件复杂多变、工程经验少、施工难度大,不可预见因素多,某种意义上讲,是摸着石头过河的工程,为确保施工万无一失,必须小心谨慎,稳扎稳打,国家、省、市领导和各级主管部门也始终强调翔安隧道安全第一,进度必须服从安全与质量要求,绝不以牺牲安全和质量为代价盲目赶工,坚决杜绝任何赶工行为。业主高度重视进度管理工作,坚持海底隧道安全高于一切的原则,认真分析工程难点和关键路线,建立了较为完善的进度管理机制,制定科学的进度计划和沟通反馈机制,通过采取一系列的组织、合同、经济、技术、信息管理等各方面措施,适时调整优化,精心组织,科学安排,统筹协调,稳扎稳打推进工程建设。有效地确保翔安隧道建设有序开展,在目标工期内建成通车。翔安隧道2005年9月6日开工至2010年4月14日完成交工验收,2010年4月26日顺利建成通车,历时4年8个月。

1.6.1 征地拆迁及三通一平

翔安隧道在工程前期阶段就以“三快(快准备、快进场、快开工)、三高(高起点、高标准、高要求)”为指导思想,及时高效地开展征地拆迁、三通一平及现场驻地建设等工作,为施工单位进场施工创造便利条件,迅速打开施工局面。

1. 征地拆迁

翔安隧道两端分别需要征地2122亩(五通端)和1177亩(翔安端),拆迁面积大、涉及面广(涉及厦门湖里、翔安两个区多个行政村,有农用地、海域、林地、民居、厂房等),拆迁难度大。通过积极主动地与相关部门沟通协调,有计划、有步骤、有重点地推进征地拆迁工作,确保在2005年6月前完成主体工程施工、驻地建设及临时便道涉及的征地拆迁工作。对部分管理用房、连接线等工程涉及的征地拆迁工作在主体单位进场施工后,继续加强推动开展,但均有明确的时间节点,最后均按要求在房建工程、路基等配套工程施工前完成征地拆迁工作。

2. 三通一平

在前期征地拆迁工作的基础上,翔安隧道在开工前一个月即完成三通一平工作,两端均有施工专用的自来水口及用电专线,修筑施工便道5.7km(其中五通端1.5km,翔安端4.2km),平整生产用地172500m^2(其中五通端45300m^2,翔安端127200m^2),根据不同的功能将生产用地分成工程项目管理人员工作及生活区、施工人员生活区、预制场、搅拌站、石料加工厂、修配场、弃渣场等多个场区。同时,在两端工地附近均设立了信号发射塔,并将信号引进隧道内,保证洞内手机信号24h畅通。

3. 驻地建设

翔安隧道开工前，建设单位在两端现场的办公生活区里各建设了 5000m^2 多的临时办公、居住活动板房，配套厨房、卫生间、会议室、活动室、篮球场等设施，并对场区进行绿化，为设计、施工、监理办公解决后顾之忧。让施工单位"放下行李，直接开工"。

1.6.2　增开工作面长洞短打

海底隧道主要从两端对挖，工作面相对少，独头作业距离长，效率低、工期长。加上翔安隧道的三大工程难点，地质条件差，施工工序复杂，施工速度慢，且海底硬岩段存在多处破碎带，施工难度比预想的要大，导致工程进度比计划有所滞后。在施工过程中，通过增设斜井，利用竖井，服务隧道超前等措施，加大人员及设备等投入，增开工作面，最多的时候整个翔安隧道有 14 个掌子面在同时开挖，A2 标最多的时候有 5 个掌子面在同时施工，最大限度实现了长洞短打，有效得保证了工程按计划完成。翔安隧道增开工作面情况如表 4-1-7 所示。

翔安隧道增开工作面情况　　表 4-1-7

标　　段	通 道 名 称	往五通端开挖(m)	往翔安端开挖(m)	节省时间(月)
A1 标左洞	竖井	488	384	6.5
	2 号车通	126	83	1.5
	5 号人通	167	0	2.5
	变压器洞室	111.5	636	4.5
	8 号人通	90	12	1
A2 标右洞	斜井	658	289	15
	2 号车通	167	540	9
	6 号人通	119	374	2.5
A3 标左洞	9 号人通	246	210	7.2
A4 标右洞	竖井	340	273	10

1.6.3　优化工法提高效率

翔安隧道是国内第一条海底隧道，地质条件复杂多变，控制工期的软弱地段主要采用 CRD 法和双侧壁导坑法开挖，同时大量采用注浆堵水加固等辅助措施，所采用的工法工序繁多，工艺复杂，施工进度相对较慢。为此，业主牵头，通过科学论证和工程实践，不断优化工法，改进工艺，提高施工效率，先后攻克了两端全强风化地层、浅滩富水砂层、海底风化槽三大施工难关，使得工期得以保证。隧道两端陆域全强风化大断面浅埋暗挖施工，易变形、坍塌，渗水量大，施工进度缓慢，月进尺 30m 左右；经不断探索，总结形成该地层条件下较为成熟的 CRD 工法和双侧壁导坑法，有效提高施工速度，创造了 CRD 法最高月进尺超过 60m 的国内施工记录。浅滩富水砂层地段易坍塌、涌水、涌砂，原设计悬喷桩施工方案安全难以保证，且进度十分缓慢，翔安端竖井施工中出现了涌砂，停工处理长达 6 个月，后经研究论证，采用地下连续墙结合井点降水方案，大大提高了施工速度，并保证了施工安全。海底风化槽地段，原设计全部采用全断面帷幕注浆、大管棚超前支护、CRD 法开挖方案，前期施工进尺很慢，左线隧道 F1 风化槽第一个循环施工耗时 9 个月，右线隧道 F1 风化槽长 133m 施工用了 20 个月时间。在前几个循环施工经验积累的基础上，业主牵头，经多方论证，根据不同的地质情况，将全断面帷幕注浆优化为上半断面或周边帷幕注浆，结合超前小导管补充注浆等多种形式，引进先进的钻孔及注浆设备，采用前进式和后退式相结合等注浆工艺，施工进度大为提高，后期每个循环施工的时间仅需 2 个月。这些优化措施，既保证施工安全，又提高施工速度，成功穿越了控制性地段，为工期控制创造了有利条件。右线隧道率先于 2009 年 6 月 13 日贯通，服务隧道、左线隧道随后分别于 2009 年 10 月 14 日和 2009 年 11 月 5 日贯通，各隧道开挖进尺如图 4-1-4 ~ 图 4-1-6 所示。

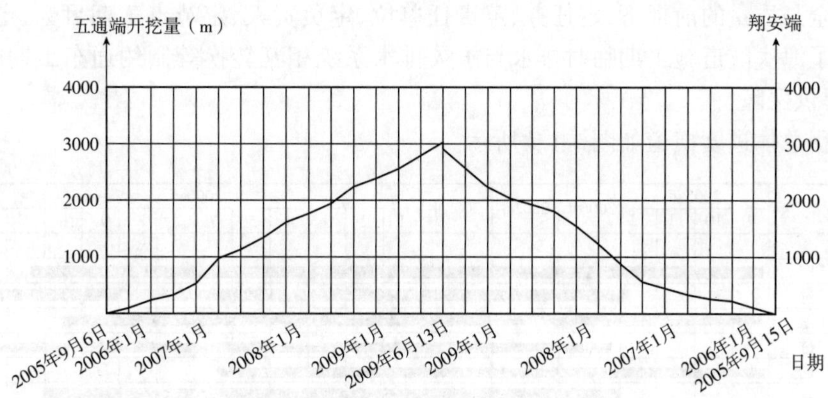

图4-1-4　右线隧道开挖进尺图(贯通点YK9+639)

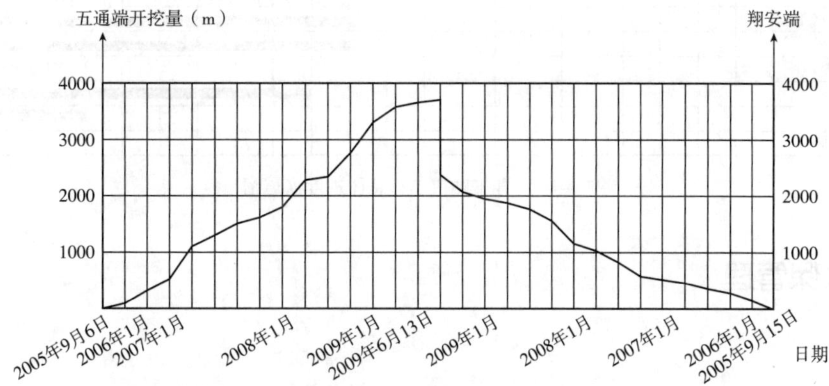

图4-1-5　服务隧道开挖进尺图(贯通点NK10+220)

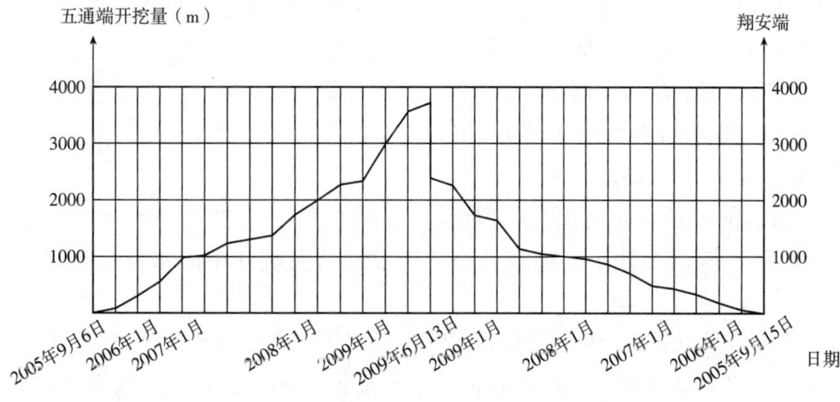

图4-1-6　左线隧道开挖进尺图(贯通点ZK10+210)

1.6.4　全盘考虑科学安排统筹协调

翔安隧道是一个规模宏大的工程,包括隧道土建、交通机电、路基路面、互通立交、房建、景观、绿化等分项工程,涉及单位多,一环紧扣一环,相互协调、合理计划十分重要。为此,业主按科学安排、统筹协调的原则,抓好整个项目各分项工程的进度管理,科学分析工程难点和重点,明确关键路线,认真制定总体工期计划,并分解落实到各分项工程。业主督促施工力量配置,跟踪计划执行情况,对出现的偏差及时纠正,并根据实际情况及时调整优化工期计划。在工程建设中后期,交叉作业、统筹安排尤为重要,业主牵头,在抓好主体工程隧道开挖和支护进度的同时,科学安排后续机电、房建、景观等工程,统筹兼顾,制定"交叉作业管理办法",实现附属工程与主体工程无缝对接,尽可能缩短工期。在翔安隧道的建设过程中,各分项间衔接顺利有序,交叉作业、平行作业有条不紊,未发生安全事故和施工纠纷事故。在通车前收尾阶段,业主更是加大进度管理力度,由指挥长亲自协调各参建单位,定期召开进度分析专题会,在科学分析和确保安全与质量的前提下，定任务、定责任单位、定负责人、定节点工期目标、定具体工程措施，特别是协调解决了海底隧道施工期临时排水与永久排水系统相互转换等制约通车工期的一系列重大问题，为顺利通车提供保障。

翔安隧道工程总体进度横道如图4-1-7所示。

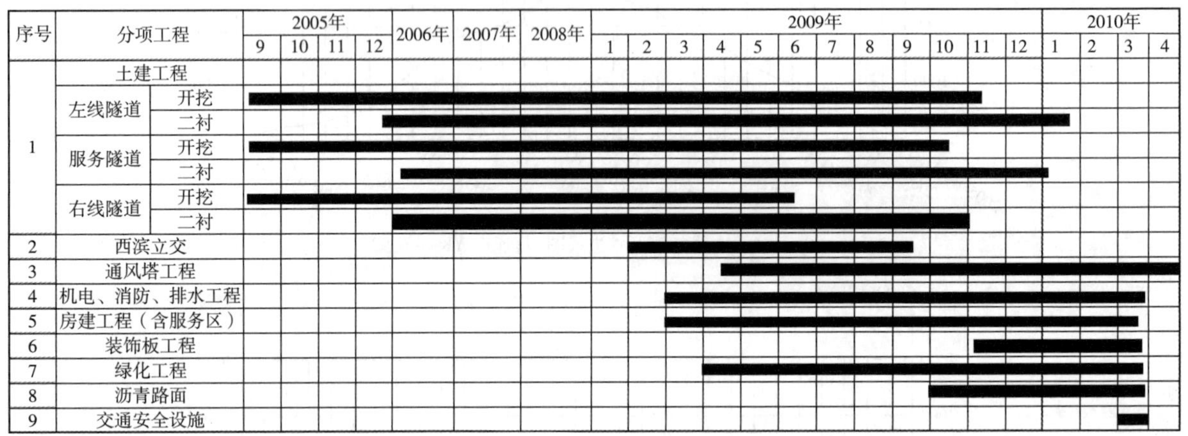

图4-1-7　翔安隧道工程总体进度横道图

1.7　环保、水保管理

1.7.1　概述

环境保护、水土保持是我国的基本国策。注重环境，加强环保、水保已经成为我国可持续发展战略的关键一步。近年来，随着社会经济的发展，交通环保的重要性和广泛性越来越突出，公路工程建设中的环境保护问题越来越受到人们的关注。基于"工程建设、环保先行"的指导思想，厦门东通道（翔安隧道）工程作为我国内地第一条海底隧道，全面贯彻执行国家环保政策，并贯穿于整个工程建设项目的全过程，把环保、水保工作作为项目实施的重要组成部分，按环保、水保方案及批复要求，落实环保、水保措施和法规，严格执行环保、水保设施"三同时"要求。

2002年初，当东通道前期还在预可研究阶段时，建设单位就正式委托国家海洋局第三海洋研究所开始承担本项目的环评工作，同时委托中交第二公路勘察设计研究院和中国水利水电科学院承担本项目的水土保持方案编制任务。

2003年10月，国家环保总局以"国环评估纲[2003]228号"文出具环评大纲评估意见；2004年7月，国家环保总局以"环审[2004]247号"文批复东通道环评报告；2004年10月，国家海洋总局以"国海环字[2004]452号"文出具东通道环评报告核准意见。

2004年4月，水利部水保监测中心以"水保监方案[2004]044号"文出具厦门东通道工程水土保持方案大纲评估意见；2005年1月，水利部以"水函[2005]7号"文批复东通道工程水土保持方案。

翔安隧道工程概算31.97亿元，其中环保工程总投资6110万元，水保工程总投资2800万元。

1.7.2　环保、水保措施

工程建设的不同阶段所产生的环境问题有所不同，环保、水保的工作重点也不同，所采取的措施必须具有针对性。翔安隧道根据工程特点和实际情况，结合国家目前的环保、水保法规，有针对性地采取了各种措施减少或杜绝工程环境污染、恢复路域生态损失。

1. 前期阶段

(1)进行大量科研调查工作

在预、工可阶段，根据工程建设和环境特征对环保水保评价工作的要求，东通道前期工作组陆续组织完成了大量现场踏勘调查和科研工作，包括大气现状监测、海洋及陆域生态调查、海水水质调查等。

(2)工程线位和方案比选考虑环保因素

①工程线位比选：

毋庸置疑，减少公路工程建设对环境破坏的最经济、最有效的途径就是合理选线，从环境保护角度讲，好的线位要远离环境敏感区。环境敏感区是就人类的生存环境而言，它还包括水资源、气候、野生动、植物的栖息或生存区域等诸多方面。

东通道工程线位布设遵循厦门市城市总体规划，与主体工程建设方案统一考虑，结合沿线地形、地貌、水文、地质等自然条件进行，路线布设着眼于东通道大的走向，尽量顺捷、简便，本着尽量少占用、少破坏基本农田的原则，以保障区域近期的农业生产，工程选线及施工建设确需占用的，应做到占补平衡以及弥补对农业生产带来的损失。在工程布线和施工用地的布置上，应尽量考虑减小拆迁量，减小因征地拆迁造成的社会影响。

受地理条件限制，东通道需跨越同安湾口海域，在预可阶段确定的第III轴线上布置3条线位。从工程技术的角度看，东通道海域修建隧道和桥梁均是可行的。从环境的角度看，A、B、C3条线位跨越海域的位置大致相同，均属于厦门中华白海豚核心保护区范围内，3条线位所经陆域均无敏感的动植物保护目标，厦门岛侧均需穿越部分民居，涉及的拆迁量大致相同。下面主要就3种路线方案从规划、征地拆迁、文物保护及对部队军营的影响等角度结合建设方案作综合定性比较，见表4-1-8。

东通道线位方案比较表 表4-1-8

内　　容	A线位	B线位	C线位
与厦门市城市路网规划的协调	好	好	较好
征地拆迁工作量	小	一般	小
各建设方案适用性	较差	较好	较好
建设规模	大	居中	小
工程投资	最大	居中	最小
五通渡头遗址保护	有利	有利	不利
对军营的影响	小	小	大
接线长度	最长	居中	最短
互通位置	较好	较好	好
适宜的建设方案	沉管隧道	桥梁	暗挖隧道
推荐意见	比较	比较	推荐

注：东通道工程轴线、线位布置详见本书“设计篇”。

路线方案的比较应该与东通道的主体工程建设方案统一考虑，从海域地质条件、两岸地形以及与城市路网规划的协调等方面分析，C线位是修建暗挖隧道的推荐线位，采用暗挖隧道方案可避开对陆域上五通渡头遗址和军营设施的影响，驻地部队方面也支持采用暗挖隧道方案。

②工程方案比选：

在东通道预、工可阶段的方案选择过程中，就堤坝(潮汐综合开发)、桥梁和隧道方案的选择问题上充分考虑了环保因素，根据海洋三所的研究结果，“由于堤坝方案建成后将造成同安湾沉积环境的改变，从而破坏海洋生物原有的生存环境，因此可能将损害整个海洋生态系的种群动态及群落结构；同时使翔安湾原本所剩无几的文昌鱼资源遭到毁灭性破坏，还可能直接影响到中华白海豚进出翔安湾，彻底破坏翔安湾口的中华白海豚自然保护区。”鉴于堤坝方案对海域海水动力条件及生态环境影响，以及今后对东部海域港区规划影响等因素，因此在预可阶段就首先摒弃了对海洋环境影响和环境风险最大的堤坝（潮汐综合开发）方案。

在工可阶段的桥梁和隧道方案的进一步比较中，考虑到采用桥梁方案不仅占用翔安湾深水岸线资源，造成的资源损失无法估量，直接影响厦门市的总体发展规划，且在施工期，桥墩、锚锭施工对海域生态环境将有一定影响。而采用沉管隧道则需要大面积对海床进行爆破，对海洋生态环境影响也造成不利影响。采用暗挖钻爆法实施的隧道方案则基本上不破坏原有的自然景观、海域生态环境，有利于保护生活在浔江湾口海域的海洋珍稀物种。工程比选方案见表4-1-9。

东通道工可阶段不同建设方案环保因素综合比较表　　表4-1-9

比较内容	桥　梁	沉管隧道	暗挖隧道
长度(m)	5033	4700	5900
工程占地面积、征地拆迁量	大	较小	较小
对海域生态影响	施工期间影响较大	施工期间影响大	最小
对海洋珍稀物种影响	一般	施工期影响大	影响很小
对渔业资源影响	一般	较大	最小
对港口资源开发利用影响	影响大	有一定限制	限制小
对文物保护和军营设施影响	一般	一般	最小
弃土弃渣（淤泥）利用处理	一般	差	较好
推荐意见	比较	比较	推荐

综合以上几个方面的相互比较及经济评价表明，不同建设方案各有优缺点，且均会带来较大的经济效益和社会效益。从使用功能、工程占地、对船舶通航及航空的影响、两岸的拆迁情况、港口资源利用、文物保护和军营设施保护、生态环境和海洋珍稀物种保护、市政管线搭载功能等方面综合考虑，东通道摒弃了桥梁和隧道方案中的沉管隧道方案，选择了对海洋生态、资源环境影响最小的暗挖钻爆法实施的隧道方案。

2. 施工阶段的环保、水保措施

工程施工过程中如不注意环境保护，将会对环境造成重大影响，甚至造成严重破坏。翔安隧道十分注重工程施工对环境的影响，在施工过程中着重对水、空气、土地、动植物、生态平衡进行保护，并同时解决噪声等污染问题，采取了一系列环保水保措施。这些措施包括：

①由业主厦门路桥集团副总、指挥部副指挥长亲自挂帅成立环保水保办公室，制订环保、水保相关的制度或办法，将环保、水保措施列入招标文件，将环保、水保设施建设纳入项目建设统一管理，确保环保、水保"三同时"制度在技术和资金、管理上得到保证。

②在日常工作中，业主、监理、施工单位均有专职环保水保工程师负责联系和配合环保、水保监测方面的工作。在工程正式开工前，项目业主即组织指挥部的环保水保工程师与环保、水保监理及监测单位，研究在主体工程实施过程中如何配合开展好环保、水保方面工作。在召开第一次工地例会时，请监理、监测单位进行专项技术交底，确保及时有效地开展环保、水保工作。在每个月的工地例会上，都邀请环保水保监理、监测单位到会，了解和报告环保、水保工程方面的进展情况。

③在施工组织设计中明确环保、水保工程施工要求，工艺设计应包含环保、水保工作和质量控制标准。环保、水保工程施工质量自检与监理质量控制，制定图表，随时做好记录与签认，并与主体工程等同，由监理检验签证、计量支付。

④组织广大施工技术与管理人员学习环保、水保知识和有关法规，提高环保意识。在施工准备工作阶段，认真调查收集沿线相关资料，制定详细有效的环保、水保措施，施工时加强环保、水保监理和监测工作。

⑤采取切实有效的环保、水保措施。

厦门翔安隧道工程高度重视环保、水保工作，为了营造良好工作环境，从进场伊始，就把高标准、高起点、高要求创建标准化工地，作为一项重要工作来抓，做到各种临时设施规范、布局合理。在文明施工、弃渣防护、污水处理、清洁降尘等方面做了大量卓有成效的工作，使周围生活环境基本得到保持。

(1)减少陆域生态破坏及水土流失

①合理安排工序，力求挖填方平衡，减少取土挖方量，及时清运开采的土方。取弃土时应严格落实水土保持措施，并注意防止遍地开花式的无序作业，进行有序开挖取土，减少对陆域生态的破坏，并应结合工程的实施，及时进行绿化，美化环境。

②对已完坡面工程及时植草绿化，增加植被覆盖率，减少土壤被雨水冲刷。边坡较高时，采用石砌护坡，防止滑坡和崩塌。

③弃渣场利用低洼地进行弃土、弃渣，改造为今后城市建设用地，弃渣场事先构筑拦渣工程，并布置截、排水设施。所有隧道施工开挖的石方都集中到碎石加工场加工成碎石供隧道施工混凝土使用，开挖的土方都集中堆弃到弃渣场，

④临时施工场地的选择与布置，尽量少占用绿地面积，保护好周围环境，减少对陆域植被生态的破坏。施工结束后，及时恢复绿化或整理复耕，特别是翔安侧临时施工用地的复垦。

(2)减少噪声污染

①根据国家和地方有关环保法规，严格控制施工期噪声排放量，施工场界噪声执行《建筑施工场界噪声限值》(GB 12523—90)，并遵照《厦门市环境噪声管制办法》执行。

②主要施工场地边界构筑围墙，以隔声减噪，减小施工机械作业对外界的噪声污染；相对固定的施工机械，如风机、电机等，选择有声屏障的地方安置，尽量远离声敏感目标。

③选用高效低噪声的施工机械，并加强机械设备的日常维护，保证施工机械设备在良好的状态下运行。

④要求施工单位加强施工期环境管理，合理安排施工工序，做到文明施工，减少噪声影响。

(3)防止大气污染

①采取洒水防尘、夯实或硬化施工便道等办法，控制施工现场及道路扬尘，路基施工时及时分层压实，并注意洒水降尘。

②考虑到料场内一般积尘较多，所以料场设在距居民区150m以外，进入料场的道路也应经常洒水，以减少粉尘污染。

③厦门岸所有出隧洞口和出渣场的运输土石方车辆都经过多道程序，严格清洗车轮的泥土，确保运输道路的清洁，对施工场地、材料运输及进出料场的道路经常洒水防尘。堆置在碎石加工场高处的沙石还用塑料网布敷设表面，防止扬尘污染。

(4)防止水质污染

①两岸的施工营地包括工程办公、生活区、生产用地等均配备临时生活污水处理设施，对生活污水进行处理后方才排放，避免直接进入周围池塘或海域。

②加强对施工队伍的施工污水处理，两岸隧洞内外、施工便道及堆土场等多处都设立了沉淀池，洞内泥水经过隧洞沿线多重沉淀池沉积泥沙后，再经过洞口两道沉淀池沉淀后，最后才排入沟渠。

③施工完毕，所有施工垃圾将进行科学处理(搬运、掩埋或进行化学处理)，施工场地则进行绿化、恢复生态环境。

(5)减少施工期对珍稀海洋物种和渔业资源影响的措施

①通过采取前述减少施工泥砂入海的一系列措施，减小施工期海域水质SPM增量的影响范围，减小悬浮泥砂对中华白海豚活动的影响和泥砂沉积作用对文昌鱼生境的破坏。

②减少施工对中华白海豚环境及渔业资源影响的措施

主要通过最大限度地减轻施工噪声和爆破冲击波、振动对中华白海豚生活环境的影响。采用先进的施工方法。鉴于东通道暗挖隧道跨海段于海床下30~60m深处实施钻爆，要求采用光面爆破或预裂爆破技术，尽可能减少爆破震动对外环境影响，避免对于生活于水域的白海豚造成不良影响。考虑隧道施

工安全和海域保护区的需要，暗挖隧道开挖时，爆破方案经过充分的科学论证，并委托厦大海洋学院进行爆破震动监测，以及时反馈信息，调整爆破参数，进一步减轻爆破震动效应，从而在确保隧道施工安全的同时，减小对周围构筑物和白海豚保护区生态环境的影响。厦门大学海洋学院监测结果表明，翔安隧道所实施的爆破药量下，海底爆破产生的水下冲击波强度对刚好在正上方水上的中华白海豚会有轻微影响，但随着离这中心点距离的增加，在200m以外的海域，声压峰值已不超过3kPa，峰值声压级为189dB，不会对该海域的中华白海豚产生影响。

(6)过程严格进行环保、水保监理和监测

根据环评和水保方案报告书的要求，指挥部在施工全过程委托厦门市环保监测站负责定期对周遭海域、扬尘、施工噪声、施工渗滤水、施工振动展开跟踪监测，旨在为翔安隧道指挥部的环境管理提供依据，环保监测从翔安隧道主体工程开工到主体工程完工全过程每季度安排一次扬尘、施工噪声、施工渗滤水、施工振动监测，每年安排一次海水质量监测，根据4年以来的检测结果：空气质量TSP（总悬浮颗粒物）排放浓度均小于限制1mg/m^3；功能区噪声指标Ld＜75dB，Ln＜55dB，基本达标；环境振动监测结果振动值＜75dB，均可达标；施工废水全盐量、SS、CODcr、石油类指标基本达标；海水监测各项指标结果显示出翔安隧道对海水影响微乎其微。除此之外，还委托北京水保生态工程咨询有限公司和福建八闽水保生态工程咨询有限公司承担工程建设水土保持监理和监测工作，并进驻建设工地，定期调查记载和重点部位跟踪观测相结合，了解工程建设进度，调查记载工程建设的水土流失现状及水土保持状况，及时地指出存在的问题，提出整改意见。通过定期开展环保、水保监测工作，指挥部根据监测工作的指导意见，采取及时有效的对策和措施，将工程施工对环境的不利影响降至最低，确保环保、水保措施落到实处。在工程实施过程中，根据实际情况及时向水保监理申报工程弃渣场的变更手续。

翔安隧道施工过程环保水保措施部分照片如图4-1-8～图4-1-15所示。

图4-1-8　施工用车出场清洗

图4-1-9　沉淀池

图4-1-10　爆破震动对白海豚监测

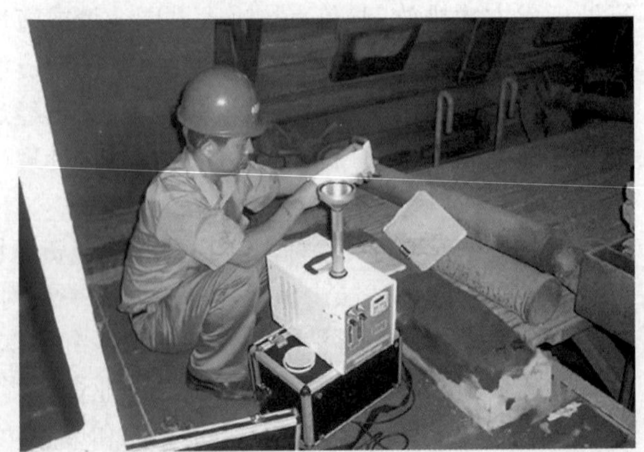

图4-1-11　隧道内粉尘监测

图4-1-12 施工期五通洞顶绿化

图4-1-13 施工驻地(活动房)场区绿化

图4-1-14 弃渣场绿化一

图4-1-15 弃渣场绿化二

1.7.3 小结

从开工到完工,翔安隧道共落实环保、水保工程具体措施有:护坡4.4hm^2、挡土墙3721m、排水沟17400m、沉淀池62处、网布敷设堆面2100m^2,完成M7.5浆砌块石或混凝土水泥抹面的工程量3.89万m^3。两岸工程区共实施绿化面积16.02hm^2,种植花卉及景观植株107966株(丛),其中厦门岸工程区绿化面积6.8hm^2,翔安岸工程区绿化面积9.22hm^2。翔安隧道工程基本实现了环保、水保设施与主体工程同时设计、同时施工、同时投入运营的"三同时"要求。

1.8 工程建设大事记

① 1997年,东通道工程前期工作全面启动,开始地质勘探和方案研究。

② 2003年11月,经国务院批准,国家发改委以发改交运[2003]2041号文正式批准立项。

③ 2004年1月,厦门市规划局翔安分局以厦规翔用地(2004)第003号审批了翔安隧道翔安建设用地许可证;2004年2月,厦门市规划局以(2004)厦规用地第0020号审批了翔安隧道五通建设用地许可证;2004年12月,国土资源部办公厅以国土资厅[2004]768号文正式批准征地批复。

④ 2005年1月,水利部以水函[2005]7号文批准厦门东通道水保方案。

⑤ 2005年2月,经国务院批准,国家发改委以发改交运[2005]226号文正式批准工程可行性研究报告。

⑥ 2005年5月,交通部以交公路发[2005]185号文正式批准工程初步设计。

⑦ 2005年4月25日,经广泛征求社会各界意见,厦门东通道工程被正式命名为"翔安隧道"。

⑧ 2005年4月30日,翔安隧道举行动工典礼仪式。

⑨ 2005 年 6 月,厦门交通委以厦交建[2005]40 号文正式批准工程施工图。

⑩ 2005 年 7 月,翔安隧道完成主体工程施工、监理招标。

⑪ 2005 年 9 月,福建省交通质监站以 G080 号公路工程质量监督通知书批准了本项目工程质量监督申请书。

⑫ 2005 年 9 月 6 日,翔安隧道五通侧明洞开工(A1、A2 标)。

⑬ 2005 年 9 月 15 日,翔安隧道翔安侧明洞开工(A3、A4 标)。

⑭ 2006 年 3 月 9 日,交通部正式批准翔安隧道施工许可申请书。

⑮ 2006 年 3 月 30 日,A2 标斜井开挖动工。

⑯ 2006 年 3 月 31 日,A2 标举行隧道应急抢险救援预案演练。

⑰ 2006 年 4 月 24 日,A1 标举行隧道安全专项演练,市领导、市安监局、市交通委、市重点办、专家等亲临现场指导。

⑱ 2006 年 5 月 21 日,A1 标五通竖井开工,自上往下开挖。

⑲ 2006 年 6 月 9 日,A4 标翔安竖井穿越砂层时发生涌砂,停工处理达半年之久,至 2006 年 12 月 31 日竖井涌砂处理完成,恢复开挖施工,至 2007 年 3 月 12 日竖井开挖到达井底,开始辅助正洞开挖。

⑳ 2006 年 7 月 18 日,A1 标五通竖井开挖到达井底,开始辅助正洞开挖。

㉑ 2006 年 10 月 11 日,A1 标五通侧服务隧道土石交界(NK7 + 115)段作为全断面帷幕注浆试验段开始钻孔注浆,至 2006 年 11 月 22 日注浆结束。

㉒ 2007 年 1 月 1 日,A2 标斜井与右线隧道贯通。

㉓ 2007 年 1 月 2 日,A4 标右线隧道进入浅滩富水砂层段施工。

㉔ 2007 年 1 月 8 日,A3 标翔安侧服务隧道进入浅滩富水砂层段。

㉕ 2007 年 2 月 7 日,A1 标五通侧左线隧道进入海底 F1 风化槽。

㉖ 2007 年 2 月 8 日,A3 标翔安侧服务隧道进入浅滩富水砂层段。

㉗ 2007 年 2 月 14 日,A3 标翔安侧左线隧道进入浅滩富水砂层段。

㉘ 2007 年 2 月 27 日,A1 标五通侧服务隧道进入海底 F1 风化槽。

㉙ 2007 年 4 月 7 日,A2 标五通右线隧道进入海底 F1 风化槽。

㉚ 2007 年 5 月 29 日,A3 标翔安侧服务隧道顺利穿越浅滩富水砂层段。

㉛ 2007 年 7 月 12 日,A4 标右线隧道成功穿越浅滩富水砂层段施工。

㉜ 2007 年 8 月 23 日,A3 标翔安侧左线隧道顺利穿越浅滩富水砂层段。

㉝ 2007 年 12 月 24 日,A1 标五通侧服务隧道顺利通过海底 F1 风化槽。

㉞ 2007 年 12 月 25 日,A4 标右线隧道海域浅滩段与竖井辅助开挖正洞顺利贯通。

㉟ 2008 年 2 月 1 日,A1 标五通侧左线隧道上台阶顺利通过海底 F1 风化槽。

㊱ 2008 年 3 月 20 日,A1 标五通侧服务隧道进入海底 F4 风化槽。

㊲ 2008 年 4 月 13 日,A4 标右线隧道进入海域 F3 风化深槽施工。

㊳ 2008 年 7 月 19 日,A3 标翔安侧服务隧道进入海底 F3 风化槽。

㊴ 2008 年 8 月 3 日,A1 标五通侧服务隧道顺利通过海底 F4 风化槽。

㊵ 2008 年 8 月 13 日,A3 标翔安侧左线隧道 1 号掌子面进入海底 F3 风化槽。

㊶ 2008 年 8 月 14 日,A1 标五通侧左线隧道全断面顺利通过海底 F1 风化槽。

㊷ 2008 年 9 月 28 日,A4 标右线隧道顺利穿越海域 F3 风化深槽。

㊸ 2008 年 12 月 2 日,A3 标翔安侧左线隧道 2 号、3 号掌子面进入海底 F3 风化槽。

㊹ 2008 年 12 月 15 日,A4 标右线隧道进入海域 F2 风化深槽。

㊺ 2009 年 1 月 9 日,A4 标右线隧道顺利穿越海域 F2 风化深槽。

㊻ 2008 年 12 月 20 日,A2 标五通侧右线隧道 CRD - 1 部顺利通过 F1 风化槽,与绕行段贯通。

㊼ 2009 年 2 月 16 日,A3 标翔安侧左线隧道 1 号掌子面顺利穿越海底 F3 风化槽。

㊽ 2009 年 3 月 11 日，A3 标翔安侧左线隧道 2 号、3 号掌子面进入海底 F3 风化槽。

㊾ 2009 年 3 月 18 日，A2 标五通侧右线隧道 CRD－4 部顺利通过 F1 风化槽，与绕行段贯通。

㊿ 2009 年 3 月 23 日，A1 标五通侧左线隧道顺利通过海底 F4 风化槽。

51 2009 年 3 月 25 日，A3 标翔安侧服务隧道成功穿越海底 F3 风化槽。

52 2009 年 4 月 18 日，A1 标五通侧服务隧道进入 F2 风化槽。

53 2009 年 6 月 7 日，A1 标五通侧左线隧道进入 F2 风化槽。

54 2009 年 6 月 13 日 15 时 58 分，翔安隧道右线隧道率先全线贯通，A2、A4 标于贯通点 YK9＋639 会合。

55 2009 年 7 月 11 日，A3 标翔安侧左线隧道进入海底 F2 风化槽。

56 2009 年 9 月 30 日，A4 标全部完成翔安侧右线隧道二衬浇筑。

57 2009 年 10 月 14 日，服务隧道全线顺利贯通，A1、A3 标于桩号 NY10＋220 会合，成功穿越海底 F2 风化槽。

58 2009 年 11 月 5 日，左线隧道全线顺利贯通，A1、A3 标于桩号 ZY10＋210 会合，成功穿越海底 F2 风化槽。

59 2010 年 2 月 15 日上午，胡锦涛总书记莅临翔安隧道五通工地视察，慰问工程建设者。

60 2010 年 4 月 14 日，翔安隧道交工验收。

61 2010 年 4 月 26 日，翔安隧道胜利通车。

1.9　回顾与展望

翔安隧道开工以来，严格执行"政府监督、法人管理、社会监理、企业自检"的四级质量安全保证体系，施工全过程未发生质量和安全事故，施工亡人零事故。翔安隧道交工验收前，经有关监督部门全面检测评定后认为：工程沿线隧道、桥梁、引道、路基、路面及沿线构造物功能完善，性能良好，各项技术指标均符合设计和规范要求；交通安全设施设置合理，排水、通风、消防、照明、监控、收费、通信系统性能可靠，符合设计和技术标准要求；工程沿线景观优美，洞口、洞内浮雕体现了"攻坚克险，永不言弃"的国内第一条海底隧道人文精神，五通通风塔（灯塔造型）、翔安通风塔（帆船造型）已成为新的城市景观和地标建筑，沿线绿化与周边环境协调，路容路况整洁美观；内业档案规范、完整，符合规定要求；工程质量总体优良；于 2010 年 4 月 14 日顺利完成交工验收，并获得了交通运输部和国家安监总局的联合表彰。

2010 年 2 月 15 日大年初二上午，胡锦涛总书记莅临翔安隧道视察并做了重要讲话，要求"再接再厉，保证质量、保证安全，把这个工程建设成为优质工程"。2010 年 4 月 26 日，翔安隧道胜利通车。建设者们以优良的工程质量和施工亡人零事故的优异成绩，向党中央和全国人民交上了一份圆满的答卷。

翔安隧道的建成通车，对完善厦门进出岛通道合理布局，满足日益增长的交通需求，进一步推进厦门岛内外一体化、城乡一体化进程，实现厦门科学发展新跨越，加快海峡西岸经济区重要中心城市建设，都具有重大而深远的意义，其经济社会效益十分显著。

翔安隧道这一宏伟的工程，不仅圆了厦门岛内外人民百年来的穿越海底抵达彼岸的梦想，也将载入史册，成为具有里程碑意义的国内第一条海底隧道，同时也是迄今为止世界上断面最大的钻爆法公路海底隧道。翔安隧道寄托了几代人的梦想与期盼；承载了建设者们近 1700 个日日夜夜的艰苦奋战；倾注了建设者们超乎寻常的艰辛与心血；凝聚了全体参建单位的万千智慧与力量；体现了国内第一条海底隧道攻坚克险、永不言弃的顽强意志和穿越海底、成就梦想的建设激情；展示了中国海底隧道的建设实力和科技创新成果；是坚持民主决策和科学发展的硕果，是厦门城市建设史上的一大盛事，是我国隧道建设史上的又一座丰碑，也必将在世界海底隧道建设史上留下辉煌的一笔。

翔安隧道地质条件十分复杂，需穿越陆域全强风化浅埋地层、浅滩富水砂层、海底风化深槽等不良地质段，项目建设规模大、工程经验少、技术难度高、施工风险大、社会影响面广，尤其海底风化深槽更是被业内专家称为世界级难题。工程建设过程中，建设者们面对国内第一条海底隧道，迎难而上，精心组织，科学管理，大力倡导自主创新，牢牢依靠科技进步，积极研制和应用新技术、新材料、新工艺，攻克世界级难关，最终成就了这一宏伟工程。翔安隧道是一项富有开创性意义的工程，积累了不少宝贵的海底隧道建设经验，取得了一批海底隧道建设关键技术研究成果，为我国后续海底隧道工程建设提供了重要的借鉴和参考。

翔安隧道作为国内第一条海底隧道，由国内自主完成勘测、设计和施工，保质保量、安全高效地建成了精品工程，并取得重大突破性成就，这无疑是一个十分成功的项目，充分展现了中国的海底隧道建设实力和科技创新成果，丰富和发展了世界海底隧道建设技术。

与此同时，翔安隧道也是一个探索性工程，难免留下一些不足和遗憾，有待后续海底隧道工程继续研究探索和创新突破。如，海底隧道防排水系统、消防系统、防灾系统的设计和工程实践，海底软弱地层注浆加固材料、工艺，海底隧道施工机械化配套水平，海底施工危险性事件等级控制水平，应急抢险专用设备研制，充分考虑管养便利的人性化设计方法等方面，还有不少提升空间，有待进一步研究探索和提升完善。

【本章主要编写人员】：王学斌　张建斌　周　斌　刘　君　黄吉龙　李　锋　周　宇　魏承锋　樊孝军

第2章 工程施工安全管理

厦门翔安隧道地质条件十分复杂，地下水丰富，并接受海水渗入补给，大部分陆域段属于超浅埋和浅埋，翔安端浅滩段砂层侵入隧道开挖轮廓线，且海域段风化槽（囊）周边交界面形状多变，难以确定。不利因素决定施工安全风险管理第一要务地位，关系到该隧道能否安全、顺利建成的关键所在。在国内外穿越江海隧道发生坍塌、突涌（透）水灾难性事故屡见不鲜。

2003年7月1日4时，上海地铁4号线（浦东南路至南浦大桥）区间隧道，在联络通道施工时突然发生透水事故。造成隧道部分结构损坏、周边地面和道路沉降、3栋楼房严重倾斜、黄浦江防汛堤坍塌。因报警及时隧道里和地面建筑物人员全部撤离，没有造成人员伤亡，直接经济损失达1.5亿多元。

日本青函海底隧道在修建期间先后发生4次不同程度的涌水、涌泥事故。其中1976年5月6日发生一次最大涌水事故。该事故是在隧道吉岗端海底段平行导坑开挖施工过程中发生的。涌水后隧道被淹、平行导坑沉淀大量泥沙，抽排水150天，抢险和修复工作耗时共162天。

事故案例启示我们，翔安隧道施工安全无小事，务必把施工安全风险监管放在首要位置，恪守“安全高于一切，质量同于生命，防患胜于补救，责任重于泰山”的理念，提升施工安全风险防范和规避事故发生能力，才能保障翔安隧道安全顺利建造成功。

2.1 隧道工程安全生产风险评估与分析

安全风险评估及危险源辨识是风险管理的两个方面，都是以工程项目为载体，对人、机、物等要素和环境条件加以控制，采取各种有针对性的措施进行预防，最大限度地降低或规避不安全因素造成的伤害及事故损失。

2.1.1 施工安全风险评估与分析

在可行性研究的基础上，多次组织国内外专家对地质勘探、工程测量、环境评价、地震安全分析、风化槽涌水和注浆等专项课题进行研究、论证。特聘请了香港奥雅纳工程顾问对工程进行初期、中期和后期风险评估与分析，提交了《翔安隧道工程风险评估与分析报告》，为安全风险管理提供了依据。

①根据地质勘探报告，对地质条件进行评估与分析，做出基本评价，并分析出其不确定性。

②根据设计资料和施工单位的施工方案预防浅滩全强风化岩石地段地质条件变化的能力、风险进行评估与分析，并提出降低风险的对策。

③根据设计资料和施工单位的施工方案，其预防翔安隧道风化深槽段地质条件变化的能力、风险进行评估与分析，并提出降低风险的对策。

④根据地质勘探单位、设计单位和施工单位提供的应付海滩450m砂层段的能力、风险进行评估与分析。

⑤同时，对翔安隧道钻爆法开挖施工风险、初期支护异常变形的风险、临时施工用电的风险及工程属地自然灾害风险进行评估与分析。

2.1.2 施工安全风险管理

施工安全风险管理采用两种基本的方法：即反应性方法和前瞻性方法，这两种方法各具优点，可以取长补短。

反应性方法：当外界发生事故时，把外事当内事，举一反三，吸取教训，把它转化为施工安全风险控制的有效响应，避免或遏制同类事故的发生。

前瞻性方法：依据自身所处的环境状况，主动掌握和评估施工安全风险量度和危害程度，采取强有力的应变策略及措施进行控制和预防，最大限度地防止"可能性"的发生。主要采取以下施工安全风险管理方法：

①预防风险——采取各种施工技术和安全措施，降低安全风险等级，防止"不希望事件"转化为事故。

②转移风险——遵循市场经济规则，按照《合同法》规定，利用招标的形式选择信誉度高、资金雄厚的保险公司实施工程保险和职工意外伤害集体保险，把最大的施工安全风险进行转移。

③监管风险——实行施工安全风险规避责任制，把不同的施工安全风险分解到不同单位和不同的工作岗位，签订《安全生产合同》或《安全生产责任状》，落实施工安全风险规避过程责任制，形成共同规避风险、共担风险局面。

④转化风险——在施工过程中，对确认的施工安全风险环节和危险源，发挥科学技术的优势，采取有针对性的技术措施，加大技术支撑力度，消除施工安全风险，使其转化为安全因素。

⑤经济制约——从两个方面用经济手段进行制约。一是设立施工安全风险管理奖励基金，对施工安全风险管理好的单位实施奖励，否则处罚。另一方面按照工程项目标段合同总金额提取1%～1.5%施工安全管理措施经费，专门用于施工安全风险规避工作。

2.1.3　危险源分析与评审

一项工程，特别是规模大、风险高的工程必然存在一定释放危险的能量，可能产生人们不希望的后果。按照危险源潜在的危险性、危险源存在条件和危险源触发因素三个基本要素，采用"作业条件危险评价法（也称格雷厄姆——金尼法）"，即用作业条件危险评价与工程系统风险有关的3种因素指标之积来评价操作人员遭受伤害风险的大小。

其公式是：

$$D = L \times E \times C \tag{4-2-1}$$

式中：L——事故发生的可能性；

E——人员暴露于危险环境中的频繁程度；

C——一旦发生事故可能造成的后果；

D——危险等级。

根据上述三种因素的不同等级分别确定其不同的分值，再以3个分值的乘积D来评价作业条件的危险性量度。各因素指标取值方法见表4-2-1，表4-2-2。

事故发生的可能性、暴露于危险环境的频率程度取值　　表4-2-1

L取值	事故发生的可能性	E取值	暴露于危险环境的频率程度
10	完全可以预料	10	连续性暴露
6	相当可能	6	每天工作时间暴露
3	不经常但可能	3	每周一次偶尔暴露
1	完全意外，可能性小	2	每月暴露一次
0.5	可以设想，但不可能	1	每年暴露一次
0.2	极不可能	0.5	非常罕见的暴露
0.1	实际不可能	——	——

事故产生的后果、危险等级划分取值　　表4-2-2

C取值	事故产生的后果	D等级	危险等级划分
100	大灾难、许多人死亡	>320	极度危险，不能继续作业
40	灾难、多人死亡	320～160	高度危险，需要立即整改
15	非常严重、一人死亡	160～70	中度危险，需要整改
7	严重、重伤	70～20	一般危险，需要注意

续上表

C取值	事故产生的后果	D等级	危险等级划分
3	重大、伤残	<20	稍有危险,可以接受
1	引人注目、需要救护	——	——

依据“作业条件危险评价法”分别对安全管理、翔安隧道(竖井、斜井)开挖、初期支护与二次衬砌、施工临时用电、机械设备、施工机具、安全防护进行评价、分级统计汇总,见表4-2-3,确定控制措施。

危险源辨识评价汇总(范例) 表4-2-3

类别	序号	危险因素	可能导致的危害	定性分析风险等级	危险性评价				危险程度	控制措施
					L	E	C	D		
安全管理体系、安全管理规章制度、安全管理措施	1	未建立安全体系	管理缺陷	中度	1	6	15	90	3级	运行控制
	2	未实行安全责任制	管理缺陷	中度	1	6	15	90	3级	运行控制
	3	未分解安全责任制	管理缺陷	中度	1	6	15	90	3级	运行控制
	4	经费投入实施不足	管理缺陷	中度	2	6	10	120	3级	运行控制
	5	施工组无安全措施、危险源无专项方案没有安全评价	管理缺陷	重大	6	10	40	2400	5级	运行控制
	6	未编制应急预案	管理缺陷	重大	3	6	40	720	5级	运行控制
	7	未确定相应的安全操作规程	管理缺陷	中度	1	6	15	90	3级	运行控制
	8	未安全技术交底	管理缺陷	中度	1	6	15	90	3级	运行控制
	9	防护措施不落实	管理缺陷	中度	3	6	15	270	4级	程序控制
	10	未实施安全检查	管理缺陷	中度	3	6	7	126	3级	运行控制
	11	安全隐患未整改	管理缺陷	不可容忍	6	10	15	900	5级	程序控制
	12	未执行“四不放过”原则	管理缺陷	中度	1	6	15	90	3级	运行控制
	13	未进行安全教育	管理缺陷	中度	3	6	7	126	3级	运行控制
	14	未落实岗前培训	管理缺陷	中度	3	6	15	270	4级	运行控制
	15	特种人员无证上岗	管理缺陷	不可容忍	6	6	7	252	4级	运行控制
	16	劳动保护措施不力	管理缺陷	重大	3	6	15	270	4级	程序控制
	17	劳保用品发放滞后	管理缺陷	中度	3	6	3	54	2级	运行控制

2.1.4 危险源辨识与确认

翔安隧道地质条件复杂、安全风险高,国内海底隧道施工没有成熟的经验可供借鉴,施工安全风险监管面临许多新情况、新困难、新问题。根据危险源辨识的理念和危险源存在的3条基本要素,结合地质勘探报告及设计标准和环境因素,对危险源逐个进行辨识和确认。

(1)海域段风化深槽施工

海域段分布有F_1、F_2、F_3、F_4风化深槽共12处,每处长度50~150m,合计约870m,岩性为花岗岩全风化和强风化岩石,结构松散,水头压力大于0.7MPa,极易发生坍塌、突(涌)水灾难性伤害事故,属于重大危险源。

(2)陆域浅埋富水段开挖

陆域浅埋段围岩主要是全风化、强风化,总长度约1720m。该段地下水富水,特别在雨季,地表水直接沿着风化岩原生、次生节理裂隙渗透补给,导致岩质软化,围岩自稳能力极差。且厦门端的陆域段穿越国道、环岛路、工厂和民房,极易发生坍塌、地面下沉、影响人员和建筑物安全,属于重大危险源。

(3)海滩透水砂层段掘进

翔安隧道翔安区一端分布有长约450m砂层,其中侵入隧道开挖断面的有230m,该砂层段属于海积和冲洪积堆积而成。结构松散,黏聚力差,不但地下水丰富,透水性好,且与海水相连通,极易发生涌水、涌砂和人员伤害事故,属于重大危险源。

(4)钻爆法开挖施工

Ⅰ级—Ⅲ级岩石需要实施爆破作业。洞内施工场地狭小,作业面分散,人员、车辆多,且行车隧道和服务洞多处横向连通,极易发生爆破伤害事故,属于较大危险源。

(5)初期支护异常变形

在不良地质情况下,采用CRD工法、双侧壁工法和CD法开挖,控制沉降和水平收敛难度极大,存在发生坍塌伤害事故的可能,属于较大危险源。

(6)施工临时用电

高压供电进洞,隧道内作业面有水,电动机械、设备、机具多,容易发生触电和火灾伤害事故,属于较大危险源。

(7)属地自然灾害

厦门市属于台风多发地区,每年均有台风登陆和暴雨袭击,且翔安隧道的洞口位置偏低,汇水面大,极易遭到台风、暴雨、大暴雨的袭击,给人员、设备、工程带来极大的威胁,属于较大危险源。

2.1.5 危险源监管与处置

危险源的监管与处置需按照科学化、规范化、标准化和制度化的要求严格运作。据此,制定《厦门东通道(翔安隧道)工程危险源安全监管工作(暂行)办法》,对具体监管方法、监管责任、处置程序和安全措施做了明确规定。

1. 危险源监管档案

收集汇总有关危险源监控管理工作资料、信息、图像等,及时登记,建立健全危险源安全监控管理档案见表4-2-4。

危险源安全监控管理档案一览 表4-2-4

序号	内容	说明	序号	内容	说明
1	危险源登记和报表		5	危险源监控检查表	
2	危险源安全评估报告		6	危险源处置专项方案	
3	危险源安全管理制度		7	危险源应急救援预案和演练方案、记录、评估	
4	危险源安全管理与监控实施方案		8	其他有关危险源监管资料等	

2. 专家危险源评审

在对危险源辨识、确认、登记的基础上组织有关专家对危险源进行评估,充分透析危险源的性质、危害性、影响范围,并形成《危险源安全评估报告书》,作为施工组织设计的依据,并报驻地监理工程师审批。安全评估报告书内容见表4-2-5。

危险源安全评估报告书内容 表4-2-5

序号	危险源安全评估报告书内容	说明	序号	危险源安全评估报告书内容	说明
1	安全评估的主要依据		7	应急救援预案的编制与评价	
2	危险源的基本情况		8	危险源处置的组织、人员、技术、设备、物质保障	
3	危险、有害因素辨识		9	完成危险源处置的期限	
4	可能发生的事故种类及严重后果		10	危险源处置负责人、监管人职责	
5	危险源的等级		11	评估结论与建议等	
6	对危险源监控及防范事故发生的对策				

3. 危险源监管措施

(1)超前地质预报与监控量测

主要是采用先进的技术设备、仪器对不良地质体的危险源进行超前地质预报或对初期支护、隧道结构和地表进行监控量测,提前获取危险源的动态信息,以便采取控制措施或处置对策。见表 4-2-6。

超前地质预报与监控量测措施　　表 4-2-6

序号	技 术 措 施	说　明
1	地质雷达、红外线扫描、TSP203 等	
2	水平钻孔,取芯分析等	
3	地表监控测量,获取和监控隧道开挖各部沉降信息	
4	隧道内监控量测,采用收敛仪监控量测初期支护和支撑收敛变形情况	

(2)对专项施工方案监控

对专项施工方案及安全措施组织专家评审。采取技术手段和安全措施降低危险源能量释放,控制危险源异常变化,见表 4-2-7。在方案评审和实施过程中实行安全施工"一票否决权"制。

专项施工方案监管措施　　表 4-2-7

序号	技 术 措 施	说　明
1	全断面或周边帷幕注浆止水	
2	施作超前大管棚	
3	小导管补充注浆止水	
4	组织好洞内施工排水	
5	及时锚喷支护	
6	施作地下连续墙,隔断水源	
7	采用井点降水技术	
8	对初期支护适时施做锁脚锚杆(管)	
9	严格控制开挖步幅,尽快封闭成环	
10	坚持动态设计,满足安全施工要求等	
11	制定专项应急处置预案,储备足够的应急机具、设备、材料	
12	组织专项应急处置预案技术交底,并组织现场演练	

(3)对人不安全行为监控

主要是监控人的不安全行为,控制人的失误,即违反技术规程、违章指挥、违章作业、违反劳动纪律等。减少或避免人的不安全行为对危险源的意外触发见表 4-2-8。

对人的不安全行为监控措施　　表 4-2-8

序号	技 术 措 施	说明
1	强化安全教育培训,提高管理人员和作业人员的安全意识及技术素质和操作技能	
2	实行危险源告知制度,讲清危险源的性质、危害,控制的意义及预防意外触发的措施	
3	组织安全技术交底,明确各类人员在危险源监控、管理和处置过程中的职责、方法、步骤、注意事项	
4	推行危险源岗位安全监控制度,落实安全生产责任制,把危险源名称、等级、种类、监护措施、责任人、监控(检查)周期用危险源"一法三卡"的形式挂牌监控	
5	以人为本,构建和谐,关心职工生活,注意工作方法,化解思想疙瘩,避免疲劳、紧张、烦躁而失误、失控	

(4)其他危险源监控

主要是施工临时用电危险源监控、爆破危险源控制、火灾危险源监控、台风暴雨危险源监控等见表4-2-9。

其他危险源监控措施 表4-2-9

序号	技术措施	说明
1	采取“三项五线”制,实行三级配电两级保护制,落实电工日巡查检修制度,及时监控电气设备和线路安全状况	
2	优化爆破方案、组织爆破工技术培训、涉爆人员持证上岗,爆破作业实行“四统一”组织指挥制	
3	施工单位成立消防工作领导小组,设立驻地公安派出所,定期或不定期组织防火工作排(检)查	
4	落实属地联动机制,台风季节主动与地方气象部门和应急救援单位保持联系;制定抗台风减灾应急预案	
5	制定专项应急处置预案,储备足够的应急机具、设备、材料,根据实际情况组织专项预案演练	

4. 危险源处置岗位监管

在危险源处置专项方案确定后,对地质超前预报、注浆、开挖支护等每个循环进行专人监控,实行岗位挂牌负责,现场公示,严格监管危险源的处置程序和安全技术措施的落实见表4-2-10。

危险源(事故隐患)岗位监管公示牌 表4-2-10

重大危险源(隐患)名称	重大危险源(隐患)等级	临界危险特征	防控监管措施		涉险人员名单(班组)
岗位负责人及联系方式					
施工负责人		电话		手机	
技术负责人		电话		手机	
专职安全员		电话		手机	
监理负责人		电话		手机	
业主监督人		电话		手机	
处置完成时间	开始时间	年 月 日	计划完成时间		年 月 日

2.1.6 小结

通过对翔安隧道施工风险分析与评估,描述了在施工过程中可能发生的随机事件,并确认了事件状态的存在。同时,使人们掌握了不希望事件转化为事故的渠道和可能性,提高了人们预防施工风险的意识和能力。

危险源辨识与评审具体明确了发生伤害事故(事件)危险源的位置、规模、性质、等级和危害性质,为制定施工安全方案和安全应对措施提供了依据,从而有针对性地进行处置,实施严格的监督管理,有效防止事故发生。

但是,要注意随着开挖过程地质条件的揭示和超前地质预报信息,分析危险源的规模、位置的变化情况,及时采取对策。

2.2 施工安全监督管理

坚持“安全高于一切,质量同于生命,防患胜于补救,责任重于泰山”的安全施工监管理念,摆正“海底隧道施工安全工作无小事”的突出地位,不折不扣的贯彻执行“安全第一,预防为主,综合治理”的安全生产方针。

2.2.1 安全监管组织

安全监管组织机构保证体系是保证实现施工安全的人力资源保证。一方面坚持主管负责人对施工安全负全责和“谁主管谁负责”、“管生产必须同时管安全”的原则。另外，要健全一套“既分清安全施工责任，又能上下接口紧密”的安全监管组织。安全监管组织机构见图 4-2-1。

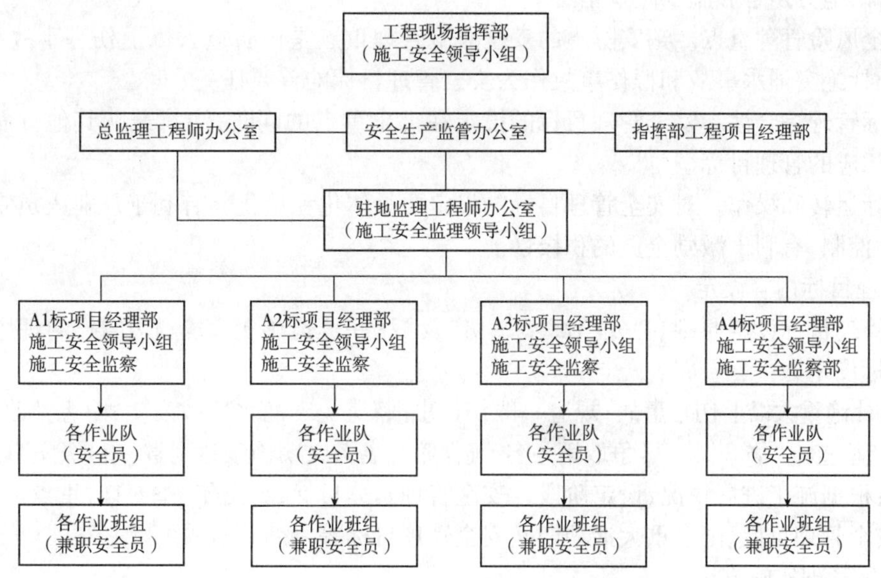

图 4-2-1　安全监管组织机构

（1）业主安全监管组织

为规范、协调、监管现场安全施工行为，翔安隧道工程现场指挥部成立施工安全领导小组，专门设立施工安全监管办公室，配备安全监管负责人和注册专业安全工程师，负责现场施工安全监管工作。

（2）驻地监理工程师安全监管组织

驻地办成立施工安全监理领导小组，由高级监理工程师担任组长。配备专业安全监理工程师，明确高监、副高监、监理工程师和监理员施工安全监理职责。

（3）施工单位是施工安全的责任主体

建立上下贯穿的施工安全监管工作运转系统，施工单位项目经理部均成立施工安全领导小组，由法人委托代表——项目部经理担任组长。并组建现场施工安全管理机构，配备专业安全管理人员。

（4）安全监管人员配备

专职施工安全管理机构人员的选任和专（兼）职安全员的配备，由坚持原则、责任心强、技术精干、业务熟练、经验丰富人员担任。

①项目经理部施工安全领导小组设组长和安全长各一名，其成员由项目部职能部门主管和职工代表组成。

②施工安全的基层组织是施工队和班组，作业人员每天都暴露在危险区域，接触危险源的频率最高。根据“接触危险者最有发言权”的监管理念，一方面在成立施工安全领导小组时吸纳足够的危险岗位的作业人员参加。另一方面项目部实行作业队、班组专（兼）安全派遣制，赋予高一层次的施工安全监管权力，加强作业面施工安全行为监控。

③项目经理部设立专门施工安全管理机构，配备足够的施工安全管理人员，一般按照工程规模大小、安全风险高低和技术标准难易来确定。各施工单位专职安全管理人员配备的要求是：按照每 5000 万施工合同额配备一名专职施工安全管理人员的比例足额配齐。

2.2.2　安全目标管理

施工安全目标管理是有效实现施工安全目标，按照事先设定的目标体系，进行目标分解，发挥从业人员的主观能动性和创造性，在实施过程中以自我监管，自我控制为主的一种管理中的管理。

1. 安全管理目标设定准则

①符合工程项目影响力。翔安隧道是我国第一条采用钻爆法施工的海底隧道。能否安全顺利建成关系到国家荣誉、地方声誉和施工企业信誉。

②突出安全风险管理重点。翔安隧道的安全风险管理重点是预防重大以上伤害事故和突(涌)水灾难性事故,须把杜绝突涌水事故和群伤事故作为安全管理目标的首要任务。

③体现目标管理综合性。安全管理目标的设定在突出重点的同时,注意兼顾其他方面的标准要求,综合考虑提出相应的管理目标。

④便于实际运转和操作。对安全管理目标的设定要具体化和量化。有利于从业人员掌握,有利于检查、考核评比和控制,有利于激励全员的积极性。

2. 安全管理目标内容设定

遵照安全管理目标设定原则和“安全高于一切”及“海底隧道施工安全无小事”的理念,翔安隧道总的安全管理目标设定为:

总体目标:杜绝重大以上伤亡事故;规避一般伤亡事故;避免突涌水事故发生;隐患整改率达到100%;在各级安全生产检查中“争一保二”(争取第一名、确保第二名);文明施工达到省(市)级文明工地。

具体目标:根据施工进展情况,设定阶段性安全管理具体目标,突出年、季、月的重点。如专项安全管理目标、节日安全管理目标、国家重大活动期间安全管理目标等。

3. 安全目标管理实施方法

为使安全管理目标取得显著成效,达到预期目的,翔安隧道从以下几个方面组织实施,见表4-2-11。

安全生产目标管理实施方法 表4-2-11

序号	项目	方法	要求
1	制定实施计划分解管理目标	依据安全总体管理目标的指导原则,结合社会形势、气候变化和工程进展情况,提出年度、季节、月份带有战术性的具体目标,并分解到单位、部门各类人员和作业队、班组,制定相对应的安全生产监管措施,认真组织实施	做到一级保一级和月份保季节,季节保年度,年度保总体目标实现
2	落实主体责任分级考核控制	安全目标的实现,依靠各级目标责任者按设定的岗位目标自我控制来完成。在实施相应的安全目标保证措施计划的过程中,要发挥施工单位的主体作用,落实分级考核管理措施。考核周期可以每月考核一次,也可以每个季度考核一次;在组织上须根据分解的责任目标,认真组织、控制与协调。采取一级考核一级的方法,横向考核到边,纵向考核到底	做到一级不疏,一人不漏,双方签认
3	组织考评验收监管缺陷整改	在安全目标管理过程中,阶段性目标实施完成后,组织安全目标管理成果检查、考核与评价。总结经验,找出差距、提出要求,推动下一阶段安全目标措施计划的落实。其方法是结合工程进展情况,每个月检查验收一次,利用安全工作例会讲评一次;每个季度考评一次,以通报形式排出名次,分出优劣;结合半年和年度工作总结讲评一次。每次检查、考核、验收和讲评,紧紧围绕有关薄弱环节,利用通报或《隐患整改指令》的方式,按照“三定一落实”(定人、定时、定措施、复查确认落实)的原则组织缺陷整改	做到认真考核严格验收,名次公开,整改到位
4	兑现目标奖惩推动循环活动	在实施安全目标管理过程中,把各级领导、各个部门、各类人员的岗位安全管理目标成果与经济利益挂钩。按照季度考评情况兑现奖惩。施工单位按月份考核情况与工资或奖金挂钩兑现奖惩。通过目标分解、检查考评、缺陷整改、兑现奖惩,以推进安全目标管理不断向前滚动发展	做到利益挂钩,奖罚兑现

2.2.3 施工安全制度

施工安全规章制度和安全技术措施是国家安全生产法规、法律、条例、规程的具体化;是规范人的安全行为、物的安全状态的准则;也是用生命和鲜血换来的宝贵经验与教训。建立健全各种施工安全规章制度,完善施工安全管理办法,制定安全生产措施是确保施工安全的重要保障。

1. 施工安全监管办法

承担翔安隧道施工单位来源于国内4个集团公司,这些单位的历史沉淀、企业文化不同,管理手段、管理方法和安全文化也不同。指挥部必须制定一套统一的、共同遵守的和有效的施工安全管理办法,把参建单位整合在一个施工安全组织管理体系中,形成一个坚强的施工安全管理团队。《翔安隧道施工安全监督管理办法》主要的明确规定见表4-2-12。

施工安全监督管理办法主要内容 表4-2-12

序号	主要内容	主要规定
1	指挥部、驻地监理、施工单位的施工安全管理组织和设立施工安全管理结构及专职安全管理人员配备	红头文件报备
2	翔安隧道施工安全监管总体目标和年度施工安全监管目标,施工单位年度施工安全目标和季度、月份安全管理工作计划	年、季、月报备
3	指挥部及有关部门、驻地监理工程师、施工单位项目经理部和队、班组施工安全责任、义务及权限制	层层分解,明确权责
4	施工安全检查形式、方法和周期及事故隐患整改"三定一落实"原则和复查验收、回复闭合等工作程序	按照程序和统一检查整改工具格式进行
5	各种安全工作会议召开时间周期、参加单位和人员、程序、内容	统一例会汇报格式内容及各级例会召开时间
6	施工安全教育培训。即全员教育、特殊工种培训、"三岗"(新上岗、转岗、再上岗)人员教育培训的形式、学时和考核	教育培训计划报备待查
7	施工安全技术措施、特殊工种、关键岗位、技术骨干岗位上的安全操作规程、说明及隧道重点部位、危险源、事故易发点专项施工方案安全技术措施和安全技术交底	按工种统一由项目总工执行,安全部长监督
8	施工安全经费保障和管理	以红头文件规定提取的标准、管理权限、项目和使用规定
9	应急救援预案。即综合预案、专项预案、处置预案、救援救护指导书及技术交底、应急培训和现场演练、预案体系评审与修复	形成一套完整的应急管理文件体系,并报备
10	安全劳动保护用品的质量把关、发放标准、保管、检查、调换、淘汰	施工单位单独建立劳动保护用品的管理细则
11	事故报告和处理"四不放过"原则,调查、报告、处理程序规定	统一规定事故快报和书面报告时限、规范程序
12	施工安全激励机制。即安全奖励基金建立、检查考核奖惩办法、标准、内容,职工意外伤害保险	制定奖惩细则,落实强制性意外伤害保险
13	安全施工保证资料建档的标准、方法、资料分类和保管等	设立专人建档,统一建档标准,保障建档经费

2. 施工安全岗位责任制度

施工安全岗位责任制是施工安全管理制度中的基础,也是诸项施工安全管理制度中核心制度。在建立健全各级领导、各部门、各类人员施工安全岗位责任制的基础上,同时制定岗位和责任相对应的施工安全考核工具,即检查考核验收表,逐级定期进行考核。考核验收见表4-2-13。考核流程见图4-2-2。

施工安全岗位责任制考核纪录

表 4-2-13

被考核人		性别	男	年龄		职务	项目经理
职责范围	负责工程项目全面工作					考核日期	年 月 日

考核内容	考核情况
①项目安全管理保证体系的建立。 ②各级安全指标完成的考核。 ③项目管理人员安全责任制考核。 ④施工安全技术经费投入、管理。 ⑤定期组织安全例会，制定和研究解决施工安全中的问题。 ⑥执行施工方案及安全技术交底的考核。 ⑦组织施工安全检查、文明施工检查等活动。 ⑧组织施工安全教育培训。 ⑨制定事故应急救援预案。 ⑩事故应急救援预案组织。 ⑪事故应急救援设备、物资。 ⑫组织事故应急救援预案演练。	①该项目建立了安全组织结构，共人。 ②各级安全指标有相应的考核纪录。 ③制定施工安全责任制×项，安全管理制度×项，有定期的责任制考核，均合格。 ④施工安全有效费用投入×××万元，做到了专款专用。 ⑤有×次安全例会，有施工安全情况汇报，×技术措施等资料。 ⑥按程序执行施工方案和安全技术交底，经公司考核均合格。 ⑦组织×次安全文明工地检查和隐患排查。其中对查出的×项次事故隐患问题已按期进行了整改。 ⑧组织了×次安全教育培训。共培训×人次。 ⑨制定了事故应急救援预案。 ⑩事故应急救援预案领导×人、成员×人。 ⑪事故应急救援设备、物资、器材齐全。 ⑫组织事故应急救援演练×次，并进行了修正。

考核结果：经审核×××同志，能落实安全生产责任制的内容，合格。

考核人： 年 月 日

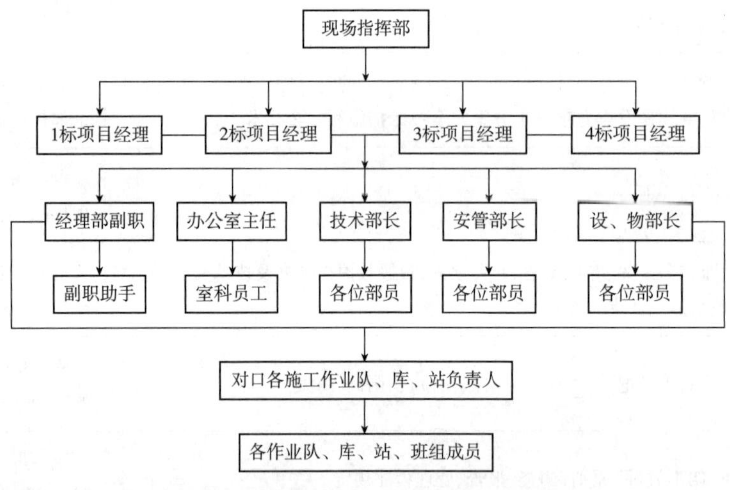

图 4-2-2 施工安全岗位责任制考核程序图

3. 施工安全教育培训制度

翔安隧道属于施工安全高风险工程项目，制订施工安全教育培训制度，落实全员施工安全教育培训是化解或降低安全施工风险的重要手段。其基本教育培训制度见表 4-2-14。

项目经理部安全教育培训基本制度

表 4-2-14

序号	接受教育培训人员	基本资质规定	现场教育培训规定
1	“三类”人员岗前教育培训规定	施工单位委托法人代表（项目经理、副经理），包括项目总工程师和副总工程师、项目专职施工安全管理人员、专（兼）职安全员，必须取得属地或本行业部门《安全生产考核合格证书》	必须参加开工前业主组织的“三类”人员岗前施工安全教育培训，经考试、验证合格后方可担任本职位的工作

续上表

序号	接受教育培训人员	基本资质规定	现场教育培训规定
2	参建人常规安全教育培训规定	全员常规安全教育培训在开工前、施工过程中,根据施工安全形势和工程进展情况及工程技术的需要,组织施工安全意识教育、安全知识应知应会教育培训、施工安全技能驾驭培训、施工安全技术交底和典型安全事故案例教育	在全员常规安全教育培训工作中,根据施工安全形势和海底隧道施工的不同阶段,有计划的安排教育培训内容,并规定各类人员要完成法定的年度学时指标,作为施工安全考核的指标之一
3	特殊工种专业安全教育培训规定	电工、焊工、爆破工等特殊工种一律委托企业属地或工程属地主管部门进行专业技术培训取证,经考试合格后,由项目经理考查审批同意方可上岗,持证上岗率达到100%	同时规定上岗后每年必须完成不少于20学时的教育培训,如遇到新技术、新工艺、新设备、新材料必须随时参加有关的技术培训
4	"三岗一新"人员岗前安全教育培训规定	待岗、转岗、换岗人员重新上岗前,必须接受一次性不少于20个学时的安全教育培训,掌握新工作岗位施工安全技能、知识和工作环境	每年招用的新工人和分配来的大、中专毕业生必须经过施工单位公司、项目部和班组三级安全教育培训方可上岗

4. 安全技术交底制度

根据现场实际运作需要,明确技术交底的责任制度,具体规定是:

施工方案的技术要求及新技术、新工艺由施工单位项目总工程师负责交底;安全技术措施及安全注意事项由主管安全的负责人或专职安全管理人员负责交底;特殊工种安全操作规程及其他工种由相应的主管部门领导负责交底。所有的技术交底和安全技术措施交底均用书面的形式,双方分别签字确认。

5. 施工安全检查制度

制定《施工安全检查办法》,建立健全施工安全检查制度:在检查频率上坚持日巡查、月检查、季度检查和重大节日及重大社会活动检查。在检查形式上坚持建设单位组织联合检查,驻地办组织监理检查,施工单位组织自查。在检查内容上坚持全面检查,重点项目检查,专项检查检查。

6. 施工安全资金保障制度

投入足额施工安全资金,保障各项施工安全工作顺利运作。制度规定从四个方面加以保障。一方面建设单位投入近1000万元办理工程保险;二是建设单位投入近700万元安装了远程监控系统、移动通讯系统、人员车辆门禁管理系统;三是施工单位为职工办理意外伤害集体保险;四是施工单位按照工程中标合同总金额的1%~1.5%提取安全生产费用,并规定专款专用,严禁挪作他用。

7. 施工安全应急管理制度

建设单位制定《施工安全应急管理办法》,完善应急管理制度。并编制《施工安全事故应急救援联动预案》,协调社会和施工单位之间应急响应工作。施工单位根据总预案程序和责任,编制《现场应急救援预案》、《异常情况处置应急预案》和《应急救助救护指导书》,形成一套完整的应急救援预案体系。并规定每年适时组织现场演练不少于2次,纳入施工安全责任体系和施工安全考评。

8. 事故调查报告处理制度

事故调查报告处理制度是一项政策性强而又严肃的制度,翔安隧道工程现场指挥部在《施工安全监督管理办法》中,对事故的报告时间、形式,程序和对责任人的处理作了明确规定,坚持"四不放过"的原则。

2.2.4 事故隐患排查与治理

事故隐患排查治理是施工安全监管工作的重要内容,也是有效防止发生各类伤亡事故的重要手段。

1. 事故隐患排查治理程序

建设单位制定《安全施工事故隐患排查治理工作(暂行)办法》见表4-2-15,把事故隐患排查治理工作走上常态化、规范化、制度化的轨道。

事故隐患排查治理程序要点　　表 4-2-15

序号	排查治理制度纲目	排查治理制度要点
1	总则	主要是交代制定施工安全隐患排查治理的法律依据；事故隐患存在的部位、性质、危害、等级和监管的基本原则
2	事故隐患排查治理责任	主要明确业主、设计、监理和施工单位在事故隐患排查治理过程中的责任及监管程序、监管纪律
3	事故隐患排查治理步骤	主要规定对事故隐患排查、评审、分类、登记、报告、治理、检查、验收的制度及其有关人员的岗位职责和必须履行的法律、技术、管理手续
4	事故隐患排查治理工作考核与奖惩	主要是把事故隐患排查治理工作纳入施工安全管理激励机制，明确规定奖惩的条款，根据事故隐患排查、治理的检查验收情况兑现奖惩

2. 事故隐患现场排查组织

在实施事故隐患排查时首先做好实施计划，制定事故隐患排查工具（排查内容列出详细条目）和安全隐患排查记录表，根据事故排查计划需要组织专业人员排查，并明确分工各负其责。见表 4-2-16。

事故隐患排查分工范例　　表 4-2-16

隐患排查项目	参加排查单位	负责排查人员	隐患排查过程
安全管理行为（10 项内容）	安全监督管理办公室	1 人	全过程
隧道开挖爆破隐患（8 项内容）	第一驻地监理工程师	2 人	A1、A2 合同段
	第二驻地监理工程师	2 人	A3、A4 合同段
隧道、支护隐患（9 项内容）	安全监督管理办公室	2 人	全过程
隧道施工用电隐患（8 项内容）	指挥部交通设备项目部	1 人	全过程
机械设备隐患（7 项内容）	总监理工程师办公室	1 人	全过程
机具、加工隐患（8 项内容）	总监理工程师办公室	1 人	全过程
作业防护隐患（10 项内容）	一驻地办安全专监	1 人	A1、A2 合同段
	二驻地办安全专监	1 人	A3、A4 合同段
文明施工隐患（11 项内容）	指挥部项目经理部	1 人	全过程

3. 事故隐患治理复验

事故隐患排查后，排查人员和被排查单位在《事故隐患排查记录表》上签字，而后召开反馈会议，统一汇总下达《事故隐患整改指令》，要求按照“三定一落实”（定人、定时、定措施、复查落实）的原则组织事故隐患治理。而后，事故隐患治理单位做出治理计划逐项落实，见表 4-2-17。并将治理情况书面回复驻地监理工程师安全专监进行现场复查验收，确认，建设单位进行重点抽验。

事故隐患三定一落实治理计划范例　　表 4-2-17

事故隐患名称（部位）	隐患治理负责人	隐患治理完成时间	隐患治理措施	治理监管人
掘进掌子面顶部危石未处理	刘大民（安全员）	2008 年 3 月 19 日 16 点	立即撬顶或锚固处理	颜穆真
衬砌段 3 号电闸箱没有接地	张志成（电工）	2008 年 3 月 19 日 18 点	按规范落实接地处理	卢永升
右行车隧道开挖段积水严重	李素清（抽水司机）	2008 年 3 月 19 日 20 点	修好设备、立即抽排	周安全
左行车隧道台架护栏损坏	杜文斌（架子工）	2008 年 3 月 19 日 20 点	有钢管、扣件连接修复	兰定才

4. 事故隐患排查治理奖惩

依据排查项目和具体内容，结合工程实际，详细制定《事故隐患排查治理考核评分标准》，用定量的方法进行百分制考核评定见表 4-2-18。

事故隐患排查治理考核汇总

表 4-2-18

施工单位： 施工合同段

各单项细目满分 100 分	项目名称及权重值							
	安全管理 20 分	文明施工 15 分	隧道开挖 20 分	支护衬砌 10 分	用电安全 10 分	机械设备 10 分	施工机具 5 分	三宝边口 10 分
单项考核得分								
按分值换算得分								
考核人员评语								
考核单位		负责人		被考核单位		项目经理		

考核日期： 年 月 日

注：等级划分为：90 分（含）以上者为优良，80 分（含）以上者为合格，不满 80 分以下者为不合格。对优良单位实施奖励（6～8 万元），对不合格单位进行加倍处罚。

2.2.5 安全监管经验推广

1. 隧道开挖“一炮三检”确认

在对火工品和涉爆人员制度化管理的基础上，及时总结和推广现场爆破作业过程安全监管经验，根据爆破作业的程序推广《一炮三检确认》监管方法见表 4-2-19。即每一次爆破的装炮前、起爆前和起爆后都要由相应的爆破人员对规定的安全项目进行检查确认，确保在安全的状态下实施爆破作业。

“一炮三检”制度确认检查记录

表 4-2-19

施工单位：

爆破位置		班组		时间	年 月 日 时
检查确认项目					确认情况记录
装药前	①炮孔的布置是否合理； ②工作面有无涌水或其他异常现象； ③有无边打眼边装药的行为； ④炮孔内杂物是否处理干净； ⑤装药工作面周围有无其他作业、明火或有人吸烟； ⑥起爆药加工是否符合规定要求				
起爆前	①爆破段数连接是否正确； ②起爆前是否按规定提前通知了友邻单位； ③是否做好了警戒，警戒范围是否符合安全距离； ④警戒范围内的人员和机具是否撤到安全地点； ⑤警戒人员是否到位，禁止通行标志是否明确； ⑥警戒和点炮信号是否按规定发出				
起爆后	①解除信号发出是否正确； ②爆破人员、安全员和电工是否按规定进入爆破面； ③工作面有无危石或水害等安全隐患； ④危石等安全隐患处理的结果如何； ⑤有无瞎炮、盲炮或遗留的火工品； ⑥瞎炮、盲炮或遗留的火工品处理结果； ⑦通知施工人员进洞情况				

续上表

施工单位：

爆破位置		班组		时间	年　月　日　时
安全员		班组长		爆破员	
说　明	①施工单位根据“一炮三检”的内容制定明确的岗位责任制，以便考核； ②本表由爆破班组的安全员填写； ③上述情况超过处置职权时应立即向领导报告； ④填写频率每班次的爆破作业必须认真填报； ⑤本表填写好以后要妥善保管，每三天集中交到安全管理部存档； ⑥各施工单位可由派出所或安全管理部监督执行； ⑦可根据隧道类型和安全风险情况增加有关内容				

2. 隧道施工应急联动管理

翔安隧道为多单位同时施工，洞内之间设有 5 个行车横通道和 12 个行人横通道，左右贯通，人员车辆行动如流。起爆前在做好撤离工作的同时，提前通知友邻施工单位按时撤离，作为一项刚性制度和铁的纪律执行。

具体方法是填写电话联动单——《隧道内爆破安全(突发事件)联动通知单》见表 4-2-20，作为安全保证资料及时入档，妥善保管备查。

隧道内爆破安全(突发事件)联动通知单　　表 4-2-20

通知单位			被通知单位	
通知时间	200 年　月　日　时　分			
接收通知时间	200 年　月　日　时　分			
爆破种类	行车隧道	掘进(　)	服务隧道	掘进(　)
		落底(　)		落底(　)
		其他(　)		其他(　)
爆破里程	ZK		NK	
预计爆破时间	月　日　时　分		起爆时间	月　日　时　分
发出通知和接收通知后处理情况				
说　明	①爆破种类在括号内用“√”记录； ②爆破里程系指实施爆破的地段位置； ③爆破提前通知时间不得少于 30 分钟； ④通知人员和接收人员要逐项填写，并立即向有关领导报告，及时通知隧道里有关施工人员； ⑤此联动通知单要妥善保管，作为安全保障资料建档备查			

2.2.6　施工安全宣教

①组织开展施工安全警语良言征集收编活动，提出“重在参与、贵在学习，感悟自我、奉献良言”的口号，发动全员学习安全知识，感悟安全真谛，写下心得体会。然后组织有关专职安全管理人员进行分类编辑，汇编成《施工安全警言良语辑录》，发给各施工单位宣传，组织职工学习。

②宣传普及安全应急管理知识，本着语言简练、通俗易懂和便于学习的原则，编制《安全应急管理知识要义宣传册》，进行应急救援知识普及宣教。

③收集隧道坍塌、涌水、涌砂案例，编制应急救援剧本。委托厦门路桥景观艺术有限公司，拍摄《应急救援演练宣传教育片》，用影视艺术手段进行应急救援程序、技术和技能演练。

④先后收集摄制两部安全事故案例专题片，介绍各类事故发生的原因、违章的表现、严重的后果、应吸取的教训和采取的防范措施。分期分批组织观看，收看率达 95% 以上。

2.2.7 小结

通过组建"分清安全责任,上下接口贯穿的监管组织系统",建立统一有效的施工安全管理办法,把参建单位整合在一个施工安全管理体系中,形成一个施工安全监管团队,提升了翔安隧道施工安全监管能力。建立健全施工安全规章制度、推广安全施工监管经验,保障施工安全有法可依,有章可循,有度可遵,真正做到规范化、制度化、常态化。

总之,安全监管组织的建立,安全目标的设定和规章制度的健全,形成了翔安隧道施工安全监管的特色文化。但是,在实施过程中应逐项狠抓落实,坚决克服"写在纸上,贴在墙上,落实不到行动上"的作秀病态。

2.3 施工安全技术措施

翔安隧道施工安全技术贯穿于项目建设的全过程,为说明主要问题,暂分以下几个方面进行简要介绍。

2.3.1 施工技术支撑

翔安隧道最大的特点是覆盖层以上一望无际的大海,水头高、压力大、安全风险始终跟随。因此,防止坍塌、透水、突水事故发生高于一切,须采取综合施工技术手段支撑,实现施工过程的本质安全。

1. 水域段风化深槽施工技术支撑

①搞好超前地质预报。采用地质雷达、红外线探测、TSP203、水平探孔、地质素描、取芯等综合技术进行地质超前预报,随时掌握地质变化情况,为制定施工安全方案、安全技术措施和安全工艺提供科学、直观的依据。

②现场动态设计。根据各种超前地质预报提供的信息,坚持"安全高于一切"的原则随时修改设计参数,提高支护标准,实行安全动态管理。

③制定专项施工方案。风化深槽段防突(涌)水实施全断面帷幕注浆或周边注浆技术。制定专项施工技术方案和安全技术措施,经专家评审,报驻地监理工程师批准后方可施工,并由专职安全监理工程师负责监督实施。

④安装防突水装置。超前探孔和钻注浆孔时,安装防突水装置,防止涌水事态扩大。并规划人员逃生路线,安装防水闸门,规避突涌水伤害事故。

⑤严格技术监管。隧道开挖严格落实施工方案和安全措施,提高施工工艺,保证施工质量。实行"三严制度",即"严格管理、严格工艺、严格纪律"的监管准则,实行24h不间断的旁站监督,并认真描述每道工序、每个环节的工艺标准落实情况。

2. 路域段浅埋富水段开挖技术支撑

①实施两级监控量测。院校专业监控和施工单位监控量测相结合,对危险源和不良地段进行全程监控量测,随时掌握地表沉降和初期支护变化情况,做到早发现、早预防、早出对策、早处置。

②信息管理与动态设计。根据地质超前预报和监控量测信息,对异常情况进行分析,信息共享,从安全的角度修改设计,确保施工安全。

③制定专项施工方案。对陆域浅埋富水段开挖制定专项施工技术方案和安全技术措施,经批准后实施。

④恪守安全技术措施。严格专项安全技术措施的落实。没有安全技术措施不准施工,安全技术措施不落实不准继续施工。

⑤控制开挖步骤和循环进尺。行车隧道采取CRD法施工或双侧壁法施工,服务隧道采取台阶法预留核心土工法。严格控制开挖步幅和循环进尺,每循环0.5m为宜,保持围岩的稳定性。按照"管超前、严注浆、短进尺、强支护、早封闭、勤量测"十八字方针组织施工。

⑥加大安全经费投入。砂层段施工先做地下连续墙,切断水源补给,并采用井点降水技术,管棚注浆技术,防止透水涌砂造成坍塌伤害。

3. 硬岩段钻爆法开挖技术支撑

①取芯探明地质情况。Ⅱ级、Ⅲ级围岩有岩脉、断裂等节理发育不利情况，按照“有险必探，无险也探，先探后掘”原则，取芯探明前方地质变化情况。

②优化爆破设计。根据不同的地质条件，按照减震爆破、光面爆破的规范要求，随时修订爆破设计参数，降低爆破对围岩的影响。

③谨守安全爆破规程。Ⅰ级、Ⅱ级和Ⅲ级围岩钻爆施工，严格执行《爆破安全规程》，落实《一炮三检制》(爆破前、起爆前、爆破后)和《爆破突(涌)水联动避险通知单》的规定。

④严格持证上岗制度。火工材料保管、运输、装炮、监炮、起爆等特殊工种须进行政审，通过公安部门进行专业技术培训，经考试合格后上岗。上岗前签订《爆破安全责任书》。实行“四统一”管理法。爆破工作实行专人负责，“统一组织、统一指挥、统一信号、统一设岗”，防止乱而出错。

2.3.2　施工安全保障措施

根据翔安隧道特点和安全风险情况，重点采取以下施工安全保障措施：

(1)依法提取安全技术措施保障经费

一是根据中标合同的建设费用按照一定比例提取，单独立账，专款专用；二是制定安全技术措施经费使用计划，由安全生产管理部门提出开支项目，并组织实施；三是制定安全技术措施经费使用管理制度，依法管理；四是单列安全生产奖励基金400万元，按照《安全生产检查考核办法》考核情况实施奖惩。

(2)制定翔安隧道施工安全技术指导意见

把山岭隧道、江河隧道、地下洞室施工安全技术规程、标准和翔安隧道安全风险的特点紧密结合起来，制定出符合翔安隧道安全的《施工安全措施指导意见》。对风险点、危险源、事故易发点提出更高施工、更严、更细、更有针对性的要求，并加强监管。

(3)抓好安全技术措施检查验收工作

做好安全技术措施执行情况的检查、巡查、排查、治理、验收、考核、奖罚工作，并使之制度化、规范化、常态化。

(4)落实施工安全岗位责任

施工安全责任制是安全管理的核心制度，把施工单位、监理单位的安全监管目标和安全责任层层分解落实到全员的工作岗位上。做到横向到边、竖向到底，一级抓一级，一级考核一级，并和经济利益挂钩。

(5)组织专项方案与安全技术措施评审

对翔安隧道富水地段、浅埋地段、砂层段和风化槽(囊)的专项施工方案及安全技术措施组织专家评审，特别对危险源——风化槽(囊)的施工方案和安全技术措施坚持一个循环评审一次，确保其可靠性、安全性。

(6)搞好全员安全技术交底工作

安全技术交底是危险源告知、关键技术培训、安全措施教育、工艺操作交代和注意事项提醒工作。翔安隧道施工的安全技术交底是采用工作性质、工作岗位和环境接触情况，进行集体交底和书面交底相结合的方法，做到全员交底，人人签字，安全技术交底率达到100%。同时，关键的危险部位采用《危险状况和防范措施明白卡》进行交底。

(7)加强事故危险源的分析和监管

翔安隧道海域端4000余米，埋深35m左右，水深30m左右，其中12处风化槽均属重大危险源。对此，聘请国内外专家进行分析评估，结合实际制定《翔安隧道危险源监督管理办法》和《翔安隧道事故隐患排查处置监管办法》，研究专项施工方案，组织处置预案演练，挂牌定人监督管理。

(8)严格特殊设备的安全技术管理

对竖井龙门吊、电器设备、仪器、仪表等特殊设备，采用外委合同的管理方法委托地方技术监督部门进行技术鉴定，出具合格证明书以后再使用。

(9)加强对事故形成机理的技术分析

翔安隧道属于地下工程,地质、水文工作十分重要。从业主、总监办、驻地办均配备地质专业工程师,重点负责地质分析、地质超前预报,地质监控量测,加强对事故形成机理的研究分析。对各类诱发事故的因素进行分析、评估,把各类诱发事故形成的机理因素消除在萌芽状态。

2.3.3 安全技术管理

在实际工作中,安全技术管理工作做到有的放矢,根据翔安隧道的特点和实际情况,按照安全技术管理的对象,可以分为以下几类:

1. 对各类人员的安全技术管理

各类人员的安全技术管理见表 4-2-21。

各类人员安全技术管理 表 4-2-21

序号	主要项目及内容	管理方法
1	施工单位安全资质及该单位从事江河、地下工程和长大隧道施工的主要业绩满足海底隧道安全施工的需要,有关事故案例的经验教训	提前掌握证件报备
2	“三类”人员(企业主要负责人、项目负责人、专职安全管理人员)及兼职安全员安全生产培训、资质考核及安全管理能力	组织学习考试证件报备
3	特殊人员和技术骨干从业资格等级和上岗资格认可及其项目部“三级”安全教育、培训、考核、年审	证件报备监督报审
4	各类从业人员工作岗位技能和施工安全知识应知应会及对事故预防认知度和处置技能	安全检查随机抽查
5	各类从业人员履行岗位施工安全职责及安全生产目标完成的情况	施工单位月、季考核
6	各类人员执行国家安全生产方针、规范、标准和安全生产管理规章制度及落实安全技术措施的情况	施工单位月、季考核
7	各类人员防护用品配发标准的落实和防护用品安全技术性能的确认	监理单位随时抽查
8	防护用品采购、发放、使用、管理情况,其厂家和自查自检安全资料。包括:产品的说明书、合格证、自检自验记录等	监理单位随时抽查

2. 对机电设备的安全技术管理

对机电设备的安全技术管理见表 4-2-22。

机电设备安全技术管理 表 4-2-22

序号	主要项目及内容	管理方法
1	机、电设备(尤其是特种或大型设备)安全技术性能的合格标准及产品的各种原始安全技术资料。包括产品性能、合格证书、说明书、厂家检验和进场自检结果等	月、季检查、证件、考核内业安全纪录
2	机、电设备(尤其是特种或大型设备)的采购、安装、使用、保养、维修、改造、报废和检查、验收工作实时记录及其相适应安全技术资料档案等	月、季主要检查、考核内业安全纪录
3	机、电设备(尤其是特种或大型设备)安装安全防护的技术标准、要求及其原始的安全技术资料,包括产品性能、安全防护装置的合格证书、说明书、厂家检验和进场自检结果等	月、季主要检查、考核内业安全纪录
4	机、电设备(尤其是特种或大型设备)的安全技术管理制度、安全操作规程、安全技术使用注意事项等	月、季主要检查、考核内业安全纪录
5	压力容器、仪器、仪表采购、安装、使用、保养、维修、报废、检查、验收、鉴定工作实时记录及其相适应安全技术资料档案,包括产品性能、安全防护装置的合格证书、说明书、厂家自验结果等	月、季主要检查、考核内业安全纪录

3. 对工程材料的安全技术管理

对工程材料的安全技术管理见表 4-2-23。

工程材料安全技术管理 表 4-2-23

序号	主要项目及内容	管理方法
1	翔安隧道工程所需的主要材料，特别是关系到隧道主体质量和安全的材料技术标准、进场试验结果	检查、考核
2	翔安隧道工程所需材料和产品的各种原始安全技术资料，包括产品的合格证、性能、技术指标、说明书等	检查、考核
3	施工单位使用的炸药、雷管等火工品采购、运输、设库、保管、使用等合法性的各种批文及合法手续等	检查、考核
4	施工单位使用火工品等爆破器材安全管理制度和安全技术管理制度	检查、考核
5	有关火工品等爆破材料采购、运输、设库、保管、使用等各种原始记录和技术资料等	检查、考核
6	翔安隧道工程所需的各种工程材料运输、入库、堆放、加工、小搬运等情况	检查、考核

4. 对安全防护的安全技术管理

对安全防护的安全技术管理见表 4-2-24。

安全防护安全技术管理 表 4-2-24

序号	主要项目及内容	管理方法
1	各种安全防护设施的设计及其本身的安全性能和相关的安全技术原始资料等	月季主要检查、考核内业安全纪录
2	各种安全防护设施的施工、安装组织设计的安全性和施工过程、安装过程及验收等安全技术管理的原始记录资料	月季主要检查、考核内业安全纪录
3	各种安全防护设施变更设计、变更施工方案及损坏、维修、拆除等安全技术原始记录资料等	月季主要检查、考核内业安全纪录
4	各种机械、设备、机具安全防护装置的设计、安装、检查、验收、维修、改装等落实情况	月季主要检查、考核内业安全纪录

5. 对工程项目的安全技术管理

对工程项目施工的安全技术管理，主要对施工方案、施做工序和工艺标准实施安全技术方面的管理见表 4-2-25。

工程项目安全技术措施管理 表 4-2-25

序号	主要项目及内容	管理方法
1	工程项目“三同时”的执行情况	施组和现场检查
2	工程变更设计方面有关安全技术措施的同时设计	参加设计变更会议
3	施工组织设计把关及相应安全技术措施的审查	参加施工方案审查
4	危险性较大的分部工程和分项工程专项施工方案有关安全技术措施的制定及执行情况	参加施工方案审查现场监督
5	危险源和事故隐患的评估、监控量测、预警预报、管理制度、处置过程的活动记录	上报报告书，随机检查
6	应急救援预案制定、评审、发布、技术交底、骨干培训、现场演练、预案维护过程及检查、考评记录等	上报预案，随机检查

6. 对作业环境的安全技术管理

对作业环境的安全技术管理见表 4-2-26。

作业环境安全技术措施管理 表 4-2-26

序号	主要项目及内容	管理方法
1	工程项目所处地区的气候、地质、水文、台风、海潮等有关自然灾害的技术资料及预防措施	月、季检查考核
2	工程项目现场地面和地下管道、管线、电力、通讯等设施及周边人文、建筑、原有设施等技术资料及管理预防措施	月、季检查考核
3	施工现场地下水和施工废水的排放、处理和弃土、建筑垃圾处理方案资料及实时管理措施	月、季检查考核
4	文明施工、封闭管理、施工便道和环境保护	月、季检查考核
5	隧道内通风、排烟、粉尘、照明、道路、指示系统、逃生系统、监控系统等管理制度及实时巡视、整改记录	月、季检查考核
6	各种安全标示、标牌、警示等可视安全指示等的管理维护	月、季检查考核

2.3.4 施工安全记录

施工安全保证资料是工程建设过程中安全管理一系列活动行为的记录,包括文件、文字、图像、声像、录音等。所以将其各项活动记录内容分门别类、收集整理、规范成卷、妥善保管称之为施工安全保证资料建档。

1. 施工安全保证资料的提出

安全技术内业资料是施工安全监管过程综合反映的记录,它的作用是实现可追溯性。为全面、规范、真实、统一翔安隧道安全风险监管过程,提出建立安全施工保证资料建档工作,纳入制度化、常态化和标准化管理轨道。

2. 施工安全保证资料编制准则

施工安全保证资料编制工作,依据安全技术规范,以工程项目安全风险监控为载体,以促进项目安全责任制落实为手段,以预防各类事故发生为目的,强调施工安全保证资料的管理的针对性、系统性和严肃性。做到"卷册清晰、项目齐全、内容清楚、环节完整,"能综合反映施工现场管理实际,为施工现场安全评价提供真实、完整、连续、可追溯性的内容和依据。

3. 施工安全保证资料建档设置

根据东工程实际情况,施工安全保证资料设置11卷。第一卷安全管理;第二卷安全文明施工;第三卷隧道开挖支护;第四卷浇筑模板工程;第五卷防护与防护用品;第六卷安全施工用电;第七卷起重吊装机(具);第八卷施工机械设备;第九卷安全应急管理;第十卷工会劳动保护;第十一卷其他。

4. 施工安全保证资料管理

施工安全保证资料对施工现场安全管理过程行为进行全面记录,在运作过程中重点抓好以下几项工作:

①实事求是,全面准确记录。安全保证资料整理做到事物与文字相符合,行为与记载相对应,反映出施工现场安全管理的过程和全貌。

②依照格式,据实补充内容。安全保证资料标准格式由建设单位统一提供,不能涵盖的内容,各单位可补充调整,按相应的卷宗和分册整理归档。

③专人管理,落实管理责任。施工单位配备专职安全资料员,组织培训,提高安全资料员的技术水平和业务能力,确保安全保证资料的质量。

④规范文档完整,标准有序归档。安全保证资料归档用16开(A4)规格纸。填写工整(不准用铅笔)或打印,按照卷(册)装订标准有序建档保管。

⑤检查考核,纳入奖惩机制。建立安全保证资料建档检查评定制度,纳入安全责任制管理,纳入安全奖惩机制见表4-2-27。评定结论分为齐全、基本齐全和不齐全三类,对不齐全的资料责令改正,补齐。

施工现场安全保证资料检查审定(范例) 表4-2-27

<table>
<tr><td colspan="2">工程名称</td><td colspan="2">工程</td><td>项目经理</td><td></td></tr>
<tr><td colspan="2">工程地点</td><td colspan="2">省 市 区 路</td><td>资料员</td><td></td></tr>
<tr><td colspan="2">审查单位</td><td>　</td><td>审查时间</td><td colspan="2">年 月 日</td></tr>
<tr><td>卷号</td><td colspan="2">审查项目</td><td>份数</td><td colspan="2">检查情况</td></tr>
<tr><td rowspan="5">1</td><td rowspan="5">安全管理</td><td>安全生产责任制(一册)</td><td></td><td colspan="2">符合要求或缺项</td></tr>
<tr><td>安全操作规程(二册)</td><td></td><td colspan="2">符合要求或缺项</td></tr>
<tr><td>安全生产检查(三册)</td><td></td><td colspan="2">符合要求或缺项</td></tr>
<tr><td>安全生产教育培训(四册)</td><td></td><td colspan="2">符合要求或缺项</td></tr>
<tr><td>安全生产综合管理(五册)</td><td></td><td colspan="2">符合要求或缺项</td></tr>
<tr><td>2</td><td colspan="2">安全文明施工</td><td></td><td colspan="2">符合要求或缺项</td></tr>
<tr><td>3</td><td colspan="2">隧道开挖作业</td><td></td><td colspan="2">符合要求或缺项</td></tr>
</table>

续上表

卷号	审查项目	份数	检查情况
4	模板工程		符合要求或缺项
5	三宝防护用品		符合要求或缺项
6	安全施工用电		符合要求或缺项
7	起重吊装机具安全		符合要求或缺项
8	施工机具(设备)		符合要求或缺项
9	安全应急救援预案		符合要求或缺项
10	工会劳动保护		符合要求或缺项
11	其他		
检查审定结果	审查结论	经过审查验定,此工程项目的安全保证资料基本齐全,较为真实。	
	审查签字	检查审定负责人: 年 月 日	

2.3.5 小结

施工技术的支撑保障工序本质安全,安全技术措施保障行为安全,二者缺一不可,相互渗透、相互衔接、形成合力。只有将施工技术、安全措施、人的安全技能、物的安全状态和环境安全条件紧密结合成一个整体,才能从根本上实现施工安全。那种就事论事、就安全抓安全的单项安全监管难以避免事故发生。

2.4 施工安全监控管理系统

2.4.1 应急管理安全指示预警系统

应急管理安全指示系统是翔安隧道安全风险管理的信息化系统,有两大主要作用。一是当隧道内发生等级事故时,用声响和安全指示灯光通知人员撤离或启动应急预案;二是在隧道施工时用安全指示灯明示不同地质条件的风险等级,提示安全注意事项。见图4-2-3、表4-2-28。

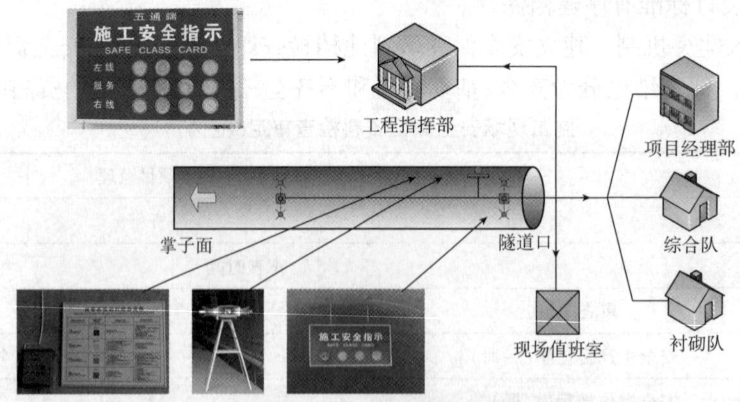

图4-2-3 安全指示预警系统图

1. 警报设备安装设置与施工安全指示布局

警报控制装置和警报器统一安装在隧道进出口50m处二次衬砌段的边墙上,距地面1.5m,便于人员操作。

警报器安装紧跟隧道二次衬砌段移动,目的是确保在紧急情况下听觉效果更佳,通知人员撤离或执行应急相应。

施工安全指示牌分别安装在隧道口拱顶上部、业主办公区、驻地监理工程师办公区、施工单位项目经理部办公区和各施工作业队生活区、仓库、加工场区，并用蓝、黄、橙、红灯视随时告知有关人员隧道内施工安全情况，一旦红灯亮起，警报随即响起，表示启动应急救援预案。

2. 安全指示预警系统运行

安全指示预警系统地运行，根据地质勘探资料信息、设计要求、翔安隧道安全风险评估和危险源辨识、确认，将系统运行状态分为四个级别见表 4-2-28。

安全指示预警系统运行状态　　表 4-2-28

系统运行级别状态	系统运行级别安全色	系统运行时段	系统运行主要方式
Ⅳ级：平时正常待命状态	蓝	隧道施工正常阶段	①编制应急救援预案； ②应急组织机构设立、人员培训、应急物资、设备储备； ③监控量测处于正常状态； ④组织预案交底、防灾演练
Ⅲ级：进入隧道施工预警状态	黄	①进入构造节理发育地段和围岩级别大于≥Ⅳ(地质条件差)的隧道浅埋段； ②隧道进入海域施工地段； ③隧道进入砂层前 50m 段	①应急救援人员、设备处于待命状态； ②监控量测发现有异常情况
Ⅱ级：进入异常地段警戒状态	橙	①进入构造风化槽(囊)段； ②进入砂层分布段； ③进入构造节理发育地段和围岩级别大于≥Ⅴ浅埋段； ④台风暴雨预警	①通过上级发布灾害预警信息； ②监控量测异常逐渐加大，加密监控量测频率； ③准备应急救援人员、物资、设备、机具； ④准备实施应急预案和应急程序
Ⅰ级：灾害事件的应急状态	红	①发生地质灾害或事故期间； ②抢险救灾阶段； ③台风暴雨侵害	①启动应急程序； ②实施应急预案； ③抢险排险过程、灾情报告； ④灾害调查和处理
备注		橙色(Ⅱ级)及红色(Ⅰ级)状态解除后，返回到预警系统先前状态。	

3. 安全指示预警系统管理

安全指示预警值班室设置在隧道口现场施工调度室内，安排专人值班，值班人员始终保持与调度员、工长、当班安全员和工班长不断联系，随时掌握隧道内的安全状况。

2.4.2　远程监控成像系统

1. 远程监控成像系统原理简述

远程监控成像系统是采用 DVR 技术，将施工现场的图像上传到电信网络上，借助互联网传速快、可以设置密码的特点，在电脑终端上看到施工现场的图像，并可以全程记录施工过程，实现工程管理、技术管理和安全生产监管等工作的信息化及数字化管理。

2. 远程监控成像系统作用

①有利于安全生产现场监控。通过互联网的传输，经过授权可以在任何电脑终端上实施对施工现场安全状况实施监管。

②有利于管理人员协调指挥。通过施工现场图像观察、分析，随时掌握现场情况，调度、协调组织施工。

③有利于科研技术的攻关。远程监控成像系统的最大技术特点是每天 24h 不间断的成像记录和数字传输功能，为技术人员提供完整的第一手资料，对解决施工难题和技术攻关起到重大作用。

④有利于考察调研人员安全。上级领导、单位等检查考察、调研观摩人员特别多。通过远程监控成

像系统的观看,可以减少人员进入隧道。

3. 远程监控成像系统布设

根据海底隧道工程的地理位置和特点,为达到全面监控效果,在隧道两端布设10个监控点,见表4-2-29。

摄像机监控点布设情况 表4-2-29

序号	安装位置	摄像机安装形式	数量	备注
1	A1标行车隧道内	变倍低照度彩色摄像机	1	隧道内
2	厦门端服务隧道内	变倍低照度彩色摄像机	1	隧道内
3	A2标行车隧道内	变倍低照度彩色摄像机	1	隧道内
4	厦门端通风竖井内	变倍低照度彩色摄像机	1	室外
5	隧道进口外场地	变倍低照度彩色摄像机	1	隧道外
6	A3标行车隧道内	变倍低照度彩色摄像机	1	隧道内
7	翔安端服务隧道内	变倍低照度彩色摄像机	1	隧道内
8	A4标行车隧道内	变倍低照度彩色摄像机	1	隧道内
9	翔安端通风竖井内	变倍低照度彩色摄像机	1	室外
10	隧道出口外场地	变倍低照度彩色摄像机	1	隧道外
说明	1. 序号是根据标段工作量排序; 2. 根据隧道开挖进尺的延伸和工作面的增加而增加摄像机			

4. 远程监控成像系统管理

施工现场远程监控成像系统专业技术性强。建设单位采取设计、施工、安装、管理、服务一体化管理模式。通过招投标选择资质合格、服务上佳的专业化信息技术公司担负设计安装和服务管理工作。

2.4.3 移动通信讯号延伸系统

翔安隧道处于海底70m以下的海底,长达8km多,采用有线通信满足不了安全应急管理需要,采取现代通信技术手段,将移动通信延伸到隧道主要作业面,确保应急联络畅通、清晰。

1. 移动通信技术手段

隧道空间和作业条件有限,移动通信不可避免的会出现一些盲区。在这种情况下,采用同频直放站——也称直放站技术,增强和扩大基站覆盖范围,填充通信信号盲区。

2. 隧道内直放站

直放站在下行链接路径中,由施主天线现有的覆盖区域中拾取信号,通过带通滤波对带通外的信号进行极好的隔离,将滤波的信号经功放放大后,再次发射到待需覆盖的区域。在上行链接路径中,覆盖区域的移动台手机的信号以同样的工作方式由上行放大链路处理后,发射到相应的基站,从而达到基地站与手机的信号传递。

3. 延伸系统设备布局

翔安隧道设计为左右各1个行车洞,2个行车洞中间是服务隧道,且按照厦门五通端和厦门翔安端分别向中间施工,共有6个掘进工作面。根据这一特点,采取各个隧道口均安装1台近端机,把接收到的移动、联通电信信号转换为光信号送到光缆传输。同时,在行车洞内800m处和2200m处各安一台远端机(5W),在服务东1200m处(通风竖井)安装1台远端机(10W),然后用两面抛物面天线进行覆盖见图4-2-4。

4. 延伸系统施工与维护

移动通信延伸系统专业技术性强。建设单位采取设计、施工、安装、服务一体化管理模式。通过招标投标选择资质合格服务上佳的专业化信息技术公司担负维护、培训、服务工作。

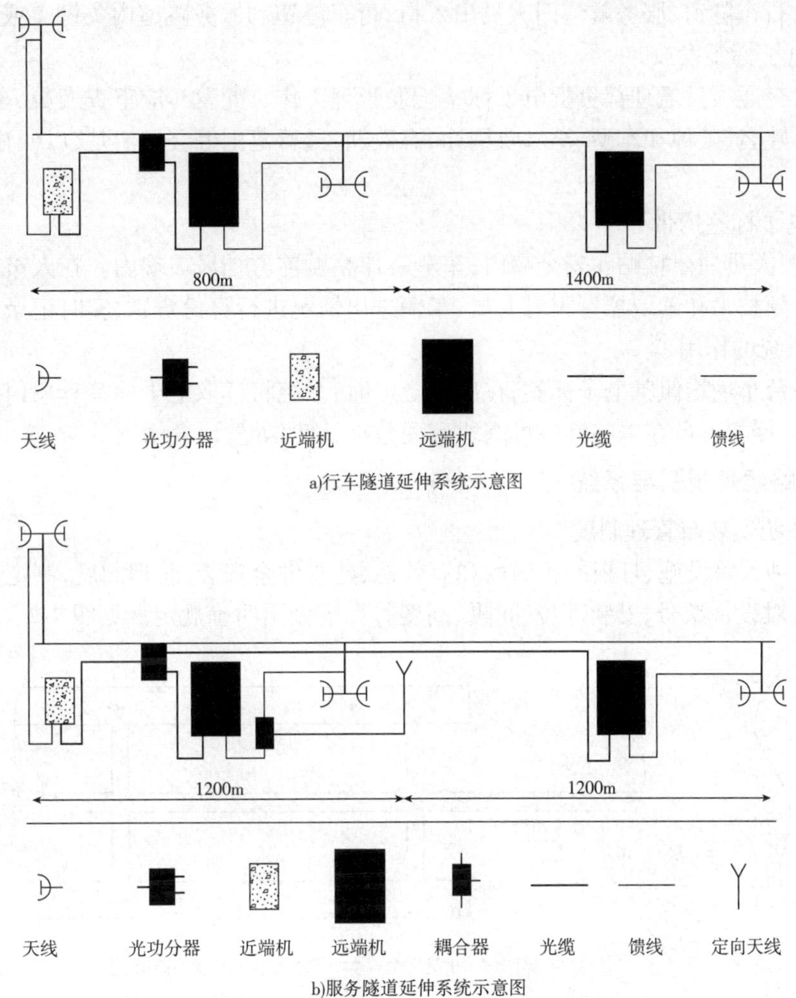

图 4-2-4　移动通信洞内信号延伸系统

2.4.4　人员与车辆出入管理系统

人员与车辆出入管理系统是提供人员、车辆进入隧道认证的识别系统,即"电子识别"技术。使用该技术,可提高施工安全自动化应急管理,有效控制和掌握人员、车辆进入隧道的秩序和数量。见图 4-2-5、图4-2-6。

图 4-2-5　人员及车辆电子标签

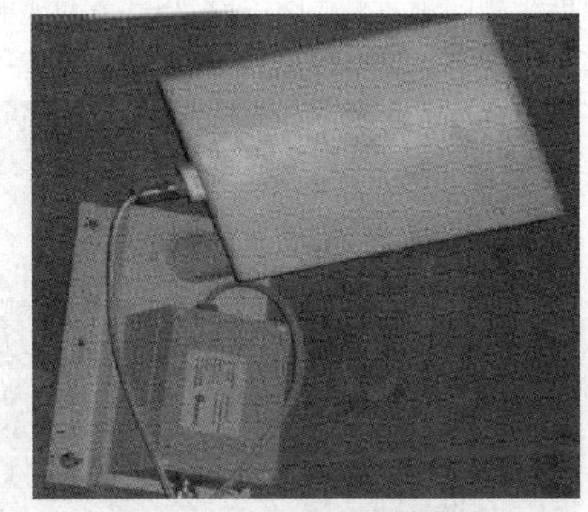

图 4-2-6　人员及车辆读取器

1. 出入管理系统设备布设

厦门五通方向 A_1 标和 A_2 标隧道外及左右行车隧道、服务隧道门人员出入口;厦门翔安方向 A_3 标和

A_4标隧道外及左右行车隧道、服务隧道门人员出入口;行车隧道和服务隧道内关键点或交叉处。

2. 人员车辆电子标签发放

建设单位授权交通项目经理部负责电子标签配发管理工作。配发时应审查人员、车辆有无资格进出隧道,把单位、人员姓名、工种和车型、车号及用途、有效期、通行范围等登记清楚,以便输入后台数据处理中心的计算机。

3. 人员车辆电子标签携带

配发电子标签,人员一律粘贴在安全帽内,车辆一律粘贴前方挡风玻璃内。在人员车辆进出隧道时,通过子系统利用射频技术和读取器每天对人员、车辆进出情况进行身份辨别、实时记录、登记。

4. 出入管理系统的作用

由于每个人每台车辆均佩戴电子标签,在出入隧道时,系统将读取电子标签有关信息,通过网络将数据传输到监控中心,授权人员在电脑终端可查取有关数据,随时处置应急情况。

2.4.5 应急逃生路线灯视引导系统

1. 规范逃生系统安装与管理制度

对逃生路线各种预警设施、灯视的正确性和有效性,建立健全安装、管理制度,制定《关于统一预警设施安全管理要求》,对设备型号、安装部位、间隔、高度等标准做出明确规定。见图4-2-7。

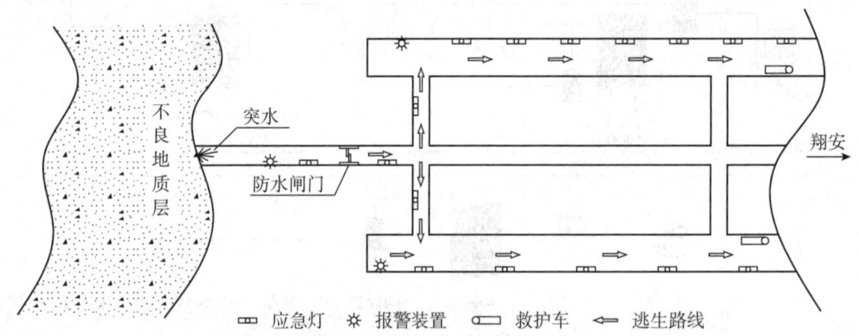

图4-2-7 翔安隧道工程翔安端逃生路线图

2. 绘制应急逃生系统路线图

翔安隧道有竖井、人行横通道和车行横通道。确保紧急情况下人员顺利逃生,施工单位根据工程进展绘制不同阶段的逃生路线图,进行技术交底,熟悉和掌握逃生的方法、路线。

3. 安装逃生路线视觉指示灯牌

根据绘制的逃生路线图,分别在隧道的成洞段、初期支护段、车行横通道、人行横通道安装应急照明灯和逃生路线方向指示牌。见图4-2-8、图4-2-9,引导施工人员在紧急情况下有序、迅速撤出隧道。

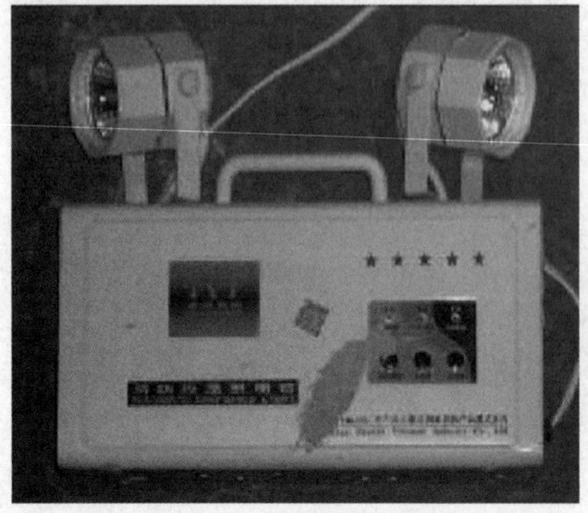

图4-2-8 应急逃生照明灯

图4-2-9 逃生路线方向指示牌

4. 设计安装防突水伤害闸门

防止突涌水伤害是翔安隧道安全工作的重点。对此，专门设计制作了行车隧道、服务隧道防水闸门。见图 4-2-10、图 4-2-11。安装在距风化槽施工 50m 的地方，待发生突涌水时进行应急防护。

图 4-2-10　行车隧道防水闸门

图 4-2-11　服务隧道防水闸门

2.4.6　小结

施工安全监控管理系统是隧道安全监管的现代化信息手段，有利于施工现场组织指挥、施工调度、信息沟通、应急救援和安全监控等。它的特点是直观、方便、快捷，海底隧道、城市地铁及山岭长达隧道施工尤其必要。

其问题是投资高，隧道工序多，机械多，环境受到限制，设备容易损坏，需要有完善的管理措施，安排专业技术人员管理维修。而安装防水闸门对通风管、排水管道的设置影响很大，需要进一步改进。

2.5　施工安全应急管理

安全应急管理是施工安全管理工作的重要组成部分，主要是对应急救援预案编制、管理体制、工作机制、队伍建设、技术支撑、安全措施、预警系统、后勤保障、教育培训、预案演练、更新维护的全过程进行有效监督管理。

2.5.1　应急救援预案体系

1. 应急预案具备的功能与作用

应急救援预案实际上是一个透明和标准化的反应程序，使应急救援活动能按照预先周密的计划和最有效的实施步骤有序进行，控制事故发展并尽可能消除事故，将事故对人、财产、环境的损失减低到最低限度。其作用及功能是：

①保证应急准备和应急管理工作有据可依，有章可循。

②应急救援带有强制性的特殊行动，有利于统一号令，做出及时的预警和应急响应，降低突发事件带来的损失。

③有利于准确、迅速、高效、有序启动预案，有效防止打无准备之仗。

④有利于各类人员、各单位、各部门分别响应，各负其责，协调顺畅，接口严谨，确保应急救援工作有序、顺利、快速、高效的实施。

⑤通过预案编制、评审和宣传，有利于各方面了解风险性质，掌握应急处置措施，发挥“团队”优势，形成社会联动应急救援能力。

2. 项目应急救援预案编制原则

应急救援预案的核心由事故预防和事故发生后损失控制两个主要方面构成，即贯穿“以防为主，防救结合”基本红线。应遵守以下几条基本原则：

①统一组织与分工负责的原则。将建设单位、设计单位、监理单位和施工单位视为1个整体团队，统一应急救援组织指挥，同时，突出主体责任，明确责任范围，落实责任制。

②技术对策与管理对策的原则。着眼于技术对策和管理对策的有机结合。技术上采取有效措施，保障系统安全状态的能力。严格管理，有力协调以实现整个系统的安全。

③“一险一案”与全面监控的原则。每一个危险源、每一类事故隐患和每一种险情都要编制对应的应急救援预案，强调监控手段，重点预防在先。

④应急处置与快速恢复的原则。应急处置与快速恢复是建立在事先对可能发生事的后果进行全面预测并有针对性预案措施基础上的。预案编制尽可能地把应急处置措施和快速恢复的工法制定详实，把两者紧密结合起来。

⑤资源保障与应急联动的原则。充分考虑人力资源、财力资源和物资资源，落实到位。特殊人员、设备与社会联动的方式解决。

⑥教育培训与演练的原则。一是开展应急预案宣传教育，提高应急意识；二是组织预案交底，掌握预案程序和技术措施；三是培训应急技术骨干，提升救援救护术能；四是组织演练，检验预案缺陷，完善预案系统。

⑦定期评估与维护的原则。组织人员对应急预案体系进行评估。针对预案和应急响应存在的问题，进行整改维护，维护预案的时效性、可行性。

3. 项目应急救援预案文件体系

1项安全风险较大工程，要编制并形成1套完整的应急救援预案文件体系，以充分发挥其作用，有效地完成不同类型的应急行动。依据翔安隧道高风险的实际情况，编制应急救援总（联动）预案、应急救援程序文件、应急救援指导说明书及应急救援预案活动记录4级文件体系。见图4-2-12。

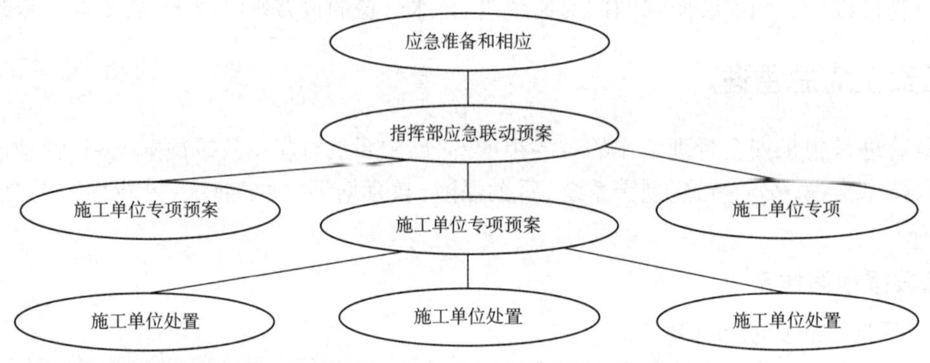

图4-2-12　应急救援预案体系与功能关系

4. 编制应急救援预案要求

(1)科学性

应急救援工作是一项技术性很强的工作。预案的制定应结合翔安隧道实际，在全面调查研究的基础上，分析和论证，制定严密、统一、完整的应急预案。

(2)实用性

应急预案编制应在充分掌握工程风险的基础上，做到符合项目管理和地方环境的客观需要，使其更有针对性、适用性和实用性。

(3)权威性

应急救援的基本特点是紧急状态下的应急工作，对指挥权限、岗位职责、任务分配、接口衔接等均做出行政性管理的规定，确保政令畅通。另外，应急预案需部门审批发布实施，保证应急预案具有制度性、权威性。

2.5.2 应急救援预案教育培训

应急教育培训和应急演练是应急救援行动成功的重要前提和基本保证。通过教育培训，使参与救援的各类人员掌握如何响应、应该做什么、如何去做和如何配合等工作。应急救援预案教育培训主要做好3个方面的工作：

1. 应急预案技术交底

①每个人在应急预案中的岗位、角色和所承担的责任及义务；

②知道如何获得有关危险和保护行为的信息；

③紧急情况发生时，如何进行报告、报警和信息交流；

④面对紧急情况下的应急响应的程序；

⑤疏散、避难、逃生路线和告知情况的程序及方法等。

2. 灾害预防及救援告知

可按照表 4-2-30 实施。

灾害预防及救援告知明白卡　　表 4-2-30

<table>
<tr><th colspan="2">交底项目</th><th colspan="3">基本内容</th></tr>
<tr><td rowspan="2">沟通报告</td><td>内部</td><td colspan="3"></td></tr>
<tr><td>外部</td><td colspan="3"></td></tr>
<tr><td rowspan="4">灾害基本情况</td><td>灾害位置</td><td colspan="3"></td></tr>
<tr><td>类型规模</td><td colspan="3"></td></tr>
<tr><td>诱发原因</td><td colspan="3"></td></tr>
<tr><td>威胁对象</td><td colspan="3"></td></tr>
<tr><td rowspan="3">灾害预防措施</td><td>安全措施</td><td colspan="3"></td></tr>
<tr><td>技术要求</td><td colspan="3"></td></tr>
<tr><td>规章制度</td><td colspan="3"></td></tr>
<tr><td rowspan="3">防护救护知识</td><td>防护知识</td><td colspan="3"></td></tr>
<tr><td>互救知识</td><td colspan="3"></td></tr>
<tr><td>撤离原则</td><td></td><td>撤离线路</td><td></td></tr>
<tr><td>救援人职责</td><td>基本义务</td><td colspan="3"></td></tr>
<tr><td rowspan="2">双方签字</td><td>交底人</td><td></td><td>被交底人</td><td></td></tr>
<tr><td>时间</td><td></td><td>时间</td><td></td></tr>
</table>

注：本卡一式两份，职工一份，单位一份存档备查。如内容多可以加页。

3. 应急救援骨干技术培训

技术骨干是应急救援过程中的攻坚力量，应按照应急预案的处置措施要求，对救援人员，特别是技术工种人员、卫生救护人员、警卫治安人员进行技术培训，掌握应急救援、救护基本知识，提高他们的应急处置能力和技术水平。

2.5.3 应急救援预案演练

通过演练，实地检验应急预案的缺陷，以修复和改进，使之更富有针对性和时效性。一次应急预案演练会动用大量的人、财、物，在演练前应策划一个结合实际情景、程序顺畅、节约有效的演练方案，进行周密布置与安排。

1. 应急救援预案演练方案

演练计划一般包括演练目的、演练地点、演练时间、演练内容(事故设计)、演练准备(人、机、物)和演练程序等。可参考下列范例:翔安隧道坍塌事故应急救援预案演练方案。见表4-2-31。

应急救援预案演练计划程序　　表4-2-31

时间	项　目	演练内容	补充内容	负责人
15:00	坍塌事故发生	在隧道进行开挖掘进时,掌子面发生坍塌		项目部安全管理负责人员
15:01	发现、初期处理、报警	现场作业队长(组长)发现掌子面坍塌,并有一名职工被埋,马上大声疾呼:"塌方了,有人被埋"。随时拨打项目经理电话报告情况。安排人员监护塌方部位情况,同时要求有关人员用手清除土石抢救被埋人员 项目经理接到电话后,马上通知项目部联络通信组×××	前期可以用现有工具,接近被埋人时改用徒手	施工队长(组长)、项目经理
15:01—15:07	接警、启动应急预案	联络通信组×××接到报警后,马上启动应急预案,通知各应急救援小组进入应急状态 ①通知抢险抢修人员携带工具到事故现场; ②通知警戒保卫组到隧道洞口外封闭锁场地,禁止无关人员计入,并派员迎接救护车; ③通知医疗救护组携带药品器材到事故现场; ④通知技术保障组到事故现场; ⑤(必要时)拨打110、120。同时向有关单位汇报 ……	①各应急救援小组到隧道洞口处集结; ②使用有关器具、物资封锁现场; ③使用急救药箱、担架; ④项目经理带领人员到应急救援集结点实施指挥。	各应急救援小组 各应急救援小组组长(队长) 项目经理(指挥长)
15:08	救援到达	各级救援队伍到达现场集合,由队长向项目经理(指挥长)报告(×××队××名队员集合完毕,请指示)	按设计的集结位置列队集合	各应急救援小组组长(队长)
15:09	向各组、队发布命令	项目经理(指挥长)向各应急救援小组(队)发布救援命令(各救援组或队按计划立即进行救援)	下达命令简单、明确、果断	各应急救援小组组长(队长)
15:10—15:40	开展现场救援工作	①派专人负责监控坍塌部位情况	监视坍塌部位的发展动向	应急抢险组
		②抢险抢修人员继续搜寻被埋人员	注意不要伤害到被埋人员	
		③抢险抢修人员拆除临时设施、清理堆埋物(配电箱、土石等)	移动配电箱要由电工停电、见到被埋人后要用徒手	
		④抢险人员对掌子面进行管棚、锚喷加固	注意人员安全	
		⑤医疗救护小组人员对受伤人员进行救护	救护方法见相应作业指导书	医疗救护组
15:41—15:42	报告洞内情况	(如险情扩大,可增升级处置) ①抢险组长(队长)报告:坍塌处置已加固,本组(队)无人员伤亡,汇报完毕	可用通信工具随时报告进展情况	抢险抢修组(队)
		②救护组长报告:伤员已脱离危险,并送医院救治,各级院人员无伤亡,汇报完毕	可用通信工具随时报告进展情况	医疗救护组
15:43—16:00	现场巡查情况	项目经理(指挥长)带领有关人员对事故现场救治处置情况进行检查(此处也可以称为"清理现场")	清理坍塌事故现场	项目经理(指挥长)有关人员
16:01—16:11	终止应急	现场清理完毕,项目经理(指挥长)发布终止应急命令	收拾有关工具、洞外警戒物	

续上表

时间	项　目	演 练 内 容	补 充 内 容	负责人
16:12—16:20	演练总结评审	各应急救援小组(队)召人员集合列队,项目经理(指挥长)讲话,对本次预案演练进行讲评	各参加人员集合列队	项目经理、安全处处长
16:21	解散	演练结束	各自带回队伍	项目经理、安全处处长

1-组织技术交底,项目部全体职工认真学习、培训有关积极参与演练。2-组织各施工队队长、各组组长学习熟悉应急救援预案,明确职责和程序。3-各施工队长负责本队全体人员学习,训练有关器材的是用方法和有关救援任务。4-在演练中各级人员、各应急组织要互相配合、协同作战、服从命令、听从指挥。5-各队负责人要认真做好本队的安全工作,防止救援过程发生事故。

方案编制人:　　　　方案批准人:　　　项目部　　　2006 年 7 月

2. 应急救援预案演练形式

应急预案演练有多种形式,项目经理部根据自身的条件,工程进展的不同阶段及风险程度,有针对性的安排不同形式的现场演练。

(1)会议演练

由业主牵头,组织设计、监理、施工等单位召开应急预案研讨会,共享信息、了解程序、回答问题、确定做法,实际是应急领导层的常规讨论会,也称预案学习。

(2)桌面演练

桌面演练也称为沙盘演练,主要是组织应急领导小组成员和应急关键岗位的人员参加。在室内按照应急救援演练计划及其规定的运作程序,讨论和推演紧急情况下应采取的行动及措施。

(3)走动式演练

走动式演练也称两组演练,即应急预案领导小组和应急预案响应小组的接口演练。通过演练,提高在应急情况下的组织能力和应急响应功能。其内容更结合实际,比桌面演练更全面,涉及的人员也更多。

(4)功能演练

功能演练是针对应急预案中某项应急功能进行的演练活动,也是单项系统或多项系统演练。例如,翔安隧道先后组织了应急电源设备供电转换、隧道内抽排水系统、应急逃生系统等功能性演练。

(5)全面演练

全面演练是针对应急预案全部或大部应急响应功能检验、评价、维护及组织指挥、应急运行能力的演练活动。全面演练涉及的人力、物力、财力较多,且实战性强,需制定《演练计划》,统筹安排、严密组织。

3. 应急预案演练效果评价

应急预案演练效果评价是检验和测试应急预案中的系统功能和整体功能存在的漏洞和缺陷的重要环节。成立专门的演练记录评价小组,制定统一记录表格和评审表格。见表 4-2-32、表 4-2-33。

一般走动式演练需要 3 人,功能演练需要 5 人,全面演练需要 7 ~ 9 人,根据演练规模的大小和实际需要适当增加。演练结束后召开专题讲评会,采取口头评论、书面汇报外,提交正式书面报告等。

应急救援预案演练记录　　表 4-2-32

序号	演 练 项 目	执行人	规定时间	完成时间	记录人	备注
1	事故发生					
2	发现					
3	报警					
4	应急处置					
5	接警发布警报					
6	发布停工、戒严令					

续上表

<table>
<tr><th>序号</th><th>演 练 项 目</th><th>执行人</th><th>规定时间</th><th>完成时间</th><th>记录人</th><th>备注</th></tr>
<tr><td rowspan="6">7</td><td rowspan="6">各救援队到达情况</td><td>救援组</td><td></td><td></td><td></td><td></td></tr>
<tr><td>救护组</td><td></td><td></td><td></td><td></td></tr>
<tr><td>警戒组</td><td></td><td></td><td></td><td></td></tr>
<tr><td>技术组</td><td></td><td></td><td></td><td></td></tr>
<tr><td>通信组</td><td></td><td></td><td></td><td></td></tr>
<tr><td>后勤组</td><td></td><td></td><td></td><td></td></tr>
<tr><td>8</td><td>下达抢险救援命令</td><td></td><td></td><td></td><td></td><td></td></tr>
<tr><td>9</td><td>展开应急救援工作</td><td></td><td></td><td></td><td></td><td></td></tr>
<tr><td>10</td><td>应急救援结束</td><td></td><td></td><td></td><td></td><td></td></tr>
<tr><td>11</td><td>恢复施工生产</td><td></td><td></td><td></td><td></td><td></td></tr>
<tr><td>12</td><td>总结、评估</td><td></td><td></td><td></td><td></td><td></td></tr>
<tr><td>13</td><td>修改维护预案</td><td></td><td></td><td></td><td></td><td></td></tr>
<tr><td>说明</td><td colspan="6">①到达时间标准视驻地到工地实际情况确定,但要体现迅速反应,带齐有关工具;
②演练后要认真总结,找出影响系统功能正常运行的缺陷,以便修改维护应急预案</td></tr>
</table>

应急救援预案演练评审

表 4-2-33

<table>
<tr><td colspan="2">预案名称</td><td colspan="3"></td><td>演练地点</td><td></td></tr>
<tr><td colspan="2">组织部门</td><td></td><td>指挥人</td><td></td><td>演练时间</td><td></td></tr>
<tr><td colspan="2">参加单位</td><td colspan="3"></td><td>实际演练内容</td><td></td></tr>
<tr><td colspan="2">演练类别</td><td colspan="5">□实际演练 □桌面演练 □提问讨论式演练 □全部演练 □部分演练</td></tr>
<tr><td colspan="2">物资准备人员培训情况</td><td colspan="5"></td></tr>
<tr><td colspan="2">演练过程描述</td><td colspan="5"></td></tr>
<tr><td colspan="2" rowspan="2">预案适宜性和充分性评审</td><td colspan="5">适宜性:□全部能够执行 □执行过程不够顺利 □明显不适宜</td></tr>
<tr><td colspan="5">充分性:□完全满足应急需要 □基本满足但需要完善 □不充分,必须整改</td></tr>
<tr><td rowspan="5">演练效果评审</td><td>人员到位情况</td><td colspan="5">□迅速准确 □基本按时到位 □个别人员不到位 □重点部位人员不到位
□职责明确,操作熟练 □职责明确,操作不够熟练 □职责明确,操作不熟练</td></tr>
<tr><td>物资到位情况</td><td colspan="5">现场物资:□现场物资充分,全部有效 □现场准备不充分 □现场物资缺乏
个人防护:□全部人员防护到位 □个别人员防护不到位 □大部分人员防护不到位</td></tr>
<tr><td>协调组织情况</td><td colspan="5">整体组织:□准确、高效 □协调基本顺利,能满足要求 □效率低下,有待改进
抢险组分工:□合理、高效 □基本合理,能按时完成任务 □效率低,没有完成任务</td></tr>
<tr><td>实战效果评价</td><td colspan="5">□达到预期目标 □基本达到预期目的,部分环节有待改进 □没有达到预期目标,需要重新演练</td></tr>
<tr><td>外部支援协作的有效性</td><td colspan="5">报告上级:□报告及时 □联系不上 □其他情况
消防部门:□按要求协作 □行动迟缓
抢险救灾部门:□按要求协作 □行动迟缓
医疗救护部门:□按要求协作 □行动迟缓
属地周边政府配合:□按要求配合 □不配合</td></tr>
<tr><td colspan="2">存在的问题</td><td colspan="5"></td></tr>
<tr><td colspan="2">改进措施</td><td colspan="5"></td></tr>
</table>

评审人:　　　　　　　　　　评审时间

2.5.4 应急救援预案维护

应急预案的维护是施工安全应急管理的重要环节。在专家、记录人员和观察员评价的基础上，确定预案更新、维护负责人，描述预案更新和修订的计划，组织人员对预案和演练过程存在的薄弱环节进行评价、修改、维护。特别对预案和演练后的以下环节进行重点诊断、修订和维护。见表4-2-34。

应急预案及演练后重点维护一览 表4-2-34

序号	内容
1	辨识应急预案和程序中缺陷及环节的接续是否合理有效
2	辨识出应急预案教育培训效果及需要的实际人员
3	检验应急预案的设备、物资、机具是否充分
4	诊断组织指挥人员及各环节负责人履行职责是否满足要求
5	确定培训、训练、演练是否达到预期目标

2.5.5 小结

施工应急救援是预防、控制及消除事故对人员和工程灾害所采取的反应行动，而应急预案则是在危险源评价及事故预测的基础上预先制定的事故控制和救援救护方案。通过应急救援预案的制定、教育培训、演练等一系列施工安全应急管理活动，提高了安全施工能力，保证迅速、有序、有效地展开应急救援行动，把事故和损失降到最低限度。

应加强从根本上提高工程项目主管人员的认识，克服怕投入、怕费时、怕影响工程进度的思想。同时，应强化特殊工种和关键岗位人员的应急救援技术机能的训练，提升预案目标的执行速度。

【本章主要编写人员】：吴仕书 苏志辉

第3章　工程质量管理

3.1　工程质量控制标准

3.1.1　概述

工程质量标准是检验工程施工质量的法定限度,工程质量只能高于或等于标准限度。厦门翔安隧道采用的国家法定的相关检验标准为《公路工程质量检验评定标准》(JTG F80/1—2004),主要包括该标准中针对隧道工程的"一般规定、隧道总体、明洞浇筑、明洞防水层、回填、洞身开挖、喷射混凝土支护、锚杆支护、钢筋网支护、混凝土衬砌、钢支撑支护、衬砌钢筋、防水层、止水带、排水、超前锚杆、超前钢管"等质量检验评定标准。考虑到海底隧道工程特殊性,翔安隧道的工程质量检验除采用国家规定的相关检验标准外,根据设计要求,还采用了一些特殊控制标准,这些标准均高于部颁《公路工程质量检验评定标准》的相关规定。

3.1.2　特殊标准和要求

厦门翔安隧道是国内第一条海底隧道,工程经验少,技术难度高,为确保万无一失,本工程在设计阶段就对一些重要的控制性工序提出了超过目前正在执行的工程质量控制标准的要求,这些特殊控制标准在施工过程中又结合实际情况得到不断完善,为保证翔安隧道的施工安全和质量提供了技术保障。翔安隧道的特殊标准和要求主要包括以下几个方面。

1. 超前地质预报及其相关规定

为尽可能降低海底隧道的地质风险,厦门翔安隧道把超前地质预报作为一道必须实施的工序,有关规定如表4-3-1所示。

翔安隧道超前地质预报相关规定　　表4 3-1

预报方法	有效测距(m)	相邻测段重复搭接的长度(m)
TSP法	100~150	10
地质雷达法	10~30	/
红外探水法	30	5
水平钻探	40~60	5
短距离钻孔钻探	5~8	2~3

2. 开挖及初期支护的相关规定

(1)分部开挖各部间纵向间距

翔安隧道由于软弱围岩较多,开挖断面大,为了确保开挖安全,较多地采用了分部开挖的方法,主要有CRD法、双侧壁导坑法,台阶法等。为了减小开挖后围岩的收敛变形,根据隧道施工的早封闭原则和开挖过程中监控量测的结果制定了各分部之间的最大距离。下面按开挖方法分别进行叙述。

CRD工法:Ⅰ、Ⅱ、Ⅲ、Ⅳ部纵向间距10~15m,台阶开挖长度不超过一倍洞径,在能保证作业空间的前提下尽量短。

双侧壁导坑法:

①每个开挖循环进尺≤1m;

②左右导洞按上、中、下三个台阶开挖支护，各台阶的间距以5m为宜，开挖面与仰拱的距离≤15m；

③左右导洞的步距：左右导洞作业相对独立，以施工作业互不干扰为前提，可及时进行适当调整；

④中导洞与两侧洞的步距：中导洞以不影响左右导洞开挖为宜，中导洞开挖应在左右导洞仰拱封闭成环后进行；

⑤中导洞开挖：中导洞按上下台阶法掘进，其拱部掘进、初期支护的循环进尺以0.5~2.0m为宜，根据现场地质情况决定；拱部、仰拱、初期支护各步之间的距离以形成平行作业、减少干扰为原则，一般在15m左右。

台阶法：

①本隧道最多分三台阶，开挖时根据围岩的软硬情况确定不同的台阶高度，在软弱围岩地段第一台阶的开挖高度一般为2.5~3.5m，在风险大的地段开挖时留核心土，第一台阶的长度5m；

②第二台阶的长度5~6m。

(2)分部开挖的变形量的控制值

分部开挖时每开挖一部都会发生变形，隧道总的变形量是各部变形量之和，要控制总变形量，有必要从源头进行控制，也就是控制每一分部的变形量，从而达到控制总变形量的目的。围岩最差的地方(Ⅴ级围岩)采用CRD法和双侧壁导坑法开挖，围岩稍好的地方(Ⅳ及以上围岩)采用台阶法开挖。因围岩条件相对较好，台阶法开挖的拱顶沉降量较小，一般不超过预留沉降量，同样是Ⅴ级围岩，监控量测结果表明双侧壁导坑法开挖的拱顶沉降量是CRD法的1/3~1/5，但水平收敛要大于CRD法开挖，沉降量最大的是Ⅴ级围岩地段的CRD法开挖，根据监控量测资料统计分析，确定了CRD法各部开挖引起的沉降量占拱顶最大沉降量的百分比如表4-3-2，然后根据最大控制沉降量，制定了隧道各部的变形量控制值，对各部进行变形量分配，当各部开挖时沉降量接近控制沉降量或沉降速率较大时及时采取措施控制沉降的发展。

CRD法两种开挖形式引起的拱顶下沉量比例 表4-3-2

项　目	CRD1、CRD3部超前	CRD1、CRD2部超前
	各部引起的CRD1拱顶下沉比例	各部引起的CRD1拱顶下沉比例
CRD1	45%~50%	45%~55%
CRD2	20%~30%	20%~30%
CRD3	10%~20%	10%~20%
CRD4	15%~25%	10%~15%

在过海域风化槽地段，为防止过大的沉降变形造成的危险，对拱顶沉降量做了更为严格的规定。主要采取超前注浆和管棚作为减少围岩变形的措施，并将加强初期支护背后的回填注浆作为减少沉降量的辅助措施。

3. 过海域风化槽注浆堵水和监控量测的规定

海底风化槽注浆堵水国内外缺乏相关实践资料和成熟的经验，对于注浆工艺及注浆的控制标准也没有相关规定，经过项目前期和工程实施过程中的科研试验和论证，制定了本项目的施工工艺和控制标准。

翔安隧道指挥部规定，主洞注浆加固圈厚度为6m，服务洞注浆加固圈厚度为5m；主洞拱顶下沉量控制标准为60mm，服务洞拱顶下沉量控制标准为30mm；在初期支护未全封闭前测点间距布置不大于5m，量测频率为从掌子面向洞口方向0~12m，监测频率不少于每天2次，从掌子面向洞口方向12~30m，监测频率不少于每天1次，从掌子面向洞口方向30~50m监测频率不小于每三天1次，直到初支变形为“0”且稳定时方可停止监测。

①堵水率不小于85%(探孔和检查孔均按水量最大的进行堵水率计算)；

②注浆堵水后检查孔数量不低于注浆孔数的10%，注浆后检查孔出水量不超过0.25L/孔·m·min，如果超过应补充注浆；

③检查孔取芯率不小于70%。

4. 二衬混凝土的控制标准

(1)二衬施作时机控制标准

CRD 法、双侧壁导坑法施工时,初期支护结构变形每天小于 0.2mm/d 时方可施工二衬。

(2)二衬混凝土温控要求

①混凝土的内表温差应小于 16℃;

②混凝土的入模温度应小于 T+2℃(T 为当天和前一天两天中洞内二次衬砌待浇处的平均气温),对于二衬厚度大于 70cm 的 S5b 类衬砌,入模温度应小于 T-3℃。

③混凝土浇筑升温不超过 25℃。

(3)衬砌钢筋保护层厚度的规定

①衬砌混凝土外层钢筋保护层厚 5.5cm;

②内层钢筋保护层厚 6.5cm;

③明洞衬砌钢筋保护层厚 5.0cm。

(4)对二衬混凝土强度和抗渗的相关规定

衬砌混凝土强度为 C50,抗渗等级陆域段为 S8,海域段为 S12,陆域段、海域段氯离子扩散系数小于 $2.0\times10^{-12}m^2/s$。

(5)防腐要求

初期支护采用锚杆表面防腐蚀处理—浸锌处理(光亮型热浸锌)厚度大于 80μm。

(6)主要建筑材料的相关规定

①混凝土、锚杆要求如上所述。

②防水板拉伸强度大于 16MPa,断裂伸长率大于 250%。

③Φ110HDPE 双壁波纹管,内径 110mm,管刚度大于 $110kN/m^2$,环刚度大于 $8kN/m^2$,工作压力大于 0.25MPa,Φ50 软式透水管钢线密度大于 55 圈/m,钢线采用高碳磷酸防锈处理并外裹 PVC、直径大于 2.4mm,设置两层合成纤维并夹无纺布。

④止水材料:止水带要求为一等品,硬度≥65A(绍尔),拉伸强度≥10MPa,拉断伸长率≥200%,定伸强度≥4MPa,吸水率小于 0.5%,遇水膨胀橡胶止水条要求采用 PZ-250 指标,拉伸强度≥3.5MPa,拉断伸长率≥450%,体积膨胀率≥250%。

3.2 工程质量管理措施

3.2.1 工程质量管理体系

按照我国现行工程质量监理规定,翔安隧道工程质量保证体系采用“政府监督,社会监理,企业自检”的管理体制。

1. 政府监督

翔安隧道由省、市二级交通质监站的监督工程师联合组成质量监督办,常驻工地,对工程实施各个环节监督,每 2 个月组织一次全面的质量安全大检查。此外,在工程实施过程中,交通部还组织对翔安隧道进行了多次质量安全督察。

2. 社会监理

厦门翔安隧道实行二级监理体制,包括总监理工程师办公室(简称“总监办”)和驻地监理工程师办公室(简称“驻地办”)。

(1)总监办

总监办系业主设置的监理机构,代表业主对工程实施全方位管理,设总监 1 名,副总监 1 名,下设工程技术部、合同部、综合部。工程技术部配备隧道、地质、路桥、测量、试验、内业资料管理等专业监理工程师;合同部负责计量、合同、进度和资金管理;综合部负责信息管理及后勤工作。总监办聘请经验丰富的老专家对隧道建设过程进行把关,每季度组织一次对各施工标段的质量大检查,坚持日常的检查和技术指导,协助安监办进行安全检查,参加驻地办的工地例会,对重大技术方案组织评审,检查方案的落实情况,负责质量技术标准的制定和研讨,每周不少于一次到工地解决施工中遇到的技术和合同问题,每季度对各驻地办进行考核,根据检查和考核结果对施工单位和驻地办进行奖惩。

(2)驻地办

驻地监理工程师办公室为通过公开招标选择的社会监理机构,由高级驻地监理工程师负责,实施对所监理合同段的施工现场全面管理,并对总监办负责。驻地办设工程部、合同部、试验室、办公室和顾问组,工程部配备隧道、地质、桥梁、道路、测量、安全等专业工程师及监理员,分别负责各专业监理工作,负责各自监理范围内的计量;合同部配备合同工程师,负责计量计价、处理变更设计及其他合同事宜;试验室负责对原材料及试验检测方面的工作进行把关;办公室主要负责文件收发管理和信息管理;顾问组主要对施工中可能存在的风险提前向驻地办领导提醒,并提出应采取的措施,对工程进行中的技术问题把关,负责对监控量测数据进行检查和分析,及时发现隧道的异常变形,提醒施工单位及时采取措施,避免初支结构的过度变形引起的侵限、结构破坏和塌方。驻地办一般每月组织一次安全质量大检查。本工程项目根据工程规模、合同工期、合同段的划分等条件设3个驻地办,各驻地办监理范围如下:

①第一驻地办:

主要监理范围为厦门端主体工程。

其他工程(路线长度不变):市政管线、绿化工程、环保水保工程、隧道装饰工程(遮光棚、洞口、洞内装饰)及所有土建施工预埋工程。

全线的水稳层及沥青路面工程。

②第二驻地办:

主要监理范围为翔安端主体工程:A3、A4标、西滨互通立体交叉工程。

其他工程:市政管线、绿化工程、环保水保工程、隧道装饰工程(遮光棚、洞口、洞内装饰)及所有土建施工预埋工程。

③第三驻地办:

主要监理范围为全线的机电工程、交通工程、房建工程等。

3. 企业自检

施工企业自检在工程质量保证体系中占有特别重要的地位,如果施工企业的人员素质、管理水平低,不管政府监督多么有力,制定的有关法规多么健全,工程监理多么标准、规范,监理工程师工作多么认真、细致,都无法保证工程建设的费用、进度和质量目标的实现。因此,翔安隧道在管理上下了大力气,狠抓施工企业自检,从源头上把好工程质量关。

3.2.2 工程测量

工程测量是监理工程师对承包人施作的构造物的空间位置、几何尺寸进行质量控制的重要手段。开工前由设计单位中交第二公路勘察设计研究院向总监办交桩,后由总监办组织隧道局精测队对工程精密导线进行了复测,分别向A1、A2、A3、A4 4个土建标段施工项目部和第一、二驻地办交桩。正式开工前驻地办测量专业监理工程师对施工项目部的施工放线进行了检查,复核无误后批准开工。在施工过程中,总监办每半年组织各驻地办和施工单位对两岸的精密导线网进行一次复测和联测,对施工单位的加密导线进行检查。驻地办在各分项工程开工前按规定对施工单位的施工放线进行检查,工程施工完毕后对验收部位各项几何尺寸进行测量,符合要求方同意验收。

由于总监办和驻地办平时严格按照测规对两岸导线控制网进行复测和联测,对施工单位的加密导线网和施工放线进行检查,使翔安隧道的控制测量和施工放线达到了较高的精度。2009年6月13日右线隧道率先贯通(YK9+639),横向贯通误差为60mm,竖向贯通误差为7mm。

3.2.3 超前地质预报

1. 超前地质预报工作的重要性

翔安隧道由于工程地质复杂,工程地质勘察的局限性,特别是海底勘测技术的难度和高代价决定了勘察阶段的地质资料的准确性受到一定限制,因此施工过程中的超前地质预报工作就显得非常重要。

超前地质预报是隧道工程动态设计的客观依据,隧道工程设计与施工是以隧道工程穿越地质条件为依据。依靠施工前的调查和勘探成果进行施工图设计,用于指导施工;在施工过程中,根据已暴露的地质情况和施工中所发生的各种变异现象尽可能弄清掌子面前方的地质条件,就成为第二阶段修正设计的客观依据,这是隧道信息化施工和动态设计的关键环节。超前地质预报准确程度是隧道工程修正设计和动态施工的前提条件,因此超前地质预报的准确度对指导信息化施工和动态设计尤为重要。

2. 超前地质预报工作的指导思想

超前地质预报工作的指导思想是综合地质预报,取长补短,物探钻探并用,以钻探为主;长短距离结合,以短为准;勘测设计地质预报与施工阶段超前地质预报结合,以施工阶段为准。

3. 超前地质预报工作的方法

翔安隧道采用的超前地质预报方法主要有:

①物探法:目前工程中使用的有 TSP 预报技术、地质雷达(GPR)、红外探水。

②钻探法:长距离水平地质钻探;短距离钻探。

③地质跟踪描述法。

4. 超前地质预报的有效距离

①TSP 法预报 100 ~ 150m,以 100m 为准。

②地质雷达、红外探水预报 30m。

③长水平地质钻探预报 30 ~ 50m。

④短距离钻探预报 5 ~ 10m。

⑤风枪施钻探报 3 ~ 5m。

5. 超前地质预报工作的主要对象

超前地质预报工作的主要对象是不良地质体和地下水体,对于海底隧道来说,整个隧道前方的地质情况都是预报对象。

6. 超前地质预报的作用

业主指挥部、总监办、驻地办高度重视这项工作,规定凡需超前地质预报工作的区段没有超前地质预报的报告不准进入下一道工序,因此施工过程中各标段施工项目部都不折不扣地进行了这项工作。以水平钻探为核心,不良地质区段均认真取了芯样,长距离水平钻探钻孔设备都是新购置的先进设备,都配置了防突水装置,并具有自动控制及注浆功能。指挥部高度重视超前预报的地质信息,并以此为依据专题会议论证决策施工技术方案,由于有了准确的地质信息,所以翔安隧道顺利的穿过了 4 个风化槽和断层破碎带等不良地质区段。

7. 超前地质预报的范围

超前地质预报工作是翔安隧道施工过程中的关键程序,按照设计文件要求,整个隧道都要做 TSP 预报,局部进行地质雷达探测和红外探水,海底风化深槽段以超前水平探孔为主。施工过程中发现围岩变化较大,小的断层破碎带较多,根据这种特点,为了确保海底开挖的安全,后来规定了在海域段(含浅滩潮间带)以超前水平探孔为主,Ⅲ、Ⅳ、Ⅴ级围岩区段必须进行长距离水平钻探地质预报工作,在此基础上每循环开挖时利用风枪进行短距离水平探孔。

3.2.4 监控量测

1. 监控量测的重要性

监控量测在海底隧道施工中有着特殊的重要性,是翔安隧道信息化设计与施工的重要依据,是检验设计参数、判定洞室稳定性、评价施工方法的主要依据，是确保工程质量和施工安全的重要技术措施，是施工过程中必不可少的重要工序。

2. 监控量测的机构和工作程序

（1）工作机构

各标段施工单位实施必测项目的监测，由西南交通大学作为第三方，按施工单位监测数量的一定百分比对必测项目进行平行监测，并监测选测项目。由驻地办检查监督施工单位布点监测，上报监测资料，认真分析监测成果资料，并将施工单位和第三方的监测成果进行对比分析。

（2）工作程序

工作程序见图 4-3-1。

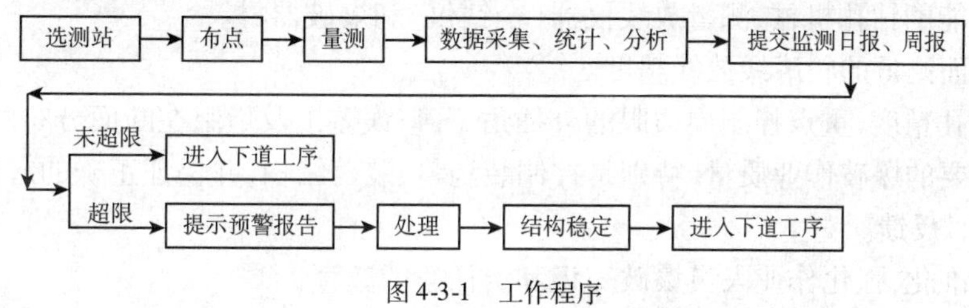

图 4-3-1　工作程序

3. 监控量测技术

监控量测技术，见《施工篇》。

4. 监控量测的工程成果

①预警报告后及时处置，保证支护结构的安全稳定。

②初步总结不同围岩类别、不同施工工法初支结构变形的基本规律，如第四季残积土、全强风化花岗岩、富水砂层地段、CRD 工法、双侧壁工法初期支护变形的规律，弱风化、微风化岩体、台阶法施工初期支护变形的规律，为将来的设计施工提供参考依据。

③为翔安隧道健康检测提供初步原始的诊断病历。

3.2.5　爆破管理措施

翔安隧道工程中约占隧道总长 53%（占海域段 82%）的里程段采用爆破开挖，安全是爆破工程的永恒主题，各种爆破安全事故产生的原因主要有 3 个方面：一是外界原因致使早爆、拒爆；二是爆破产生的飞散物、震动、冲击波、毒气等效应造成对周围环境和人员安全的影响；三是洞室爆破开挖的质量直接影响后续工序的质量，影响工程施工的成本和进度。翔安隧道施工过程中非常重视爆破作业，制定并实施了爆破作业的管理措施，主要措施如下：

（1）审查施工单位的资质，实施职责等级的考核与管理

要求承接爆破工程的施工单位都具有相应的资质，参加爆破作业的施工人员都经过严格的培训和考核，做到持证上岗。

（2）严格审查“四证”

开工前审查施工单位提交的“爆炸物品使用许可证”、“爆炸物品购买证”、“爆炸物品运输证”、“爆炸物品储存许可证”，条件不具备者不准开工。

（3）严格审查爆破设计

在审查施工组织设计时，审查爆破设计的技术可行性、经济合理性、安全措施的可靠性。在进入爆破开挖前，审查爆破开挖的开工报告及专项施工方案。

（4）检查现场施工质量及安全作业状况

对不符合爆破施工组织设计要求、违反安全操作规程的人员行为及时制止和纠正，并通过监理指令责成施工单位立即整改。

（5）定期检查爆破器材库

定期检查爆破器材库的安全状况,爆破器材的使用状况,并对库存的爆破器材进行必要的检查。

(6)爆破施工过程中严格检查"一炮三检制"的执行情况,确保爆破开挖的安全。

(7)控制爆破对围岩遗留体的损伤

控制爆破对围岩遗留体的损伤的重要标志就是控制隧道洞室开挖的超欠挖,控制超欠挖的措施是:

①改变"宁超勿欠"的传统观念。

②提高钻孔技术水平,保证钻孔的精度。

③进一步解决好爆破参数的合理匹配。

④严格现场施工管理和组织:

a. 采用光面爆破,通过工程类比和现场试验优化爆破参数设计。

b. 具备良好性能的钻孔机械、测量放线仪器(全钻仪)和爆破器材。

c. 严格控制断面测量的轮廓线放线精度。

d. 严格控制钻孔精度,重点控制周边眼的外插角、开口误差以及炮眼在断面分布的均匀性。

e. 严格控制重要的爆破作业质量,特别是控制装药量、装药结构,并保证正确的起爆顺序。

f. 及时检测及时反馈。

g. 推行作业标准化,强化作业人员爆破知识和责任心的教育。

⑤目测掌子面地质条件的变化状态(裂隙、节理)、根据经验及时调整爆破参数。

⑥采用短进尺、弱爆破,确保海洋生物不受爆破震动波影响,洞室顶板覆盖层不受损而击穿,酿成透水事故。

3.2.6 浅埋暗挖施工质量管理措施

1. 翔安隧道浅埋暗挖区段

翔安隧道厦门端陆域段长620m处于全强风化地段,翔安端陆域段有1110m处于全强风化地段,均处于地下水位以下,翔安隧道的覆跨比 $H/D \leqslant 0.6$ 的超浅埋长度厦门端为320m,翔安端为435m,$0.6 < H/D \leqslant 1.5$ 的浅埋段长度厦门端为539m,翔安端为680m;浅埋和超浅埋暗挖长度占隧道总长的36.3%。

2. 翔安隧道超浅埋暗挖工程的难点

①左右行车洞为大跨度,开挖宽度为17.2m。

②洞顶覆土均为软弱地层(全强风化花岗岩、花岗闪长岩)。

③洞室均在地下水位以下。

④翔安端浅埋段左洞有240m,右洞有253m穿越富水砂层。

⑤隧道浅埋段洞室上方局部有临建活动房屋。

3. 浅埋、超浅埋段施工方法

(1)开挖方法

厦门端A2标段右洞局部地段采用了双侧壁导坑法开挖,A1、A2、A3、A4标段左右洞大部分地段均采用CRD工法开挖,左右洞围岩稍好地段和服务洞全部地段均采用了台阶法开挖,在分部开挖时采用环形开挖留核心土的方法。

(2)初期支护

除两端洞口40m和风化槽地段采用长管棚超前支护外,其余地段均采用了小导管预注浆超前支护,钢构件支护加锁脚锚管(杆)加双层钢筋网加喷射混凝土初期支护。

(3)其他

二衬采用C50钢筋混凝土结构,与初期支护间铺设防水层。

4. 施工质量管理措施

采用CRD法、双侧壁导坑和台阶法施工将大跨度、大断面变成小跨度、小断面,为安全开挖提供了技术条件,施工安全质量管理措施概括起来就是二十一字方针,"管超前、严注浆、短进尺、强支护、早封闭、勤量测、速反馈”，落实信息化设计动态施工的技术措施，根据施工过程中现场监控量测的数据资料及时调整优化开挖支护参数，抓好辅助施工措施的质量：

①洞口超浅埋地段采用40m长管棚超前支护。

②注浆小导管超前支护。

③超前预注浆加固围岩。

④采用地表井点降水、洞内真空降水，使洞内在少水到无水的环境下开挖支护。

5. 严格控制龙头工序（Ⅰ部、上部）开挖支护质量

分部开挖时的最早开挖部对沉降的影响最大，严格控制龙头工序，为后续工序保证施工质量打下好的基础，每循环开挖均对初期支护的初喷、立拱架、挂网、复喷各个工序严格检查，确保初期支护的质量。

6. 洞内采用注浆工法确保安全开挖和初期支护结构稳定

①抓好超前预注浆加固围岩，提高围岩的自支护能力，保证开挖安全不坍塌。

②抓好初期支护背后回填注浆质量，保证初支结构与围岩紧密结合为一体。

③锁脚锚管注浆确保初支构件未封闭前少沉降变形。

④软弱围岩段注浆加固仰拱基底，提高初支结构基底地层的承载力。

⑤径向注浆加固围岩，使初支背后松动的围岩加固成人工结石体，与初支结构共同承载。

3.2.7 风化槽施工质量管理措施

1. 翔安隧道风化槽概况

按照设计文件，翔安隧道海底段共有风化槽四处，分别命名为F1、F2、F3和F4，左右行车洞和服务洞三座隧道共需穿越12次。在实际施工过程中，左行车洞新发现厦门端一段风化严重，左行车洞翔安端海底一段围岩风化较严重，施工中均按风化槽处理，如此计算整个隧道共计穿越14次风化槽，风化槽宽度从30m到150m不等。海底风化槽是翔安隧道施工最大的风险点与难点之一。

2. 翔安隧道通过风化槽的施工方法

翔安隧道海底风化槽主要采用全断面帷幕注浆或周边帷幕注浆超前加固围岩和止水，每循环注浆长度30～40m，大管棚、小管棚或小导管超前支护，根据不同的地质情况采用CRD法或台阶法开挖通过，台阶法开挖时留核心土稳定掌子面。

3. 过风化槽施工质量控制措施

（1）严格执行超前地质预报各项规定是前提

准确预报超前地质信息是前提。探测清楚超前地质信息是制定正确施工方案的前提条件，如何才能准确预报超前地质信息，详见超前地质预报节。

（2）严格控制帷幕注浆是关键

帷幕注浆是风化槽施工的关键工序。海域风化槽的工程难点一是有无限水源的地下水，二是全强风化软弱围岩。帷幕注浆，一是注浆将无限水源的地下水封堵在注浆加固圈之外，二是将软弱围岩注浆固结成人工结石体，提高围岩的自支护能力，防止在开挖支护过程中围岩的过大变形和坍塌。要达到上述目的，对帷幕注浆的质量必须严格控制，其措施是：

①注浆以堵水为主，加固围岩为辅。

②专业队伍采用先进的设备实施注浆作业。

③制定完善的压注计划和方案。

④通过试验确定注浆工艺参数。

⑤注浆方式根据围岩的特性确定前进式为主还是后退式为主，注浆顺序先外圈后内圈。

⑥帷幕注浆压力以保证不击穿洞顶上覆地层为限。

⑦回填径向注浆压力不大于0.5MPa，防止损坏初支结构。

⑧压注胶凝时间控制在3～5min。

⑨注浆材料以普通水泥为主。

⑩注浆效果经过钻孔检查达到既定标准才能开挖。

(3)严格落实施工方案是核心

严格管理、严格纪律,落实施工方案。翔安隧道过风化槽的每循环施工方案都是经过指挥部组织专家多次论证确定的,施工单位根据论证意见对施工方案进行完善,经批准后严格执行,不经允许不得擅自改变,更不允许不按批准的方案施工。

(4)坚持二十一字方针要严格

开挖支护严格遵循"管超前、严注浆、短进尺、强支护、早封闭、勤量测、速反馈"二十一字方针。

(5)严格监控量测要及时

监控量测及时布点、及时量测、及时反馈、及时分析、保证结构稳定在可控范围内。

3.2.8 富水砂层段施工质量控制措施

1. 富水砂层分布情况

富水砂层直接侵入隧道主洞的长度是259m,但隔水层较薄开挖受影响的地段为450m。服务洞埋深较左右洞大,砂层没有直接侵入,但由于全强风化的花岗岩覆盖层较薄,开挖时砂层中的水容易击穿覆盖层,所以也受砂层影响。

2. 富水砂层的特点

①砂层属软弱围岩,在开挖过程中不能自稳。

②砂层属于透水性地质体,在砂层中的地下水直接与海水相通。

③砂层区段在海域段潮间带。

3. 富水砂层隧道施工的难点

①确保在洞室开挖初支过程中砂层不坍塌。

②确保在洞室开挖初支过程中洞内无水或少水。

4. 富水砂层隧道工程施工质量的控制措施

(1)质量控制的内容

一是注浆加固砂层,达到在开挖过程中围岩自稳不塌;二是将地下水封堵在洞室轮廓线以外的止水帷幕,堵水功能确实有效;三是初期支护结构安全稳定在可控范围内。

(2)质量控制的措施

①选准施作止水帷幕的有效方案。原设计用地面高压旋喷咬合桩及洞内施作水平高压旋喷咬合桩形成止水帷幕墙,经过试验,旋喷桩难以达到理想的咬合效果,导致止水帷幕抗渗试验达不到设计要求,经专家论证后采用地下连续墙筑成止水帷幕墙,在连续墙内进行井点降水,将地下水位降到开挖轮廓线以下,保证了洞室开挖初支在无水和少水的环境下作业。

②质量控制的核心内容。确保连续墙的工程质量(止水帷幕墙的堵水功能)是富水砂层段的核心内容。

③地下连续墙、地表降水疏干井施工质量控制措施:

a. 按设计放线,确保地下连续墙、地表降水疏干井的正确位置。

b. 严格导墙的施工质量控制,保证导墙发挥作用:起挖槽、成槽导向作用;储存护壁泥浆;维护槽口稳定;支承成槽机械及其他设备荷载。

c. 保证成槽工程质量:槽段划分合理,保证槽壁垂直,防止槽壁坍塌。

d. 保证墙体混凝土浇注质量:槽孔清基、槽段连接质量良好;浇注墙体混凝土防止断层和离析。

④地表降水井施工,降水井降水监控:

a. 降水井的井位、井深、井径、井底高程、井管符合设计要求。

b. 降水疏干及时抽排墙内的地下水顺畅排出墙外。

c. 及时监测墙内疏干井、墙外观测井内水位。

d. 根据墙内降水井及墙外观测井中水位变化情况，分析连续墙止水帷幕的实际效果，为洞内开挖提供地下水情的可靠依据，必要时增加降水井。

3.3 重大技术方案审查

3.3.1 概述

由于翔安隧道技术难度大，风险高，为了从技术和组织上保证隧道施工方案合理，指挥部充分发挥国内外专家智囊团和各参建单位的技术力量，根据不同的风险级别和难易程度，指挥部采取邀请国内外专家论证、组织各参建单位专家论证的方式对软弱围岩段、富水砂层段、过海域风化槽段、隧道防排水、超前地质预报、工程事故处置等重大技术方案进行了论证和审查，施工单位根据论证和审查确定的技术方案组织施工，保证了技术方案的可行性和合理性。指挥部和监理单位则根据确定的技术方案监督施工单位执行，使各参建单位的技术资源和经验共享，消除了参建单位各自为战的弊端。

3.3.2 重大技术方案的审查程序及方法

审查由指挥部组织，软弱围岩施工方案、过风化槽施工方案、富水砂层段施工方案和防排水施工方案均邀请国内外专家进行了论证，其他方案组织参建单位专家进行了论证。

1. 重大技术方案审查程序

重大技术方案审查程序见图 4-3-2。

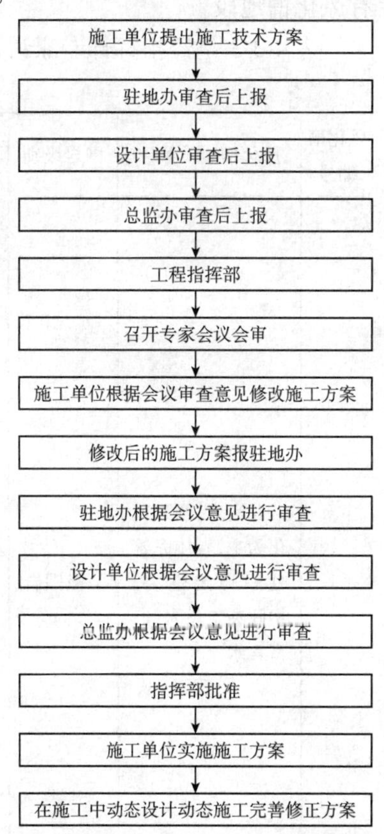

图 4-3-2 重大技术方案审查程序

2. 重大技术方案审查方法

(1)专家会审

对于第一次过风化槽等难度较大的技术方案，由指挥部聘请中国工程院院士等国内知名专家组成专家组，听取施工单位对问题和施工方案的陈述，然后隧道参建单位的领导和技术人员对相关技术问题发表意见，最后由专家组进行讨论，以专家意见的方式发布实施。

(2)指挥部审查

在国内外专家确定的大的原则指导下，根据建设工程中积累的经验，指挥部对平时施工中遇到的重大技术问题，组织参建单位的专家组成专家组对施工技术方案进行评审，首先由施工单位介绍施工方案，然后参加会议的专家对施工方案发表意见，最后指挥部根据专家意见进行总结，形成专家意见，施工单位根据专家意见对施工方案修改后报批。

3.3.3 富水砂层段施工技术方案的审查

隧道翔安端左右洞各有二百多米穿过富水砂层，为了阻断海水通往隧道的通道，原设计方案为左洞采用地表高压旋喷咬合桩堵水加固，右洞采用洞内水平高压旋喷桩堵水加固，施工初期驻地办组织各施工单位分别进行了数次高压旋喷桩堵水加固试验。施工采取二重管和三重管旋喷桩，经钻孔取芯和渗透试验，旋喷桩直径不能完全达到设计要求，透水试验也达不到设计要求，堵水不成功。在此期间服务洞掘进到砂层下方 W4 全风化岩层时发生洞内透水事故，服务洞施工受阻。为不再发生透水事件，根据监理单位的建议，指挥部邀请了以交通部原总工程师杨盛福为组长的隧道、地质、水利专家对穿越砂层的施工方案进行会审，推荐了地下连续墙和地表疏干降水井相结合的辅助施工技术方案。该方案的实施保证了隧道在无水或少水的环境中开挖，不仅保证了安全，同时也使开挖进度大大加快，经过 5 个月的施工，安全通过了富水砂层段。具体施工方案详见本书“施工篇”。

3.3.4 风化槽技术方案的审查

风化槽施工方案因各个风化槽的地质情况而定，第一次穿越风化槽为服务洞 F1 风化槽第一循环，指挥部邀请了以中国工程院王梦恕院士为组长的国内知名专家组成专家组，确定了以全断面超前帷幕注浆结合大管棚的辅助施工措施，CRD 法开挖穿越风化槽的方案，实际施工时，仅注浆就用了 8 个月时间。

在总结第一循环施工经验的基础上，指挥部组织各参建单位的技术人员，根据王梦恕等专家的建议，依据超前地质预报提供的地质信息，对施工方案不断优化，第二循环采用上半断面帷幕注浆堵水方案，注浆长度增加到 35m，注浆时间缩短到了 3.5 个月，继续采用大管棚超前支护，CRD 法开挖。

专家组根据每一循环过风化槽注浆和开挖施工中总结的经验，本着宁可保守决不冒险和以技术为保障的原则，对过风化槽的施工方案一次次地进行了优化。超前帷幕注浆从全断面帷幕注浆到周边帷幕注浆，再到上半断面帷幕注浆，一直过渡到上半断面周边帷幕注浆，在保证施工安全的同时加快了施工进度，节约了工程投资。同时又能根据风化槽的地质条件采取合适的施工方案，在后期施工中遇到涌水量大和全强风化围岩时，重新采取较为保守的全断面帷幕注浆方案。超前支护则根据不同的地质条件分别采取了大管棚、小管棚和小导管注浆的方案。开挖方法从 CRD 法过渡到台阶法预留 CRD 法施工条件和环形开挖，施工工艺一步步成熟，一步步优化。翔安隧道按上述审查后的技术方案，安全顺利地通过了所有风化槽地段。

表 4-3-3 是经指挥部专家讨论确定的各风化槽采取的主要施工技术措施。

翔安隧道风化深槽施工实际情况统计 表 4-3-3

风化槽编号	风化槽地质条件	围岩级别	线别及标段	循环	注浆长度	注浆类型	超前支护方法	开挖方法
F1	花岗岩，全强风化为主，岩体完整性和稳定性差。中间夹二长岩脉，富含水	V 级围岩	左线隧道 A1 标	第一循环	ZK8 + 270 ~ ZK8 + 295 25m	全断面帷幕注浆	大管棚 + 小导管注浆	CRD 法
				第二循环	ZK8 + 295 ~ ZK8 + 330 35m	半断面(上、下台阶)帷幕注浆	大管棚 + 小导管注浆	CRD 法
							小导管注浆	CRD 法
			服务隧道 A1 标	第一循环	NK8 + 301 ~ K8 + 319 18m	全断面帷幕注浆	大管棚 + 小导管注浆	台阶法
				第二循环	NK8 + 316 ~ K8 + 350 34m	全断面帷幕注浆	大管棚 + 小导管注浆	台阶法
				第三循环	NK8 + 350 ~ K8 + 385 35m	周边帷幕注浆	大管棚 + 小导管注浆	台阶法
			右线隧道 A2 标	第一循环	YK8 + 327 ~ YK8 + 352 25m	上台阶全断面注浆(Ⅰ、Ⅲ部)	大管棚 + 小导管注浆	CRD 法
				第二循环	YK8 + 348 ~ YK8 + 378 30m(Ⅰ、Ⅲ部)	全断面帷幕注浆	大管棚 + 小导管注浆	CRD 法
					YK8 + 344.6 ~ YK8 + 347.6 30m(Ⅱ、Ⅳ部)		小导管注浆	CRD 法
F1		V 级	右线隧道 A2 标	第三循环	YK8 + 376 ~ YK8 + 416 30m(Ⅰ、Ⅲ部)	上台阶全断面帷幕注浆	大管棚 + 小导管注浆	CRD 法
				第四循环	YK8 + 413 ~ YK8 + 460 47m(Ⅰ、Ⅲ部)	上台阶全断面帷幕注浆	大管棚 + 小导管注浆	CRD 法

续上表

风化槽编号	风化槽地质条件	围岩级别	线别及标段	循环	注浆长度	注浆类型	超前支护方法	开挖方法
F2	弱风化花岗岩为主，局部为全强风化花岗岩，岩石破碎，节理裂隙发育，涌水量较大。风化槽侵入隧道上部	Ⅳ～Ⅴ级	右线隧道A4标	第一循环	YK10+255～YK10+205 50m	小导管注浆	小导管注浆	台阶法
			服务隧道A1标	第一循环	NK10+161～NK10+201 40m	全断面帷幕注浆	大管棚+局部小导管注浆	台阶法
				第二循环	NK10+220～NK10+242 22m	上半断面周边帷幕注浆	局部小导管注浆	台阶法
			左线隧道A1标	第一循环	ZK10+160～ZK10+200 40m	上半断面帷幕注浆	大管棚+局部小导管注浆	台阶法
			左线隧道A3标	第二循环	ZK10+200～ZK10+248 48m	上半断面帷幕注浆	大管棚+局部小导管注浆	台阶法
F3	以弱风化花岗岩为主，局部为强风化，岩石破碎，裂隙发育，夹灰绿岩脉，涌水量较小	Ⅳ～Ⅴ级	左线隧道A3标	第一循环	ZK10+703～ZK10+673 30m	上半断面周边帷幕注浆	小管棚注浆	台阶法
				第二循环	ZK10+674～ZK10+654 20m	上半断面周边帷幕注浆	大管棚+小导管注浆	台阶法
			服务隧道A3标	第一循环	NK10+708～NK10+668 40m	全断面周边帷幕注浆	小导管注浆	台阶法
				第二循环	NK10+673～NK10+643 30m	全断面周边帷幕注浆	小导管注浆	台阶法
F3	以弱风化花岗岩为主，局部为强风化，岩石破碎，裂隙发育，夹灰绿岩脉，最大涌水量15.465m^3/m·d	Ⅳ～Ⅴ级	服务隧道A3标	第三循环	NK10+648～NK10+608 40m	上半断面周边帷幕注浆	小导管注浆	台阶法
			右线隧道A4标	第一循环	YK10+690～YK10+655 35m	全断面帷幕注浆	大管棚+局部小导管注浆	台阶法
				第二循环	YK10+660～YK10+620 40m	全断面帷幕注浆	大管棚+局部小导管注浆	台阶法
				第三循环	YK10+625～YK10+588 37m	小导管注浆	小导管注浆	台阶法
F4	以弱风化和强风化花岗岩为主，节理裂隙发育密集，岩体完整性差，地下水发育	Ⅴ级围岩	左线隧道A1标	第一循环	ZK8+886～ZK8+926 40m	全断面帷幕注浆	大管棚+局部小导管注浆	CRD法
				第二循环	ZK8+924～ZK8+964 40m	周边帷幕注浆	大管棚+局部小导管注浆	CRD法
				第三循环	ZK8+961～ZK9+001 40m	周边帷幕注浆	大管棚+局部小导管注浆	CRD法
			服务隧道A1标	第一循环	NK8+908～NK8+945 37m	全断面帷幕注浆	大管棚+局部小导管注浆	台阶法
				第二循环	NK8+945～NK8+989 44m	全断面帷幕注浆	大管棚+局部	台阶法
			右线隧道A2标	第一循环	YK8+921～YK8+937.5 16.5m	全断面周边帷幕注浆	小导管注浆	台阶法

续上表

风化槽编号	风化槽地质条件	围岩级别	线别及标段	循环	注浆长度	注浆类型	超前支护方法	开挖方法
按风化槽施工	岩体强度变差，节理裂隙发育密集，岩体完整性变差，岩体整体破碎，地下水发育	Ⅳ级	左线A1标	第一循环	ZK8+427~ZK8+457 30m	周边帷幕注浆	大管棚+局部小导管注浆	台阶法
	以弱风化和强风化花岗岩为主，局部全风化，岩石破碎，节理裂隙发育，夹灰绿岩脉，涌水量较小。软弱及破碎围岩侵入隧道上部	Ⅴ级	左线隧道A3标	第一循环	ZK10+994~ZK11+024 30m	上半断面周边帷幕注浆	小管棚注浆	台阶法
				第二循环	ZK11+024~ZK11+052 28m	上半断面周边帷幕注浆	小导管注浆	台阶法
				第三循环	ZK11+117~ZK11+087 30m	上半断面全断面帷幕注浆	小管棚注浆	台阶法
				第四循环	ZK11+087~ZK11+052 35m	上半断面周边帷幕注浆	小导管注浆	台阶法

3.3.5　防排水技术方案的审查

海底隧道工程防排水技术是海底隧道工程建设成败的核心技术之一。一般来说，隧道的防排水通常是指结构的防排水，这里只叙述开挖以后隧道结构的防排水方案的审查。

防排水技术方案的审查，在防水板等主要防水材料种类的选择上通过专家论证的方式听取了国内著名防水专家的意见，通过招标方式选择了质量和性能较为可靠的防水材料，主要技术方案的审查和改变则是参建人员根据施工中存在的问题通过现场会议和设计变更的方式进行的。

本隧道设计了3层防水，第一层为初期支护，采用抗渗混凝土作为喷射混凝土材料，抗渗等级为P8，初期支护背后用聚氨酯作为注浆材料进行注浆堵水，要求初期支护不渗水；第二层为防水板，采用半包防水的形式，仰拱部位不设防水板；第三层为二衬混凝土，采用抗渗混凝土，抗渗等级为P12，不设排水盲管和泄水孔。

在施工过程中，由于喷射混凝土中不可避免地存在空洞，初期支护难以达到设计的抗渗效果，背后没有注浆前渗水严重，有的甚至成水柱流出。对于初期支护背后的注浆堵水，在施工过程中将注浆材料由聚氨酯变更为普通水泥单液浆。由于注浆前初期支护渗水严重，有的地段形成水柱从初期支护中流出，普通水泥单液浆凝结时间长，还没有凝结就随水一起流出，后改为先注普通水泥水玻璃双液浆，将大的水柱封堵，然后再注普通水泥单液浆。这样做的结果是暂时阻止了初期支护渗水，但水玻璃耐久性差，容易分解，一个多月后注过浆的初期支护重新开始渗水，而且越渗越严重，又开始重新注浆。经过这样反复多次的注浆后初期支护才能达到基本不渗水的状态。

考虑到仅靠混凝土的自防水很难达到理想的抗渗效果，根据隧道防水的一般做法，施工过程中在二衬背后增加了排水盲管和泄水孔，给进入的少量水一个出路。

3.3.6　经验与教训

翔安隧道的技术方案经过专家把关和参建单位的共同努力，绝大多数取得了很好的效果，比如风化槽和富水砂层的施工方案，但也有的方案存在着值得总结之处，比如防排水施工方案，下面就防水技术方案存在的不足之处进行说明，供将来类似工程借鉴和参考。

①初期支护背后注浆止水不宜注水泥水玻璃双液浆。由于水玻璃易分解，虽然暂时能止住水，但不能根本解决防水问题，一段时间以后初期支护仍会渗水，在砂层等透水性强的地层还会形成较高的水压。如果二衬全封闭，则不可避免地会造成二衬大面积渗水；如果二衬留泄水孔，围岩中的水会源源不断地大量流出，造成运营中排水量太大。

②对海水的认识不足。由于对海水的成分及其对泄水孔的影响了解不够,二衬预留的排水盲管和泄水孔使用一段时间后被海水形成的结晶物堵塞,每隔一个多月就需要疏通排水盲管和泄水孔。在采取限排式防水时需要设置可维修式排水设施,以便运营阶段疏通排水管道和排水沟。

③分区防水与限排式防水的冲突。施工图设计是全封闭式防水,每十米一个防水分区,预留注浆孔,一旦局部有渗漏即注浆封堵。在施工过程中,考虑到全封闭防水很难将水完全堵住,将全封闭防水改为限排式防水,设置了排水盲管和泄水孔,在局部二衬渗水的地方注浆后发现浆液把排水盲管堵塞了,排水盲管堵塞后二衬渗水更严重。

3.4 质量通病治理

3.4.1 概述

当前全国各地兴建隧道,且多采用暗挖钻爆法施工,其作业环境较差,现场管理常有松懈现象,从业人员素质也参差不齐,质量意识有待加强,加上大量的新工艺、新技术、新材料、新设备投入使用,技术交底和现场操作时有不到位,导致在施工过程易造成一些常见的质量缺陷,留下隐患。作为质量通病治理的示范工程,翔安海底隧道开工伊始,各参建单位以“严格管理、严格工艺、严格纪律”为原则开展各项工作,制订并严格落实的质量通病治理各项制度和措施,加强各道工序施工难点、质量通病的事先预控和过程控制,切实做好质量通病治理工作,确保了工程质量。隧道质量通病主要有:洞身开挖的超、欠挖超标;钢支撑的加工和安装不符合相关要求;喷射混凝土的厚度不足、不密实;防排水施工二衬钢筋的制作安装达不到规范和设计要求、钢筋保护层厚度控制不到位;二衬混凝土的浇筑与养护等。

3.4.2 开挖、初支质量通病治理

1. 土质围岩开挖

翔安隧道土质围岩主要分布于陆域段和海域风化槽地段,其埋深浅、开挖断面大、土体富水。开挖采用人工配合挖掘机的方式进行,如图 4-3-3。开挖前严格按设计、规范要求做好超前支护,严格控制开挖进尺(循环开挖进尺为 0.5 ~ 1.0m),加强现场测量减少超欠挖,保证开挖轮廓线满足设计和规范要求。分部开挖加快循环开挖速度,减少围岩裸露时间(采用 CRD 工法和双侧壁导坑法开挖),开挖成型后立即进行混凝土初喷,初喷厚度控为 4 ~ 6cm 以防止土体失稳而造成土体掉快甚至坍塌,确保施工安全。

2. 石质围岩开挖

石质围岩主要分布于海域段,如图 4-3-4,围岩复杂多变,不可预见情况多,危险性大,因此做好超前地质预报,确定开挖方式尤为重要。Ⅰ、Ⅱ、Ⅲ级围岩采用上下台阶或预留光爆层法开挖,Ⅳ级围岩采用多台阶法开挖。一旦围岩发生变化,爆破工程师和地质工程师均到现场调整确定爆破参数,以确保光爆效果和开挖安全,Ⅰ、Ⅱ级围岩周边眼间距控制为 40 ~ 50cm,Ⅲ、Ⅳ级围岩周边眼间距控制为 30 ~ 40cm,

图 4-3-3 土质围岩石

图 4-3-4 石质围岩石

并加强周边眼的角度控制。由于及时调整爆破参数，隧道石质围岩开挖残眼率较高，开挖轮廓线圆顺，掌子面平整。断面开挖后及时进行初喷支护，避免爆破松动圈失稳引发岩体掉快坍塌而造成安全事故。

3. 喷射混凝土

喷射混凝土自下而上，喷射管垂直于喷射面，管口与喷射面间距为0.6～1.2m以控制回弹量，确保混凝土与围岩的黏结力。根据混凝土设计厚度、钢筋网层数可分为一至三层喷射。以S4、S5衬砌类型为例，设计喷射混凝土厚度28～32cm，钢支撑+双层钢筋网，分成三次喷射成型。第一次喷射混凝土为初喷，在开挖成型后立即进行，沿环向每隔3m垂直于开挖断面埋设短截钢筋头，外露4～6cm以控制初喷厚度，保证开挖断面在短时间内稳定。第二层喷至工字钢腹板中间位置，先喷射工字钢与初喷混凝土表面空隙部位，角度稍作倾斜，喷射完毕检查工字钢背后密实无空洞后，再进行工字钢之间部位的混凝土喷射作业。第二层混凝土喷射完毕后立即进行二层钢筋网的施作和第三层混凝土喷射，其时间间隔控制在1h以内，避免混凝土分层喷射而出现断层。加强保护层厚度的控制，防止钢支撑受腐蚀，在喷射第三层混凝土前沿钢支撑环向每隔1m按设计保护层厚度固定短截钢筋作为标识，同时也保证了喷射混凝土轮廓线的圆顺和平整。分部开挖分部初支，喷射上部混凝土时，拱脚处喷成斜面，喷射下部混凝土时须将上部拱脚处回弹料凿除清洗干净，避免上下部混凝土断层。翔安隧道喷射混凝土施工如图4-3-5、图4-3-6所示。

图4-3-5　翔安隧道喷射混凝土施工

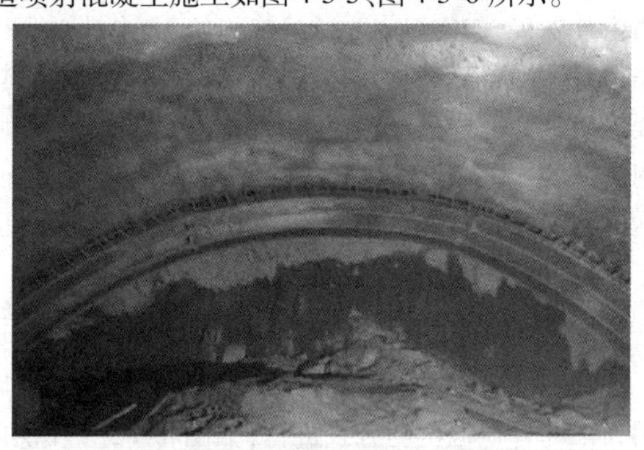

图4-3-6　翔安隧道喷射混凝土

4. 钢支撑架设

钢支撑架设主要控制钢支撑的间距、倾斜度、安装偏差、拼装偏差等指标。首先加强半成品加工工艺，冷弯过程保证钢支撑的弧度，防止扭曲变形，连接钢板切割成型后按设计尺寸对螺栓孔位及与钢支撑焊接位置进行画线定位，并根据所定位置进行打孔和焊接，以确保拼装偏差在3mm内。半成品加工完成后进行试拼装，不合格产品禁止使用。

钢支撑架设前进行现场测量放样，确定钢支撑横向、竖向位置。钢支撑就位前采用卷尺量测，并结合纵向连接筋（严格按设计长度制作）确定纵向位置，准确控制纵向安装间距；同时，采用测斜仪量测钢支撑倾斜度，根据量测结果进行调整，确保倾斜度控制在±2°以内。翔安隧道软弱地段主要采用CRD法分四个导坑依次开挖，各个导坑初支亦分部安装并依次闭合。当四个导坑全部开挖并安装初支完成后，隧道全断面初支才闭合。现场实践表明，从初支分部安装、导坑闭合到全断面闭合过程中，围岩和初支将发生变形，特别是同一个断面前后施作的钢支撑连接部位是受力薄弱点，连接钢板易发生变形，导致初支变形加大。为此，施工中特别对钢支撑连接部位采取了加强措施，连接钢板厚度一律采用20mm，并加强焊接质量。翔安隧道钢支撑架设如图4-3-7所示。

图4-3-7　翔安隧道钢支撑架设

3.4.3 防排水质量通病治理

1. 防水系统

翔安隧道陆域段地下水丰富、土层富水,海域段围岩破碎地段节理发育,海水渗流量大。因此严格工艺、加强规范化施工,做好防水是保证二衬不渗不漏的关键。隧道衬砌防水系统设计:拱墙部位设置防水板,在施工缝(沉降缝)处设置背贴式止水带、中埋式止水条、水泥基结晶。

铺设防水板前进行基面处理:渗水部位注浆堵水,做到不渗不漏,注浆材料为纯水泥浆以保证堵水长期有效;基面圆顺大致平整,凹凸不平处喷射混凝土找平,外露尖锐物切割彻底以避免刺破防水板。基面处理完毕后,根据设计间距布置固定点,在专用工作台车上进行防水板铺设,控制松弛度,避免折皱现象。防水板搭接以下压上,防止焊缝处积水浸泡导致焊缝脱落渗水。采用双面趴焊机焊接,确保焊缝宽度和焊接质量。焊接质量的检验是通过对焊缝的充气试验进行,气压达0.2MPa,持压5min后,压力不得小于0.16MPa,否则逐段检查,找出漏气部位进行补焊。加强防水板的保护,特别是钢筋焊接和施作横向定位钢筋时,使用隔板对防水板进行防护,避免损伤防水板。尽量减少施工缝,仰拱与矮边墙一次性浇筑,减少渗漏水的薄弱部位。

背贴式止水带安装前先行定位,安装时利用工作台车进行临时固定后再行焊接。背贴式止水带与防水板厚薄不一,为确保焊接牢固又避免灼伤防水板,操作人员均经厂家组织培训,熟练掌握焊接工艺后方许上岗施作。中埋式止水条先预留槽后安装,以保证安装位置准确。在加工堵头板时,在其中间位置按止水条尺寸和要求嵌入深度沿环向固定板条。矮边墙顶部纵向施工缝止水条预留槽在混凝土浇筑完毕初凝前埋设板条预留。止水条安装安排在内层钢筋施工前(钢筋混凝土段)和衬砌台车就位前(素混凝土段)进行,防止止水条过早遇水提前膨胀而失效。水泥基结晶预留槽为方形,深度必须大于宽度以增强强度。使用水泥基结晶填充前,先检查基面是否渗水,如有需进行止水以避免填充物未硬化即被渗水冲刷,严格按规程进行养护,保持潮湿24h以上。翔安隧道防水板施工如图4-3-8所示。

图4-3-8 翔安隧道防水板施工

2. 排水系统

隧道排水是通过纵横向排水管将少量渗漏水汇入路基下侧边沟。纵、环以及横向排水管采用四通连接。排水管严格按照设计要求的布孔形式和范围设置渗水孔,采用机械打孔以避免人工打孔损坏管壁。安装前需将管内杂物清理干净,外裹无纺布防止混凝土浇筑时水泥浆液入孔堵管。纵横向排水管根据设计位置和坡度安装牢固,浇筑混凝土时做好横向排水管出水口的堵塞工作,加强排水管的保护,避免排水管因开裂、破碎和移位而影响排水效果。

3.4.4 二衬质量通病治理

1. 钢筋安装

隧道二衬钢筋施工常见质量通病为:钢筋偏位、保护层厚度达不到设计要求以及仰拱预留钢筋的受污、生锈等。

严格按照设计尺寸和弧度进行钢筋的加工制作,半成品经检验合格后方许进入现场安装。仰拱钢筋安装前进行精确的定位并作好标识,根据标识先施作钢筋定位骨架,后在定位骨架上进行钢筋安装,以确保钢筋安装位置准确。拱墙钢筋是通过专用钢筋台车进行安装,台车在拱部、拱腰、边墙部位根据设计的内外层主筋轮廓线设置定位撑杆,沿撑杆布置钢筋并与矮边墙预留钢筋焊接成型。

钢筋保护层厚度的控制是通过加设混凝土垫块实施,如图4-3-9所示。混凝土垫块采用二衬混凝土制作,垫块呈圆弧状,大大减少了与模板的接触面积,避免了使用方形垫块易在混凝土表面显现影响二衬外观的不足。弧形垫块垂直于模板径向分布,需与二衬钢筋绑扎牢固,防止因二衬台车就位和混凝土浇筑时触撞、挤压使垫块偏位致使二衬混凝土浇筑成型后钢筋保护层厚度满足不了设计要求。

图4-3-9　翔安隧道二衬混凝土垫块及钢筋绑扎

海底隧道施工空气潮湿,海水极易对现场预留钢筋造成腐蚀,其他工序施工亦容易造成钢筋受污染。为防止钢筋受污、生锈,一是加快拱墙二衬浇筑,及时封闭,减小钢筋的裸露时间,二是及时对仰拱预留钢筋涂抹水泥浆,加强对钢筋的保护,使之与空气有效隔离,安装拱墙钢筋时再行清除干净,少量污染、锈蚀钢筋采用砂纸清污除锈。

2. 二衬混凝土

二衬净空检查在铺设防水板前按每2m检测一个断面的频率进行,对净空不足部位采取换拱(设置钢支撑段)和补炮凿除(无钢支撑段)等措施进行处理,确保二衬厚度满足设计要求。

二衬模板台车的检查包括结构受力验算、拼装焊缝检查,就位后各支撑受力点的检查、脱模后涂模刷油及定期不定期的校正调整,以杜绝跑模、变形现象,确保二衬外表美观。

加强对原材料的检验,严格控制施工配合比,确保混凝土强度;加强混凝土塌落度的控制,确保混凝土和易性。浇筑仰拱前需保证基面干净无积水,浇筑过程加强振捣,特别是仰拱与矮边墙交界拐角处的振捣,避免漏振造成混凝土不密实。拱墙二衬混凝土浇筑左右两侧对称进行,分层浇筑,分层振捣,每层厚度为30~40cm,采用插入式振动棒与附着式振动器结合振捣,避免过振和漏振现象。连续浇筑,两层混凝土浇筑时间间隔不得超过混凝土初凝时间以防止出现冷缝。拱顶位置设置观察孔,混凝土封顶时通过观察孔判断混凝土是否密实。混凝土收缩后存在的缝隙利用预留注浆孔进行注浆回填,确保二衬混凝土与初支密贴。

图4-3-10　翔安隧道二衬施工

翔安海底隧道二衬设计厚度最大70cm,超挖部位达到100cm,为避免脱模后二衬混凝土开裂,浇筑混凝土时加强温控,混凝土入模温度应比洞内周边环境温度低于5℃以上。适当延迟拆模时间,脱模时间在混凝土终凝后,拆模时混凝土强度不得小于2.5MPa。加强二衬混凝土的养护,养护时间不得少于7天,在混凝土表面铺设无纺布蓄水养护以使得混凝土表面在7天内始终保持湿润状态。翔安隧道二衬施工如图4-3-10所示。

3.5 工地试验室及检测工作重点

3.5.1 概述

试验检测技术是按照科学的原理,使用一定装置,按照规定的方法,对材料和构件的性能、工艺参数等进行试验检测的活动。在公路建设中,为了加强公路工程施工质量管理,实行政府监督、社会监理、企业自检的质量保障体系,而质量保障体系的有效运行就离不开试验检测技术,离不开试验室和试验工作,因此,公路工程试验检测技术是公路建设和管理中不可缺少的重要基础技术,在质量保证体系中起到重要作用。所以无论是监理单位或是施工企业,都必须各自建立独立的,满足工程建设需要的工地试验室,以确保监理监督,施工自检工作的顺利实施。

厦门翔安隧道工程是厦门岛内穿越海底连接岛外陆地的一条重要交通通道,也是我国第一座海底隧道。为有效控制和监督工程施工质量,为施工过程提供可靠的技术参数,监理单位、施工单位都组建了完善的,符合工程需要的工地试验室,配置的试验仪器设备,工作环境,试验人员资质等都满足工程要求。工地试验室的资质是经过福建省交通公路质量监督站考核合格后颁发了临时资质,并通过项目业主现场检查认定批准,保证了试验检测人员持证上岗的要求。

为有效地对工程质量实行监督管理,为施工提供可靠的技术参数,本项目工程设置了项目业主专人管理,监理和施工单位建立各自独立的工地试验室,形成了有效的监督管理、自检为一体的质量保证体系,为施工提供了可靠的技术保障,也为工程质量起到了有效的监控作用。

3.5.2 试验检测工作管理

试验检测工作应遵循科学、公正、独立、准确的原则,做到试验检测项目齐全、内容完整、频率足够、时间及时、方法科学、结果准确、资料规范。针对翔安隧道工程技术的要求,总监办统一制定了符合本工程项目的试验检测管理办法,对试验检测频率、标准试验、试验仪器设备管理、人员资质等都做出相应的规定和要求,对施工单位用于永久性工程项目的材料、标准试验及结构强度进行重点控制,确保用于工程施工的材料各项性能满足设计和规范要求。要求工地试验室的检测项目必须在母体试验室资质批准的检测项目范围内开展试验工作,对于资质以外的检测项目和特殊材料委托具有检测资质的检测单位进行试验检验。

本项目实行母体试验室监督管理负责制,母体试验室每季度对工地试验室及试验工作进行一次全面检查,对存在的问题以书面形式下发通报并指导整改,母体试验室对工地试验室负责业务指导,培训,并对检测工作质量负责。各工地试验室建立了完善的试验室工作管理制度;试验人员岗位责任制度;试验仪器设备管理制度;资料档案管理制度;样品管理制度;安全和环保管理制度;试验检测人员纪律制度;试验操作规程和试验仪器自校规程等,实行制度上墙,资料台账管理的管理制度。总监办每季度对驻地监理试验工作和施工单位试验工作进行一次综合考评,驻地办对施工单位试验工作每月检查一次,对在检查中发现的问题以书面形式进行通报,要求限期整改。从而使试验工作监督到位,管理规范,也为施工过程质量控制提供了可靠的技术保障。

文件资料的管理也是试验工作管理的重要内容之一,试验技术资料必须做到准确,齐全,及时,规范,凡是试验室提供的试验结果必须真实可信,通过试验得出的结果必须经得起验证和推敲,能真实反映工程所用原材料及结构物的内在质量,对控制工程质量具有指导作用,使工程所用材料和工程质量达到设计和使用功能的要求,试验室提供的资料内容必须完整,数据必须真实,并具有可追溯性,所以试验资料是试验工作管理的一个重要环节。结合本项目工程的情况,各工地试验室都建立了文件资料管理制度、资料收发登记制度、资料审核签发制度、资料分类归档保存制度。从取样、检验到试验报告归档实行试验台账管理,做到分类管理清晰,查阅方便,规范整齐。

3.5.3 试验检测工作质量的控制

试验检测工作质量的好坏,直接影响到工程结构的质量,所以提高试验检测工作质量,首先要求试验检测人员应具有一定的业务素质，为了符合本项目工程需要，要求试验检测人员必须持证上岗，工地试验室配置的仪器设备和试验人员必须符合施工招标文件要求，并建立完善的试验工作管理制度，以确保试验检测工作管理规范化，岗位责任制度化，工程质量检测严格化。为了试验检测数据的真实性、可靠性，以及试验检测工作规范化管理，结合本项目工程特点对试验工作质量控制制定了如图4-3-11，图4-3-12，图4-3-13工作流程，以确保试验检测工作质量的有效运行。

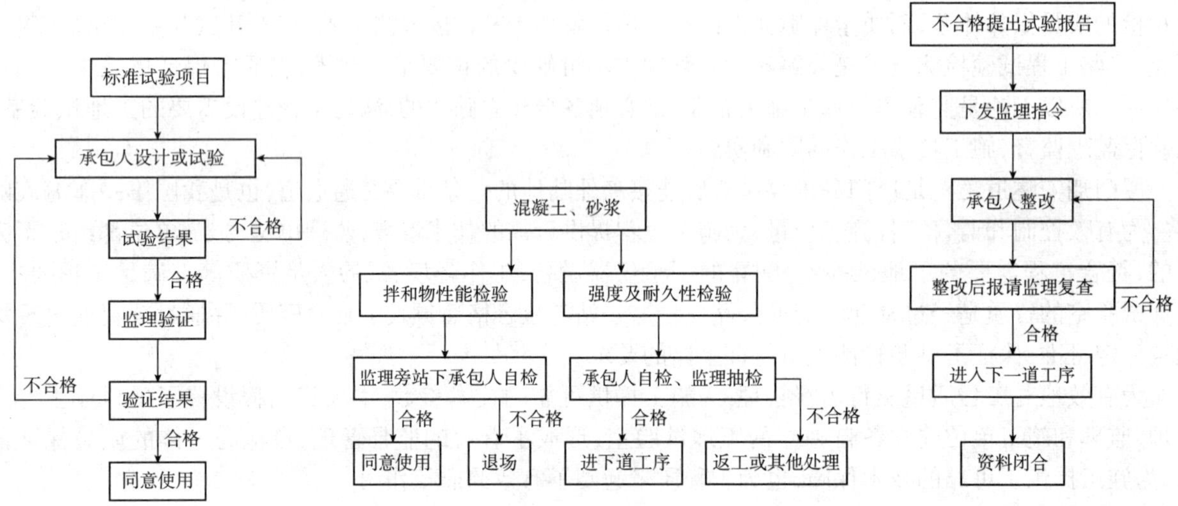

图4-3-11　标准试验验证工作流程图　　图4-3-12　现场抽样试验质量控制流程图　　图4-3-13　不合格处理工作流程图

3.5.4　工程混凝土质量控制

海底隧道混凝土质量控制的重点是初支护和二衬混凝土。

1. 混凝土原材料质量控制

对于翔安隧道工程用于永久性工程材料的控制措施：

①用于永久性工程的材料（含半成品、成品）都必须符合技术规范的要求，承包人在材料的料源选定和采购，都必须取得监理工程师的同意和批准。

②监理工程师对料源送检材料质量的认可并不意味着这一料源的所有材料都合格，监理工程师有权拒绝使用此料源不合格的材料。

③没有监理工程师的批准，不得采用任何替代材料。

④用于永久性工程的材料，均按规范规定的频率进行抽检、试验，经检验不合格的材料严禁进入施工现场。

⑤材料贮存必须防水、防潮、防污染，对粉剂材料必须采取覆盖防潮，并分类存放标识。

⑥材料取样与试验频率必须符合相关技术规范要求，承包人所有取样和检验应在监理旁站情况下进行。

⑦为了满足隧道混凝土结构性能及耐久性指标的要求，对隧道衬砌混凝土使用的原材料技术指标规定为：

a. 水泥：选用福建省建福水泥厂生产的“建福牌”硅酸盐水泥，强度等级为P. Ⅱ42.5，要求水泥碱含量不得大于0.06%，烧失量、化学指标等符合国标要求。

b. 细集料：选用级配良好的漳州河砂，要求细度模数不小于2.8的中粗砂。

c. 粗集料：选用厦门本地生产的碎石，要求采用反击破轧制，其规格为5～25mm，针片状含量不大于7%，压碎值不大于10%，含泥量不大于0.7%，泥块含量不大于0.5%。要求混凝土拌和站实行隧道材料专管专用，从储料仓到拌和楼上料仓都分别设有隧道专用材料标识牌。

d. 减水剂：选用意大利马贝X414高效缓凝减水剂，要求减水率大于20%，氯离子含量小于0.1%。

e. 粉煤灰：选用漳州后石生产的Ⅰ级磨细粉煤灰，要求各项指标均符合《用于水泥和混凝土中的粉煤灰》F类Ⅰ级粉煤灰技术要求。

f. 磨细矿渣粉：选用厦门科之杰建材有限公司生产的S95级磨细矿渣粉，要求比表面积、活性指数均满足《用于水泥和混凝土中的粒化高炉矿渣粉》的技术要求。

2. 混凝土配合比的控制（重点是初支喷射混凝土/二衬混凝土）

厦门翔安隧道工程设计使用寿命100年，由于该隧道穿越海底其混凝土结构将受到海水垂直渗透侵蚀的影响，根据地质及环境条件其腐蚀类型为陆域地下水对钢结构具有弱腐蚀性，海域地下水在Ⅲ类环境下对混凝土均有弱结晶类、弱结晶分解复合类腐蚀作用，对钢筋混凝土结构中钢筋具有弱腐蚀性，对钢结构具有中等腐蚀性。其水化学类腐蚀主要由HCO_3—Ca渐变为HCO_3. Cl^-—NaCa至Cl—Na型，主要以Cl^-对钢筋混凝土结构造成较严重的腐蚀性。针对厦门海底隧道结构混凝土受介质侵蚀的影响，以满足使用功能及抗耐久性能力的要求，设计隧道衬砌混凝土强度等级为C50，抗渗等级>S12，90天抗氯离子扩散系数为$2.0\times10^{-12}m^2/s$。为了满足设计要求，隧道衬砌混凝土配合比委托南京水利科学研究院进行初步设计，经过室内试验检测论证，提出理论配合比。在实际工程应用时，根据当地的原材料对配合比进行了多次的验证和调整，经过试验检测各性能指标均满足施工和设计要求。为了提高混凝土耐久性能力，主要途径是控制和减少水泥产物中可溶性产物和腐蚀物资的数量，同时要切断由表及里不断腐蚀的快速通道，即混凝土内部的连通孔隙，综合提高混凝土耐腐蚀性能。其主要技术措施采用低热水泥及大掺量高活性的矿物掺和料，可以减少混凝土的收缩及改善混凝土内部孔隙结构，通过对拌和物组分的改善，使混凝土收缩大幅减少，内部孔隙结构得到优化，从而大幅度提高混凝土耐腐蚀的性能。为了保证混凝土配合比各项性能指标稳定，要求商品混凝土公司每半年对配合比性能及强度验证一次；施工单位、监理单位每年对混凝土配合比性能及强度验证一次；原材料变化或变更料源时，配合比重新验证。对混凝土所用原材料按批进行检验，各项指标必须满足技术要求，从而保证了隧道衬砌混凝土各项物理性能和强度指标均满足设计要求。

为满足海底隧道初期支护的技术要求，喷射混凝土质量和强度是保证隧道初期支护的技术措施。由于隧道渗水量大，又处于受海水侵蚀环境的影响，喷射混凝土的性能必须满足施工技术的要求，其设计强度等级为C25，抗渗等级大于S8。为提高喷射混凝土的抗渗性能，在混合料中掺入磨细1级粉煤灰和高效减水剂，控制水胶比不大于0.4，经试验检测结果大大地提高了喷射混凝土的抗渗能力。在实际应用中，根据围岩不同的土质采用湿喷工艺或潮喷工艺相结合，有效地降低了喷射混凝土的回弹率和粉尘，改善了施工环境，降低了工程成本。为了有效控制隧道喷射混凝土的质量，除对进场原材料质量严格控制，对现场喷射混凝土强度也增加检验频率，规定抽样检验频率为每10延米在隧道拱部和边墙各抽取强度试件一组；在仰拱部位按80~100m^3喷射混凝土抽取强度试件一组；在软土地质段和海底风化深槽段，施工采用Ⅳ部开挖工艺时，按每部每10延米抽取强度试件一组。喷射混凝土取样是在施工现场采取喷射大板的方式，然后切割成100mm×100mm×100mm的立方体试件，在标准养护28天测其试件强度必须大于设计强度。喷射混凝土开盘和施工配合比调整，必须在监理旁站下完成，拌制混合料时经自动计量系统严格按配合比配料施工，保证混合料拌和均匀不离析。从而也有效地保证了喷射混凝土工程质量。

3. 商品混凝土的质量控制

商品混凝土的质量控制及生产流程：

(1)加强原材料质量管理

选用优质的原材料，对料源进行考察和认真筛选，是确保商品混凝土质量的基础。进入拌和站的砂、石材料按品种、规格分仓堆放，对二衬混凝土用砂、石材料标识隧道专用，避免与其他材料混用或错用的现象。特别对水泥、粉煤灰、矿渣粉等粉料筒仓采取防潮、防湿措施，并分别对各种原材料进行挂牌标识。

(2)严格配合比设计及过程管理

①配合比设计原则：

a. 要求水胶比不大于0.4；

b. 掺适量优质高效减水剂；

c. 大掺量优质高活性的掺和料(粉煤灰、磨细矿渣粉)取代部分水泥。在保证混凝土强度与稠度前提下，可以显著提高混凝土的可泵性、抗渗性和抗氯离子扩散等耐久性能，增强了对钢筋的保护作用。

②强化生产过程质量控制：

a. 混凝土搅拌采用计算机自动控制系统，搅拌设备经当地计量部门检定合格，并定期进行计量校验，确保设备计量精度；

b. 确定合理的搅拌时间，由于混凝土中掺入大量的矿物活性掺和料和减水剂，再根据搅拌机型、运输时间和实际搅拌效果，确定搅拌时间不少于120s；

c. 加强过程检验，包括生产检验、交货检验及施工单位自检和监理抽检。生产检验——混凝土生产前，试验检测人员对使用的砂、石材料进行含水量测试，调整施工配合比，并对外加剂，配合比进行检查，确保混凝土质量和强度等级与供应的工程部位要求相符。混凝土在出厂前，要对拌和物进行坍落度及和易性测试，符合要求后才允许出站，并抽取混凝土强度试件，作为生产质量控制的依据。交货检验——混凝土运输到施工现场后，在浇注前，商品混凝土供应商在监理旁站下，要对混凝土拌和物性能进行测试，符合要求后才允许入模浇注，并抽取强度试件，作为交货检验的依据。施工单位自检—施工单位复核商品混凝土供应商提供的相关资料，查看是否与工程部位的要求相符，并按每工作班抽取强度试件，作为检验混凝土结构强度的依据。监理抽检——监理对同部位、同配合比、同强度等级的混凝土，按不少于20%的频率进行独立抽样检验。在正常检验情况下，若对混凝土质量有怀疑，随时进行抽检，如发现混凝土拌和物性能有变化时做到立即通知混凝土供应商及时纠正调整。要求抽样检验频率，在同结构、同强度等级每100m^{3}或每一工作班至少抽取两组混凝土强度试件。通过多层次严格把关和各个环节的质量控制，大大提高了商品混凝上的质量，从而也保证了隧道混凝土结构的工程质量。商品混凝土质量控制流程图如图4-3-14。

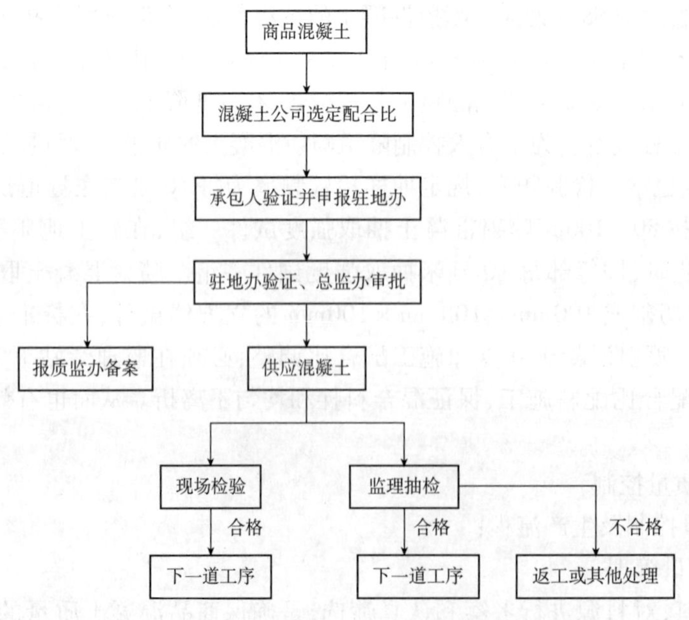

图4-3-14 商品混凝土质量控制流程图

3.5.5 钢材等其他材料及半成品的质量控制

进入施工现场的原材料及半成品材料,严把进场验收质量关。对钢材、水泥、结构型钢、隧道防水卷材等重要材料,进场必须分类存放,取样频率按同一品种、同一规格、同一生产批号、同一进场时间,按批次进行抽样检验,对检验不合格的材料立即封存,并要求及时清除施工现场。对不合格材料实行台账管理,施工单位按照监理工程师下发的指令限期进行整改,并将整改结果上报监理工程师复查确认。从而保证了用于永久性工程材料的质量。材料质量控制流程如图4-3-15、图4-3-16。

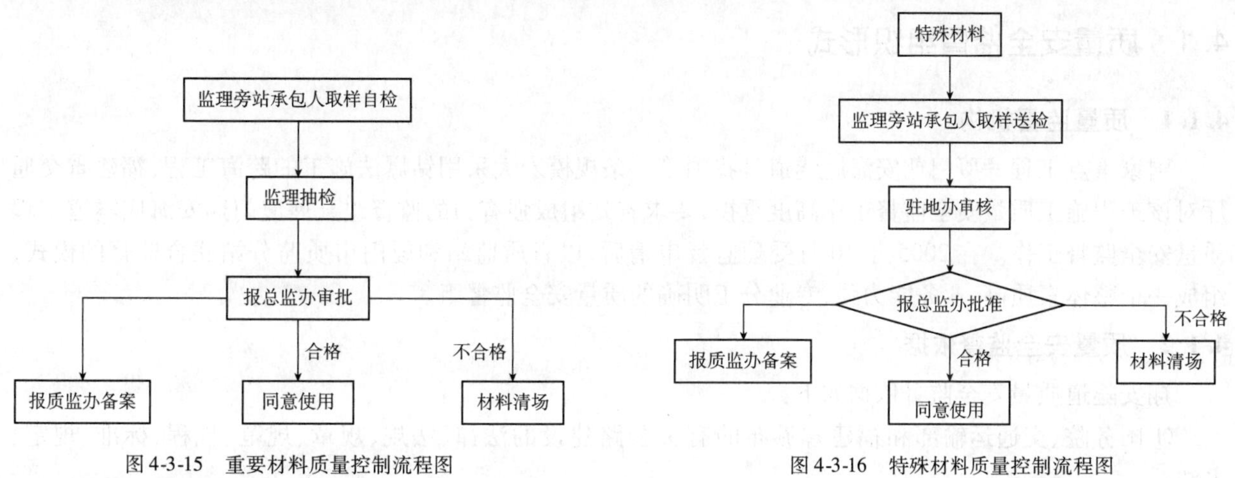

图4-3-15 重要材料质量控制流程图

图4-3-16 特殊材料质量控制流程图

【本章主要编写人员】:林永华 朱兆定 樊孝军 黄仁德 陈俊平

第4章　政府质量安全监督

4.1　质量安全监督组织形式

4.1.1　质量监督机构

国家重点工程—厦门翔安海底隧道是我国第一条规模宏大采用钻爆法施工的跨海工程，福建省交通厅对该工程施工质量安全监督工作高度重视，要求省站组成强有力的监督组开展厦门翔安海底隧道工程质量安全监督工作。在2005年10月受理监督申请后，以省质监站和厦门市质监分站联合监督的模式，组成一个整体素质高、业务能力强、专业分工明确的质量安全监督组。

4.1.2　质量安全监督依据

翔安隧道质量安全监督依据如下：

①国务院、交通运输部和福建省颁布的有关公路建设的法律、法规、规章、规范、规程、标准、规定、办法：

《建设工程质量管理条例》、《福建省建设工程质量管理条例》；

《公路工程质量监督规定》、《福建省公路工程质量监督规定实施细则》；

《公路建设市场管理办法》；

《公路建设监督管理办法》；

《公路工程质量管理办法》；

《公路工程质量督查办法》；

《公路工程质量检验评定标准》；

《公路工程竣(交)工验收办法》；

交通部《关于贯彻执行公路工程竣交工验收办法有关事宜的通知》；

《工程建设标准强制性条文》(公路工程)；

《公路工程施工安全规程》；

公路隧道设计、施工规范。

②该建设项目的立项、初步设计等审批文件。

③批准的全套施工图设计文件、变更设计文件及有关技术文件。

④施工、监理招标文件，中标通知书，投标文件。

⑤勘察、设计、施工、监理合同文件。

⑥与建设项目有关的现行国家标准及公路、房建等行业标准、规范、规程。

4.1.3　质量安全监督内容

(1)海底隧道工程质量监督内容

①工程质量管理的法规、规章、办法、技术标准和规范等执行情况；

②从业单位的质量保证体系及其运转情况；

③勘察、设计质量情况，工程质量情况，使用的材料、设备质量情况；

④工程试验检测工作情况；

⑤工程质量保证资料的真实性、完整性、规范性、合法性情况；

⑥从业单位在工程实施过程中的质量行为。

(2)海底隧道工程安全监督内容

①各参建单位执行安全生产法律法规、规章制度和工程建设规范标准的情况;

②施工单位安全生产3类人员和特种作业人员上岗资格;

③施工、监理单位安全生产管理制度、安全责任制度和各项应急预案的建立和落实情况;

④特种施工机械设备监督检验及登记情况;施工、监理单位安全生产教育培训情况;

⑤安全生产费用使用情况;

⑥监理单位的安全监理工作情况等。

对易发生生产安全事故的工程及施工作业环节应当进行重点检查。对存在安全管理问题需要整改的,以书面方式通知,存在问题单位限期整改;对存在安全隐患的,责令立即排除;对存在较大安全事故隐患,责令从危险区域内撤出作业人员或者暂时停止施工。

4.1.4 质量安全监督职责

质量监督机构实施翔安海底隧道工程的质量监督工作。其主要职责是:

①监督检查从业单位是否具有相应等级的资质证书,从业人员是否已按照国家有关规定取得相应的执业或上岗资格;

②监督检查从业单位质量安全保证体系建立与运行情况;

③监督检查、勘察、设计单位派驻施工现场服务人员及服务质量的情况;

④监督检查施工、监理单位是否严格按照有关质量标准和技术规范进行施工、监理;

⑤监督检查监理单位的质量安全管理和现场质量安全控制情况,以及对工程关键部位和隐蔽工程的旁站情况、对各施工工序的质量和安全危险源的检查情况;

⑥监督检查从业单位试验检测仪器设备、试验检测方法、试验检测频率是否符合有关规定,试验检测数据和结论是否真实、可靠;

⑦监督检查主要材料的质量情况,抽查并公布样品的质量检测结果,检查主要设备的性能情况;

⑧对工程质量安全情况进行督查,并提出整改要求和处理意见,定期发布质量动态信息;

⑨对完工项目进行交工质量检测和竣工质量鉴定;

⑩完成交通主管部门交办的其他质量监督管理工作。

4.1.5 质量监督程序

质量监督程序如下:

①建设单位或者项目法人在完成开工前各项准备工作之后,在办理施工许可证前30日,按照交通部、省交通厅的有关规定主动向质监机构申请办理《公路工程质量监督》手续。

②建设单位办理《公路工程质量监督》手续,应当按《福建省公路工程质量监督规定实施细则》第十一条的规定向相应的质监机构提出申请,并提交以下材料:

a.《公路工程质量监督申请书》,包括海底隧道工程项目名称及地点、建设单位、联系方式、提出工程质量监督申请等;

b. 海底隧道工程项目审批文件;

c. 海底隧道工程项目设计、施工、监理等合同文件;

d. 海底隧道工程项目从业单位的资质证明材料;

e. 质监机构要求的其他相关材料。

③质监机构实施以抽查为主的监督方式,并运用法律和行政的手段,制止和纠正影响公路工程质量的建设行为。质监机构履行监督检查职责时,有权采取下列措施:

a. 要求被检查的单位提供有关工程质量的文件和资料;

b. 进入被检查单位的施工现场进行检查;

c. 发现有影响工程质量的问题时,责令改正。

④质监机构对检查中发现的问题,现场提出整改要求和建议,并在检查结束后 7 日内向有关单位发送书面检查意见。对一般质量管理问题和一般质量缺陷,责令限期整改;对不合格工程,责令限期返修;对较大问题向有关单位发送书面检查通报;对违法的质量安全行为依法予以纠正和处罚。

⑤要求建设单位应按照现行的国家标准、行业标准规定的质量要求进行交工验收,未经交工验收或者交工验收不合格的工程不得交付使用。

⑥海底隧道工程交工验收前,质监机构应按照有关规定对工程质量进行检测并出具质量检测意见。未经质监机构出具质量检测意见或质量检测不合格的项目,不得组织交工验收。

海底隧道工程竣工验收前,质监机构对工程质量进行质量鉴定并出具质量鉴定报告。未经质量鉴定或质量鉴定不合格的项目,不得组织竣工验收。

⑦海底隧道工程发生质量事故,有关单位应当按质量事故报告制度的规定,及时向当地交通主管部门和质监机构报告。对重、特大质量事故,当地交通主管部门应当立即向省级交通主管部门报告。重、特大质量事故的调查处理按照国务院和福建省的有关规定办理。

⑧质监机构在委托权限范围内对公路工程质量违法行为实施行政处罚,依据法律、法规或规章规定,可以行使责令停业整顿、责令整改、责令撤换的行政处理权和警告、罚款、暂扣或吊销由其颁发或确认的有关资质、资格证书的行政处罚权。

4.1.6 监督检查方式

监督检查方式分为综合督查、专项督查、巡视检查等,检查的内容包括质量管理行为、施工工艺、工程实体质量 3 个方面。

①综合督查是为掌握项目整体质量状况,对质量管理行为、施工工艺、工程实体质量进行的全面检查。综合督查采取现场查看、询问核实、查阅资料、对工程实体及原材料质量抽样检测等方式进行。

②专项督查是为深入掌握建设项目的特定环节、关键工序、重要部位质量状况。专项督查通过查验资料或抽样检测等方式进行。专项督查的主要内容:隧道工程质量与安全、工程原材料及工地试验室、质量保证资料、监理工作质量等方面。

③巡视检查是为及时了解工程质量动态,督促落实各类督查中发现质量问题的整改,对施工现场管理、施工工艺、工程实体外观质量等进行的随机检查。巡视检查应针对薄弱环节,通过查看工程现场的方式进行。

4.2 海底隧道开工后的质量安全监督

4.2.1 质量安全监督培训

海底隧道工程开工后,组织各参建单位进行质量安全监督培训。主要参加人员为建设单位领导及部门负责人、工程技术人员;施工单位项目经理、分管副经理、总工、试验室主任、质检工程师、内业资料负责人;监理单位总监、驻地监理工程师、专业监理工程师、试验室主任、内业资料监理工程师;设计单位设计代表等。

培训主要内容:

1. 各从业单位的主要安全责任

(1)建设单位

建设单位在施工招标文件中应当按照法律、法规的规定对施工单位的安全生产条件、安全生产信用情况、安全生产的保障措施等提出明确要求。

建设单位不得对咨询、勘察、设计、监理、施工、设备租赁、材料供应、检测等单位提出不符合工程安全生产法律、法规和工程建设强制性标准规定的要求。不得随意压缩合同规定的工期。

(2)勘察单位

勘察单位应当按照法律、法规和工程建设强制性标准进行勘察，重视地质环境对安全的影响，提交的勘察文件应当真实、准确，满足工程安全生产的需要。勘察单位应当对有可能引发工程安全隐患的地质灾害提出防治建议。

(3)设计单位

设计单位应当按照法律、法规和工程建设强制性标准进行设计，防止因设计不合理导致安全生产隐患或者生产安全事故的发生。采用新结构、新材料、新工艺的工程和特殊结构的工程，设计单位应当在设计文件中提出保障施工作业人员安全和预防生产安全事故的措施建议。

(4)监理单位

监理单位应当按照法律、法规和工程建设强制性标准进行监理，对工程安全生产承担监理责任。应当编制安全生产监理计划，明确监理人员的岗位职责、监理内容和方法等。对危险性较大的工程应当加强巡视检查。

监理单位应当审查施工组织设计中的安全技术措施或者专项施工方案是否符合工程建设强制性标准。监理单位在实施监理过程中，发现存在安全事故隐患的，应当要求施工单位整改，必要时，可下达施工暂停指令并向建设单位和有关部门报告。

监理单位应当填报安全监理日志和监理月报。

(5)施工单位

①施工单位应当对施工安全生产承担责任。施工单位应建立健全安全生产责任制度和安全生产教育培训制度及安全生产技术交底制度，施工单位负责项目管理的技术人员对有关安全施工的技术要求向施工作业班组、作业人员详细说明，并由双方签字确认的制度。制定安全生产规章制度和操作规程，保证本单位安全生产条件所需资金的投入，对所承担的公路工程进行定期和专项安全检查，并做好安全检查记录。

施工单位的项目负责人依法对项目的安全施工负责，落实安全生产各项制度，确保安全生产费用的有效使用，并根据工程特点组织制定安全施工措施，消除安全事故隐患，及时、如实报告生产安全事故。

②施工单位应当设立安全生产管理机构，配备专职安全生产管理人员。专职安全生产管理人员负责对安全生产进行现场监督检查，并做好检查记录，发现生产安全事故隐患，应当及时向项目负责人和安全生产管理机构报告。对违章指挥、违章操作和违反劳动纪律的，应当立即制止。

③不低于投标价的1%的安全生产费用，应当用于施工安全防护用具及设施的采购和更新、安全施工措施的落实、安全生产条件的改善，不得挪作他用。

④施工单位应当在施工组织设计中编制安全技术措施和施工现场临时用电方案，对危险性较大的工程应当编制专项施工方案，并附安全验算结果，经施工单位技术负责人、监理工程师审查同意签字后实施，由专职安全生产管理人员进行现场监督。对不良地质等专项施工方案，还应当组织专家进行论证、审查。

⑤施工单位应对施工起重机械、拌和场、临时用电设施、爆破物及有害危险气体和液体存放处以及隧道作业面、工作台车(架)危险部位，设置明显的安全警示标志或者必要的安全防护设施。

⑥施工单位应在施工现场建立消防安全责任制度，确定消防安全责任人，制定用火、用电、使用易燃易爆材料等各项消防管理制度和操作规程，设置消防通道，配备相应的消防设施和灭火器材。

⑦施工单位应当向作业人员提供必需的安全防护用具和安全防护服装，书面告知危险岗位的操作规程并确保其熟悉和掌握有关内容和违章操作的危害。在施工中发生可能危及人身安全的紧急情况时，作业人员有权立即停止作业或者在采取必要的应急措施后撤离危险区域。作业人员应当遵守安全施工的工程建设强制性标准、规章制度，正确使用安全防护用具、机械设备等。

⑧施工单位采购、租赁的安全防护用具、机械设备、施工机具及配件，应当具有生产(制造)许可证、产品合格证，并在进入施工现场前由专职安全管理人员进行查验。

施工现场的安全防护用具、机械设备、施工机具及配件必须由专人管理，定期进行检查、维修和保养，建立相应的资料档案，并按照国家有关规定及时报废。

⑨施工单位应当对管理人员和作业人员进行每年不少于两次的安全生产教育培训，其教育培训情况记入个人工作档案。未经安全生产教育培训考核或者培训考核不合格的人员，不得上岗作业。

⑩施工单位应当针对本工程项目特点制定生产安全事故应急预案，定期组织演练。发生生产安全事故，施工单位、建设单位应当立即启动事故应急预案，组织力量抢救，保护好事故现场。

根据《生产安全事故报告和调查处理条例》（国务院第493号令）第九条规定：事故发生后，事故现场有关人员应当立即向本单位负责人报告；单位负责人接到报告后，应当于1h内向事故发生地县级以上人民政府安全生产监督管理部门和负有安全生产监督管理职责的有关部门报告。情况紧急时，事故现场有关人员可以直接向事故发生地县级以上人民政府安全生产监督管理部门和负有安全生产监督管理职责的有关部门报告。

4.2.2 各从业单位主要质量责任

建设、勘察、设计、施工、工程监理等单位应建立和完善建设工程质量责任制，依法对建设工程质量负责。采用先进的科学技术、施工方法和管理方法，确保建设工程质量。加强对建设工程从业人员岗位培训，严格执行技术标准和操作规程，提高质量责任意识。

（1）建设单位

①在完成国家规定的基本建设程序和开工前各项准备工作之后应按照规定及时办理施工许可证。

②建立健全质量管理体系，以保证对工程质量的有效管理，确保工程质量目标的实现，对工程质量负管理责任，建立从业单位考核制度，负责对从业单位进行考核，根据考核结果进行奖罚。

③应按有关文件要求每月向质量机构报送《公路工程项目质量、安全监督月报表》，落实质量责任登记制度，督促从业单位及从业人员做好质量责任登记。

④重大工程变更设计应当按相关规定报原初步设计审批部门批准，经批准后报备质量监督机构。

⑤发生工程质量事故后，应按照交通部有关规定上报交通主管部门、质量监督机构，不得拖延和隐瞒。

⑥根据交通部、省交通厅公路工程试验检测管理的有关规定，严格审查施工、监理单位工地临时试验室及其母体试验室资质，按照规定予以认定并报备质量监督机构。

⑦依照有关规定审批监理组织机构及项目监理上岗人员，审查施工单位项目主要人员及机械设备的到位，并按合同约定加强现场监管。

⑧负责对施工、监理等从业单位存在的质量问题的整改落实反馈。

⑨在各合同段工程交工验收前，应专文向质量监督机构申请进行质量检测，竣工验收前，应提前3个月向质量监督机构申请进行工程质量鉴定，未进行质量鉴定不得组织竣工验收。

⑩因监督工作需要对工程进行非常规试验检测以及交工、竣工验收检测所发生的试验检测费用，由建设单位承担。

⑪负责组织各合同段交工验收工作，总结合同执行过程中的经验，对监理单位所做的工程质量评定进行审查，对工程质量是否合格作出结论。

⑫按照合同约定履行相应职责，为项目施工创造良好的建设环境和条件。

（2）勘察设计单位

①按照合同约定，在工程实施过程中派驻设计代表，提供设计后续服务，按时参加工地例会，及时解决施工中出现的设计问题，对勘察设计质量负责。

②参与建设工程质量事故的分析，并对因设计造成的质量事故，提出相应的技术处理方案。

③建设单位、监理单位和施工单位提出的合理设计变更意见，应予以采纳，其设计变更应当符合有关规定的要求。

④工程交工验收前负责检查已完成的工程是否与设计相符，出具能否满足设计要求的证明材料。

⑤参加重要分部、分项工程,关键工序开工前的技术交底,提出建设性意见。

(3)施工单位

①按照合同约定组织人员和设备及时到位,当与合同要求不相符时应报建设单位、监理审批,项目经理、总工和试验室主任更换应由建设单位审批。

②建立健全工程质量保证体系,确保质量体系正常运转,建立健全施工质量检验制度,严格工序管理,不得擅自修改工程设计,不得偷工减料,对施工质量负责。

③严格执行公路建设行业的强制性标准、设计文件、各类技术规范及行业相关规定,所有内业资料和施工记录应具有真实性、完整性、规范性、合法性,并分类立册建档。

④应按交通部和福建省有关规定建立工地临时试验室,未经建设单位批准许可不得擅自开展试验工作,应对试验数据负质量责任,试验资料应真实齐全,不得弄虚作假。

⑤负责提交竣工资料,负责交工、竣工验收准备工作。

(4)监理单位

①按照合同约定配备人员和设备,建立相应的现场监理机构,健全监理管理制度,保持监理人员稳定,确保对工程的有效监理。

②依据法律、法规及有关技术标准、设计文件和工程承包合同,对施工质量实施监理,并对工程质量负监理责任。

③按照工程监理规范的要求,采取旁站、巡视和平行检验等形式,对建设工程实施全过程监理。

④负责对施工单位存在的质量问题的督促整改落实及反馈。

⑤按照有关规定建立工地临时试验室,独立开展试验检测工作,对试验数据负质量责任,试验资料必须真实完整,不得弄虚作假。

⑥交工验收负责完成监理资料的汇总、整理,协助建设单位检查施工单位的合同执行情况,核对工程数量,科学公正地对工程质量进行评定。

⑦独立完成各道工序的抽查工作,完善抽查内业资料。

⑧协同各合同段的交工验收工作。

4.2.3　各从业单位主要质量管理行为的监督

(1)建设单位质量行为的监督

①应具备经交通主管部门或其委托的机构审批的项目法人资格。

②严格执行基本建设程序包括:项目建议书、预可行性研究报告、工程可行性研究报告、初步设计、施工图设计、项目报建、开工报告等环节;工程项目报建、施工许可等手续齐全。

③依法进行项目设计、施工、监理招投标,并签订具有工程质量保证条款的合同;制定健全的专业分包及劳务管理等制度并落实到位。

④及时向质监机构申请办理工程质量监督手续,按要求提交的相关材料和文件要完善、齐全。

⑤建设单位不得明示或者暗示勘察、设计单位、监理单位、施工单位违反强制性标准,降低工程质量和迫使承包方任意压缩合理工期等。

⑥建设单位内部应建立明确具体的质量管理目标,制定的质量管理制度和措施健全、有针对性和可操作性,且落实到位。

⑦建立规范的设计变更和计量支付管理办法;建立工程质量规范化施工、安全生产、环境保护、质量岗位责任等制度;有针对性地制定预防和治理质量通病、工艺通病、管理通病的对策措施;制定关键工艺、重要部位、质量控制难点的对策措施。

⑧及时对监理现场机构及人员进行审批,对施工和监理单位现场工地试验室机构及人员进行审查认定;并报备工程质量监督机构。依据合同检查勘察设计、监理、施工等单位履约情况。对施工和监理人员更换要及时予以批复。

⑨开工前要组织设计技术交底,及时开展征地拆迁工作、提供施工场地。

⑩对质量问题、质量事故及重大隐患处理应有制度,相关检查整改落实情况应及时反馈上报,并按规定程序上报工程质量问题或事故。

(2)勘察、设计单位质量行为的监督

①必须按资质等级及业务范围承担相应的勘察、设计任务,主要项目负责人执业资格证书与承担任务相符;不得超越交通资质等级承担勘察设计任务或进行转包、分包。

②必须按照工程建设强制性标准进行勘察、设计,设计深度必须满足相应阶段的有关规定。

③不得指定材料、构件和设备的生产厂家、供应商。

④健全设计质量保证体系,全面落实质量责任制,建立完善的设计文件编制、复核、审核、会签批复制度,明确各阶段的责任人,并对勘察设计质量负责。

⑤应按合同规定时间提供设计文件,参加图纸会审,负责向施工、监理等单位进行施工图设计文件的技术交底。

⑥按合同规定在现场设立设计代表处或派驻设计代表,及时解决施工中的设计问题。

⑦按设计变更管理办法合理的进行设计变更,变更设计应及时并手续齐全。

⑧应参加工程质量事故调查分析,并对技术处理方案及处理结果是否满足设计要求进行认可。参与交竣工工程的质量验收。

(3)监理单位质量行为的监督

①依照核定的监理业务范围承担相应的交通建设工程监理业务。不得超越交通资质等级承揽监理业务或进行转包、分包。

②必须依照法律、法规以及有关技术标准、设计文件和建设工程承包合同,对工程施工质量实施监理,并对工程施工质量承担监理责任。

③应根据所承担监理任务和监理服务合同的要求,向工程施工现场派驻相应的监理机构、人员和设备,及时办理监理申报、持证上岗;在规定时间内建立工地临时试验室并经批准,未经建设单位同意,不得对合同规定的人员和设备调整更换。

④应有针对性的及时编制监理计划(大纲)和监理实施细则并获得建设单位的批准。

⑤建立健全监理质量保证体系和监理管理制度,采取旁站,巡视、检验和平行试验等形式按工序特点及要求对工程质量进行监督检查,对工程全过程实施监理。

⑥监理工程师应当按照工程监理规范的要求,依据国家强制性标准或操作工艺,对分项工程或工序及时进行验收签认,对施工自检资料要审查细致、签字规范。对施工自检评分进行签认,并按规定要求依据独立抽检资料对工程质量进行评分。

⑦现场监理机构要及时审查审批施工单位上报的有关事项并下达有关指令,检查施工单位履约情况。

⑧制定预防和治理工程质量通病、工艺通病、管理通病的对策措施。

⑨监理试验室要人员到位、设备齐全、管理规范,对施工单位的进场材料及时抽检检验,对施工单位的各类试验结果及时进行平行验证,对施工单位临时试验室的工作质量进行检查。

⑩对现场发现使用不合格材料、构配件、设备的现象和发生的质量事故,及时要求改正和按规定处理,并积极配合相关单位的调查处理工作。

⑪监理应对监理工作指令及反馈结果进行跟踪落实,对上级有关部门要求整改的文件和通知书、行政处理意见书等负有督促落实整改的责任;对施工单位在施工过程中存在质量安全问题整改不到位或施工单位不执行的,应及时向建设单位及质监机构作出书面报告。

⑫监理的独立抽查要及时、真实、准确、频率符合要求,监理日记和旁站、巡查等记录要真实完整。

(4)施工单位质量行为的监督

①必须按资质等级确定的业务范围,承揽工程施工任务;制定专业分包及劳务管理等制度并落实到

位,无违法分包、转包工程项目的行为。

②按有关规定及工程项目的特点和要求建立施工质量保证体系,建立健全管理制度,全面落实质量责任制。

③必须按照工程设计要求,施工技术标准、规范和合同约定,保证工程技术人员资质、素质、数量符合合同规定,项目经理、技术负责人、质检人员等具有相应资格并获得批复。

④施工机械设备到位及时并满足工地需要和符合合同规定;施工现场整洁,规范,环保。

⑤及时编制有针对性、操作性和合理性的实施性施工组织设计并经批准,经过批准的施工组织设计施工方案应能贯彻执行。

⑥制定关键工序的施工工艺及质量控制措施,制定预防和治理质量通病、工艺通病、管理通病的措施,制定复杂工程的施工抢险应急预案并报批。

⑦根据工程的内容及时认真的划分分项、分部、单位工程并报批。

⑧必须建立、健全施工质量的检验制度,严格工序管理,及时、全面进行施工技术交底;作好各工序的质量检查和记录,执行班组自检、互检、交接检制度;隐蔽工程在隐蔽前必须通知监理工程师并取得其签字认可。

⑨按规定时间建立工地临时试验室并符合合同要求,人员到位、设备齐全,管理规范并经批准,标准试验、配合比设计经监理批准后执行。原材料自检及时,数据准确,试验台账分类系统清晰。

⑩对进场的材料、构配件和设备及时进行检验,检验应当有书面记录和专人签字。未经检验或检验不合格的,不得使用。

⑪按有关标准、规范、设计文件及合同文件的要求,随工程施工进度同步形成齐全、真实和系统的施工原始记录、试验数据、分项工程自查数据等质量保证资料。

⑫应按有关程序报批工程变更手续。对各级部门提出的质量缺陷、问题要及时整改和反馈。

⑬建筑材料、构配件应有能保持其质量的存放条件,原材料的加工符合规定。

⑭工程施工中出现的质量事故按有关文件要求及时如实上报和认真处理。

⑮工程项目竣工时施工单位应按国家有关档案管理的规定,及时向建设单位提交完整的技术档案。

4.2.4 工地试验室的检查认定及要求

(1)工地试验室的检查认定

①工地试验室由施工单位项目部或监理单位现场机构向建设单位申请检查认定。

②申请对工地试验室检查认定主要应提交以下材料:

a. 申请报告和申请表

b. 提交《等级证书》副本原件和复印件,代理母体试验室需另外提供"计量认证证书附表"原件和复印件;

c. 施工单位项目部或监理单位现场机构委托代理母体试验室设立工地试验室的委托书或合同原件和复印件;

d. 母体试验室或代理母体试验室对工地试验室试验检测项目、人员的授权书;

e. 提供试验检测人员职称证书、资格证书、学历证书和身份证的原件和复印件,以及试验检测人员聘(任)用关系的证明材料和主要人员的试验检测工作简历;

f. 工地试验室的工作制度和管理制度;

g. 工地试验室场所平面图和各试验项目区域划分示意图;

h. 仪器设备的检定证书或测试报告的原件和复印件。

③工地试验室认定的试验检测项目应在其母体的试验检测项目范围内,应与工地试验室设备、试验人员及试验检测环境等条件相符。

④工地试验室从事试验检测工作的人员必须持有部质监总站颁发的《试验检测工程师证书》或省级

交通质监机构颁发的《试验检测员证书》。试验报告的签发和审核人员必须持有试验检测工程师证书。

工地试验室如需调换人员，调换后的人员的数量和资历水平不得降低，且必须经建设单位考核合格并批准后才能上岗。

⑤工地试验室应当根据承担的公路建设项目工程内容，按照交通部《公路水运工程试验检测管理办法》强制性项目要求配置仪器设备；仪器设备性能良好、精度满足规范要求；经过计量检定或自校合格。

(2)试验检测要求

①公路工程工地试验检测活动应当遵循科学、客观、公正、规范、满足检测频率、及时指导生产、严格控制质量的原则。

②工地试验室应加强自身内部建设，落实各项管理制度，严格按照交通部《公路水运工程试验检测管理办法》开展试验检测工作，确保试验检测工作质量。

③应按照批准的试验检测项目和参数从事试验检测工作，不得超出核定的业务范围，且只可为本合同工程内容提供试验检测服务，不得对外承接试验检测任务，不得对外出据试验检测报告。

④工地试验室应当严格按照现行有效的国家和行业标准、规范和规程开展试验检测工作，不受任何干扰和影响，保证试验检测数据客观、公正、准确。

⑤检测人员都应接受岗前教育和培训，应当严守职业道德和工作程序，认真开展试验检测工作，保证试验检测数据科学、客观、公正，并对试验检测结果承担法律责任。

⑥本合同工程结束前，工地试验室不得将现场的试验检测仪器设备随意调离，确因试验检测项目结束现场不需要的仪器设备，经建设单位同意后，方可移作他用。

⑦承包人的试验检测人员，必须按照规范和标准规定的试验检测项目和频率进行取样试验和现场检测，及时提供试验检测结果，对工程质量问题及时进行返工或采取补救措施。

⑧监理单位现场机构工地试验室在保证进场材料检验项目覆盖率100%的前提下，按照规定的频率进行抽检。抽检试验应由监理单位现场机构工地试验室人员自行完成，不得指派他人进行取样、制作试件、送样或进行试验检测操作。

⑨监理单位现场机构工地试验室与施工单位项目部工地试验室试验结果出现允许误差以外的差异时，双方应重新取样进行试验。如重新试验的结果仍然存在明显差异，可由建设单位委托具有交通资质的试验检测机构进行试验。

⑩工地试验室在取得《合格证书》前，所有试验必须由授权检测机构或委托取得《等级证书》和《计量认证证书》的检测机构进行，检查频率不得低于有关标准和规范要求。对认定范围以外的试验检测项目及参数应经建设单位认可后委托具有交通资质的试验检测机构承担。

(3)试验资料要求

①工地试验室应使用建设单位统一的试验检测表格和报告格式。试验检测报告应当由试验检测工程师审核、签发。

②建立档案制度，保证资料齐备，原始记录和试验检测报告内容必须清晰、完整、规范。资料反映出的抽查频率、质量指标应满足有关标准、规范规定的要求。并按要求收集整理，分类编排整齐。

③应编制完整的进场材料台账，建立信息完整的样品检验情况台账，包括试验室自行检验的台账和外委材料送检的台账。对于检验不合格的材料应坚决清场，做好清场记录并由现场监理确认，并建立不合格材料台账。

④试验室各项技术活动都必须有原始记录；所有的原始记录都必须在工作时予以直接记录，不得转抄整理，确保记录的原始性。

⑤所有的原始记录、计算和导出数据、报告均应保证其可追溯并及时按规定归档保存。每份试验原始记录应有足够的信息以保证试验能够再现并能体现试验过程。

⑥每项试验要求至少两个持证人员进行，必须由试验人员、监理旁站人员亲自在试验原始记录上签字确认，不得漏签、代签。

⑦记录的更改应按规定划改，原有记录应能清晰辨认，且有更改人签字或盖印，不得出现涂改、刮改。

⑧对于试验室完成的每一项检验结果，均应按照检验方法中的规定，准确、清晰、明确、客观地在报告中表述，并符合标准规定；报告结论的判定应引用正确的依据，不得降低合格标准。

⑨试验检测报告应当由试验检测工程师审核、批准。报告的审核、批准人和监理意见的签署人，应认真负责，决不允许出现将不合格材料判为合格的现象发生。

⑩监理单位应跟踪外委材料的检验报告，并保存每一份报告。

⑪试验、检测资料主要包括：

a. 各种原材料试验报告；

b. 各种标准试验和配合比试验报告及验证审批；

c. 外购材料（产品）合格证书及检验报告、质量鉴定报告；

d. 各种外委送检的试验报告及台账；

e. 各工序的试验检测原始记录和报告。

4.3　海底隧道工程施工过程的质量安全监督

监督组针对厦门翔安海底隧道工程质量安全工作的重要性、特殊性、艰巨性、技术性、复杂性、风险性等特点，提出了“安全＋质量＝1”的监督理念，紧紧抓住安全是海底隧道成功建成的关键，是重中之重的首要因素，以不死人、不坍方、不冒顶、不突水、不涌水为目标贯穿施工监督全过程。

鉴于海底隧道工程穿越的陆海域地质及水文地质等条件复杂多变，钻爆法施工的海底隧道在设计方案和施工工艺制定、施工安全、质量控制过程中，监督组采取了超前参与、及时检查、督促、反馈预警等一系列的工作程序，保证了监督工作的顺利进行，并采取综合检查、专项检查、巡视检查、复查、暗访等多种工作方式相结合，通过现场视察、查阅质量保证资料、对工程实体质量检测、对原材料质量抽样检测等手段，对施工现场质量安全管理行为、施工工艺、工程实体质量、试验检测工作、监理工作等方面进行综合检查和评价，掌握关键环节、关键工序、薄弱环节、重要部位质量安全管理状况。日常工作中，监督组在工地现场指挥部常设办公室不少于1人对工程质量安全进行动态跟踪、密切关注各阶段工程建设进展情况。参加监理驻地办、总监办、现场指挥部等参建单位组织的每月工地例会、专项施工方案论证会、重大技术难题及质量问题等专题会议，及时处理施工过程涉及质量、安全监督工作的相关事项。在风化深槽、透水性砂层、陆域浅埋段等施工关键阶段，监督组平均每月组织开展一次质量安全检查工作，自开工以来，开展各类检查39次，提出对进一步提高工程质量安全方面具有建设性的整改意见，对逐年提高工程质量及施工安全作出了积极贡献。

4.3.1　施工工艺质量监督

（1）隧道工程施工工艺抽查的主要内容

①隧道开挖：安全制度、通风、照明、防尘等措施检查，光爆效果、超欠挖处理、超前地质预报、收敛观测。

②初期支护：锚杆设置及垫板安装、钢拱架、钢格栅定位，喷射混凝土配合比、分层厚度、时间间隔和喷射方式控制，喷射混凝土无空洞、表面平整、厚度符合要求。

③防水板安装：固定点密度及固定方式符合要求、焊接接缝平整牢固、无破损，大面平顺、张弛适度。

④二次衬砌混凝土：混凝土浇筑密实、无空洞、止水带安装定位正确，混凝土拌和、运输及配合比控制，支架、模板、钢筋和预埋件检查校正，混凝土浇筑、振捣方法及养护措施。

⑤辅助施工措施：超前钢管、超前锚杆等。

⑥材料：场地硬化、无混堆，钢筋、水泥等存放符合防雨、防潮的要求。

（2）路面工程施工工艺抽查的主要内容

①沥青面层：拌和温度、沥青用量、级配、材料，摊铺时自然环境条件，摊铺和碾压温度、碾压速度、摊

铺碾压组合,表面平整密实、无明显轮迹、裂缝、推移、离析、油包等缺陷,松铺厚度,黏层油、层间污染、连接牢固,无停机待料或存料过多、过久,各种材料堆放场地符合要求。

②水泥砼面层:拌和设备精度、材料、配合比控制,混凝土运输、振捣,模板安装、接缝、传力杆、拉力杆设置,混凝土现场养护,各种材料堆放场地符合要求。

(3)机电工程施工工艺抽查的主要内容

监控设施、通信设施、收费设施、低压配电设施、照明设施、隧道机电设施。

4.3.2 工程实体质量监督

根据交通部印发的《公路工程质量督查办法》、《福建省公路水运工程质量与安全督查实施细则(试行)》中工程实体质量监督检查内容和项目,质监机构对隧道、路面、机电、交通安全设施等工程实体质量进行检查、抽测,并对工程原材料进行抽检。针对工程实体质量检查发现存在的问题,提出整改要求和处理意见;在检查合同段工程实体质量抽测合格率较低时,将对相应质量管理行为和施工工艺进行深入督查,并责成相关单位进行整顿。

(1)隧道工程实体质量抽查的主要内容

①海底隧道总体。

②海底隧道明洞浇筑、防水层、回填。

③隧道洞身开挖:非爆破的Ⅳ、Ⅴ、Ⅵ级围岩段开挖、钻爆地段Ⅰ、Ⅱ、Ⅲ、Ⅳ级围岩段开挖、超前预注浆、超前大管棚、超前小导管。

④初期支护:喷射混凝土支护、钢支撑(钢格栅)、钢筋网支护、钢支撑背后回填注浆、锚杆支护、初期支护仰拱。

⑤仰拱。

⑥防水排水:防水层、止水带、纵环向排水盲沟、排水沟、排水泵房(洞室)。

⑦混凝土衬砌:衬砌钢筋、混凝土、电缆沟。

⑧防火涂料。

⑨隧道路面:水泥混凝土基层、沥青混凝土下面层、改性沥青混凝土上面层。

⑩装饰工程。

(2)路面工程实体质量抽查的主要内容

①面层:沥青面层压实度、沥青面层渗水系数、沥青含量、矿料级配、混凝土面层强度和厚度、平整度、横坡。

②基层强度、厚度。

(3)机电工程质量抽查的主要内容

①监控设施:车辆检测器,闭路电视监视系统,可变标志,光电缆线路,监控(分)中心设备安装及软件调测,大屏幕投影系统,地图板等。

②通信设施:通信管道与光电缆线路,数字程控交换系统,通信电源等。

③低压配电设施:中心(站)内低压配电设备,外场设备电力电缆线路等。

④隧道机电设施:车辆检测器,闭路电视监视系统,紧急电话系统,环境检测设备,报警与诱导设施,可变标志,通风设施,照明设施,消防设施,本地控制器,隧道监控中心计算机控制系统,隧道监控中心计算机网络,低压供配电等。

(4)交通工程实体质量抽查的主要内容

①标线:厚度。

②标志:板厚、混凝土强度、标志板下缘至路面净空。

③防护栏:横梁中心高度、护栏顺直度、混凝土护栏轴线横向偏位和强度、波形护栏钢材厚度及镀锌层厚度。

4.3.3 质量保证资料的监督检查

1. 建设单位内业资料

(1)建设程序

①执行建设程序文件:项目批复,可行性研究报告,初步设计、施工图设计审查文件和审批文件。

②招标文件:招标公告,评标办法,资格预审材料,评标、定标材料、中标通知书等。

③从业单位资质材料,合同书。

④质量监督手续。

⑤施工许可手续。

⑥质量管理目标、制度和措施:包括建立工程质量规范化施工、环境保护,分包及劳务管理,设计变更管理,合同管理等制度和办法。

⑦监理现场机构及人员审批材料。

⑧工地试验室审批材料。

⑨施工、监理等主要人员清单及人员更换批复文件。

(2)项目管理

①建设单位的机构设置和人员配备。

②检查勘察设计、监理、施工等单位履约情况的文件。

③组织工程检查的文件。

④对检查问题的整改反馈资料。

⑤按规定程序上报工程质量问题或事故的文件。

(3)合同管理

①变更设计资料。

②人员调整、进度变化相关文件。

③计量支付资料。

2. 监理单位内业资料

(1)监理管理

①现场监理机构:监理投标文件,现场监理机构申报材料,监理人员更换批复文件。

②监理质量保证体系:各级监理人员的工作范围、责任划分、工作制度。

③监理计划(大纲)和监理实施细则及批复文件。

④监理工地临时试验室报批材料。

⑤监理管理制度:组织机构职责、监理人员岗位职责、质量责任制、监理考核管理制度、监理工作程序制度。

(2)工程监理

①工程开工令。

②对施工组织设计的批复。

③对施工单位工地临时试验室审查材料。

④审查审批事项:审批控制桩点的测量结果,审批分项、分部、单位工程划分,审批分项、分部、单位工程开工报告,审批专项施工组织设计或方案,审批进场主要工程材料,审批标准试验、配合比设计,审批特殊技术措施和特殊工艺。

⑤对施工单位履行合同规定的检查。

⑥对施工单位临时试验室工作质量的检查。

⑦设计变更审查资料。

⑧工程进度管理文件资料。

⑨工程合同管理文件资料。

⑩交工验收工程质量评定资料。

(3)监理试验室

①试验室及试验人员申报材料和批复文件。

②仪器设备检定及保养资料。

③各类试验台账。

④样品管理、试件养护记录。

⑤各类试验记录、报告。

(4)其他监理资料

①监理工作指令及反馈结果。

②监理日记、监理旁站、巡查记录。

③监理独立抽检资料。

④监理月报。

⑤会议记录。

⑥往来文件。

⑦工程照片,音像资料。

3. 施工单位内业资料

(1)质量保证体系

①施工质量保证体系和自检机构。

②投标文件,项目经理、总工、质检负责人、试验室主任资质材料和人员更换批复;其他主要工程技术人员更换的资质材料和批复。

③总体施工组织设计与批复。

④各项质量管理制度:如施工质量检验制度,设计文件和图纸检查制度,质量岗位责任制度,试验检测制度,技术交底制度,岗前教育培训制度,材料、设备采购制度,技术档案管理制度,专业分包和劳务管理制度等。

(2)工程管理

①施工机械设备到位情况。

②分项、分部、单位工程批复文件。

③分项工程开工报告及批复。

④复杂工程和关键工序的施工工艺及质量控制措施。

⑤预防和治理质量通病、工艺通病、管理通病的措施。

⑥不合格的成品、半成品返工处理记录。

⑦质量缺陷、问题和整改反馈资料。

⑧工程变更资料。

⑨计量支付资料

⑩进度控制文件:进度计划(文件、图表)批准文件,进度执行情况(文件、图表),有关进度往来的文件。

⑪合同管理文件。

⑫缺陷责任期资料。

⑬施工原始记录:施工日志,天气温度及自然灾害记录,测量原始记录,会议记录纪要,施工照片、音像资料,其他原始记录等资料。

⑭竣工图表:变更设计一览表、工程竣工图。

(3)工程质量控制

①路面工程:压实度检测资料,强度检测、试验资料,材料配合比检测、试验资料,各工序施工检测记录,检查资料汇总。

②隧道工程:洞身开挖施工检查资料,衬砌施工检验资料,隧道路面工程施工、检查资料,照明、通风、消防设施施工检查记录,洞口施工检查记录,各种附属设施检验施工记录,各环节工序检查、验收资料,隧道衬砌厚度、混凝土强度检验资料。

③交通安全设施:各种标志牌制作安装检查记录,标线检查资料、施工记录,防撞护栏、隔离栅及附属设施施工、检查资料,照明系统施工、检测资料,各中间环节检测资料,成品检测资料。

④收费站等房建施工资料。

⑤收费、监控、通信系统。

⑥绿化工程。

⑦其他工程质量文件:工程质量往来文件,工程质量自检报告及工程质量检验评定资料,质量事故及处理情况报告、补救后达到要求的认可证明文件,非正常施工记录,交工验收检测单位的试验、检测、评定资料。

(4)工地试验室

①试验室及试验人员申报材料和批复文件。

②仪器设备检定及养护。

③各类试验台账。

④样品管理、试件养护记录。

⑤标准试验、配合比设计及监理批复。

⑥试验记录、试验报告:各种原材料试验报告,混凝土、砂浆配合比试验报告,原材料、外购成品、半成品抽检、试验资料,击实试验报告及压实度试验记录,路面结构层配合比设计报告,外购材料(产品)合格证书及检验或鉴定报告,机电设备、监控设备成品合格证,试验和调试记录。

(5)其他资料

①学习培训资料。

②技术交底资料。

③会议记录。

④往来文件。

⑤其他管理资料。

4. 设计单位内业资料

①质量保证体系和设计文件的编制、复核、审核、会签、批准制度及各阶段责任人名单。

②现场设计代表处或派驻设计代表人员名单及工作内容。

③设计文件的技术交底资料。

④提供设计文件施工图纸和变更图纸登记表。

⑤设计变更台账等。

4.3.4　安全内业资料的监督检查

1. 建设单位内业资料

(1)建设程序

①执行建设程序文件:项目建议书,可行性研究报告,初步设计、施工图设计审查文件,项目审批文件等。

②招标文件:招标公告,评标办法,资格预审材料,评标、定标材料等。

③参建单位安全生产许可证,合同书。

④施工许可手续。

⑤安全保证措施。

⑥安全管理目标、制度和措施。

⑦建设单位应当将拆除工程发包给具有相应能力的施工单位。

⑧施工单位3类安全管理人员、安全监理工程师等人的更换批复文件。

(2)项目管理

①设置的机构和人员配备。

②安全责任状。

③检查勘察设计、监理、施工等单位履约情况的文件。

④组织工程安全检查的文件。

⑤对检查问题的整改反馈资料。

⑥安全生产事故应急预案及演练资料。

⑦按规定程序上报工程安全问题或事故的文件。

⑧安全会议记录、纪要、签到表。

⑨值班制度及值班记录。

(3)合同管理

安全费用计量支付资料。

2. 监理单位内业资料

①监理工作计划中的监理方案;

②安全监理专项实施细则;

③安全例会纪要和工地会议纪要中的监理内容;

④工作指令;

⑤工程暂时停工指令及复工指令;

⑥专项安全施工方案报审材料;

a. 监理工程师在对施工单位所上报的各项专项安全方案进行审查时应做到如下2点:

第一:重点对各项方案中技术措施的针对性、编制内容完整性、强制性标准的合规性以及施工单位内部审批的程序性进行审核。

第二:专项安全施工方案经专业监理工程师进行审查后,应在报审表上填写监理意见,并由总监理工程师签认。

b. 监理工程师同时根据已批复同意的专项安全方案,在开工前编制相应的专项安全监理实施细则,报总监理工程师批准后实施。

c. 监督、检查危险性较大的分部分项工程专项安全施工方案的实施,做到以下3点:

第一:专项安全施工方案实施时,首先应查清施工单位专职安全生产管理人员是否到岗。

第二:对专项安全施工方案的执行情况每天至少监督检查一次,对监督检查的控制点实施必要的监视和测量。

第三:发现不符合专项安全施工方案要求或发现安全事故隐患,应向总监理工程师报告,采取发监理通知单、暂停施工令或向建设单位及经其授意向有关主管部门报告的手段及时处理,并首先从施工单位安全生产保证体系上查找原因。

⑦施工单位的主要负责人、项目负责人、专职安全生产管理人员、特种作业人员资格报审资料;

⑧施工分包单位的资质(含安全生产许可证和主要负责人、项目负责人、专职安全管理人员的安全资格证)报审资料;

⑨大、中型施工机械、安全设施验收报审资料;

⑩施工现场安全监理检查记录;

⑪安全监理日志;

⑫监理月报中的安全监理内容；

a. 施工现场安全情况评述，应考虑如下5点：

第一：本月施工现场的主要风险源，风险点及控制、预防措施实施情况。

第二：施工单位在施工现场投入的大、中型机械设备的数量和施工现场主要工种（岗位）作业人数及安全管理人员到位情况。

第三：施工单位在施工现场执行安全法律及国家和地方以及行业有关安全生产强制性条文的情况。

第四：现场安全施工状况及对安全问题和隐患的处理情况。

第五：施工单位对施工现场安全管理的其他有关情况。

b. 监理执行情况，应考虑如下2点：

第一：本月中，安全监理的工作开展情况（方案审批、交底告知、分包单位安全资质及机械、人员等各类材料报审、安全检查等）；

第二：监理对所发现的安全问题或隐患的处理和采取的措施（包括口头指出、签发工作指令、工程暂时停工指令等）。

c. 安全监理下一个月的工作计划。

⑬安全监理专题报告；

⑭安全生产事故调查处理及报告资料；

⑮监理工作总结中安全监理内容。

3. 施工单位内业资料

①在建工程的基建程序及相关证件（项目批复、设计批复、中标通知书、施工许可证、施工企业安全生产许可证、项目管理人员一览表（或花名册）及相关证件、项目主要管理人员企业任命文件、现场安全管理保证体系等）。

②安全生产责任制（各级各部门及管理人员安全生产责任制、经济承包合同、各工种及主要机具安全技术操作规程、项目部安全值班制度、值班表、值班记录等）。

③安全目标管理（安全管理责任目标考核办法，项目部安全责任目标分解表，安全管理目标月分解考核表、部门考核表，项目经理、质量员、施工技术员、施工管理人员、安全员、班（组）长等安全责任目标考核表等）。

④安全技术措施和施工现场临时用电方案，危险性较大工程专项施工方案及安全验算结果。

⑤安全技术交底。安全技术交底要依据安全施工组织设计中的安全措施，结合具体施工方法，根据现场的作业条件及环境，以书面形式，编织出具有可操作性的、针对性的内容全面的安全技术交底材料，并有审批签字，交底时必须双方签字，交底人与接底人各留一份。

⑥安全检查（安全检查制度、项目部安全日查记录表、项目部定期安全检查记录表、安全隐患整改通知书、安全隐患整改反馈报告单、处罚通知单、违章违纪人员教育记录表）。

⑦安全教育（安全教育培训制度、安全教育记录表、三级安全教育登记卡、变换工种工人安全教育登记表、施工现场主要管理人员及安全培训情况登记表）。

⑧班前安全活动（班前安全活动制度、安全例会制度、搬迁安全活动记录、项目部安全例会记录、专职安全员工作日志）。

⑨特种作业人员持证上岗（特种作业人员管理办法、特种作业人员花名册、特种作业人员证件、特种设备安拆资格证）。

⑩安全例会、专项安全会议等会议记录（会议时间、地点、内容、参会人员签到表以及会议纪要等）。

⑪工伤事故（工伤事故调查和处理制度、工伤事故记录、事故报表、职工意外伤害险、其他安全事故资料）。

⑫安全标志（安全标志牌台账、现场安全标志平面布置图）。

⑬安全防护用具及机械设备（现场施工机械登记表、现场安全防护用具登记表、机械设备（防护用

具)生产许可证、出厂合格证、产品质量技术鉴定报告书等相关证件、机械设备、设施验收检测记录)。

⑭安全经费投入情况(使用计划、使用情况及计量等)。

⑮建立各种安全应急预案,并组织演练。

4. 安全检查记录资料的管理要求

(1)执行安全内业工作的基本要求

(2)安全检查资料分类

①建设单位或上级有关部门检查记录;

②施工单位、监理工程师组织的安全检查记录(包括巡视检查、专项检查、定期检查)。施工单位、监理工程师检查记录资料应包括:

a. 检查情况记录;

b. 签发的安全工作指令;

c. 复查、消项记录;

d. 在检查中,遇有即发性事故隐患,采取责令停工措施的书面记录。

③检查中,所拍的照片、摄像带应编制日期、编号。

4.3.5 工地试验室的监督检查

试验检测监督检查,主要包括下列内容:

①《等级证书》使用的规范性,有无转包,违规分包、超范围承揽业务和涂改、租借《等级证书》的行为;

②检查机构能力变化与评定的能力等级的符合性;

③原始记录、试验检测报告的真实性、规范性和完整性;

④采用的技术标准、规范和规程是否合法有效,样品的管理是否符合要求。

⑤仪器设备的运行、检定和校准情况;

⑥质量保证体系运行的有效性;

⑦检测机构和检测人员试验检测活动的规范性、合法性和真实性。

【本章主要编写人员】:林作雷　魏聿前

第5章　工程运营管理

5.1　运营管理模式

翔安隧道实行建管养一体化的管理模式。工程完工后，由建设单位厦门路桥集团下属的厦门市路桥管理有限公司（以下简称管理公司）负责运营和维护管理。管理公司是专业化的公路运营和维护管理单位，在公路养护管理方面具有较为丰富的经验，承担着厦门市厦门大桥、海沧大桥，集美大桥、杏林大桥、海沧隧道、厦漳高速等大型交通基础设施的运营管理，采用先进的桥隧养护管理系统科学养护，有力保证了这些重大交通基础设施的运营完好。

翔安隧道在两端隧道口配套建设了管理区。五通端管理区总用地面积22 477m^2，总建筑面积4 282m^2，主要包括综合办公楼、中控室。翔安端管理区总用地面积27 009m^2，总建筑面积8 225m^2，主要包括综合办公楼、变电所、宿舍楼、仓库、收费用房，治超用房、交警和运管用房、公安用房、武警用房等。翔安隧道收费站设置于翔安侧出岛车道，厦门岛进出岛所有公路通道收费都统一管理，即进岛方向不收费，出岛方向收费。

管理公司在建设期就提早介入翔安隧道工程管理，调派工程技术人员跟踪工程建设，参与建设方案讨论，特别是从便于运营管理和科学养护的角度提出建议。在工程完工前组建经验较为丰富的管养队伍，做好各项移交准备工作，顺利实现工程完工移交和投入使用。

5.2　海底隧道腐蚀长期监测技术

海底隧道钢筋腐蚀是隧道工程界普遍关注的问题，其运营阶段钢筋的腐蚀程度直接影响衬砌结构的安全度，所以对海底隧道衬砌结构钢筋腐蚀长期监测对运营阶段维修养护以及判定结构的安全性具有重要的意义。

5.2.1　海底隧道腐蚀传感器研制

为了长期监测钢筋混凝土结构的腐蚀情况，需要采用埋入式腐蚀传感器，本次采用丹麦Force公司的Corrowatch多探头腐蚀传感器和ERE20参比电极组成的腐蚀传感器与自主研发的电化学腐蚀传感器和物理腐蚀传感器构成高低结合框架，构成合理的腐蚀监测系统。

1. CorroWatch多探针传感器与ERE20参比电极

标准型包含四个黑钢阳极和一个贵金属阴极。阳极安装可变动，根据暴露混凝土表面距离确定，其高度可根据混凝土保护层厚度进行调整。ERE20参比电极是在钢制壳内使用二氧化锰电极与一个碱性无氯化物凝胶电池。CorroWatch与ERE20结合作为腐蚀监测的早期预警系统，浇注到混凝土保护层内能预测混凝土结构腐蚀的初始进程。探针可以探测大部分相关的腐蚀参数。当钢筋开始腐蚀时，使用电压表或特殊设计的数据采集器观测单一阳极和阴极之间的电流显著增加，单一阳极与ERE20之间参比电极电位显著改变。另外ERE20能对阴极进行保护。CorroWatch中还含有NTC热敏电阻，可对混凝土温度进行监测，便于对腐蚀数据进行全面分析。传感器见图4-5-1。

2. 复合式化学传感器

配合商用电化学腐蚀传感器，项目组研制开发了阶梯形电化学腐蚀传感器。

阶梯型腐蚀传感器包含4对按照高度梯度分布的阴阳极传感探头和一个参比电极，阴阳极传感探头由黑钢柱和不锈钢外壳组成，探头距离混凝土表面距离可调，通过测量阴阳极宏电流和与参比电极的相

图 4-5-1　Corrowatch 多探头腐蚀传感器与 ERE20 参比电极

对电位，监测氯离子扩展峰面的位置，提前预报钢筋混凝土结构的腐蚀可能性。这种传感器与现有商用传感器相比较具有：阴阳极一一对应，阴阳极面积比和距离确定。这样克服了数据出现不稳定和不可比性。见图 4-5-2。

图 4-5-2　阶梯形电化学腐蚀传感器

XMUCT－08 探头：XMUCT－08 钢筋混凝土结构腐蚀安全多功能监测探头由 1 个 pH 值探针，氯离子探针和 1 个参比电极构成，可同时长期跟踪监测钢筋混凝土内部化学环境（混凝土中 pH，Cl^- 等）和钢筋在混凝土中腐蚀状态及安全性（腐蚀电位，腐蚀速度）。见图 4-5-3。

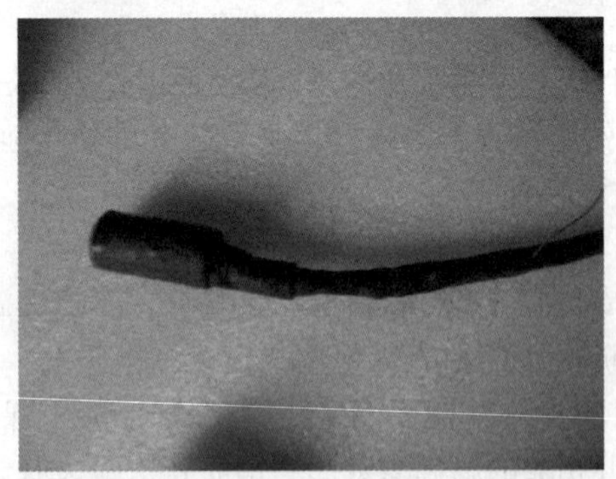

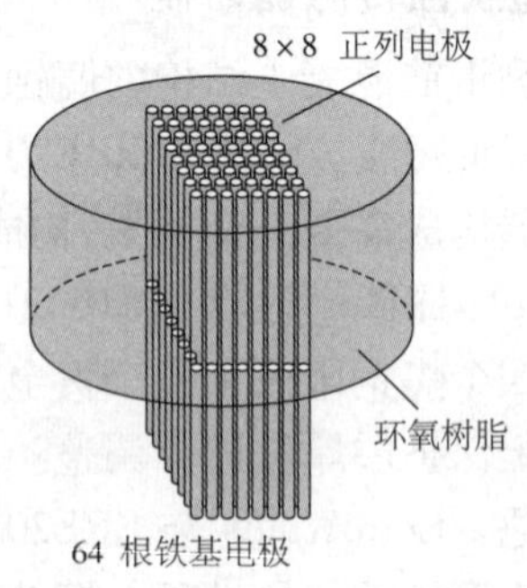

图 4-5-3　多功能 XMUCT－08 腐蚀探头

3. 光栅光纤物理传感器

为了测试混凝土中钢筋初始腐蚀状况，项目组自发研制了光纤光栅传感器。

基于混凝土中钢筋腐蚀后体积变化的事实，如果能够测量混凝土结构中钢筋因腐蚀而产生体积膨胀的变化量，就能实时地监测混凝土结构中钢筋的腐蚀状况。应用光纤光栅反射波长的改变，可以测量钢筋因腐蚀而产生的体积变化，将传感器埋入混凝土结构内，能实时地反映由于钢筋腐蚀而产生的体积变化，从而掌握混凝土结构中钢筋的腐蚀状况。见图 4-5-4。

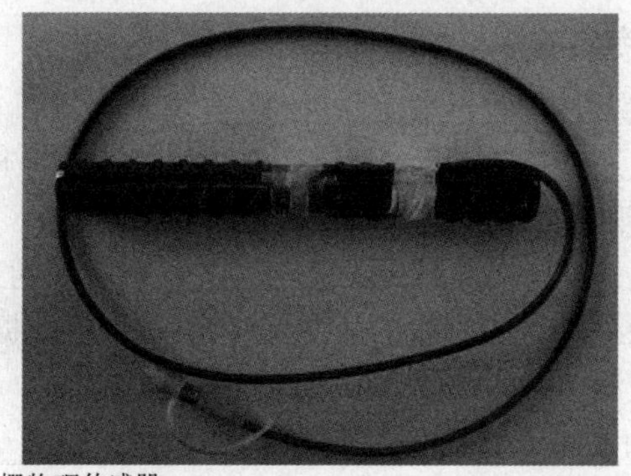

图 4-5-4　光纤光栅物理传感器

4. 传感器接线箱

按照每个断面传感器的数量和类型,设计并制作了统一规格与外形的电缆接线箱。见图 4-5-5。

图 4-5-5　传感器电缆出线箱

厦门东通道(翔安隧道)工程钢筋腐蚀长期监测系统是国内大型重点工程结构中第一次建立的大规模钢筋腐蚀监测系统。埋设腐蚀传感器的数量之多,种类之丰富都为全国之最。整个系统包含埋入在隧道二次衬砌中 24 套商用 Corrowatch 和 ERE20 电化学腐蚀传感器,13 套 XMUCT－08 多功能腐蚀探头,10 套阶梯形电化学腐蚀传感器和 21 套光纤物理腐蚀传感器。整个埋设断面基本上处于结构分析提出的危险断面和关注断面,与结构监测传感器相对应。埋入式腐蚀传感器可以监测混凝土内氯离子浓度,pH 值等腐蚀环境和扩展锋面和速度,同时能监测钢筋在混凝土中腐蚀开始、后续发展状态及安全性(腐蚀电位,腐蚀速度)。

通过氯离子浓度,pH 值,腐蚀电位,腐蚀电流和钢筋尺寸改变等多参数的监测,尽可能的获得混凝土内腐蚀环境的真实状态是本项目的特色与创新点之一。采用有成功应用的商用 Corrowatch 和 ERE20 腐蚀传感器和自主研发的电化学腐蚀传感器与光纤物理腐蚀传感器的高低组合,一方面通过成熟的商用传感器保证对腐蚀状况的监测,另一方面采用较便宜的自制传感器可以降低工程成本,增加监测参数,并且为研制更成熟更稳定的国产腐蚀传感器提供更多实践和工程经验。

把监测混凝土钢筋腐蚀的传感器与监测结构受力与变形的传感器相对应是本项目的特色和创新点之二。埋入式腐蚀传感器的埋入断面选择在结构传感器的埋设断面,也即是隧道结构中较危险和较关注的部位。通过后期腐蚀数据和结构传感器数据的分析和结合,能更深入的理解隧道结构变形与二次衬砌内钢筋腐蚀的关系,为结构的安全性评估给出更多的建议。

为腐蚀数据的采集和整理建立专门的数据库和评估系统是本项目的特色和创新点之三。由于混凝土钢筋腐蚀是长期过程,在运营期间,定期采集腐蚀传感器的数据,按照不同类型传感器和不同数据类型分类整理并分析,通过实时和定时监测,能提前主动采取有效的工程措施,从而保证隧道结构在设计基准期内的安全。

5.2.2 海底隧道腐蚀监测系统设计

1. 海底隧道腐蚀监测的目的

①通过监测隧道特殊地段二次衬内钢筋混凝土结构腐蚀情况，来预测隧道混凝土结构的腐蚀速度，从而判断隧道结构在设计基准期内的安全性；

②通过对监测资料分析，提前主动采取有效的工程措施，从而保证隧道结构在设计基准期内的安全；

③为跨海隧道工程的施工、设计、管理提供依据，为以后类似的工程积累相关的经验，为科学研究提供基础监测资料。

2. 海底隧道腐蚀监测断面和测点布置

(1)海底隧道腐蚀监测断面布置

在结构健康监测传感器的附近埋入腐蚀传感器，监测二次衬砌中氯离子浓度、pH 值、钢筋腐蚀情况具体监测断面和数量见表 4-5-1。

各断面监测点数 表 4-5-1

隧道名称	衬砌类型	断面里程	传感器类型			
			商用传感器		自研发传感器	
左线	S5b	ZK8 +283	2	靠防水板拱顶，低拱腰	1	商用传感器附近
	S5b	ZK8 +288	2	靠防水板拱顶，低拱腰	2	商用传感器附近
	S5d	ZK8 +925	2	靠防水板拱顶，低拱腰	0	
	S5d	ZK8 +930	4	拱顶与低拱腰各两个	2	商用传感器附近，高低拱腰靠防水板与隧道
		ZK8 +935	4	拱顶与低拱腰各两个		
	S5d	ZK8 +940	2	靠防水板拱顶，低拱腰		
	S5d	ZK10 +020	0		14	拱顶拱腰靠防水板与隧道
	S5d	ZK10 +170	0		6	拱顶拱腰靠防水板
服务洞	SF5d	NK8 +970	2	靠防水板拱顶，低拱腰	7	一个商用传感器附近，拱顶拱腰靠防水板
右线	S4b	YK10 +681	4	拱顶与低拱腰各两个	3	两个商用传感器附近，高低拱腰靠防水板与隧道
	S4b	YK10 +686	2	靠防水板拱顶，低拱腰		

(2)海底隧道腐蚀监测测点布置

在全强风化槽 F1 – F4 与浅滩沙砾层处是海水渗透比较严重位置，优先考虑这些截面作为腐蚀监测位置。结合隧道支护的力学特性，认为拱顶和拱脚是受力最大的位置，应该设置监测点。因此本项目设计监测混凝土钢筋腐蚀的横截面位置位于在全强风化槽与沙砾层，在每个截面上重点在拱顶与拱脚，共设计了 11 个腐蚀监测断面。断面上传感器具体安装示意图，见图 4-5-6。

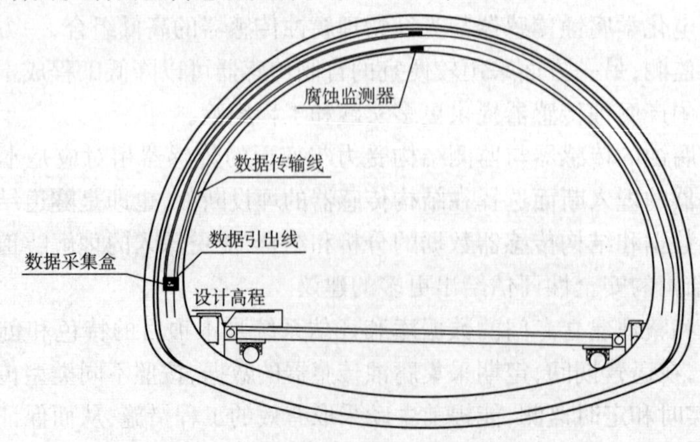

图 4-5-6 腐蚀传感器施工安装测点布置图

3. 腐蚀监测传感器及采集设备选择

本系统针对不同类型腐蚀传感器,采用了3套数据采集设备:

①针对Corrowatch和阶梯形腐蚀传感器使用便携式数据采集系统,现场监测结构的腐蚀情况,现场通过太阳能电池供电并通过GPRS无线方式进行数据传输。主要功能:

a. 能同时接入8个CorroWatch(包括温度传感器)、8个ERE20,进行同步采集;

b. 4MB数据存储卡;

c. 提供交流电、蓄电池和太阳能电池板3种供电方式;

d. 提供GSM/GPRS模块,实现远程无线传输数据;

e. 根据配置的传感器数量和类型定置数据采集程序;

f. 通过电脑运行专门管理软件,实时获取每个传感器探头的电流密度值和参比电压值。

②针对光纤光栅物理传感器,采用激光发生器,专用光波示波器,解调器和手提电脑连接,通过特制软件系统测试光纤光栅的波长改变。

③针对XMUCT-08多功能探头,采用定制的阵列电极测试设备,通过采集仪器连接电脑获得数据。系统数据采集与现场测试情况见图4-5-7和图4-5-8。

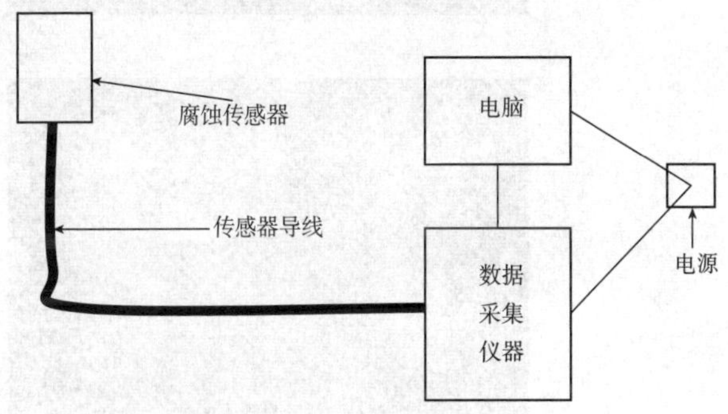

图4-5-7 腐蚀监测系统数据采集示意图

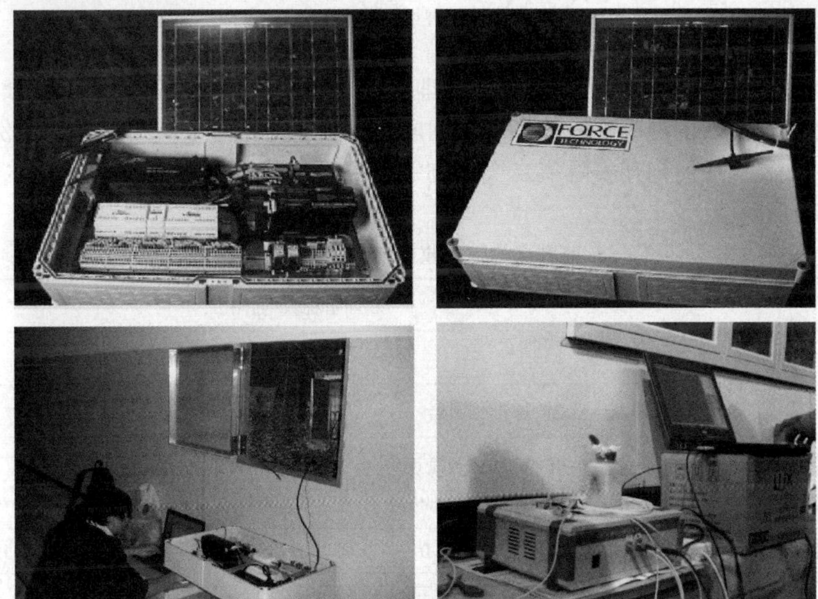

图4-5-8 腐蚀数据测试系统与现场测试情况

4. 腐蚀监测传感器安装

本项目组在两侧主隧道和服务隧道共计11个断面的混凝土二次衬砌中安装了24套商用Corrowatch多探头腐蚀传感器和ERE20参比电极,10套阶梯形电化学腐蚀传感器与ERE20参比电极,13套XMUCT-08多探头腐蚀传感器和21套光纤光栅物理传感器。通过检测,所有断面的传感器工作状况良好,安装与竣工见图4-5-9。

5. 腐蚀监测数据库建立

对埋设的各类腐蚀传感器定时(开始10年每年测试一次,10年以后每半年测试一次)监测。通过几种不同类型传感器测试,得不同类型数据,对每一断面的每一监测点,按照腐蚀电流密度、腐蚀电位、腐蚀

a) b) c) d)

图 4-5-9 感器现场安装图与竣工图

速度、氯离子浓度、pH 值和光纤波长等类型记录整理数据，并制定统一表格，进行系统分析，多方位的，多角度的分析测试数据所反映的混凝土内的环境和钢筋的腐蚀状况。每个监测点建立一份统计表格，所有的数据整理与分析表格构成厦门翔安隧道二次衬砌钢筋混凝土结构的腐蚀数据库。具体数据整理与分析示意表，见表 4-5-2 所示。

监测点的数据收集与分析数据库 表 4-5-2

测试时间	评价等级		断面里程数/监测点									
			ZK10 +020/拱顶靠防水板									
			Corrowatch&ERE20		阶梯形传感器		XMUCT - 08				物理传感器	
		数据类型	电位（mV）	电流密度（μA/cm²）	电位（mV）	电流密度（μA/cm²）	pH	Cl（mol/L）	电位（mV）	腐蚀速度（mm/year）	波长（nm）	增量（nm）
		基准值	> -500	<1.0	> -500	<1.0	>11	0.1	> -250	0.0012	1549.97	<3
2010 0423	安全	测试值	1/206	1/ -0.049	1/ -356	1/	11.78	5.5×10^{-3}	-445	0.0007	1549.98	0.01
			2/ -263	2/0.085	2/ -348	2/						
			3/ -282	3/0.111	3/ -163	3/						
			4/ -264	4/0.127	4/ -342	4/						
		测试值	1/	1/	1/	1/						
			2/	2/	2/	2/						
			3/	3/	3/	3/						
			4/	4/	4/	4/						

由于隧道各个断面的二次衬砌中各点并没有埋设所有类型传感器,因此每个点的统计表格中数据并不需要都填写,上表只是一份示意图,具体腐蚀数据库的建立会按照各点实际传感器类型及测试数据填写整理。另外、pH 值和 Cl^- 在不同的体系、不同阶段,会有不同的判断标准,在腐蚀界还有统一的国家或国际标准,所以很难给出一个简单的标准。这里将结合多种参数判断钢筋的腐蚀情况,比单一参数的判断更加可靠。

每次采集数据后填入统一分析表格进行对比分析,若数据有异常,则全面分析此测点所有数据,并尽可能在1个月内再次采集此点数据进行比较。若分析数据显示安全,则认为此测点安全,若分析显示数据不安全,则在此点标注危险警示,在下一周期测试时更加留意。针对数据库制定了6个安全等级:安全、较安全、轻度腐蚀、中度腐蚀、高度腐蚀和危险。具体安全评价标准如表4-5-3所示。

数据库中测点评价安全分级 表4-5-3

安全等级	安 全	较 安 全	轻度腐蚀	中度腐蚀	高度腐蚀	危 险
腐蚀可能性	<5%	<10%	<25%	<50%	<80%	>90%
异常数据比例	<10%	<25%	<40%	<60%	<75%	>75%

厦门翔安隧道二次衬砌内钢筋混凝土的腐蚀数据库的建立也为今后海洋结构工程的选材、结构设计和施工提供一定的参考依据。

6. 腐蚀监测系统管理

厦门翔安隧道二次衬砌中埋设了多种类型腐蚀传感器,由于钢筋腐蚀是个很长期的过程,因此需要长期定时测试腐蚀数据,因此制定以下方法:

①专人负责腐蚀数据的采集和数据库的建设。前十年,每年定期全面测试一次数据,十年以后、每半年定期采集一次数据;

②每次数据采集需要2~3人,数据采集时,需要用到手提电脑,数据采集仪,光谱分析仪,外电源(已在数据采集箱边安装);

③每次数据采集需要较长时间(约4~6h),需要隧道管理部门配合与协助,需要在数据采集点设置安全路障,警示标志等,以保证隧道内行车畅通和测试人员的人身安全;

④每次采集数据后,每个测点数据都需填入统一分析表格,与基准数据比较,若数据有异常,则全面分析所有数据,并尽可能在1个月内再次采集此点数据进行比较。若分析显示安全,则认为此测点安全。若数据分析显示不安全,则在此点标注危险警示,在下一周期测试时更加留意。

⑤数据库建设者需每5年结合监测数据对每个测点的钢筋混凝土状态进行评价,按照安全、较安全、轻度腐蚀、中度腐蚀、高度腐蚀和危险6个等级标注各点,一旦等级达到中度腐蚀,应及时通知隧道管理部门。

5.2.3 海底隧道腐蚀监测评价系统

针对不同类型腐蚀传感器测试的不同数据信号,设计了不同腐蚀数据评价标准。

1. 电化学腐蚀传感器测试

根据大量的实验数据、实际工程中的运行情况和厂家意见,针对 Corrowatch 和阶梯形腐蚀传感器测试得到阴极和阳极之间宏电流密度值,阳极与参比电极之间的电压值,限定宏电流密度值小于1 $\mu A/cm^2$,参比电压介于 -500~250mV 时,表示传感器探头没有钝化,即没有腐蚀;测试数据超过这个范围,判断传感器探头有可能被腐蚀,表面开始钝化。表4-5-4中数据为某断面上一个传感器的测试数据,1~4表示由高到低的阳极探头。结果显示,电压在 -150 到 -400mV 之间变化,电流密度低于1 $\mu A/cm^2$,数据在安全的范围内,因此能定性地判断出,在强碱环境下,阳极表面还没有脱钝。

某断面监测电化学腐蚀传感器测试值 表 4-5-4

测试时间	仪器温度(℃)	传感器温度(℃)	腐蚀电位(mV)				腐蚀电流密度($\mu A/cm^2$)			
			1	2	3	4	1	2	3	4
2009-02-17	20.96	21.45	-155	-267	-286	-275	-0.046	0.126	0.136	0.196

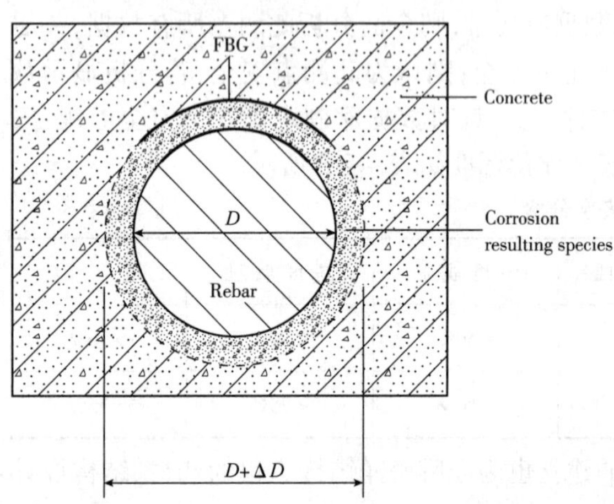

图 4-5-10 光纤光栅物理传感器原理图

2. 光纤光栅物理传感器测试

针对光纤光栅物理传感器,制定了 3 个月采集一次的计划,通过将预留的光纤接头接入连接器,经由光谱仪射入激光,读取传感器的光栅中心波长。每个传感器中心波长的变化量换算钢筋的体积变化,与原始数据比较,从而评价钢筋的腐蚀程度。光纤光栅物理传感器的原理示意图如图 4-5-10 所示。

其中腐蚀后直径增长量 ΔD 和腐蚀率 ρ 分别为:

$$\Delta D = D \times \Delta\lambda_b / \kappa \times 10^{-6} \tag{4-5-1}$$

$$\rho = \frac{\Delta V}{V} = \frac{(D + \Delta D)^2 - D^2}{D^2} = \left(1 + \frac{\Delta D}{D}\right)^2 - 1 = (1 + \varepsilon)^2 - 1 = \left(1 + \frac{\Delta\lambda_b}{\kappa}\right)^2 - 1 \tag{4-5-2}$$

式中:$\Delta\lambda_b$——光栅中心波长变化量,由光谱仪读出;

κ——光纤应变灵敏度系数;对于此处所用的石英光纤 $\kappa = 1.2\text{pm}/\mu\varepsilon$。

对于厦门翔安隧道二次衬砌中所使用的钢筋,其直径为 25mm,因此,腐蚀评价标准为:

$\Delta\lambda_b$ 为 0~3nm 时,腐蚀率为 0~0.5%,腐蚀程度:轻微;

$\Delta\lambda_b$ 为 4~6nm 时,腐蚀率为 0.5%~1%,腐蚀程度:中度;

$\Delta\lambda_b$ 为 7~9nm 时,腐蚀率为 1%~1.5%,腐蚀程度:严重。

表 4-5-5 中给出某断面各点光纤光栅传感器所测试到的中心波长。

某断面 4 点监测光纤光栅物理传感器的测试值 表 4-5-5

测试时间		中心波长(nm)							
		1	$\Delta\lambda_b$	2	$\Delta\lambda_b$	3	$\Delta\lambda_b$	4	$\Delta\lambda_b$
2010-04-23	基准值	1549.97	0.01	1550.41	0	1550.04	0.02	1547.53	0
	测试值	1549.98		1550.41		1550.02		1547.53	

3. 多探头腐蚀传感器测试

针对 XMUCT-08 多功能探头,采用专用的阵列电极测试设备,测量出每个电极的电位和电流,再通过公式换算获得腐蚀电位,腐蚀电流密度、pH 值和氯离子浓度。所得数据与国家或国际标准比较,具体判断标准如表 4-5-6、表 4-5-7 所示,如数值在一定范围内即说明混凝土环境安全,钢筋没有被腐蚀,若超过一定阀值,说明混凝土环境易于发生钢筋锈蚀,腐蚀电流密度可换算成钢筋的腐蚀速度。

腐蚀电位判断钢筋腐蚀状态的判据 表 4-5-6

腐蚀电位(vs MnO_2)	腐蚀可能
>-0.25V	<10%
-0.25~-0.4V	不确定
<-0.4V	>90%

腐蚀电流密度判断钢筋腐蚀速度的判据 表 4-5-7

腐蚀电流密度	腐蚀速度
$i_{corr} < 0.1\mu A/cm^2$(1.2μm/year)	钝化或极低的腐蚀速度
$0.1\mu A/cm^2 < i_{corr} < 1\mu A/cm^2$(11.7μm/year)	中等腐蚀速度
$1\mu A/cm^2 < i_{corr} < 10\mu A/cm^2$(116.8μm/year)	高腐蚀速度
$10\mu A/cm^2 < i_{corr} < 100\mu A/cm^2$(1167.5μm/year)	很高的腐蚀速度

表 4-5-8 给出了某两个测试点的 XMUCT－08 多探头腐蚀传感器测试的数据。

某两个测试点 XMUCT－08 多探头腐蚀传感器测试结果 表 4-5-8

测试时间	1				2			
	pH	Cl (mol/L)	电位 (mV)	腐蚀速度 (mm/year)	pH	Cl (mol/L)	电位 (mV)	腐蚀速度 (mm/year)
2010－04－23	11.78	5.5×10^{-3}	－445	0.0007	11.85	7.4×10^{-3}	－500	0.002

5.2.4 工程应用

由于混凝土钢筋腐蚀是长期过程，因此对腐蚀传感器的监测将定期进行而不实时监测。通过近几次的监测结果看出，已经埋入的各类腐蚀传感器运行良好，数据稳定，显示混凝土内未有氯离子和腐蚀环境存在。具体数据见表 4-5-9。

某断面上一套 Corrowatch 腐蚀传感器测量数据 表 4-5-9

测试时间	仪器温度 (℃)	传感器温度 (℃)	腐蚀电位(mV)			
			1	2	3	4
2008－09－26	29.85	27.15	－370.8	－377.5	－366.1	－349.9
2009－02－17	20.96	21.45	－206.6	－267.8	－286.7	－275.9
测试时间	仪器温度 (℃)	传感器温度 (℃)	腐蚀电流(μA)			
			1	2	3	4
2008－09－26	29.85	27.15	－0.022	0.711	0.508	0.616
2009－02－17	20.96	21.45	－0.046	0.126	0.136	0.196

表 4-5-9 中的数据为同一个传感器在不同时间的测试数据，结果显示，电压大于－400mV，电流低于 1μA，数据在安全的范围内，因此能定性地判断出，在混凝土强碱环境下，阳极表面还没有脱钝，由于需要分析长期监测的数据，因此要等收集大量数据后才能更准确地分析具体情况。

5.3 海底隧道结构长期监测技术

5.3.1 翔安海底隧道长期监测系统设计

翔安海底隧道长期监测系统是通过现场埋设的传感器（如压力传感器、钢筋应变计、混凝土应变计、水压计、位移计、地震仪等）来监测海底隧道特殊地段隧道结构的变形或受力变化。并在隧道竣工后长时间内进行，通过光纤通讯网络把传感器数据传至中心控制系统，通过计算和分析来确定隧道受力特点和安全性能。

1. 翔安海底隧道监测项目和测点布置

（1）长期监测断面布置

长期监测系统监测断面的布置原则是隧道穿越的风化囊(槽)地段、洞身浅埋地段、断层破碎带、竖井等地质条件较差及隧道洞身支护结构变异的地段。根据服务隧道和左、右线隧道所处的地质情况特点,本隧道需要监测断面左线隧道12个断面,右线隧道8个断面,服务隧道1个断面,共21个断面,各断面监测里程及对应地质条件见表4-5-10。

长期监测断面里程及地质条件　　表4-5-10

隧道名称	断面编号	衬砌类型	断面里程	地质条件
主洞左线	1	S5b	ZK7+050	软岩、浅埋
	2	S5b	ZK7+150	软硬交界、浅埋
	3	S5d	ZK8+283	风化囊(槽)、二长岩脉、F1
	4	S1	ZK8+893	风化囊(槽)、二长岩脉、F4
	5	S5d	ZK8+905	风化囊(槽)、二长岩脉、F4
	6	S5d	ZK8+912	风化囊(槽)、二长岩脉、F4
	7	S5d	ZK8+918	风化囊(槽)、二长岩脉、F4
	8	S2a	ZK8+967	Ⅳ级围岩
	9	S5d	ZK10+168	F2
	10	S5d	ZK10+178	F2
	11	S5d	ZK10+188	F2
	12	S5d	ZK10+198	F2
服务洞	13	SF5d	NK8+950	风化囊(槽)
主洞右线	14	S5d	YK8+414	风化囊(槽)、二长岩脉
	15	S5d	YK8+424	风化囊(槽)
	16	S4b	YK8+434	风化囊(槽)、辉绿岩脉
	17	S4b	YK10+680	风化囊(槽)、辉绿岩脉
	18	S4b	YK11+050	强风化花岗岩
	19	S5d	YK11+290	竖井
	20	SJ2	YK11+310	竖井
	21	SJ2	YK11+315	竖井

(2)监测内容

海底隧道长期监测的内容包括:

①初期支护水压力监测;

②围岩与初期支护间接触压力监测;

③锚杆内力监测;

④钢支撑内力监测;

⑤二次衬砌水压力监测;

⑥初期支护与二次衬砌间接触压力监测;

⑦二次衬砌内力监测;

⑧二次衬砌表面应变监测;

⑨地震加速度监测；

⑩位移监测；

⑪水位监测。

根据各个断面在隧道纵向的分布位置其及地质条件上的差异，长期监测各个断面监测项目也有所不同，各个断面具体监测项目见表 4-5-11。

各个断面具体监测项目　　表 4-5-11

隧道名称	断面编号	断面里程	监测项目									
			A	B	C	D	E	F	G	H	I	J
行车隧道左线	1	ZK7 +050						√				
	2	ZK7 +150						√				
	3	ZK8 +283						√				√
	4	ZK8 +893				√	√					
	5	ZK8 +905					√	√				
	6	ZK8 +912	√	√	√	√	√	√	√		√	√
	7	ZK8 +918					√	√				√
	8	ZK8 +967					√	√				√
	9	ZK10 +168						√				
	10	ZK10 +178						√				√
	11	ZK10 +188						√				
	12	ZK10 +198						√				√
服务隧道	13	NK8 +950				√	√	√				√
行车隧道右线	14	YK8 +414						√				
	15	YK8 +424	√	√	√	√	√	√	√	√	√	
	16	YK8 +434					√	√				√
	17	YK10 +680						√				√
	18	YK11 +050						√				
	19	YK11 +290					√	√				
	20	YK11 +310					√	√				
	21	YK11 +315					√	√				

说明：1. 表格画“√”为代表需要量测；空白代表不量测。

2. 监测项目中各字母分别表示：①A－初期支护水压力；②B－围岩－初期支护接触压力；③C－锚杆内力；④D－钢支撑内力；⑤E－二次衬砌水压力；⑥F－初期支护－二次衬砌接触压力；⑦G－二次衬砌内力；⑧H－二次衬砌表面应变监测；⑨I－地震加速度监测；⑩J－位移监测。

（3）测点布置

对于不同的监测项目，根据工程实际需要对各个断面的（监测仪器）传感器数量进行了优化，最终确定翔安海底隧道主洞及服务洞各个监测断面不同监测项目的测点布置情况如图 4-5-11 所示。

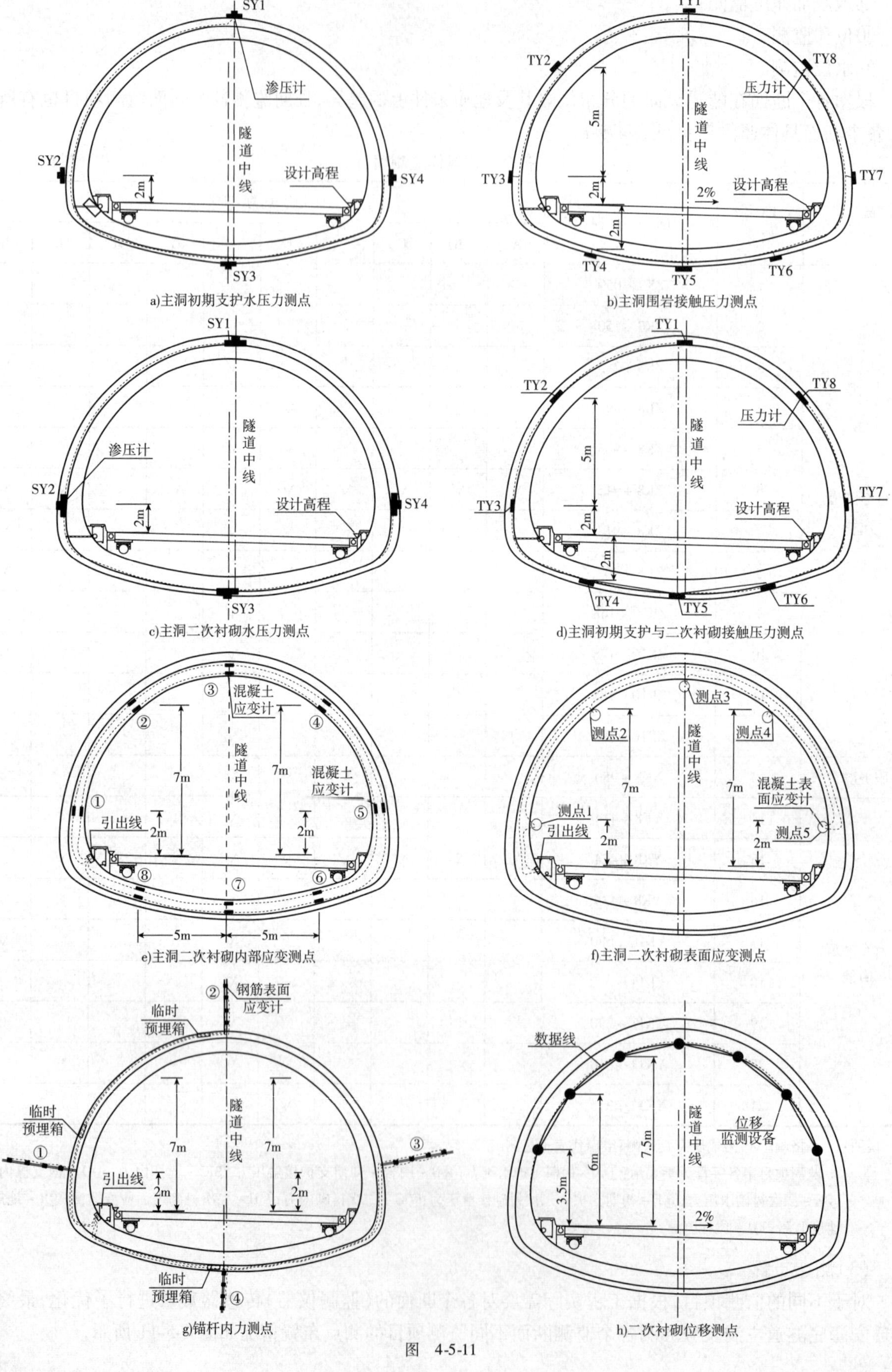

a)主洞初期支护水压力测点

b)主洞围岩接触压力测点

c)主洞二次衬砌水压力测点

d)主洞初期支护与二次衬砌接触压力测点

e)主洞二次衬砌内部应变测点

f)主洞二次衬砌表面应变测点

g)锚杆内力测点

h)二次衬砌位移测点

图 4-5-11

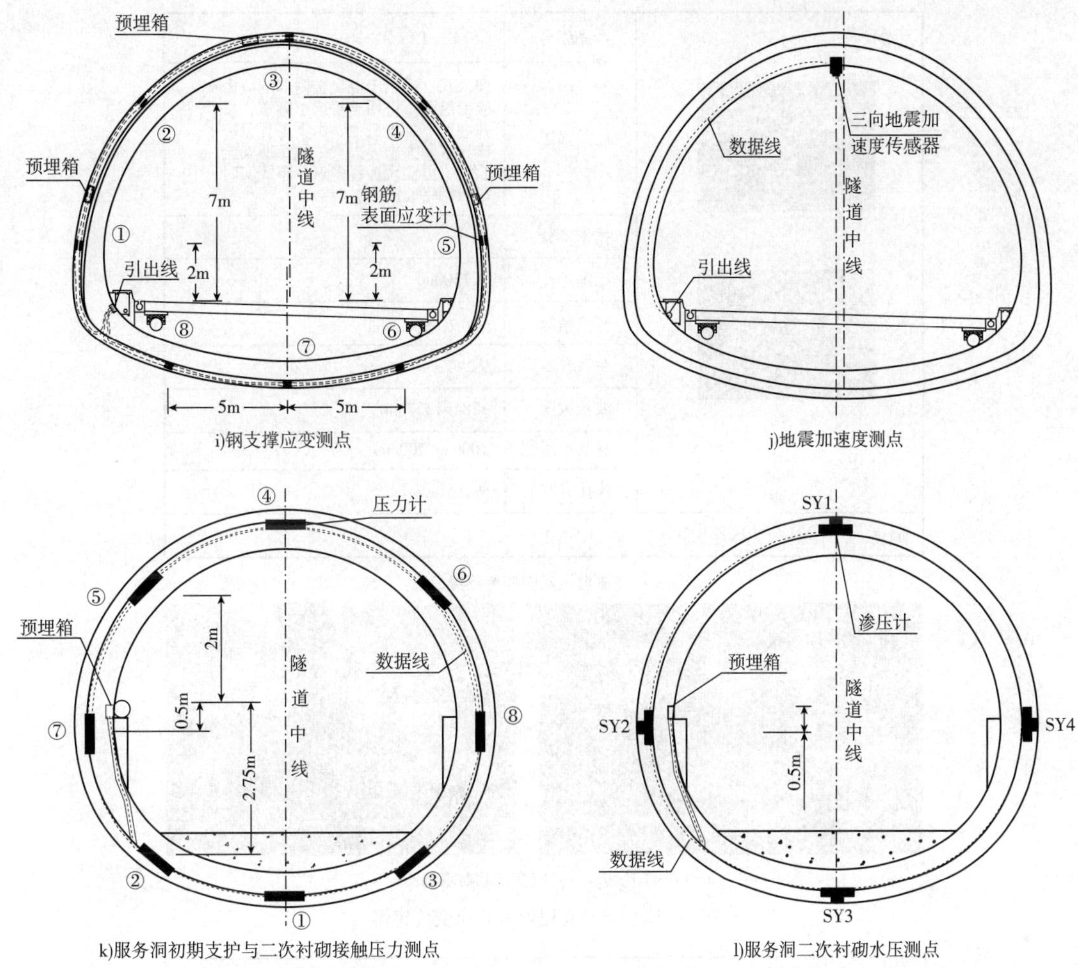

i)钢支撑应变测点　　j)地震加速度测点

k)服务洞初期支护与二次衬砌接触压力测点　　l)服务洞二次衬砌水压测点

图4-5-11　海底隧道长期监测项目测点布置示意图(尺寸单位:m)

2. 传感器及采集设备选型

厦门翔安隧道监测用传感器包括压力盒、钢筋计、应变计、水压计、地震加速度计等,传感器要求具有抗海水腐蚀能力。

考虑到海底隧道长期监测的重要性以及各种监测仪器的不利工作环境(如海水腐蚀等),对国内外岩土监测仪器性能进行了大范围的调研,最终确定接触压力及水位监测采用加拿大 RocTest 公司生产的振弦式传感器,其他除了位移及地震监测外均采用武汉理工光科股份有限公司生产的光纤光栅仪器。

(1)光纤光栅传感器

本项目中采用的光纤光栅传感器主要分为埋入式、表面式、贴片式三类。以下为本项目中采用的传感器的基础参数。

①埋入式应变传感器。为监测二次衬砌内部应力变化及其分布情况,翔安海底隧道采用了光纤光栅埋入式应变传感器,具体参数及现场实物图,见图4-5-12。

②埋入式温度传感器。为去除埋入式传感器受温度的影响,现场测定二次衬砌内部温度,选择了埋入式温度传感器,见图4-5-13。

③表面式应变传感器。为监测二次衬砌表面应力变化及其分布情况,翔安海底隧道采用了光纤光栅表面式应变传感器,具体参数及现场实物图,见图4-5-14。

④表面式温度传感器。为监测二次衬砌表面温度变化及其分布情况,翔安海底隧道采用了光纤光栅表面式温度传感器,具体参数见图4-5-15。

产品图片	产品编号	GSYC—T2
	产品描述	埋入式。适用于混凝土内部的应力应变监测。可用于桥梁、隧道、矿井巷道、岩土工程、水下工程保护体、水利大坝等大型工程长期安全监测，可实现远程多点分布式实时在线网络监测。
	技术参数	
	标准量程	± 1500με
	测量精度	± 0.2%FS
	分 辨 率	0.5με
	波长范围	1284~1327nm
	标 距	100mm 500mm
	连接方式	焊接
备注		

a)光纤光栅埋入式应变传感器参数

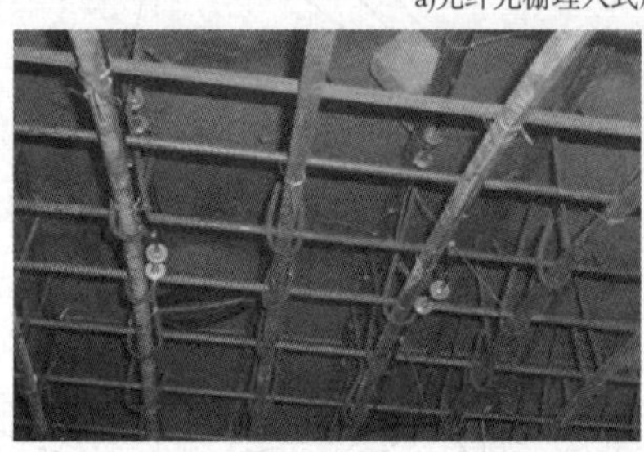

b)光纤光栅埋入式应变传感器现场图

图 4-5-12 光纤光栅埋入式应变传感器

产品图片	产品编号	GSWC—T1
	产品描述	金属封装，表面安装式。可实现现场非电、远程、多点、分布式长期实时温度监测。
	技术参数	
	标准量程	-50℃~+150℃
	测量精度	□0.5℃
	分辨率	0.1℃
	波长范围	1284~1327nm
	规格尺寸	80mm
	连接方式	FC/PC或熔接
备注		

a)光纤光栅埋入式温度传感器参数

b)光纤光栅埋入式温度传感器现场图

图 4-5-13 光纤光栅埋入式温度传感器

产品图片	产品编号	GSYC—T1
	产品描述	金属封装，表面安装式
	技术参数	
	标准量程	±1000με
	测量精度	□0.2%FS
	分辨率	1με
	波长范围	1284~1327nm
	连接方式	熔接

a)光纤光栅表面式应变传感器参数

b)光纤光栅表面式应变传感器现场图

图 4-5-14　光纤光栅表面式应变传感器

产片图片	产品编号	GSYC—T1
	产品描述	金属封装，表面安装式。
	技术参数	
	标准量程	-50℃~+150℃
	测量精度	± 0.5℃
	分辨率	0.1℃
	波长范围	1284~1327nm
	连接方式	熔接

图 4-5-15　光纤光栅表面式温度传感器

⑤光纤光栅贴片式传感器。为监测初期支护内力变化及其分布情况，翔安海底隧道采用了光纤光栅贴片式传感器，具体参数见图 4-5-16。

(2)压力盒

TPC 型压力传感器主要用于观测围岩和初期支护以及初期支护和二次衬砌间接触压力，本项目采用的压力传感器由加拿大 RocTest 公司生产。

TPC 型振弦式压力计包括 1 个压力盒，1 根不锈钢管和 1 个装在坚固外壳中的压力传感器，见图 4-5-17和图 4-5-18。

<table>
<tr><td rowspan="9">产品图片
</td><td>产品编号</td><td>GSYC—T2</td></tr>
<tr><td>产品描述</td><td>贴片式，用于钢结构表面应变监测</td></tr>
<tr><td colspan="2">技术参数</td></tr>
<tr><td>标准量程</td><td>±1500με</td></tr>
<tr><td>测量精度</td><td>±0.2%FS</td></tr>
<tr><td>分辨率</td><td>1με</td></tr>
<tr><td>波长范围</td><td>1284~1327nm</td></tr>
<tr><td>连接方式</td><td>熔接</td></tr>
</table>

a)光纤光栅贴片式传感器

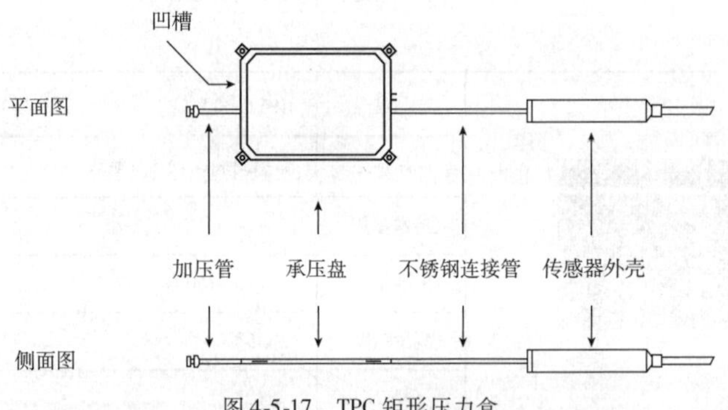

b)光纤光栅贴片式应变传感器现场图

图 4-5-16　光纤光栅贴片式应变传感器

凹槽

平面图

加压管　承压盘　不锈钢连接管　传感器外壳

侧面图

图 4-5-17　TPC 矩形压力盒

图 4-5-18　TPC 矩形压力盒现场图

外部土体的压力使组成压力计压力盒的薄膜两侧都弯曲。压力传递到油,然后再传递给振弦式压力传感器。压力传感器的敏感元件是一根固定在振动膜片上的钢弦钢丝。油压的变化将改变振动膜片的位置并因此影响钢丝的张力。张力与钢丝的共振频率或本征频率的平方成正比。实施中,在覆盖钢弦本征频率的一段频率范围内给靠近钢弦的一个线圈和磁铁加上拨弦电压,强迫钢弦振动。钢弦振动使线圈中产生电压。这个信号被读数仪放大。读数仪也能识别谐振频率,以确定钢弦的共振频率。

周期 N 和振动钢弦应变 ε 之间关系可以用如下的等式表达:

$$\varepsilon = (K \times 10^9)/N^2 \tag{4-5-3}$$

式中:ε——应变,单位为 $\mu\varepsilon$;

N——振动周期,单位为 μs;

K——传感器常数,每种传感器的常数都是特定的。

(3)水压计

PWS 型渗压计是适合于长期监测水位和孔隙水压力的一种稳定性好、精度高的传感器,输出为频率信号,与电缆电阻和接点电阻无关,信号适宜于远距离传输。

PWS 型渗压计是一个振动膜压力传感器,传感元件是把柔软的压力膜焊接在坚固的圆柱体空腔上而组成的,除振弦外的所有部分都是由高强不锈钢组成,高强度的振动弦一端夹在膜的中间,其另一端夹在空腔的另一端,在制造过程中振弦预紧到一定的张力状态然后密封确保寿命和稳定,读数仪连接到电磁线圈后激励线圈并测量线圈的振动周期。

传感器安装有三重防水保护:防水接头、陶瓷、带 O 形线圈的防水头。

使用过程中,压力导致膜的变形而使弦的张紧度和共振频率改变从而精确测量弦的共振频率,采用渗压计的压力计算公式便可以计算压力。

PWS 型渗压计直径较小,可以安装在土体和混凝土中或者安装在钻孔中,甚至直径小到 19mm 的测压管内。

渗压计的过滤器用 O 形线圈密封,由于有过滤器的隔离作用,压力膜可以免遭外界微小颗粒的破坏,传感器就仅仅可以测量到液体的压力。在渗压计率定和浸润饱和时过滤器可以很容易卸开,当作为压力传感器使用时,可以用管螺纹接头代替过滤器。

渗压计的周期(N)与应变由下列公式表示:

$$\varepsilon = (K \times 10^9)/N^2 \tag{4-5-4}$$

式中:ε——微应变,单位为 $\mu\varepsilon$;

N——周期,单位为 μs;

K——1.0156。

振弦仪器独一无二的特点就是其频率输出信号不会受到线缆电阻、接点电阻的影响。当电缆长度达到 1.6km 时都不会有信号衰减。现场安装见图 4-5-19。

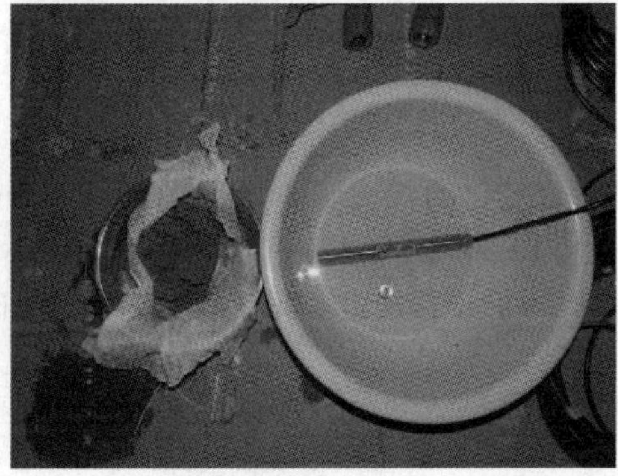

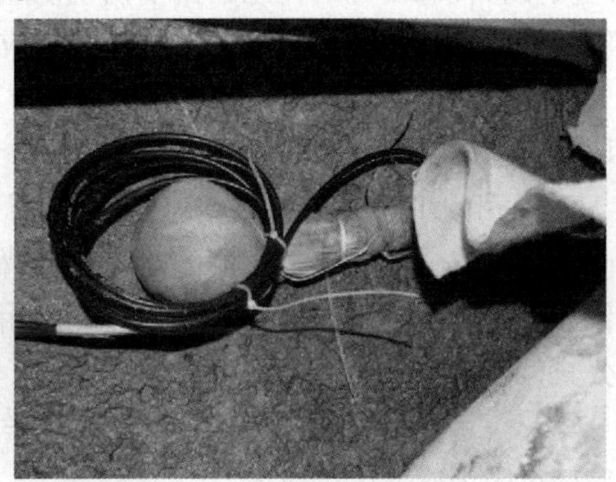

图 4-5-19 渗压计现场图

(4)收敛变形监测系统

隧道收敛监测系统是用于隧道断面收敛变形监测的自动监测系统,它由安装在隧道二次衬砌壁上的一系列连接杆组成,主要安装在隧道的拱顶。该系统主要包括3部分:数据量测部分、数据采集及传输部分和数据处理部分。

数据量测部分即传感器部分,主要是安装进口位移传感器和倾斜传感器的测头和伸缩测杆,每个测头内含有高精度的温度传感器可进行温度测量。测杆为刚性的不锈钢可以伸缩的杆件,测杆的长度根据现场要求定制,一般为2m,系统设计保证测杆在收缩时仍然保持在直线状态,通过位移传感器量测杆件的伸缩量,倾斜传感器量测值反映的是测杆的转动情况。隧道壁安装固定支点,测杆安装在两个固定支点间。

数据采集及传输部分包括数据采集仪和数据传输部分,数据采集仪采用澳大利亚dataDater公司DT80G采集仪,所有量测部分的位移和倾斜以及温度传感器均接入DT80G数据采集仪进行集中采集处理。

数据处理部分是监控计算机和数据处理专用程序软件,它接收所有断面传感器的数据,经计算后每个断面的变形情况,并以图形和数值方式显示,并具有查询和报警功能。具体软件功能可根据用户的需要专门开发。

厦门翔安海底隧道收敛变形监测系统主要用于观测隧道在建成运营阶段断面的变形情况,位移采集设备主要由振弦式线位移传感器、电解质式角位移传感器、可收缩的不锈钢保护管和锚块组成,本项目采用加拿大RocTest公司的JM-T振弦式线位移传感器和美国AGI公司的TULIP角位移传感器。见图4-5-20。

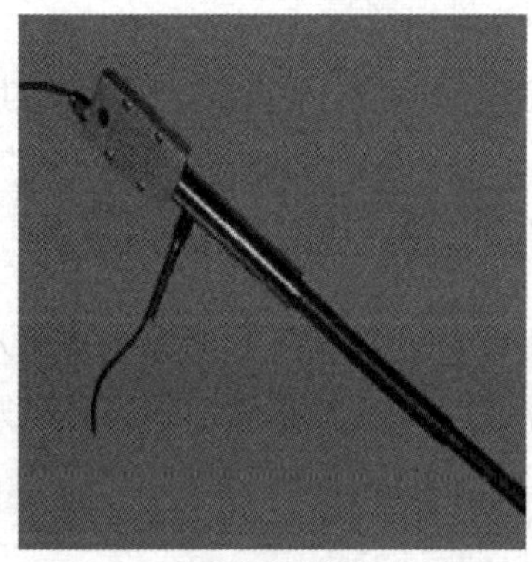
a)位移监测设备

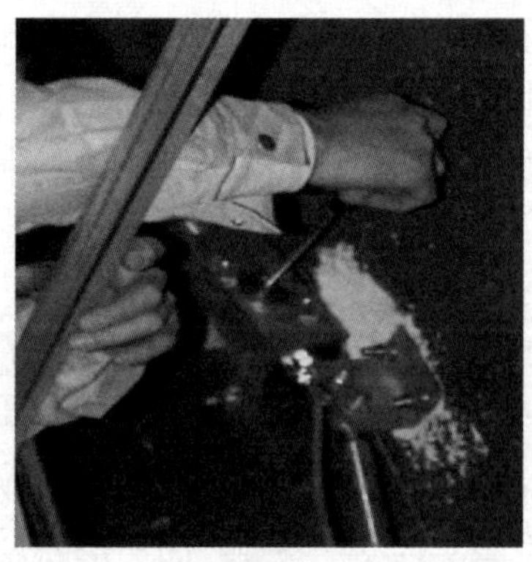
b)现场安装图

图4-5-20 隧道收敛变形监测系统

①线位移传感器:

振弦式线位移计是表面或埋入式的位移计,它可以作为基础变形计使用,常用于现场测量位移,量程可达到150mm。

振弦式线位移传感器计的传感器由不锈钢制成,仪器内部用O型密封圈防潮防尘。而埋入式变形计和基础变形计的测量外壳则用聚氯乙烯(PVC)制成并带有不锈钢法兰。

JM-T位移传感器主要作为位移传感器使用。见图4-5-20。

②角位移传感器:

美国AGI公司的TULIP电解质式角位移倾斜计是角度变化的传感器,和位移传感器结合使用既可以观测径向的线位移量同时测量角度的变化量,量程可达到±50度,见图4-5-21。

③工作原理:在微小转角条件下,测杆的一端相对另一端的位移增量δ等于测杆长r与测杆角位移α之乘积如公式(4-5-5),即:

$$\delta = r \times \alpha \tag{4-5-5}$$

图4-5-22a)图为原理计算简图。

图4-5-22b)图为坐标分量形式,即:

在微小转角条件下，测杆一端 $\begin{cases} \delta_x = r_y\alpha \\ \delta_y = -r_x\alpha \\ r = \sqrt{\delta_x^2 + \delta_y^2} \end{cases}$ 相对量测系统参考点的位移 Δi，等于该测杆另一端相对量测 $\begin{cases} \Delta x_i = \Delta x_{i-1} + \delta_{xi} \\ \Delta y_i = \Delta y_{i-1} + \delta_{yi} \end{cases}$

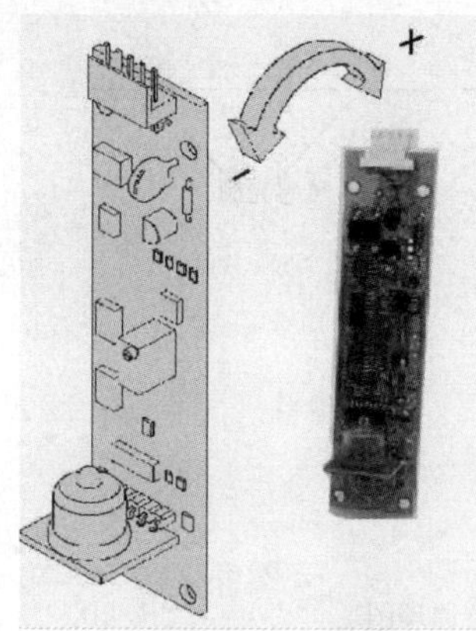

a)角位移传感器示意图

b)角位移传感器现场实物图

图 4-5-21　角位移传感器

首先假设一点为固定点（A 点），整个收敛系统的计算从该系统参考点的位移与该测杆两端相对位移增量 δ_i 的迭加，即：

$$\Delta_i = \Delta_{i-1} + \delta_i \tag{4-5-6}$$

或表示为坐标分量的形式：A 点开始，测杆 AB 的变形见图 4-5-23，其中测杆初始长度为 L_{AB}，位移传感器示数为 ΔL_{AB}，倾斜传感器示数为 θL_{AB}，这样，

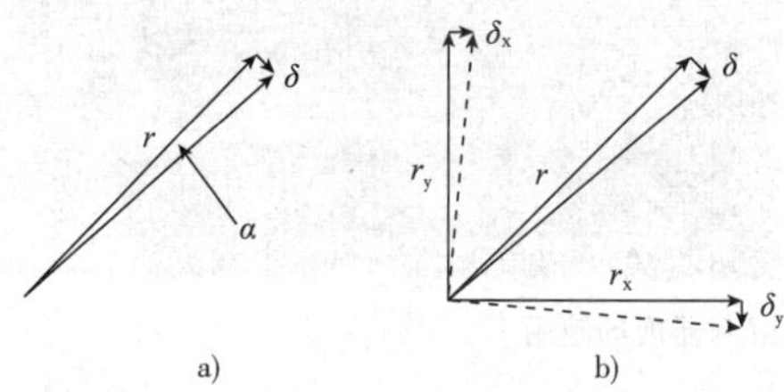

图 4-5-22　原理计算简图

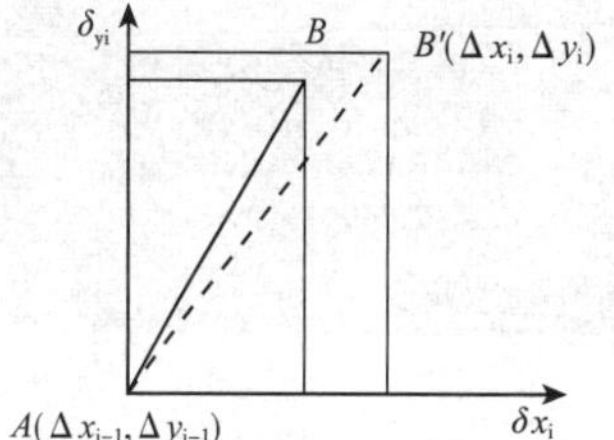

图 4-5-23　斜杆位移示意图

$$\Delta x_i = \Delta x_{i-1} + (L_{AB} + \Delta L_{AB})_y \times \theta L_{AB} \tag{4-5-7}$$

$$\Delta y_i = \Delta y_{i-1} + (L_{AB} + \Delta L_{AB})_x \times \theta L_{AB} \tag{4-5-8}$$

依次传递计算下去，直至返回固定点（如果形成闭合环式布置）。由于测试误差的存在以及误差的传递效应，返回点一般是不重合的，二者的差值就是所谓的闭合差。在数据处理时，可以进行平差计算将系统的闭合误差再分配，使系统的总体误差为零。

（5）地震加速度传感器

为了解隧道建成后运营期间的震动情况，在隧道的顶拱安装三向加速度传感器，地震监测要求不受交通影响，不受周围环境干扰影响，数据采用光纤传输，自动集成到隧道中心控制系统中。考虑到监测周期长，要求精度高在本次项目中选用瑞士 GeoSIG 公司的 AC－63 型三向加速度传感器。见图 4-5-24。

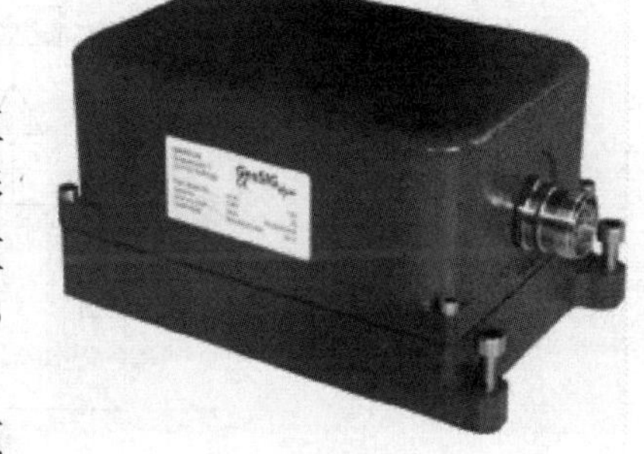
图 4-5-24　地震加速度传感器

AC－63 型三轴力平衡加速度传感器是以力平衡伺服加速度原理为基础，它采用了一个坚固的质量块悬挂系统，该系统能获得高信

噪比的信号并进行温度漂移补偿,装有数字传感器控制装置提供了极好的偏移稳定性。AC－63有一个三轴正交的密封装置适用于要求坚固的传感器地震强震观测。

(6)采集设备选择

①便携式光栅光纤解调器。光纤光栅解调器的工作原理如图4-5-25所示,发光管发出的宽带光谱由传感光栅反射回来,成为几条窄带光谱,可调波长选择器和探测器在计算机的控制下进行扫描检测,测出传感光栅的特征波长,再通过计算得出温度、应变等被测参量。

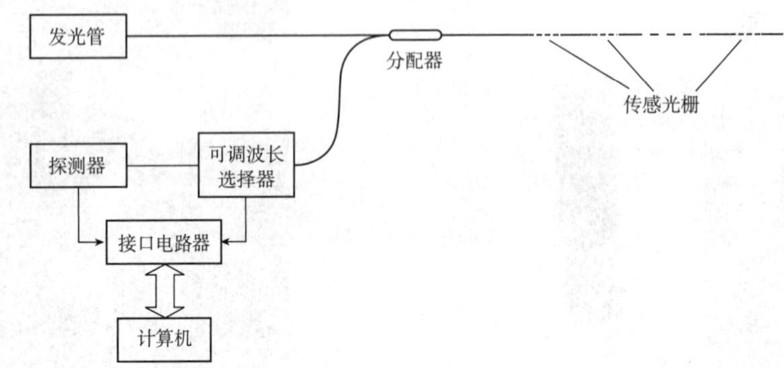

图4-5-25　便携式光栅光纤解调器原理图

对施工阶段光栅光纤传感器数据采集,主要使用的是便携式光栅光纤解调器,主要是对二次混凝土内部应力和初期支护钢支撑应力量测。见图4-5-26。

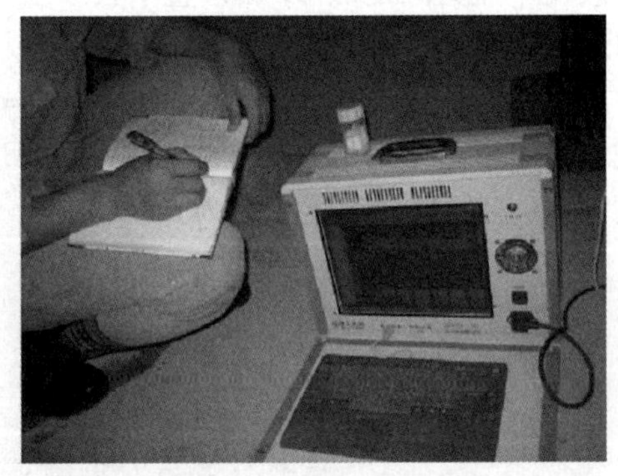

图4-5-26　便携式光栅光纤解调器现场使用

②自动化光纤光栅解调器。BGD－4M40型自动化光纤光栅解调器的工作原理如图4-5-27所示,超发光管SLED发出的宽带光谱经过可调谐法布里腔(FFP)线性调制后经光纤耦合器同时进入四路测量光栅阵列,各传感光栅反射回来的窄带光谱,由光电探测器转换成电信号,再由DSP数据处理系统进行处理。波长数据通过计算机网卡传送,根据测得的波长值进行标定从而得到应变、温度等其他被测参数。

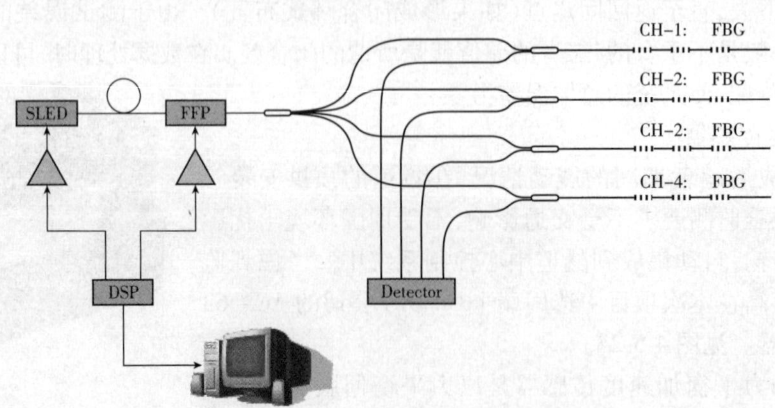

图4-5-27　BGD－4M40型自动化光纤光栅解调器原理图

BGD－4M40 系列解调器通过计算机进行数据通讯以及数据处理，可以使用台式或手提式计算机。通讯线的连接，将配套的网线连接解调器与计算机。首先确认计算机与解调器的电源均已关闭，将网线的一端插入解调器背后的 LAN 口，将网线的另一端与计算机的网卡接口连接。见图 4-5-28。

将光纤光栅传感器通过标准的 PC/APC 插头插入解调器正面的光纤连接插座。插的时候注意将传感器插头上的定位销与光纤连接插座的定位槽对准，沿其水平轴线轻轻推进，以免损坏插座内的陶瓷套管，影响测量。

通过“网上邻居”或者“控制面板”进入“网络连接”，打开“网络连接”的“属性”，修改“Internet 协议（TCP/IP）”，如图 4-5-29 所示。IP 地址为：192. 168. 0. 9，子网掩码为：255. 255. 255. 0

图 4-5-28　自动化光纤光栅解调器

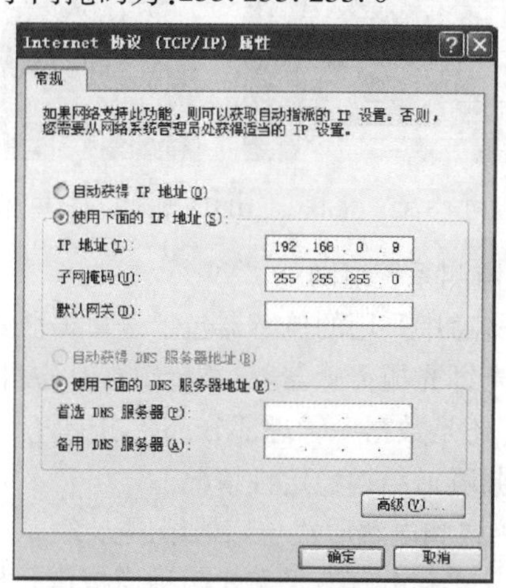

图 4-5-29　internet 协议（TCP/IP）

③便携式频率采集仪。选用加拿大 RocTest 公司的 MB－6TL 振弦式数据记录器。MB－6TL 读数器是一台带自备电源的便携式设备，设计成用于读取 IRAD GAGE 振弦式仪器的数据。见图 4-5-30。

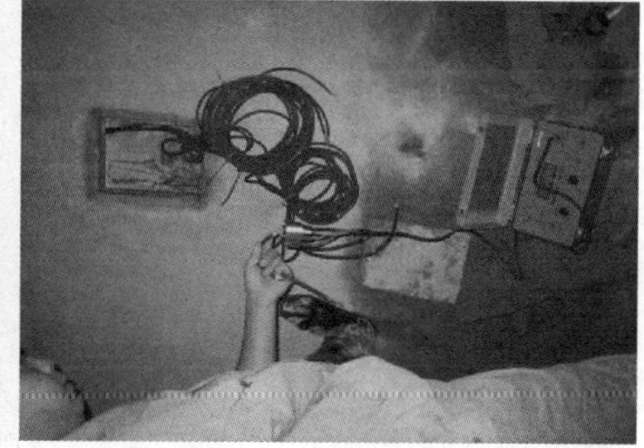

图 4-5-30　便携式频率采集仪现场应用图

④自动化数据采集仪。采用澳大利亚 Datataker 公司 GeoLogger DT515 型采集仪。见图 4-5-31，图 4-5-32。该采集仪专门设计适用于岩土工程和结构监测，能实现全天候自动监测，具有很好的稳定性和极好的性能价格比。

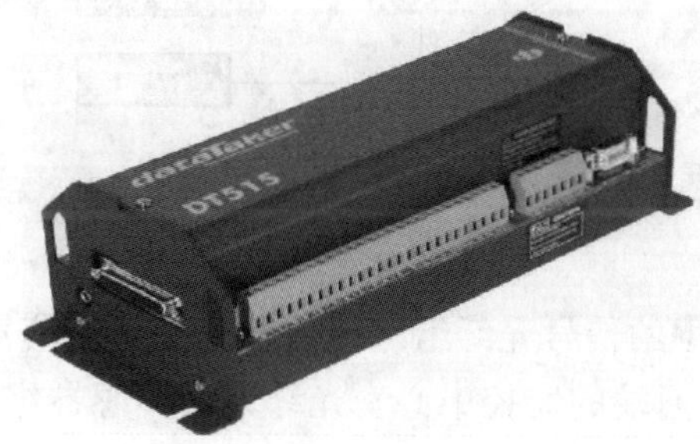

图 4-5-31　GeoLogger DT515 型采集仪（左）和通道扩展模块（右）

⑤地震加速度记录仪。选用瑞士 GeoSIG 公司 GSR－18 型数据记录仪,22bit 分辨率,支持 GeoDAS 数据采集程序,GeoDAS 软件通过以太网远程控制数据记录仪,实时记录地震波形和采样数据,自动对地震特性进行分析,并执行报警、硬件配置等操作。见图 4-5-33。

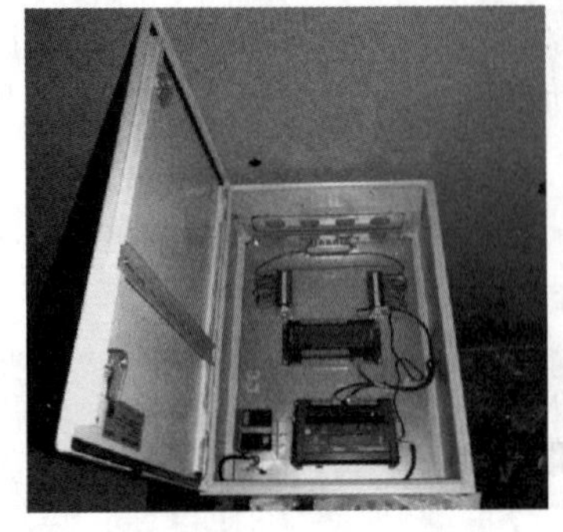

图 4-5-32 GeoLogger DT515 型采集仪现场实施图

图 4-5-33 GSR－18 强震记录仪

3. 长期监测系统组网

由于本隧道中采用的传感器包括进口振弦式传感器与电解质式角位移传感器、三向加速度传感器和国产高性能光纤光栅传感器,三类传感器有各自独立的数据采集设备,因此,长期监测数据采集系统无论是硬件、软件还是数据库管理部分都要求能将三类传感器数据在系统中集中处理,便于运营单位对数据分析从而判断隧道结构稳定性情况。

(1)振弦式和电解质式传感器组网方案

进口振弦式和电解液平衡式两种模拟信号传感器埋设的断面位置都相对比较集中,综合考虑模拟信号类传感器所需的数据采集通道数量(包括传感器温度读数)、传感器信号传输距离以及数据远程传输等方面的因素,将模拟信号类传感器的自动化数据采集系统优化组合成为 3 套远程数据采集单元(MCU),MCU 由 DT515 数据采集仪、电源系统、放浪涌模块和防水机箱构成。分别安装于 YK8＋428,ZK8＋910 和 YK11＋310 3 个里程,分别称为 MCU－1、MCU－2 和 MCU－3,振弦式和电解质式传感器组网情况,见图 4-5-34 所示。

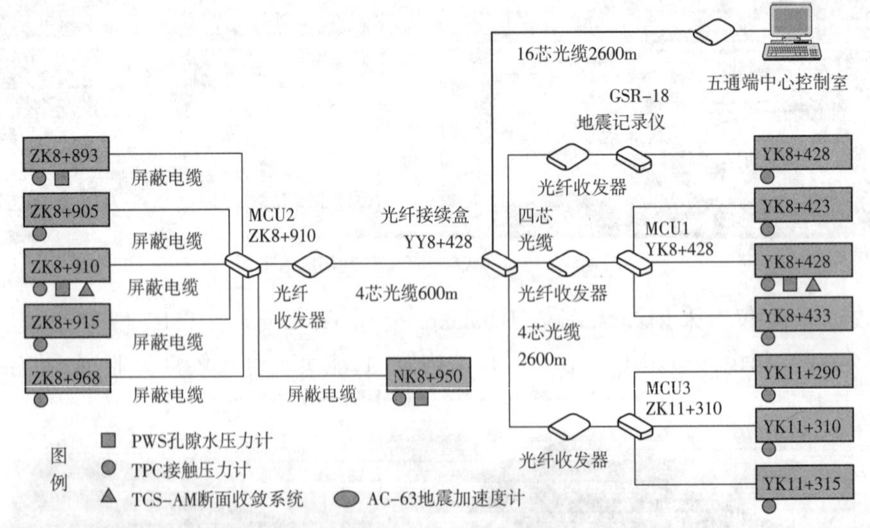

图 4-5-34 振弦式和电解质式传感器组网示意图

(2)光纤光栅传感器组网方案

各断面光纤传感器埋设完毕后,将预留在预埋箱中的信号光纤组网接入相应位置的信号接续盒,然后再接入总接续盒,最后通过主通信光缆接入位于五通端的监控中心。光纤光栅传感器组网示意如图 4-5-35所示。

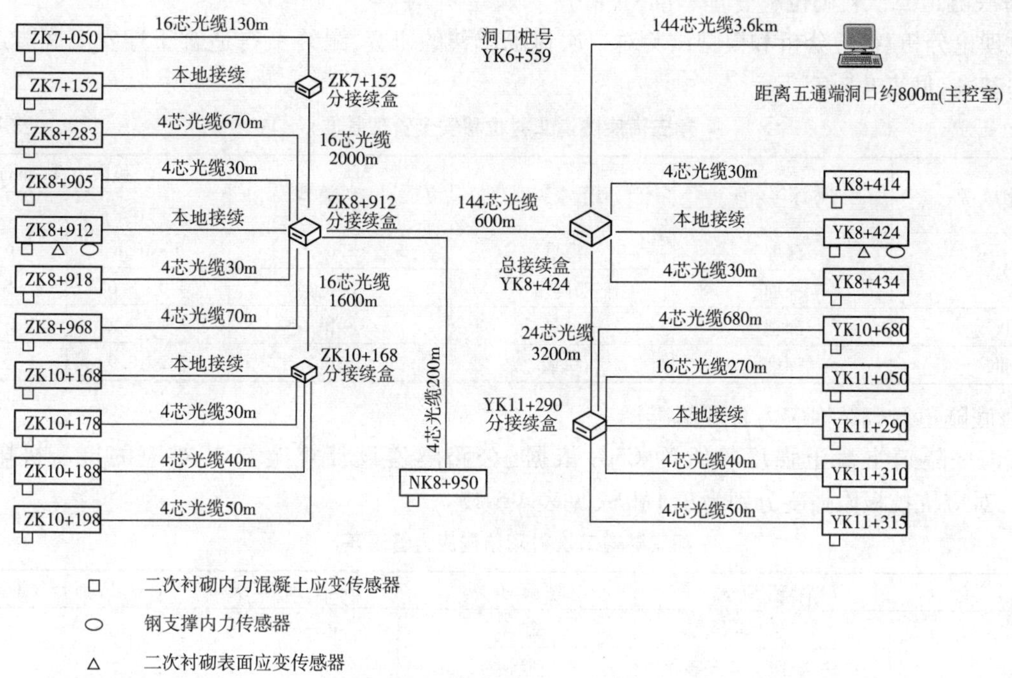

图 4-5-35　光纤光栅传感器组网示意图

(3)总控制室数据流程图

长期监测数据采集系统无论是硬件、软件还是数据库管理部分都要求能将三类传感器数据在系统中集中处理,便于运营单位对数据分析从而判断隧道结构稳定性情况。所以,将所有数据采集仪获得的数据读入一个数据库中。见图 4-5-36。

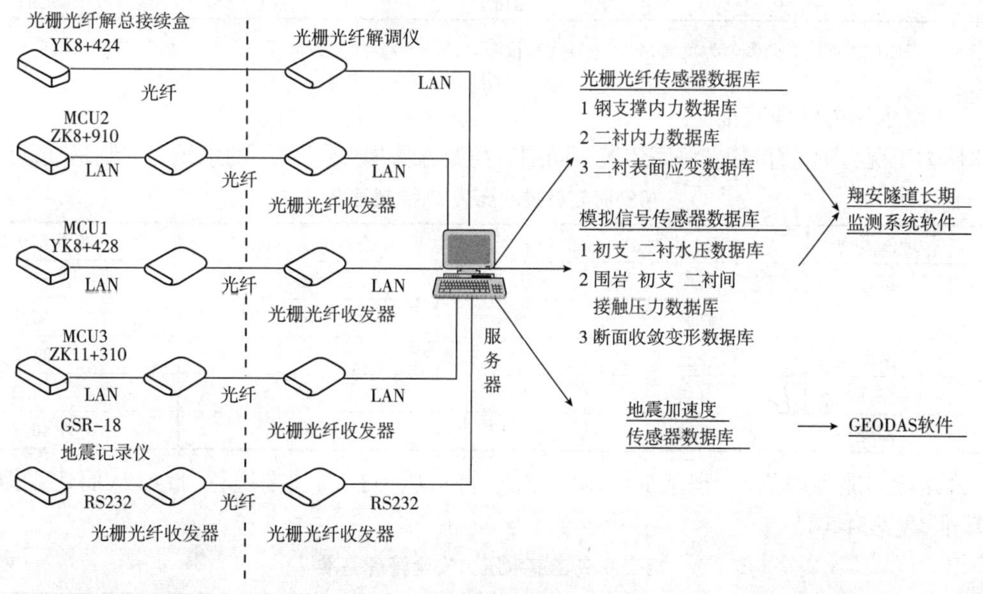

图 4-5-36　总控制室数据流程图

5.3.2　海底隧道运营阶段安全性管理基准

海底隧道在运营期间,随着运营年限的增加,由于海水锈蚀、施工缺陷、围岩流变等因素的影响,将会导致隧道二次衬砌产生不同程度的变形、衬砌开裂等病害,评价海底隧道结构的安全性,首先要确立隧道结构相关指标的管理基准。

1. 海底隧道二次衬砌位移管理基准

通过理论分析、数值分析和模型试验对二次衬砌位移的研究，最终获得适合于翔安海底隧道的位移安全管理基准，见表4-5-12。

翔安海底隧道二衬位移安全管理基准　　表4-5-12

围岩级别	埋深类型	地下水类型	支护类型	极限位移(mm)	
				拱顶	边墙
Ⅴ	深埋	海域	S5d	5～10.8	6～7.4
	浅埋	潮间带	S5c	4.0～8.6	5～6.5
Ⅳ	深埋	海域	S4b	3.1～7.2	3～5.7
Ⅲ	深埋	海域	S3b	5.2～8.9	4～5.3

2. 海底隧道衬砌结构应力管理基准

翔安海底隧道混凝土强度等级为C50，依据《公路隧道设计规范》，其对应的抗压极限强度为36.5MPa，对应抗拉极限强度分别为3.1MPa，见表4-5-13。

翔安隧道二次衬砌结构应力管理基准　　表4-5-13

混凝土等级	管理应力	危险等级	管理等级	维修养护措施
混凝土等级 C50	$\sigma_- < -36.5$	破坏	I	专项检查
	$-36.5 < \sigma_- \leq -24.3$	险情		
	$-24.3 < \sigma_- \leq -12.2$	异常	II	临时检查
	$\sigma_- \geq -12.2$	正常	III	定期检查
	管理应力	危险等级	管理等级	维修养护措施
	$\sigma_+ > 3.1$	破坏	I	专项检查
	$2.1 < \sigma_+ \leq 3.1$	险情		
	$1 < \sigma_+ \leq 2.1$	异常	II	临时检查
	$\sigma_+ \leq 1$	正常	III	定期检查

注：σ_-：负号代表压应力即应力监测值为负值；σ_+：正号代表拉应力，即应力监测值为正值。

3. 海底隧道水压力管理基准

对各水压力工况分析，获得翔安海底隧道不同围岩类型、支护类型条件下的水压力控制基准，见表4-5-14。

翔安海底隧道水压力 P_n 控制基准　　表4-5-14

围岩级别	埋深类型	地下水类型	支护类型	临界水压(kPa)	换算水头(m)
Ⅴ	深埋	海域	S5d	575	57.5
	浅埋	海域	S5d	363	36.3
	深埋	潮间带	S5c	237	23.7
Ⅳ	深埋	海域	S4b	542	54.2
Ⅲ	深埋	海域	S3b	463	46.3

依据《公路隧道施工规范》管理基准的制定方法，将水压力控制基准进行分级，从而建立海底隧道水压力管理基准，见表4-5-15。

翔安海底隧道水压力安全管理基准　　表4-5-15

管理水压力	危险等级	管理等级	维修养护措施
$P > P_n$	不安全	I	专项检查
$2/3P_n < P \leq P_n 2/3P_n$	危险		
$1/3P_n \leq P \leq 2/3P_n$	较安全	II	临时检查
$P < 1/3P_n$	安全	III	定期检查

注：P 为该隧道区段的实测水压力；P_n 为对应的临界水压力。

4. 海底隧道地震加速度管理基准

根据设计文件，厦门翔安海底隧道设防地震峰值加速度为0.15g，因此，在长期监测中，当地震峰值加速度大于0.15g时，应立即进行结构损伤检查。

5.3.3 长期监测系统软件

为满足对翔安海底隧道运营期实时监测和安全性评价，开发了集数据采集、数据分析、结构安全性判定和预警为一体的自动化管理系统。

基于微软的Microsoft Visual Studio 2008平台编写，软件数据库使用SQLite。软件系统包括服务器端和客户端PC机子系统两个构成部分。其中服务器端PC机子系统负责原始数据的输入，并对输入的数据进行计算、统计、分析、处理等运算，形成最终的测量数据（工程量）并将其按一定规则存储在数据库中，并对测量数据进行实时显示、报警提示以及相关数据的查询与导出等。而客户端PC机子系统只是接受来自于服务器端PC机子系统的同步数据，并将其进行实时显示、报警提示以及相关数据的查询与导出等。翔安隧道长期监测系统构架，见图4-5-37。软件内部的功能模块设置，见图4-5-38（注：客户端软件的设备连接模块的下拉菜单为同步服务器）。

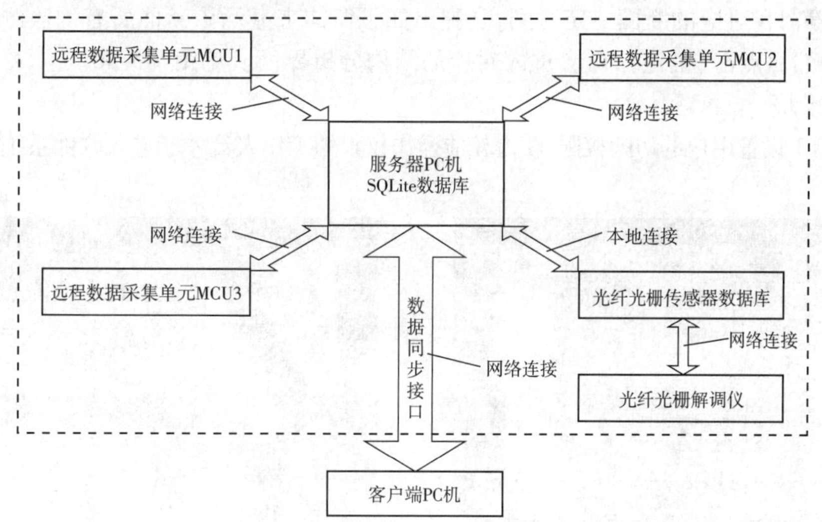

图4-5-37 翔安隧道长期监测系统架构示意图

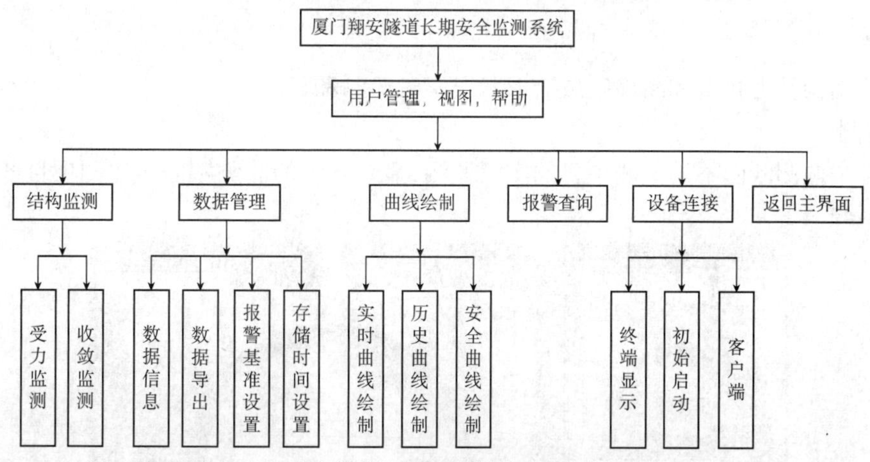

图4-5-38 翔安隧道长期监测系统软件功能模块示意图

1. 系统主界面

运营阶段长期监测子系统主界面见图4-5-39，包括用户登录、设备监测，系统报警、数据查询、日志查询、帮助等按钮。

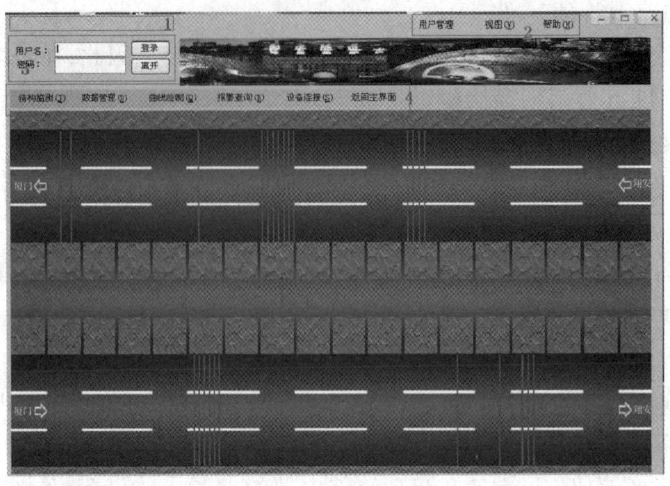

图 4-5-39 海底隧道运营期长期监测子系统主界面

当鼠标指针停留在对应的断面一定时间，会弹出如下窗体来显示该断面所有的监测项目信息。选定对应的监测项目，然后点击“确定”，就会进入对应的结构分析界面。见图 4-5-40。

2. 用户登录模块

此模块主要用于设置用户的访问权限，获得相应操作权限的工作人员才能进入软件系统进行相应的操作。见图 4-5-41。

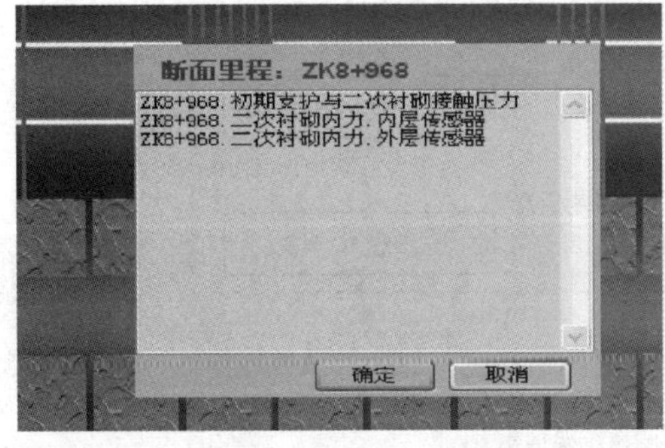

图 4-5-40 面监测项目信息框

图 4-5-41 用户登录

3. 结构监测

本功能用于结构受力状况和断面收敛变形状况实时监测和显示。

(1)受力监测

用于隧道各个监测断面不同监测项目的实时监测，显示选定的监测断面该监测项目各个测点的实时数据。见图 4-5-42。

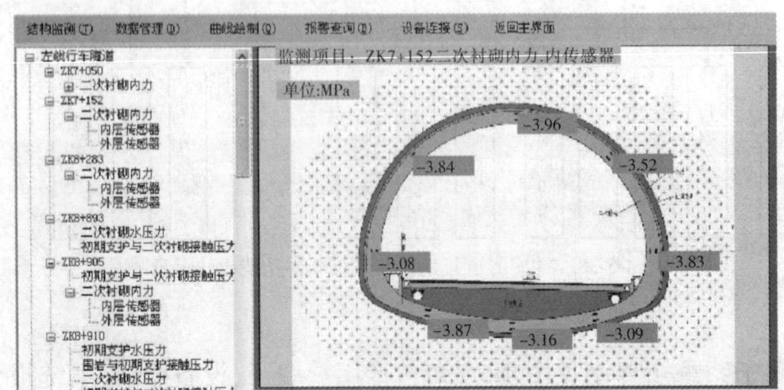

图 4-5-42 隧道受力监测

(2)收敛监测

本功能用于显示隧道断面收敛变形监测系统工程量的实时数据,并绘制隧道断面的收敛变形图。见图 4-5-43。

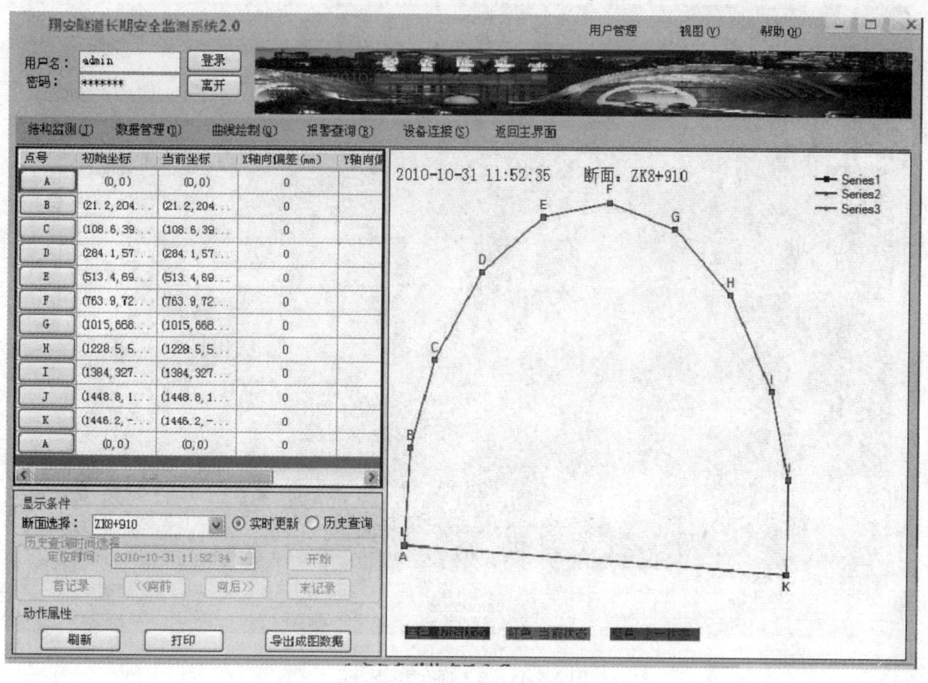

图 4-5-43 结构监测收敛监控

4. 数据管理

本模块是整个软件进行工程运算的核心,所有的工程量转换都在本模块内完成,用于将采集设备输入的原始数据解包进行计算。见图 4-5-44。

用户管理 视图(V) 帮助(H)

用户名: admin 登录

密码: ******* 离开

结构监测(T) 数据管理(D) 曲线绘制(Q) 报警查询(B) 设备连接(S) 返回主界面

唯一标识	原始值	输入公式	工程量	工程单位	高限值	低限值	运行状态	断面代码	量测项目	序列号	信号类型	支护类型	位置信息	更新时间
5D00000	0.790480	X	0.790480	degC	999999	-99999	正常	ZK7+050	二次衬砌内力...	5D00000	温度	C30	T1	2010-10-15 1...
A280	0.790480	(-3.26+X*30/...	-3.236286	MPa	99999.9	-99999.9	正常	ZK7+050	二次衬砌内力...	A280	应力	C30	S8	2010-10-15 1...
H016	0.790480	(-3.21+X*30/...	-3.186286	MPa	99999.9	-99999.9	正常	ZK7+050	二次衬砌内力...	H016	应力	C30	S7	2009-12-12 1...
A120	0.790480	(-3.13+X*30/...	-3.106286	MPa	99999.9	-99999.9	正常	ZK7+050	二次衬砌内力...	A120	应力	C30	S6	2009-12-12 1...
A241	0.790480	(-3.65+X*30/...	-3.626286	MPa	99999.9	-99999.9	正常	ZK7+050	二次衬砌内力...	A241	应力	C30	S5	2009-12-12 1...
6682	0.790480	(-3.97+X*30/...	-3.946286	MPa	99999.9	-99999.9	正常	ZK		6682	应力	C30	S4	2009-12-12 1...
6693	0.790480	(-3.8+X*30/1...	-3.776286	MPa	99999.9	-99999.9	正常	ZK		6693	应力	C30	S3	2009-12-12 1...
A203	0.790480	(-3.2+X*30/1...	-3.176286	MPa	99999.9	-99999.9	正常	ZK		A203	应力	C30	S2	2009-12-12 1...
A228	0.790480	(-3.54+X*30/...	-3.516286	MPa	99999.9	-99999.9	正常	ZK		A228	应力	C30	S1	2009-12-12 1...
5D01786	0.790480	X*1	0.790480	degC	99999.9	-99999.9	正常	ZK		5D01786	温度	C30	T1	2010-10-15 1:29
A336	0.790480	(-3.65+X*30/...	-3.626286	MPa	99999.9	-99999.9	正常	ZK		A336	应力	C30	S8	2009-12-12 1...
JT4	0.790480	(-3.4+X*30/1...	-3.376286	MPa	99999.9	-99999.9	正常	ZK		JT4	应力	C30	S7	2009-12-12 1...
X7001	0.790480	(-3.68+X*30/...	-3.656286	MPa	99999.9	-99999.9	正常	ZK		X7001	应力	C30	S6	2009-12-12 1...
6675	0.790480	(-3.96+X*30/...	-3.936286	MPa	99999.9	-99999.9	正常	ZK		6675	应力	C30	S5	2009-12-12 1...
6686	0.790480	(-3.27+X*30/...	-3.246286	MPa	99999.9	-99999.9	正常	ZK		6686	应力	C30	S4	2009-12-12 1...
A275	0.790480	(-3.92+X*30/...	-3.896286	MPa	99999.9	-99999.9	正常	ZK		A275	应力	C30	S3	2009-12-12 1...
A207	0.790480	(-3.28+X*30/...	-3.256286	MPa	99999.9	-99999.9	正常	ZK7+050	二次衬砌内力...	A207	应力	C30	S2	2009-12-12 1...
A271	0.790480	(-3.66+X*30/...	-3.636286	MPa	99999.9	-99999.9	正常	ZK7+050	二次衬砌内力...	A271	应力	C30	S1	2009-12-12 1...
6695	0.790480	(-3.82+X*30/...	-3.796286	MPa	99999.9	-99999.9	正常	ZK7+152	二次衬砌内力...	6695	应力	C30	S8	2009-12-12 1...
A372	0.790480	(-3.59+X*30/...	-3.566286	MPa	99999.9	-99999.9	正常	ZK7+152	二次衬砌内力...	A372	应力	C30	S7	2009-12-12 1...
A361	0.790480	(-3.24+X*30/...	-3.216286	MPa	99999.9	-99999.9	正常	ZK7+152	二次衬砌内力...	A361	应力	C30	S6	2009-12-12 1...
6035	0.790480	(-3.91+X*30/...	-3.886286	MPa	99999.9	-99999.9	正常	ZK7+152	二次衬砌内力...	6035	应力	C30	S5	2009-12-12 1...
A234	0.790480	(-3.77+X*30/...	-3.746286	MPa	99999.9	-99999.9	正常	ZK7+152	二次衬砌内力...	A234	应力	C30	S4	2009-12-12 1...
D10	0.790480	(-3.84+X*30/...	-3.816286	MPa	99999.9	-99999.9	正常	ZK7+152	二次衬砌内力...	D10	应力	C30	S3	2009-12-12 1...

配置数据
属性修改
格式数据
保存设置
导入数据
导出数据
导入配置表
导出配置表
报警配置congfig
存储时间设置
自定义列选项

图 4-5-44 数据显示

5. 曲线绘制

(1)实时曲线

点击位移曲线激活功能,界面如图4-5-45。

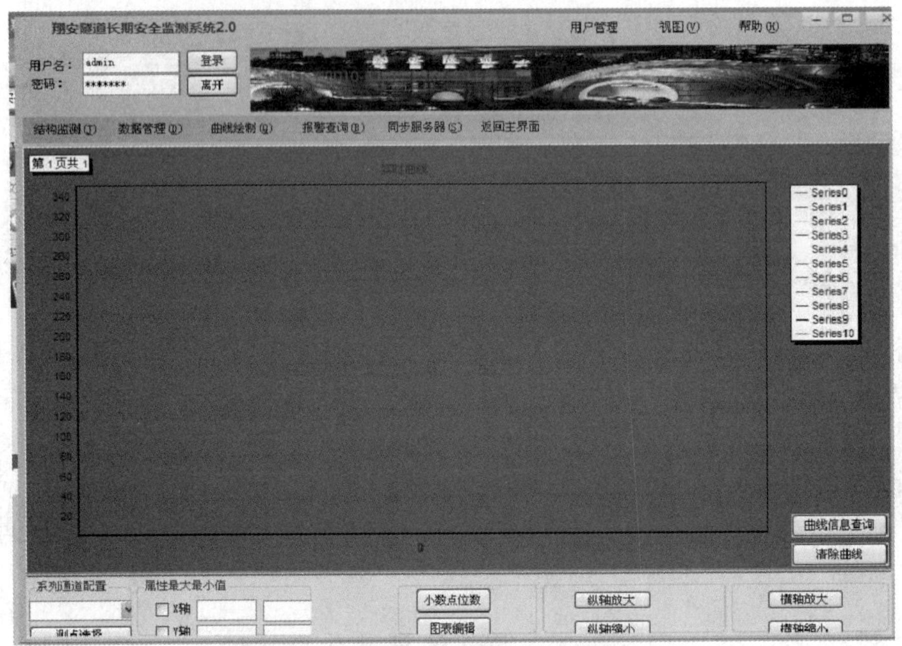

图4-5-45　实时曲线主界面

(2)历史曲线

点击“历史曲线”激活历史曲线功能,界面如图4-5-46。

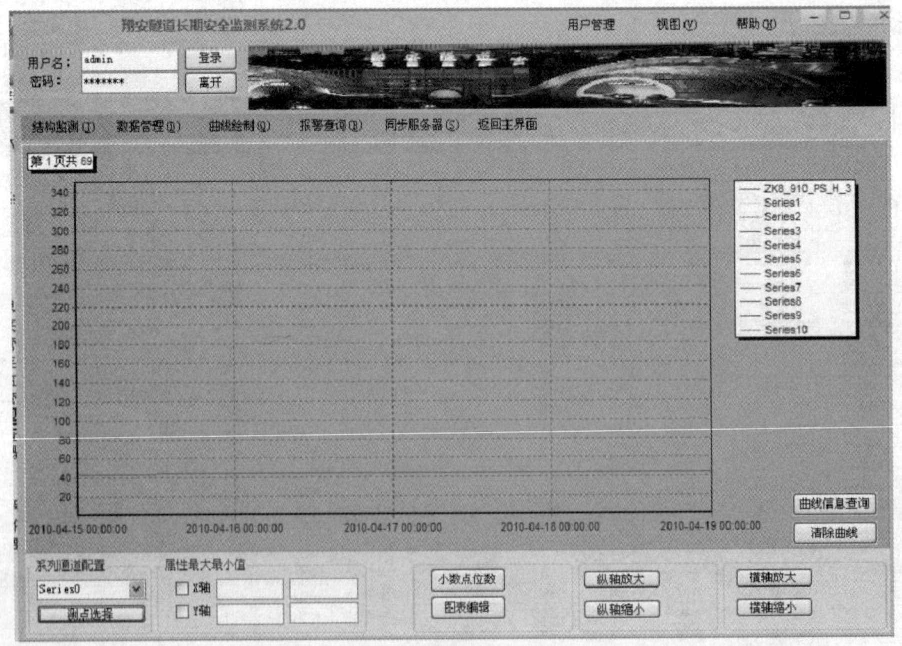

图4-5-46　历史曲线界面

(3)安全分析曲线

点击“安全分析曲线”激活安全分析曲线功能,界面如图4-5-47。

图 4-5-47　安全分析曲线效果

6. 报警查询

本功能提供按时间筛选对历史报警记录的查询。界面如图 4-5-48。

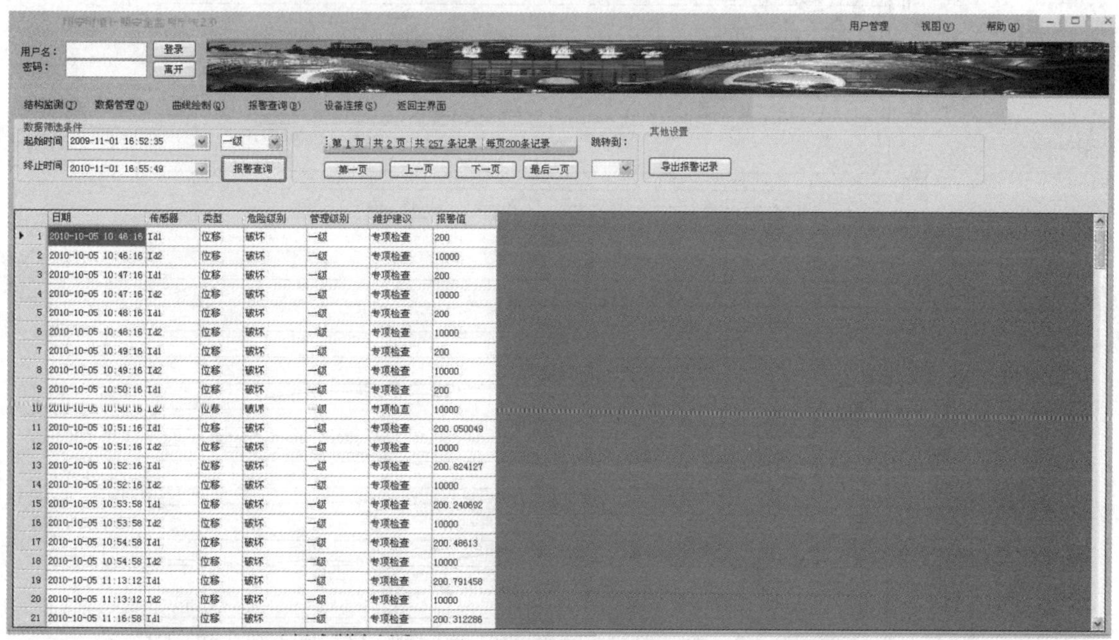

	日期	传感器	类型	危险级别	管理级别	维护建议	报警值
1	2010-10-05 10:46:16	Id1	位移	破坏	一级	专项检查	200
2	2010-10-05 10:46:16	Id2	位移	破坏	一级	专项检查	10000
3	2010-10-05 10:47:16	Id1	位移	破坏	一级	专项检查	200
4	2010-10-05 10:47:16	Id2	位移	破坏	一级	专项检查	10000
5	2010-10-05 10:48:16	Id1	位移	破坏	一级	专项检查	200
6	2010-10-05 10:48:16	Id2	位移	破坏	一级	专项检查	10000
7	2010-10-05 10:49:16	Id1	位移	破坏	一级	专项检查	200
8	2010-10-05 10:49:16	Id2	位移	破坏	一级	专项检查	10000
9	2010-10-05 10:50:16	Id1	位移	破坏	一级	专项检查	200
10	2010-10-05 10:50:16	Id2	位移	破坏	一级	专项检查	10000
11	2010-10-05 10:51:16	Id1	位移	破坏	一级	专项检查	200.050049
12	2010-10-05 10:51:16	Id2	位移	破坏	一级	专项检查	10000
13	2010-10-05 10:52:16	Id1	位移	破坏	一级	专项检查	200.824127
14	2010-10-05 10:52:16	Id2	位移	破坏	一级	专项检查	10000
15	2010-10-05 10:53:58	Id1	位移	破坏	一级	专项检查	200.240692
16	2010-10-05 10:53:58	Id2	位移	破坏	一级	专项检查	10000
17	2010-10-05 10:54:58	Id1	位移	破坏	一级	专项检查	200.48613
18	2010-10-05 10:54:58	Id2	位移	破坏	一级	专项检查	10000
19	2010-10-05 11:13:12	Id1	位移	破坏	一级	专项检查	200.791458
20	2010-10-05 11:13:12	Id2	位移	破坏	一级	专项检查	10000
21	2010-10-05 11:16:58	Id1	位移	破坏	一级	专项检查	200.312286

图 4-5-48　报警查询

5.3.4　工程应用

依据厦门翔安隧道长期监测系统测得的各监测项目数据，对其结构受力变化规律和安全性进行评价。

1. 二次衬砌结构受力变化规律及安全性评价

(1) 二次衬砌内力变化规律分析

以长期监测断面 YK11 +315 为例分析二次衬砌结构内力分布规律和安全性。

该断面二次衬砌内力已经监测545天，获得了大量现场应力监测数据，真实反映了翔安海底隧道二次衬砌结构内力变化特性和规律。

(2)内力变化规律

通过对该区段数据分析，获得横截面拱顶、拱腰和边墙处轴力、弯矩和安全系数随时间的变化规律，见图4-5-49。

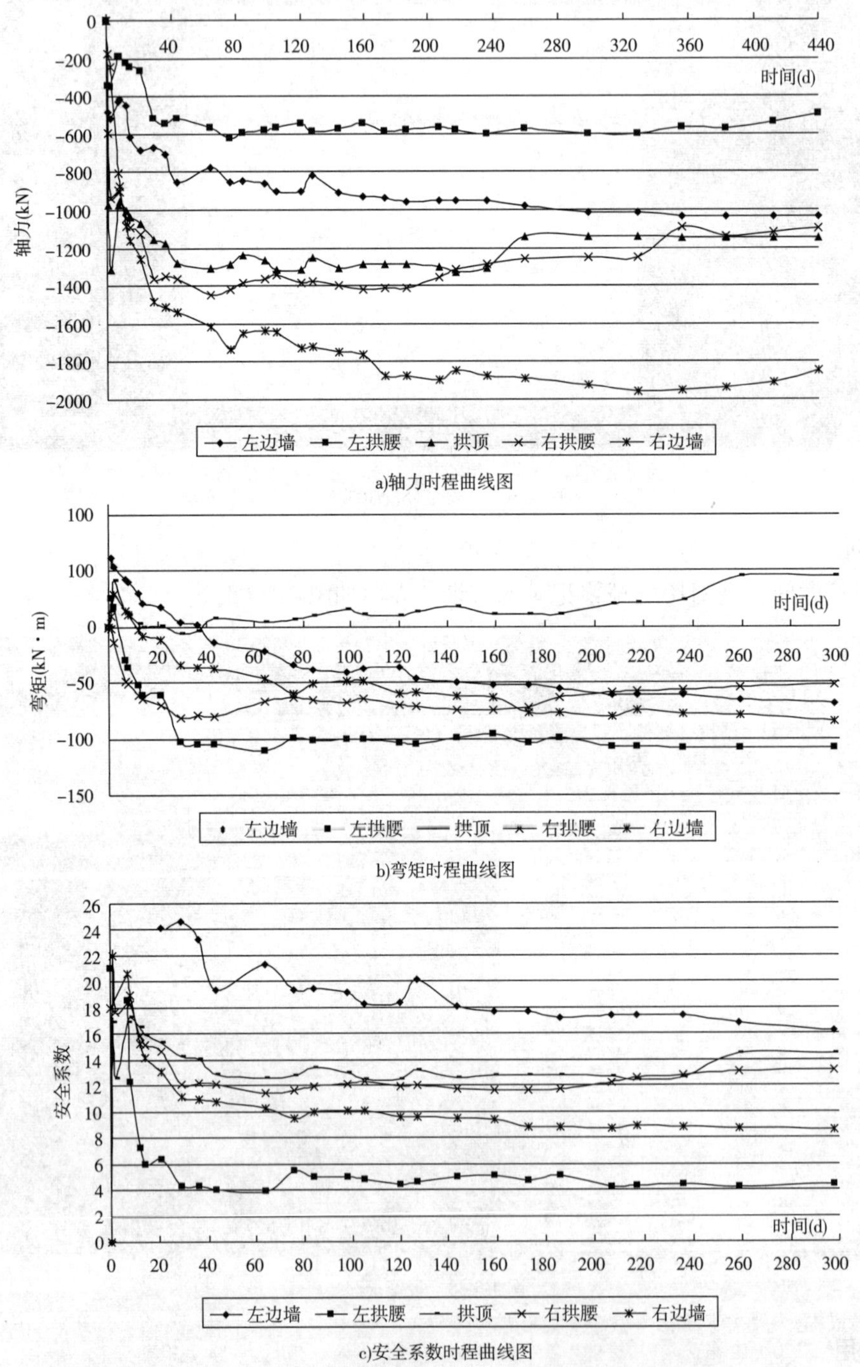

图4-5-49 YK11+315断面内力及安全系数时程曲线图

根据图4-5-49分析可知：

①结构内部轴力和弯矩在衬砌浇注后约35天后数据趋于平稳，拱顶、拱腰和边墙处的轴力和弯矩变化趋势基本一致，数据呈递增规律变化。

②安全系数随时间的推移数值趋于平稳，最终在应力重分布平衡后，安全系数也趋于稳定，整个内力变化过程二次衬砌安全系数满足要求。

由此可知，在隧道的较长设计基准期限内，围岩松弛垂直地压、水压以及海水侵蚀、地震和地层下沉等因素会引起衬砌结构发生变异，其内力将会在不同影响因素下发生改变，内力重新分布，轴力、弯矩和安全系数时程曲线能真实反映不同阶段的内力变化情况以及结构安全性。

(3)衬砌结构安全性评价

根据该监测断面最终量测的应力值，计算得监测断面的轴力、弯矩和安全系数，从而判断二次衬砌现阶段受力安全性。见表 4-5-16。

YK11 +315 监测断面轴力，弯矩和安全系数最终值　　表 4-5-16

内　力	右 边 墙	右 拱 腰	拱　顶	左 拱 腰	左 边 墙
轴力(kN)	－1847	－1100	－1147	－496	－1038
弯矩(kN·m)	－74.9	－77.49	43.7	－112.2	79
安全系数	8.9	15.1	14.4	3.5	15.9

负号：轴力代表受压；弯矩代表外侧受拉。

根据二次衬砌拱顶、拱腰和墙脚的最终轴力、弯矩和安全系数值，绘出隧道横截面内力分布图，见图 4-5-50。

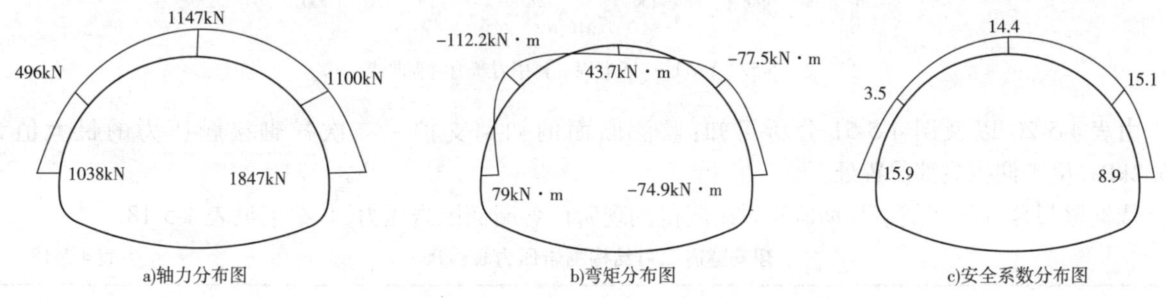

图 4-5-50　YK11 +315 横截面轴力、弯矩和安全系数分布图

分析图 4-5-49 可知：

①二次衬砌断面右边墙处轴力较大，主要表现为受压，其量值约为 1847kN。

②最大弯矩产生于左拱腰处，其量值约为 －112.2kN·m，根据弯矩分布图可知，衬砌拱顶、左边墙内侧受拉，左、右拱腰和右边墙处为外侧受拉。

③根据安全系数分布图可知，左拱腰处安全系数最小约为 3.5，安全系数满足规范规定的 2.0 的要求，由此可知现阶段二次衬砌处于安全状态。

2. 土压力分析及结构安全性评价

以位于 F1 风化槽区段的长期监测断面 YK8 +424 为例，分析该断面土压力变化规律。

初期支护与二次衬砌接触压力分析。YK8 +428 围岩压力监测累计值见表 4-5-17，其中表中数值为监测结束数值。

YK8 +428 断面初支 －二衬压力量测值(kPa)　　表 4-5-17

量测部位	TY1	TY2	TY3	TY4	TY5	TY6	TY7	TY8
累计值	195.12	102.86	62.00	29.80	20.50	10.88	24.79	68.39
说 明	TY1 － TY3 历时 20 天(08 －10 －15 ~09 －11 －3)，TY4 － TY8 历时 361 天(08 －11 －3 ~09 －10 －30)							

注：表中所列数据为截止日期的量测数据。

YK11 +315 断面基本稳定后的初期支护与二次衬砌接触压力分布见图 4-5-51，各测点的初期支护与二衬接触压力时程曲线如图 4-5-52。

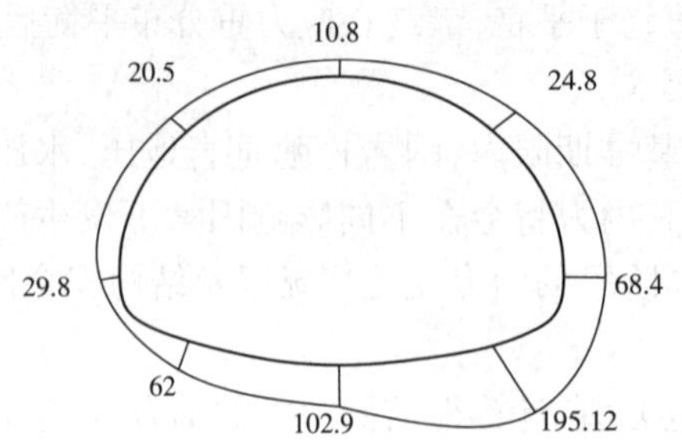

图 4-5-51　YK11 +315 断面二次衬砌围岩压力分布图

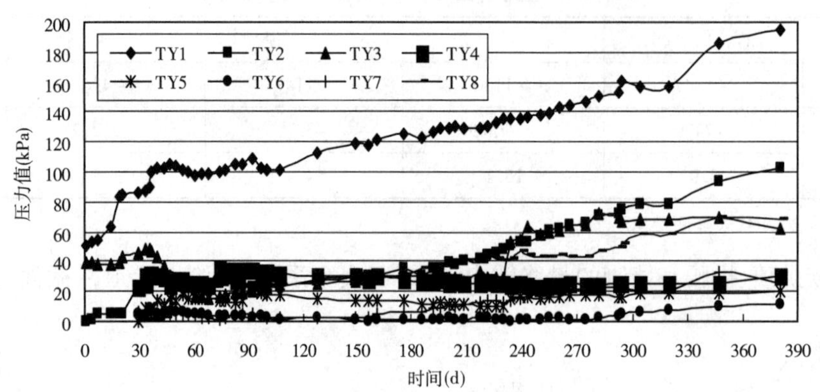

图 4-5-52　YK11 +315 断面二衬围岩压力时程曲线

由表 4-5-20 以及图 4-5-51 分析可知:监测断面的初期支护 - 二次衬砌接触压力的最大值为 195.2kPa,位于仰拱右部位置处。

依据厦门翔安海底隧道长期监测系统测得的现阶段各断面围岩压力,其结果见表 4-5-18。

翔安隧道二衬结构围岩压力表(kPa)　　表 4-5-18

编号	里程	支护类型	TY1	TY2	TY3	TY4	TY5	TY6	TY7	TY8
1	ZK8 +893	S5d	31.03	41.8	32.84	10.43	46.24	15.95	87.24	36.6
2	ZK8 +905	S5d	54.32	55.04	12.04	19.83	10.61	21.37	3.81	157.08
3	ZK8 +912	S5d	20.31	47.94	12.56	16.21	37.86	16.21	23.84	45.47
4	ZK8 +918	S5d	115.18	172.22	94.34	44.05	149.73	126.99	82.49	51.09
5	ZK8 +967	S5d	31.97	29.58	45.33	20.62	61.78	16.6	24.92	43.63
6	YK8 +424	S5d	35.6	20.6	11.9	61.5	6.3	5.4	18.9	18.9
7	YK8 +434	S5d	41.78	87.66	29.5	11.59	10.79	25.32	20.69	7.1
8	YK11 +290	S5c	172.67	31.73	208.48	23.08	245.96	32.07	50.54	359.58
9	YK11 +310	S5c	14.04	47.33	83.95	4.52	10.76	5.57	64.79	7.32
10	YK11 +315	S5c	195.12	102.86	62	29.8	20.5	10.88	24.79	68.39

3. 水压力分析及结构安全性评价

YK8 +424 水压力监测累计值见表 4-5-19 和图 4-5-52,其中表中数值为监测结束数值。

ZK8 +893 断面初支 - 二衬水压力量测值(kPa)　　表 4-5-19

量测部位	TY1	TY2	TY3	TY4
累计值	22.79	33.72	33.20	37.20
说 明	TY1 - TY8 历时 182 天(09 - 6 - 26 ~ 09 - 12 - 24)			

注:表中所列数据为截止日期的量测数据。

各测点的初期支护与二衬水压力时程曲线如图 4-5-53。

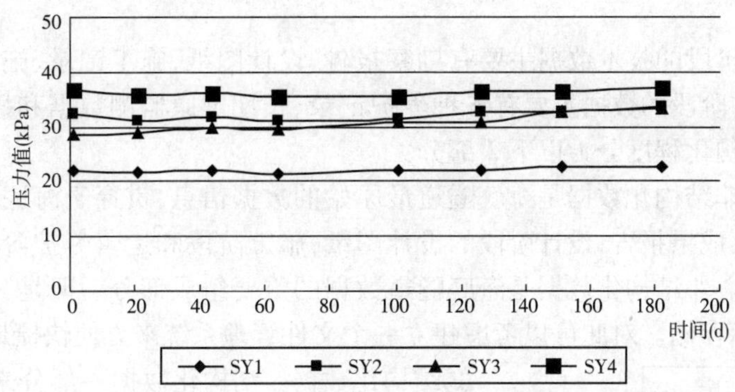

图 4-5-53　YK8 +428 断面二衬间水围岩压力时程曲线

由表 4-5-19 以及图 4-5-53 分析可知:监测断面的初期支护 – 二次衬砌水压力的最大值为 37. 2kPa,位于右墙脚位置处。

由表 4-5-20 分析可知,该断面处最大水压力为 33. 7kPa,由长期监测水土压力控制基准可知,该断面处于安全状态。

依据厦门翔安海底隧道长期监测系统测得的各断面水压力,判定现阶段结构的安全性,其结果见表 4-5-20。

翔安隧道二次衬砌结构安全性评价　　表 4-5-20

编　号	里　程	支护参数	最大水压(kPa)	安全状态	管理基准
1	ZK8 +893	S5d	33. 7	安全	Ⅲ
2	ZK8 +910	S5d	47. 2	安全	Ⅲ
3	YK8 +950	S5d	44. 8	安全	Ⅲ
4	YK8 +424	S5d	62. 1	安全	Ⅲ

5. 4　结构维修养护检测及安全评定

厦门翔安隧道工程与一般隧道不同,它是国内第一条海底隧道。目前,我国还没有关于海底隧道建设方面的成功经验。隧道建成运营后,为了保证其结构具有良好的功能状态,必须采用先进的监测手段,对其结构进行健康监测,以便及时地掌握隧道结构状态的变化,从而判断隧道结构的可靠性,进而采取相应的控制措施,使隧道结构始终处在良好的和可控制的状态。

对海底隧道监测的目的是:通过监测特殊地段隧道结构的受力变化,来预测其未来的受力状态,从而判断隧道结构在设计基准期内的安全性。如果预测隧道结构在设计基准期内不安全,可以根据监测资料分析,提前主动采取有效的工程措施,从而保证隧道结构在设计基准期内的安全。

5. 4. 1　结构安全监测内容分类

海底隧道按其生命周期可以分为勘察阶段、设计阶段、施工阶段和运营养护阶段,由于海底隧道的设计寿命为 100 年,因此运营养护阶段在其生命周期中占绝大部分。其中勘察阶段、设计阶段、施工阶段又可以统称为建设阶段。对于海底隧道的维修养护来说,建设阶段的数据主要为静态数据,而运营养护阶段的数据主要为动态数据。

1. 厦门翔安海底隧道静态信息

静态数据主要包括勘察、设计阶段的结构化数据。静态数据通常还包括施工阶段的施工纪录,包括现场监控量测记录、围岩状况描述以及支护变异情况记录等等。这部分数据的数据量是有限且可以预估的，可以存储在一个数据库中，构成了海底隧道维修养护所需的基础数据。

(1)建设阶段信息

海底隧道工程建设阶段的技术数据主要有勘察报告、设计图纸、施工记录、施工监测数据以及照片、影像等多媒体数据；养护阶段的数据主要有各种养护记录、长期健康监测数据和病害记录。海底隧道维修养护基本数据可按结构化程度分为以下2部分：

①非结构化数据。非结构化数据是海底隧道最原始的数据信息，贯穿于海底隧道整个全生命周期。它包括：勘察阶段的勘察成果报告；设计阶段的设计图纸；施工阶段和运营养护阶段的手工记录和照片、录像等多媒体数据等等。非结构化数据是海底隧道数据的重要组成部分。但是其结构化比较差并且数据量较大，不适于数据库存储。对此可以考虑建立一个文件管理系统来方便快捷地管理这部分数据。

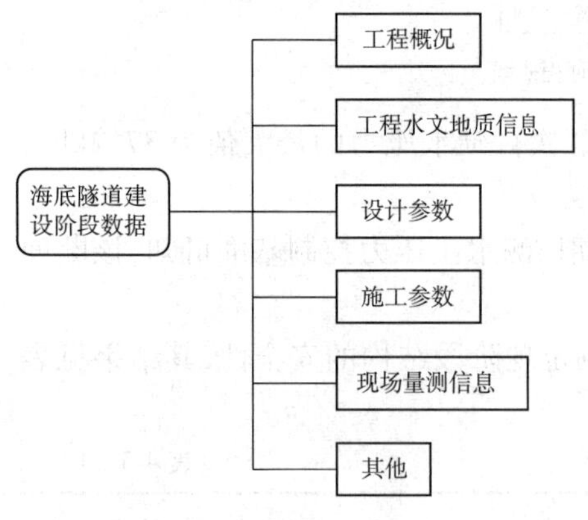

图4-5-54 海底隧道建设阶段数据组成示意图

②结构化数据。结构化数据一部分来源于非结构化数据的加工，如从勘察报告中提取出来按钻孔二分结构组织的工程地质数据；手工记录中，大量数据可采用词库、模板、表格化界面、智能化向导等转换为结构化数据。另一部分则来自为先进的自动采集设备采集的数据。

海底隧道建设阶段的地质资料、设计参数、施工参数、量测信息等同时也构成了海底隧道维修养护所需的基础资料。海底隧道建设阶段的数据组成示意图如图4-5-54所示。

海底隧道建设阶段信息包括隧道的工程概况、水文地质、周围环境、设计和施工数据等多方面的信息。这些信息涵盖了海底隧道自拟建之日起至今的所有信息，是一个庞大的数据集合。但是，对于海底隧道的维修养护和安全性评价来说，并不是在这个集合中的所有的数据都是必须的，过大的数据量只会造成系统数据层的冗繁，给海底隧道的管养带来不必要的麻烦。所以，根据海底隧道养护和健康度评价的需要，剔除冗余的海底隧道基本信息，选择必要的基本信息数据，建立结构化的海底隧道基本信息集合，是海底隧道养护相关信息结构化的一项重要任务。海底隧道建设阶段数据结构化处理如表4-5-21所列。

建设阶段数据的结构化 表4-5-21

项目		结构化数据项
工程概况		隧道所在地、隧道名称、隧道线路、隧道等级、结构形式、设计车道、起始桩号、终止桩号、总长度、建设时间、竣工时间、开发建设单位、设计单位、施工单位、监理单位、管养单位
工程水文地质信息		所在线路、区间编号、隧道埋深(m)、设计围岩级别、实际围岩级别、岩层(泥岩、砂岩、花岗岩等)、节理产状、有无断层、抗剪强度(MPa)、弹性模量(GPa)、围岩含水率、海水深度(m)、地下水流向、地下水腐蚀性、是否渗水、渗透系数
设计参数	初期支护	所在线路、区间编号、初期支护类型、有无钢拱架、拱架型号、拱架间距、钢筋网类型、钢筋网规格、喷射混凝土类型、喷射混凝土厚度、锚杆类型、锚杆直径、锚杆长度、锚杆弹性系数、锚杆承载力、锚杆施工范围、锚杆间距、超前导管类型、超前导管长度、注浆类型、注浆材料
	二次衬砌	所在线路、区间编号、混凝土规格、设计强度(MPa)、拱顶厚度(cm)、拱腰厚度(cm)、边墙厚度(cm)、仰拱厚度(cm)、配筋类型、钢筋等级、钢筋强度(MPa)、有无初始缺陷
	仰拱	所在线路、区间编号、仰拱厚度、混凝土等级、混凝土设计强度、仰拱配筋类型、仰拱钢筋等级、仰拱钢筋强度(MPa)
施工参数		所在线路、区间编号、隧道开挖方式(全断面法、CRD法、台阶法、CD法等)、隧道支护形式、锚杆数量、注浆配比、注浆量、混凝土养护强度
现场量测信息		所在线路、区间编号、量测断面、拱顶下沉(mm)、水平收敛(mm)、拱顶应力、左拱腰应力、右拱腰应力、左边墙应力、右边墙应力、是否异常、异常类型、异常等级

(2)初期检查信息

在海底隧道投入使用前,应对整座隧道的初始技术状态进行全面检查。初期检查的目的是掌握结构的初始状态,查明有无初期缺陷存在。可根据初期检查的初期状态,建立海底隧道结构状态的原始档案,绘制结构物的状态纵向展示图,作为运营后隧道维修养护的基础资料。如在运营过程中隧道结构发生劣化、损伤,有新的缺陷或病害出现,应与初期检查结果进行比较分析,并纳入隧道管理档案,修订结构物状态纵向展示图。据此推定劣化机理,评估结构状态,进行劣化预测,制定管理养护对策。

初期检查原则上应对整座隧道进行,如果海底隧道运营后进行了局部加固,可只检测其加固地段。初期检查通常采用目视、触及检查或无损检测技术相结合的方法进行,必要时钻孔验证。通过初期检查确认存在严重初期缺陷的部位,应根据缺陷种类及严重程度采取相应的对策。初期检查结构化数据如表 4-5-22 所列。

初期检查数据的结构化　　表 4-5-22

项目	结构化数据项
初期检查	所在线路、区间编号、是否存在初始缺陷、缺陷类型(衬砌厚度不足、衬砌背后空洞、裂缝等)、初始缺陷描述、判定结论、处理方式

2. 厦门翔安海底隧道动态信息

动态数据主要包括整个运营养护阶段的监测数据、病害检测数据、维修养护记录等数据。虽然这部分数据结构较为简单,但是因为会多次、频繁的对其进行采集,所以其数据量是海底隧道工程海量数据的主要部分。尤其是运营养护阶段在整个全生命周期中占有相当大的比重,故其数据是相当难于在有限容量的硬盘中全部存储。同时这部分数据有其实效性,故该部分数据可以根据需要按时备份移出并以刻成光碟等其他存储形式来存储。

海底隧道土建结构运营养护阶段相关信息可划分为日常检查信息、定期检查信息、特别检查信息、专项检查信息,这些信息随着时间的推移是不断变化的动态信息。海底隧道养护相关信息的收集及规范化是建立公路隧道养护管理的基础,是实现隧道结构状态安全性评价与分析的前提。制定科学规范化的海底隧道养护信息结构可以极大地减少养护冗余工作,提高管理效率,也从一定的方面防止了隧道管养和维护重要信息的流失。结构化的数据是定量化描述的数据,是信息技术应用的基础。

(1)日常检查阶段

日常检查是对土建结构的外观状况进行的日常巡视检查。通过日常检查,应及时发现早期破损、显著病害或其他异常情况,并确定对策措施。隧道土建结构日常检查的主要内容如表 4-5-23 所列。

隧道土建结构日常检查的内容　　表 4-5-23

检查类型	检查内容
日常检查	洞口、洞身、路面、人行和车行横洞、斜(竖)井、排水设施、风道、吊顶和内装、人行道或检修道基本技术状况

在记录病害信息时,需要记录所在线路、区间编号、断面号、检查类型(日常检查、定期检查、特别检查)、病害类型(衬砌裂缝、剥落、施工缝开裂、渗漏水等)、病害部位、判定危害等级(S－情况正常或有轻微异常;B－存在异常情况,但不明确,应进一步检查;A－异常情况显著,危及行人、行车安全,应立即采取措施)、病害检查日期、备注等数据项。

(2)定期检查阶段

定期检查是按规定周期对土建结构的基本技术状况进行全面检查。通过定期检查,应系统掌握结构基本技术状况,评定结构物的功能状态,为制订养护工作计划提供依据。隧道土建结构定期检查的主要内容如表 4-5-24 所列。

隧道土建结构定期检查的内容　　表 4-5-24

检查类型	检查内容
定期检查	洞口、洞身、路面、人行和车行横洞、斜(竖)井、排水设施、风道、吊顶和内装、人行道或检修道基本技术状况

在记录病害信息时，其形式与日常检查记录相似，也需要记录下所在线路、所在区间等详细信息。

(3)特别检查阶段

特别检查是在隧道遭遇自然灾害、发生交通事故或出现其他异常事件后，对遭受影响的结构立即进行的详细检查。通过特别检查，应及时掌握结构受损情况，为采取对策措施提供依据。检查结果的记录，与定期检查相同。检查完成后，应提交特别检查报告，包括检查记录，评估异常事件的影响，给出判定结论，确定合理的对策措施。对于厦门海底隧道，地处台风及暴雨多发区，因此当异常天气过后应对海底隧道可能出现损伤的部位进行临时检查。隧道土建结构特别检查的主要内容如表 4-5-25 所列。

隧道土建结构特别检查的内容 表 4-5-25

检查类型	检 查 内 容
特别检查	掌握结构受损情况，评估结构受损情况

(4)专项检查阶段

依据日常检查、定期检查、特别检查结果及判定标准，初步判定结构安全性等级，提示是否需要进行详细调查(专项检查)。隧道土建结构专项检查的主要内容如表 4-5-26 所列。

隧道土建结构专项检查的内容 表 4-5-26

检查类型	检 查 内 容		
专项检查	外荷载作用	衬砌变形、移动、沉降	净空变形速度、变形量等
		衬砌裂缝	裂缝长度、宽度、深度形态等
		衬砌起层剥落	剥落可能性大小、剥落范围，有效厚度等
		衬砌突发性坍塌	坍塌范围、危害程度等
	材料劣化	衬砌断面强度降低	强度值测定
		衬砌起层、剥落	剥落可能性大小、剥落范围，有效厚度等
		钢材腐蚀	锈蚀量、锈蚀程度等
	渗漏水	渗漏水	渗漏水部位、水量、pH 值、影响程度等

专项检查是根据定期检查和特别检查的结果，或者通过其他途径，判断需要进一步查明某些破损或病害的详细情况而进行的更深入的专门检测。通过专项检查，应完整掌握破损或病害的详细资料，为其是否实施处治以及采取何种处治措施等提供技术依据。

海底隧道专项检查是作为进一步了解结构病害程度的一个重要的手段，它能够提供较多的定量化的数据作为参考。因此海底隧道专项检测数据库对隧道结构状态评价具有重要意义。海底隧道专项检查数据的结构化数据项如表 4-5-27 所列。

专项检查阶段数据的结构化 表 4-5-27

检查项目	结构化数据项
衬砌裂缝	所在线路、区间编号、断面号、裂缝宽度(mm)、裂缝长度(mm)、裂缝深度(m)、裂缝形态、裂缝倾角(°)、发展性、产生部位、调查日期
衬砌变形、移动、下沉	所在线路、区间编号、断面号、变形量(mm)、变形速度(mm/y)、调查时间、状况描述
衬砌背后空洞	所在线路、区间编号、断面号、径向尺寸(m)、纵向尺寸(m)、横向尺寸(m)、空洞部位、调查时间
衬砌劣化	所在线路、区间编号、断面号、衬砌强度(MPa)、衬砌厚度(cm)、钢材锈蚀度、碳化程度、劣化部位、调查时间
衬砌起层剥落	所在线路、区间编号、断面号、掉落可能性、剥落区形状、剥落区面积、剥落深度(mm)、剥落直径(mm)、剥落部位、剥落块体重量(kg)、调查时间

续上表

检查项目	结构化数据项
衬砌渗漏水	所在线路、区间编号、断面号、漏水部位、漏水状态（喷射、涌流、滴漏等）、pH 值、析出物描述、漏水压力、漏水量（L）、对车辆通行影响、调查时间
衬砌表观病害	所在线路、区间编号、断面号、表观病害部位、表观病害类型（蜂窝、麻面、孔洞、露筋、等）、表观病害范围、表观病害程度、调查时间
其他	仰拱病害、路面病害、防排水设施病害等

5.4.2　结构安全信息获取方法

1. 翔安隧道静态信息获取方法

(1)建设阶段

建设阶段的信息获取主要是通过收集海底隧道的工程地质勘察报告、设计图纸和说明书、施工和监理记录资料(包括衬砌),其具体内容包括:

①工程地质勘察报告:岩性,围岩类别,岩体变形和强度参数,风化囊(槽)的位置和产状,成组节理的产状,地理位置图和地形图。

②设计资料:隧道的长度和断面大小,二次衬砌的厚度、混凝土标号和配筋图,初衬的设计参数,如喷层厚度和标号,锚杆的直径、长度和分布,风化囊(槽)帷幕注浆的设计参数,超前预支护各参数等。

③施工和监理记录资料:竣工资料和竣工图纸,不良地质情况记录,施工时的塌方记录,施工工艺和质量问题方面的记录,衬砌背后回填记录,尤其是像信息化施工的各断面位移、应力监测信息,施工阶段长期监测的应力应变信息等。

将其资料信息归总,分门别类,施工中出现的异常地段,隧道穿越的风化囊(槽)地段、洞身浅埋地段、断层破碎带、软硬岩交界面处及竖井等地质条件较差及隧道洞身支护结构变异较大的地段包括位移变形量较大地段的里程,应力应变有突变的地方,土石交界面处,风化囊(槽)处,涌水量较大处给予重点关注,以此为海底隧道变异分析及维修养护提供基础资料,也是实现以“预防为主”的基础。

(2)初期检查

初期检查是在海底隧道投入使用前,对整座隧道的初始状态进行的全面检查。初期检查的目的是掌握结构物性能的初始状态,查明有无初期缺陷存在。可根据初期检查的初期状态,建立海底隧道结构状态的原始档案,绘制结构物的状态纵向展示图,作为运营后隧道维修养护的基础资料。如在运营过程中隧道结构发生劣化、损伤,有新的缺陷或病害出现,应与初期检查结果进行比较分析,并纳入隧道管理档案,修订结构物状态纵向展示图。据此推定劣化机理,评估结构状态,进行劣化预测,制定管理养护对策。

初期检查原则上应对整座隧道进行,如果海底隧道运营后进行了局部加固,可只检测其加固地段。初期检查通常采用目视、触及等非破坏性检查或无损检测技术相结合的方法进行。通过初期检查确认存在严重初期缺陷的部位,应根据缺陷种类及严重程度采取相应的对策。

2. 厦门翔安海底隧道动态信息获取方法

海底隧道动态信息的获取参照《公路隧道养护技术规范》,海底隧道的检查工作分为:日常检查、定期检查、特别检查和专项检查,流程如图 4-5-55。

(1)日常检查

日常检查是对海底隧道结构的外观状态进行的日常巡视检查,对隧道结构物内变化快,如断面处拱顶处,墙角处或对行车有直接影响的部位按地点进行的,以掌握劣化、损伤、初次缺陷的有无和程度为目的的检测方法。

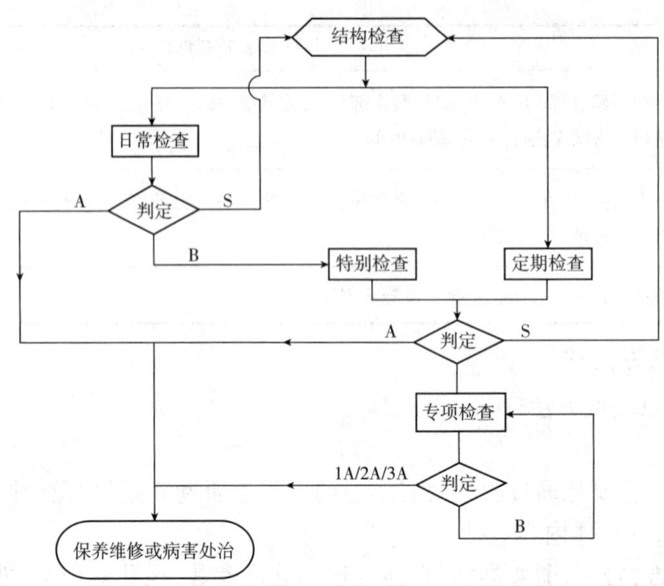

图 4-5-55　结构检测流程

注：S—safe，安全/正常；B—back，返回、需进一步检查或观测/异常情况不明；A—alert，警报/异常情况

检查以目视观察和触击声检查相结合的方法进行，掌握发生劣化的地点和状况，检查以定性判定为主，检查内容以及判定标准参照表 4-5-28。

日常检查内容及判定表　　表 4-5-28

项目名称	检查内容	判定	
		B	A
衬砌	结构裂缝、错台、起层、剥落	衬砌起层，且侧壁出现剥落状况，尚未妨碍交通，将来可能构成威胁	衬砌起层，且拱顶出现剥落状况，已妨碍交通，并有继续恶化的可能
	施工缝有渗漏水	存在渗漏水，尚未妨碍交通	大面积渗漏水，已妨碍交通
路面	落物、油污；滞水；路面拱起、坑洞、开裂、错台等	存在落物、滞水、裂缝等，尚未妨碍交通	拱部落物，存在大面积路面滞水或裂缝，已妨碍交通
排水设施	结构破损；盖板缺损	道板缺损；结构破损，尚未妨碍交通	沟管堵塞，积水漫流，设施破损严重，已妨碍交通

对于厦门海底隧道设专门的巡视工人，安排指定巡视工人进行日常检查。建议检测的频率应不少于 1 次/周，在雨季应加强日常检查工作。

对于每次的检查情况应按隧道维修养护日志的格式进行记录，必要时绘制病害展示图，并将记录结果汇总在隧道登记簿并作好保存记录。

通过日常检查，应及时发现早期破损、显著病害或其他异常情况。

(2)定期检查

定期检查是为隧道的维护而定期进行的检查，是以掌握劣化、损伤、初次缺陷的有无为目的而实施的检查，定期检查的部位包含日常检查的部位和日常检查难以进行的部位或对日常交通有影响不便于检查的部位。检查的目的是为了掌握日常检查中难于掌握的部位的劣化、损伤等状况，通过定期检测，应系统掌握海底隧道结构基本技术状况，评定结构物功能状态，为制订养护工作计划提供依据。

定期检查宜采用步行方式，主要采用目视观察和触击声检查。必要时采用仪器检查和取样相结合的方法。由于厦门海底隧道为市政工程，根据我国 2003 年发布的《公路隧道养护技术规范》(JTG H12—2003)检查频率，建议频率不少于 1 次/年，在检查时应尽量靠近结构，依次检查结构各个部位，注意发现异常情况和原有异常的发展情况，检测内容及方法如表 4-5-29。

定期检查内容及方法　　表 4-5-29

项目名称	检查内容	检查方法
洞口	护坡、挡土墙有无裂缝、断缝、倾斜、滑动、下沉或表明风化、泄水孔堵塞、墙后积水、周围地基错台、空隙等	目测
洞门	墙身有无开裂、裂缝，衬砌有无起层、剥落，结构有无倾斜、沉陷、断裂，钢筋混凝土有无外漏	目测、裂缝测宽仪
衬砌	衬砌厚度及背后密实，有无空洞情况	地质雷达
	衬砌表面渗漏水	热红外线摄像机
	二次衬砌开裂（有渗漏水）	热红外线摄像机、裂缝测宽仪
	二衬表面干裂缝	多光谱分析、裂缝测宽仪
	二衬变形和下沉	激光断面仪
	初支、二衬钢筋锈蚀	钢筋锈蚀分析仪
	二次衬砌强度	弹性波法
路面	路面上有无塌（散）落物、油污、滞水，路面有无错台、开裂、拱起、沉陷	目测、全站仪
风化囊槽	涌水量、涌水压、水温、水质分析	涌水量测定装置、渗压计
	湿度、空气中盐分、发生物、粉尘	温湿计、粉尘监测仪

当隧道使用年久且已经有严重病害时，应按规定指定专人进行定期检测，并做好记录，建立观测台账，并据此对隧道缺陷和病害展示图进行修正。

定期检查完成后，应提交海底隧道结构定期检查报告。

（3）专项检查

专项检查是在日常检查或定期性检查中认为有必要详细掌握结构物的状态和产生劣化状况而进行的检查。专项检查的目的是：

①在已经明确产生劣化的场合，明确其劣化机理，详细掌握其发展程度。

②已经产生变异，但不明确属于劣化、初次缺陷、损伤中的哪一类的场合，明确其变异分类。

③与变异无关的场合，获得劣化预测需要量的数据。

④当变异属于损伤、初次缺陷的场合，详细掌握损伤、初次缺陷的程度及规模。

专项检查应在发生变异的部位进行，如果部位较大，应对该范围进行均匀性分配检查，以获得必要而充分的数据；如果变异范围较为集中，在取得变异部位详细数据时，一般以高精度的量测仪器为主要检查手段，如以净空位移收敛计量测净空变形值，以无损检测技术检测衬砌厚度、衬砌背后的回填情况、隧底的状态等。各项检查结果纳入隧道登记簿，并对隧道缺陷和病害展示图进行修正。

由于海水对结构的较强腐蚀性，在专项检查过程中，针对钢筋混凝土的腐蚀，结合 2003 年发布的《公路隧道养护技术规范》（JTG H12—2003）定性判定标准为表 4-5-30 所示。

钢材腐蚀判定标准　　表 4-5-30

主要原因	腐蚀程度	判　定
盐害、渗漏水、酸（碱）化等	钢材断面减小程度明显，钢结构功能受损	2A
	减小程度明显，估计近期内钢结构功能会下降	1A
	表面或小面积的腐蚀	B

对于海底隧道的钢筋混凝土结构，可用截面损失率来表征钢筋锈蚀程度，截面损失率可采用取样检查法和裂缝观察法等方法确定。

取样检查法就是破开混凝土保护层直接检查钢筋锈蚀情况，如剩余直径，剩余周长，腐蚀坑深度和长度或锈蚀产物的厚度等，根据量测结果就可以计算出钢筋截面的损失率。采用取样检查法时，宜选择构件上钢筋锈蚀比较严重的部位，如保护层被胀裂，剥落处，和保护层有空鼓现象等部位。量测钢筋剩余直径和剩余周长前，应将钢筋除锈，使钢筋露出金属的光泽。

裂缝观察法是根据混凝土裂缝的形状、分布及裂缝宽度等来判断钢筋的锈蚀程度，该方法的优点是不必凿出钢筋。钢筋锈蚀后会产生体积膨胀，造成混凝土出现顺筋裂缝，因此，通过观察混凝土构件表面有无顺筋裂缝和裂缝宽度可判定钢筋锈蚀程度。

(4)特别检查

专项检查是在隧道遇到地震和台风等天灾、火灾、洪水、车辆撞击及相邻施工影响等因素可能引发隧道有严重变异时，为及时得到结构物状态的信息而进行的检查，以及当发现隧道有异常变形或维修加固后维修部门认为有必要时进行的检查。特别检查的项目和方法与定期检查相同。当以特定项目进行检查时，应该在该项目范围内进行。对于厦门海底隧道，地处台风及暴雨多发区，因此当异常天气过后应对海底隧道可能出现损伤的部位进行特别检查。

检查完成后，应提交特别检查报告，包括检查记录，评估异常事件的影响，给出判定的结论，确定合理的对策措施。

(5)检查结果

日常检查、定期检查、特别检查的结果，宜按照表4-5-31规定分为3类判定，专项检查的结果，宜按照表4-5-32分为4类判定：

日常、定期和特别检查结果的判定　表4-5-31

判定分类	检查结论
S	情况正常(无异常情况，或虽有异常情况但很轻微)
B	存在异常情况，但不明确，应作进一步检查或观测以确定对策
A	异常情况显著，危及行人、行车安全，应采取处理措施或特别对策

专项检查结果的判定　表4-5-32

判定分类	检查结论
B	结构存在轻微破损，现阶段对行人、行车不会有影响，但应进行监视或观测
1A	结构存在破坏，可能会危及行人、行车安全，应准备采取对策措施
2A	结构存在较严重破坏，将会危及行人、行车安全，应尽早采取对策措施
3A	结构存在严重破坏，已危及行人、行车安全，必须立即采取紧急对策措施

日常检查的结果为B时，应进行监视、观测或做特别检查，当特别检查或定期检查的判定结果为B时，应做专项检查。

5.4.3 隧道结构安全性评定

我国《公路隧道养护技术规范》中，将土建结构的检查工作分为日常检查、定期检查、特别检查和专项检查四类。针对各个不同的检查阶段采用相应的安全性评价方法，日常检查、定期检查、特别检查阶段安全性评价方法以规范为主，专项检查阶段采用单项评价和多因素的模糊综合评价相结合的方法。

由于隧道日常检查、定期检查和特别检查的检查手段比较单一，大多采用目视或敲击，能够检查到的部位也有限。因此隧道安全性评价系统的流程最好应该是先通过日常检查、定期检查、特别检查所获得的初步资料判断隧道变异的情况，视变异的程度决定是否需要进行详细调查。详细调查(专项检查)将包括更多的检测项目及手段，获得更多的数据，从而对隧道变异做出更全面的评价。这里的评价结果也将是对策选择与原因分析的基础。海底隧道结构安全性评价的流程如图4-5-56所示。

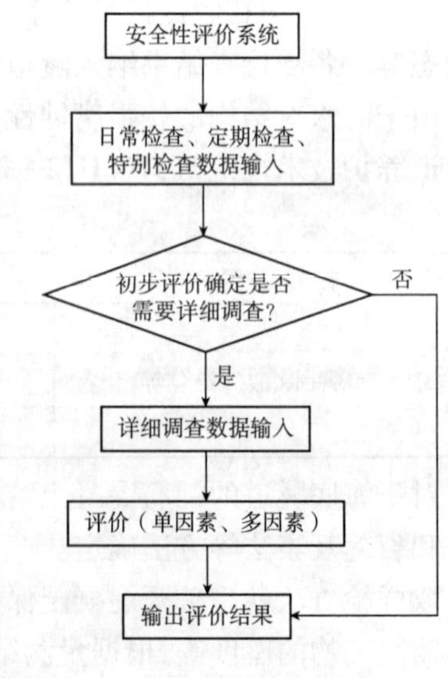

图4-5-56　海底隧道结构安全性评价流程

隧道安全评价系统主要采用单因素评价与多因素多级模糊综合评判(以后可能还有其他的评判方法:神经网络、专家系统、灰色系统等)。现在国内外隧道维修养护方面的规范大部分还是采用的单因素的评判标准,因此采用单因素评判可以从规范找到依据,但现在由单因素评价到多因素评价也是目前隧道安全性评价的一个趋势。本文针对常规检查阶段和专项检查阶段采用的结构安全性评价方法如图4-5-57所示。

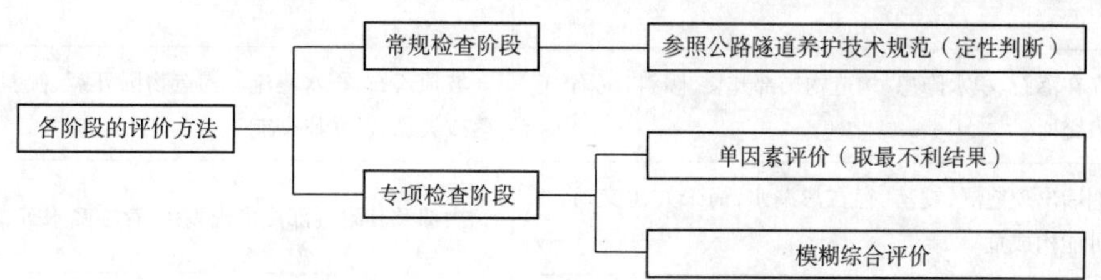

图4-5-57　海底隧道各检查阶段结构安全性评价方法

常规检查(日常检查、定期检查、特别检查)阶段,由于检查手段比较单一,获取信息基本上为定性的资料,评价多以规范所提供的方法判断。在检查的同时依据规范确定危害等级,并依据危害等级确定后续工作中是否进行详细调查(专项检查)。

专项检查阶段,隧道病害的存在形式可能不止一种,而是衬砌开裂、衬砌劣化、渗漏水等同时存在。这是对于结构的安全性的评价就有两种方式,一种是分别针对每一种病害给出评价结果,以最为严重的那一种病害作为判定标准;另一种就是采用模糊综合评价的方法,将这几种病害对结构的安全性的影响作为一个整体来考虑。对此本文的思路是,在专项检查阶段结构的安全性评价采用的是单因素与模糊综合评价相结合的方式。单因素评价可以参照本项目组理论研究的成果以及我国铁路隧道劣化评定标准和我国公路隧道维修养护技术规范进行,多因素评价可以采用多级模糊综合评判进行。

1. 翔安隧道检测方法及频率

通过调研分析可知,海底隧道主要存在衬砌开裂、衬砌渗水、衬砌背后空洞、衬砌强度厚度、衬砌变形、移动下沉等主要变异现象,对于翔安隧道,推荐采用以下四种检测技术,如表4-5-33所示。

海底隧道推荐无损检查技术　　表4-5-33

检测方法	检测项目	优　　点
地质雷达	衬砌背后空洞,衬砌厚度不足	可多测线同时进行,检查速度2~3km/h
红外线温度记录法	局部潮湿,有水裂缝等	车载系统,已应用
多光谱分析	细微而干燥的裂缝	可移动型
超声波法	裂缝深度,衬砌厚度	可移动型
激光断面测试仪	衬砌净空检测	可移动,使用方便

翔安隧道属于市政公路隧道,相比一般公路隧道在城市交通中占有更重要的地位,参考世界各国隧道检查频率及方法,因此翔安隧道的定期检查建议频率为:运营的前10年可考虑每年进行2次定期检查,运营10年以后可考虑每年进行1次定期检查;隧道大检周期可考虑每5年1次。

2. 日常检查安全性判定

在我国《公路隧道养护技术规范》中,将土建结构的检查工作分为日常检查、定期检查、特别检查和专项检查4类,其中日常检查、定期检查和特别检查的结果分为3类判定,如表4-5-34所示。

日常、定期和特别检查结果的判定　　表4-5-34

判定分类	检查结论
S	情况正常(无异常情况,或有异常情况但很轻微)
B	存在异常情况,但不明确,应作进一步检查或观测以确定对策
A	异常情况显著,危及行人、行车安全,应采取处治措施或特别对策

日常检查阶段结构安全性的判定多以定性为主，其判定基准可以依据表4-5-35针对不同的部位不同的病害形式给出该区段的安全性等级。

日常检查判定　表4-5-35

项目名称	判定	
	B	A
洞口	存在落石、积水隐患，构造物局部开裂、倾斜、沉陷，有防碍交通	坡顶落石、积水漫流。构造物因开裂、倾斜或沉陷而导致剥落或失稳，已妨碍交能
洞门	侧墙出现起层、剥落，存在渗漏水，尚未妨碍交通，将来可能构成危险	拱部及其附近部位出现剥落，存在喷水等，已妨碍交通
衬砌	衬砌起层，侧壁出现剥落状况，尚未妨碍交通将来可能构成危险	衬砌起层，且拱部出现剥落状况，已妨碍交通，并有继续恶化的可能
	存在漏水，尚未妨碍交通	大面积渗漏水，已妨碍交通
路面	存在落物、滞水裂缝等，尚未妨碍交通	拱部落物，存在大面积路面滞水或裂缝，已妨碍交通
检修道	栏杆变形、损坏；道板缺损，结构破损，尚未妨碍交通	栏杆局部毁坏或侵入建筑限界，道路结构破损，已妨碍交通
排水设施	存在破损、积水，尚未妨碍交通	沟管堵塞，积水漫流，设施破损严重，已妨碍交通
吊顶	存在破损、漏水，尚未妨碍交通	破损严重，或从吊顶板漏水严重，已妨碍交通
内装	存在破损，尚未妨碍交通	破损严重，已妨碍交通

3. 定期检查安全性判定

定期检查是按规定周期对土建结构的基本技术状况进行全面检查。通过定期检查，应系统掌握结构基本技术状况，评定结构物的功能状态，为制订养护工作计划提供依据。

定期检查阶段结构安全性的判定仍然多以定性为主，其判定基准可以依据表4-5-36针对不同的部位不同的病害形式给出该区段的安全性等级。

定期检查判定　表4-5-36

项目名称	判定	
	B	A
洞口	存在滑坡、崩塌的初步迹象，尚不危及交通	山体开裂、滑动，岩体开裂、失稳。已危及交通
	存在此类异常情况，尚不危及交通	挡土墙、护坡等产生开裂、变形、位移等，尚可能对交通构成威胁
洞门	墙身存在轻微开裂，尚不妨碍交通	由于开裂，衬砌存在剥落的可能，对交通构成威胁
	存在起层、剥落，不妨碍交通	在隧道顶部发现起层、剥落，有可能妨碍交通
	墙身存在轻微的倾斜或下沉等，尚不妨碍交通	墙身有明显的倾斜、下沉等，或洞口与洞身连接处有明显环向裂缝，有外倾趋势
	存在轻微钢筋外露现象，尚不妨碍交通	混凝土保护层剥落，钢筋外露，受到锈蚀，对交通安全构成威胁
衬砌	在拱顶或拱腰部位，存在裂缝且数量较多，尚不妨碍交通	衬砌开裂严重，混凝土被分割形成块状，存在掉落的可能，对交通构成威胁
	存在起层，并有压碎现象，尚不妨碍交通	衬砌严重起层、剥落，对交通构成威胁
	存在墙身施工缝开裂，尚不妨碍交通	接缝开口、错位、错台等引起止水板或施工缝砂浆掉落，发展下去可能妨碍交通
	存在漏水，尚不妨碍交通，但影响隧道内设备安全	衬砌大规模漏水，已妨碍交通

续上表

项目名称	判定	
	B	A
路面	存在落物、滞水、裂缝等，尚未妨碍交通	路面严重的拱起，沉陷、错台、裂缝、溜滑，以及漫水等，已妨碍交通
检修道	道路局部破损，栏杆有锈蚀，尚不妨碍交通	道板毁坏，碎物散落，栏杆破损变形，可能侵入限界，已妨碍交通
排水设施	存在沉沙、积水，尚未妨碍交通	由于结构破损或泥沙阻塞等原因，积水井、排水管淤塞，已妨碍交通
吊顶	存在破损、漏水、变形，尚未妨碍交通	破损、变形严重、漏水，已妨碍交通
内装	存在异常情况，尚未妨碍交通	存在严重污染、变形、破损，已妨碍交通

4. 特别检查安全性判定

特别检查是在隧道遭遇自然灾害、发生交通事故或出现其他异常事件后，对遭受影响的结构立即进行的详细检查。通过特别检查，应及时掌握结构受损情况，为采取对策措施提供依据。检查结果的记录，与定期检查相同。检查完成后，应提交特别检查报告，包括检查记录，评估异常事件的影响，给出判定结论，确定合理的对策措施。

特别检查阶段的结构安全性判定可以同时参考定期检查阶段和专项检查阶段的安全性判定方法进行定性或定量的判定。

5. 专项检查安全性判定

(1)安全性等级的划分

依据日常检查、定期检查、特别检查结果及判定标准，初步判定结构安全性等级，提示是否需要进行详细调查(专项检查)。见表4-5-37。

专项检查结果的判定等级 表4-5-37

判定分类	检查结论
B	结构存在轻微破损，现阶段对行人行车不会有影响，但应进行监视或观测
1A	结构存在破坏，可能危及行人及行车安全，应准备采取对策措施
2A	结构存在较严重破坏，将危及行人及行车安全，应尽早采取对策措施
3A	结构存在较严重破环，已危及行人及行车安全，必须立即采取对策措施

专项检查是根据定期检查和特别检查的结果，或者通过其他途径，判断需要进一步查明某些破损或病害的详细情况而进行的更深入的专门检测。通过专项检查，应完整掌握破损或病害的详细资料，为其是否实施处治以及采取何种处治措施等提供技术依据。

(2)指标选取

海底隧道结构安全性评价基准涉及各个评价指标的量化的问题，也是结构安全性评价过程中相当基础的问题。然而对于海底隧道结构安全性的研究尚处于起步阶段，对于海底隧道的维修养护目前还缺少相当的经验积累，也没有现成的规范和技术指南作为指导。因此，海底隧道结构安全性的评判基准只能借助国内外的技术规范以及本课题组成员的阶段性研究成果来初步确定一个相对合理的判定基准。海底隧道的安全状态反映的就是海底隧道结构的损伤或破损状态，对海底隧道安全状态的诊断就是综合考虑海底隧道结构的各种损伤或破损状态的过程。海底隧道结构的破损状态可以用各种结构破损形态来综合反映，这些结构破损形态的情况可以通过海底隧道的现场调查和检测得到，因此，可以采用海底隧道的结构破损形态作为海底隧道安全状态诊断指标体系的候选指标。根据调查分析可知海底隧道的结构破损形态引起的原因主要包括衬砌裂缝、渗漏水、衬砌强度厚度不足、钢筋锈蚀、衬砌起层剥落。

①衬砌裂缝。衬砌裂缝的长度和宽度直观地反映了衬砌裂缝的状态，是目前分析衬砌裂缝时最常用的指标。通过检测手段可以得出衬砌裂缝深度。因此裂缝的主要评价指标考虑裂缝宽度、长度和深度，并且采用衬砌裂缝的发展性、方向和密度作为衬砌裂缝长度和宽度的辅助判定指标。

②衬砌起层剥落。衬砌起层剥落涉及剥落深度、直径、部位等诸多方面。对于衬砌起层、剥落,采用掉落的可能性、深度、直径作为指标。剥落部位作为主要评价指标的补充。

③衬砌材质劣化。衬砌材质劣化的评价指标包括衬砌强度、衬砌厚度、劣化部位、碳化程度、钢材锈蚀程度等。衬砌强度和衬砌厚度的变化可以直接反映衬砌材质的劣化情况。

通过变异原因可以得出对于衬砌材质劣化,采用衬砌强度、衬砌厚度、钢材腐蚀作为指标。

④衬砌变形、移动、下沉。通过检测,可以测出隧道断面的形状变化,以及测线间距离的相对变化量和变形速度。因此,衬砌的变形、移动、下沉主要是以变形速度作为评价指标。

⑤衬砌背后空洞。通过对不同范围的空洞使结构产生的变异特征进行研究,得出空洞范围对结构的影响很不利。因此,衬砌背后空洞的沿周边的长度作为一个指标。

⑥渗漏水。渗漏水对隧道的影响可以用部位、漏水压力、漏水流量、漏水状态、漏水混浊情况、pH 值、冻害等指标来反映。

漏水状态直观地反映了渗漏水的程度,在分析漏水状态时,需要考虑漏水部位,因此,从独立性的角度考虑,未将漏水部位作为渗漏水的 1 个指标。

漏水是加速衬砌材质劣化的原因之一,特别是当漏水显示出强酸性时,混凝土有严重劣化的危险。在隧道检查时,一般使用 pH 试纸对漏水的酸碱度作简易测定。

根据上面的分析,对于渗漏水,采用漏水状态、pH 值作为指标。背后空洞,衬砌变形、移动、沉降,衬砌起层、剥落等形态作为指标。

(3)海底隧道变异程度单因素判定

为了对海底隧道调查和检测结果进行判定和评价,同时也为了使指标体系中指标的诊断能和诊断结果相联系,需要建立各诊断指标的判定标准。

①衬砌裂缝的判定标准:

a. 衬砌裂缝的定性判定标准。在日本《海底隧道维持管理便览》和我国《隧道养护技术规范》中,都给出了衬砌裂缝的定性判定标准,两个判定标准基本相同,只在表述上略有区别。为此,衬砌裂缝的定性判定标准采用我国的标准,如表 4-5-38 所示。

海底隧道衬砌裂缝的定性判定标准 表 4-5-38

判定	3A	2A	1A	B
裂缝状态	裂缝密集,出现剪切裂缝,并且发展速度快	裂缝密集,出现剪切裂缝,并且发展速度较快	存在裂缝,有一定的发展趋势	存在裂缝,有存在裂缝,但无发展趋势

b. 基于衬砌裂缝长度和宽度的判定标准。在日本《海底隧道维持管理便览》和我国《海底隧道养护技术规范》中,也都给出了根据衬砌裂缝长度和宽度对衬砌裂缝进行定量判定的标准,两个标准基本相同。判定时,首先根据衬砌裂缝有无发展情况将衬砌裂缝分为存在开展的裂缝和无法确定是否存在开展的裂缝两类,然后根据衬砌裂缝的长度和宽度给出了这两种情况下的衬砌裂缝判定标准,如表 4-5-39 和表 4-5-40 所示,其中,表中的裂缝是以水平方向的裂缝或剪断裂缝为主要对象的,对于横向裂缝,可将判定分级相应降低 1 个等级即可。对宽度为 0.3 ~ 0.5mm 以上的裂缝,其分布密度大于 200cm/m^2 时,可提高 1 个判定等级或者采用判定等级中较高的等级。

当衬砌裂缝存在开展时的判定标准 表 4-5-39

裂缝长度 l(m) / 裂缝宽度 b(mm)	$l>5$	$l\leq5$
$b>3$	2A/3A	1A/2A
$b\leq3$	1A	1A

当无法确定衬砌裂缝是否存在开展时的判定标准　　表4-5-40

裂缝宽度 b(mm) ＼ 裂缝长度 l(m)	$l>10$	$5<l\leqslant10$	$l\leqslant5$
$b>5$	2A/3A	1A/2A	1A/2A
$3\leqslant b<5$	2A	1A/2A	1A
$b\leqslant3$	1A/B	1A/B	1A/B

基于衬砌裂缝长度和宽度的判定标准采用我国公路隧道的判定标准(如表4-5-39和表4-5-40所示)。

c. 基于衬砌裂缝深度的判定标准。对衬砌裂缝深度的判定,目前还鲜有研究,在我国《公路隧道养护技术规范》中,只是给出了衬砌裂缝深度的检测方法,尚未给出判定标准。李治国、张玉军(2004,2005)等利用平面有限元位移法和断裂力学分析了衬砌裂缝的深度、宽度和条数对二次衬砌开裂后研究得出隧道存在45°方向的两条裂纹的特定条件下,随着裂纹深度和宽度的增加,二次衬砌稳定性系数f逐渐减小。同时,裂缝深度对隧道稳定性系数的影响比宽度大,当裂纹深度较小,$h\leqslant10$mm时,其宽度和深度对f值的影响较大,而当裂纹深度较大,$h\geqslant15$cm时,其宽度对f值的影响较小,而深度影响较大。对于深度的影响也只是给出了一个定性的分析,未给出其影响的判定基准。在分析海底隧道衬砌结构裂缝稳定性时,也得出了类似的结论,其研究结论如表4-5-41所示。为此,从安全性的角度考虑,采用了如表4-5-42基于衬砌裂缝深度的判定标准。

海底隧道衬砌稳定开裂深度　　表4-5-41

裂缝位置	15°	30°	35°	60°	75°	90°
稳定深度 D(cm)	29.50	27.50	18.50	13.50	12.80	12.00
衬砌厚度 H(cm)	71.92	70.00	70.00	70.00	70.00	70.00
稳定开裂深度比 D/H	0.310	0.393	0.263	0.207	0.183	0.171

基于衬砌裂缝深度的判定标准　　表4-5-42

判　断	裂缝角度<35°	裂缝角度≥35°
B	$h<10$	$h<5$
1A	$20>h\geqslant10$	$10>h\geqslant5$
2A	$30>h\geqslant20$	$15>h\geqslant10$
3A	$h\geqslant30$	$h\geqslant15$

②渗漏水的判定标准:

a. 渗漏水的定性判定标准。在我国《公路隧道养护技术规范》中,给出了渗漏水的定性判定标准,渗漏水的定性判定标准如表4-5-43所示。

漏水的定性判定标准　　表4-5-43

判　断	渗漏水状态
B	从衬砌裂缝等处渗水,几乎不影响行车安全
1A	从衬砌裂缝等处漏水,不久可能会影响行车安全
2A	从衬砌裂缝等处涌水,影响行车安全
3A	从衬砌裂缝等处喷射水流,严重影响行车安全

b. 基干漏水状态的判定标准。在日本《铁道土木构造物等维持管理标准·同解说(隧道编)》、日本《海底隧道维持管理便览》和我国《公路隧道养护技术规范》中,根据漏水状态和部位来判定渗漏水对隧

道的影响，如表 4-5-44 所示，其中，根据漏水压力、流量等因素将隧道漏水状态分为喷射、涌流、滴漏、浸渗 4 类，如图 4-5-58 所示。

隧道渗漏水判定标准　　表 4-5-44

部　位	漏水状态			
	影响行车安全			不影响行车安全
	喷射	涌流	滴漏	浸渗
拱部	3A	2A	1A	B
侧墙	2A	1A	1A	B

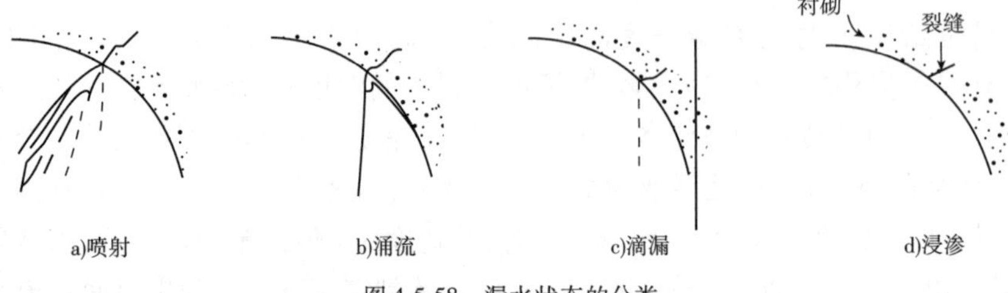

图 4-5-58　漏水状态的分类

目前对隧道漏水状态还是以定性判定为主，尽管地下工程防水标准以定量的形式给出了防水等级，但由于地下工程防水要求比隧道渗漏水更严格，因此还不能应用于隧道渗漏水判定。从实用性的角度考虑，采用表 4-5-44 中的判定标准作为基于漏水状态的判定标准。

c. 基于渗漏水 pH 值的判定标准。日本《公路隧道维持管理便览》、我国《铁路桥隧建筑物劣化评定标准—隧道》和我国《公路隧道养护技术规范》中，将渗漏水 pH 值对隧道衬砌腐蚀的影响程度定量地分为四级，判定标准如下表 4-5-45 所示。从实用性和使用广泛性的角度考虑，基于渗漏水 pH 值的判定标准本文采用此表判定标准。

基于漏水 pH 值的判定　　表 4-5-45

pH 值	对混凝土的作用	判定结果
4.0 以下	水泥溶解崩	危险
4.0～5.0	在较短时间内表面凹凸不平	危险
5.0～6.0	表面易损坏	注意
6.0～7.9	在混凝土使用初期要注意	较安全

③衬砌起层、剥落的判定标准：

a. 衬砌起层、剥落的定性判定标准。在日本《海底隧道维持管理便览》和我国《海底隧道养护技术规范》中，给出了衬砌起层、剥落的定性判定标准，这两个标准基本相同，只是在表述上略有区别。为此，衬砌起层、剥落的定性判定标准采用我国的标准，并且分了两种情况，如表 4-5-46 所示。

衬砌起层、剥落的定性判定标准　　表 4-5-46

判定	外荷载作用	材质劣化
B	—	难以确定起层、剥落
1A	—	—
2A	侧墙处裂缝密集，衬砌压裂，导致起层、剥落，侧墙混凝土有可能掉下	由于侧墙部位材料劣化，导致混凝土起层、剥落，混凝土块可能掉落或已有掉落
3A	由于拱顶裂缝密集，衬砌开裂，导致起层、剥落，混凝土块可能掉下	由于拱顶部位的材料劣化，导致混凝土起层、剥落，混凝土块可能掉落或已有掉落

b. 基于衬砌掉落可能性的判定标准。在日本《公路隧道维持管理便览》和我国《公路隧道养护技术规范》中，给出了基于衬砌掉落可能性的判定标准，这两个标准是相同的，如表 4-5-47 所示。这个标准是针对混凝土衬砌的，对于防水砂浆等材料的掉落，由于剥落层较薄，可降低一个判定等级。

基于衬砌掉落可能性的判定标准 表 4-5-47

结构	部位	掉落的可能性	
		有	无
衬砌	拱顶	3A	B
	侧墙	2A	B

c. 基于衬砌起层、剥落深度和直径的判定标准。在日本《铁道土木构造物等维持管理标准 · 同解说(隧道编)》中，根据落下的块体大小将剥落、剥离分为 3 级，在判定时还应根据预计频率和线区列车密度来修正等级。在美国《公路和铁路交通隧道检查手册》中，将这个定性判定等级进行了定量化，对于混凝土的剥落采用表 4-5-48 所示的判定标准。同时，根据鼓出后产生的孔洞的直径将鼓出分为轻微的、中等的、严重的 3 个等级，如表 4-5-49 所示，当直径大于 75mm 时，鼓出就是剥离。

混凝土剥落的判定标准 表 4-5-48

判定	混凝土的剥落
轻微的	剥落深度小于 12mm，或剥落直径为 75 ~ 150mm
中等的	剥落深度为 12 ~ 25mm，或剥落直径接近 150mm
严重的	剥落深度大于 25mm，剥落直径大于 150mm，且剥落处都有钢筋外露

鼓出的判定标准 表 4-5-49

判定	鼓出后产生的孔洞的直径
轻微的	≤10mm
中等的	10 ~ 50mm
严重的	50 ~ 75mm

以美国隧道检查手册中的剥落判定标准为基础来建立基于剥落深度、直径的判定标准，如下表 4-5-50 和表 4-5-51 所示。

基于衬砌剥落深度的判定标准 表 4-5-50

判定	B	1A	2A	3A
剥落的深度 h(mm)	$h<6$	$6\leq h<12$	$12\leq h<25$	$25\leq h$

基于衬砌剥落直径的判定标准 表 4-5-51

判定	B	1A	2A	3A
剥落的直径 D(mm)	$D\leq10$	$10<D\leq50$	$50<D\leq150$	$150<D$

④衬砌材质劣化的判定标准：

a. 基于衬砌强度的判定标准。在日本《公路隧道维持管理便览》和我国《公路隧道养护技术规范》中，都给出了衬砌断面强度降低的定性判定标准，2 个判定标准基本相同，只在表述上略有区别。为此，衬砌断面强度降低的定性判定标准采用我国的标准，如表 4-5-52 所示。

衬砌强度定性判定标准　　表 4-5-52

判　　定	衬砌断面强度降低
3A	由于材料劣化等原因,断面强度明显下降,结构物功能损害明显
2A	由于材料劣化等原因,断面强度有相当程度的下降,结构物功能受到一定的损害
1A	由于材料劣化等原因,断面强度有所下降,结构物功能可能受到损害
B	存在材料劣化情况,但对断面强度几乎没有影响

在日本《铁道土木构造物等维持管理标准·同解说(隧道编)》、日本《公路隧道维持管理便览》和我国《公路隧道养护技术规范》中,都采用有效衬砌厚度和设计衬砌厚度之比来表示衬砌断面强度的变化。所谓有效衬砌厚度,是指混凝土强度不小于设计标准强度的衬砌的厚度,当不了解设计标准强时,可取150kgf/cm^{2}为标准。例如,设计衬砌厚度为50cm,实际衬砌厚度为60cm,其中低于设计标准强度的部分厚度为20cm,有效厚度就为40cm,则衬砌劣化程度就是40/50,尚有2/3以上部分是符合设计要求的。实际的衬砌有效厚度必须确保30cm,如小于30cm即可考虑判定为1A/2A分类,再考虑其他有关因素综合判定。我国《铁路桥隧建筑物劣化评定标准—隧道》中,采用定量与定性相结合的方法将衬砌材料劣化程度分为5级。公路隧道和日本铁路隧道的判定标准是全量化的判定标准,而且公路隧道的判定标准更简便,因此,以我国公路隧道的判定标准为基础来建立衬砌强度和厚度的判定标准。如表4-5-53所示。

隧道衬砌强度判定表　　表 4-5-53

判　　定	2A	1A	B
实际强度/设计强度	<1/2	1/2～2/3	>2/3

注:实际的衬砌有效厚度必须确保30cm,如小于30cm即可考虑判定为1A/2A级。

b. 基于衬砌厚度的判定标准。在我国《公路隧道养护技术规范》中,采用有效厚度与设计厚度之比作为衬砌劣化的一个方面。由于在目前的公路隧道调查和检测工作中,可以得到隧道衬砌的设计厚度和实际厚度,但要得到设计标准强度以下部分的衬砌厚度比较困难,从而很难得到隧道衬砌的有效厚度,因此,用衬砌有效厚度与设计厚度之比来表示还存在一定的难度。为此,用实际厚度与设计厚度之比作为衬砌厚度的判定指标,并采用了表4-5-54的判定标准。

海底隧道衬砌厚度不足的判定标准　　表 4-5-54

结构	变异情况	实际厚度/设计厚度				判定
		$L<1/2$	$1/2<L<2/3$	$2/3<L<4/5$	$L>4/5$	
拱部	拱顶或拱腰厚度不足	√				2A/3A
			√			2A
				√		1A
					√	B
边墙	边墙厚度不足	$L<1/2$	$1/2<L<3/5$	$3/5<L<4/5$	$L>4/5$	
		√				2A/3A
			√			2A
				√		1A
					√	B

c. 基于钢材腐蚀的判定标准。在日本《公路隧道维持管理便览》和我国《公路隧道养护技术规范》中,都只是给出了钢材腐蚀的定性判定标准,两个判定标准基本相同,如下表4-5-55所示。

钢材腐蚀的定性判定标准　　表 4-5-55

结构	主要原因	腐蚀程度	判定
衬砌	盐害、渗漏水、酸(碱)化等。	表面或小面积腐蚀	B
		浅孔蚀或钢筋全周生锈	1A
		钢材断面减小程度明显,钢结构功能受损	2A

对于钢筋混凝土结构,可用截面损失率来表征钢筋锈蚀程度,截面损失率可采用取样检查法和裂缝观察法等方法确定。

取样检查法就是破开混凝土保护层直接检查钢筋锈蚀直径,腐蚀坑深度和长度或锈蚀产物的厚度等,根据量测结果就可以计算出钢筋截面的损失率。裂缝观察法是根据混凝土裂缝的形状、分布及裂缝宽度等来判断钢筋的锈蚀程度,该方法的优点不需要破坏混凝土。钢筋锈蚀后会产生体积膨胀,造成混凝土出现顺筋裂缝,因此,通过观察混凝土构件表面有无顺筋裂缝和裂缝宽度可判定钢筋锈蚀程度。建研院结构所的调研和试验数据表明,钢筋截面损失率

$$\lambda = 507e^{0.007a}f_{cu}^{-0.09}d^{-1.76}\ (0 \leqslant b < 0.2\text{ mm}) \tag{4-5-9}$$

$$\lambda = 232e^{0.008a}f_{cu}^{-0.567}d^{-1.08}\ (0.2 \leqslant b < 0.4\text{mm}) \tag{4-5-10}$$

式中:λ——钢筋截面损失率(%);

a——混凝土保护层厚度(mm);

f_{cu}——混凝土立方体强度(MPa);

d——钢筋直径(mm);

b——锈蚀裂缝宽度(mm);

参考我国《公路旧桥承载能力鉴定方法(试行)》中钢筋锈蚀等级评定标准建立钢筋锈蚀的判定标准,如表 4-5-56。

基于钢筋锈蚀的判定标准　　表 4-5-56

判　定	B	1A	2A	3A
截面损失率 λ	$\lambda<3$	$3\leqslant\lambda<10$	$10\leqslant\lambda<25$	$25\leqslant\lambda$

⑤衬砌变形、移动、沉降的判定标准:

a. 衬砌变形、移动、沉降的定性判定标准。在日本《公路隧道维持管理便览》和我国《公路隧道养护技术规范》中,给出了衬砌变形、移动、沉降的定性判定标准,这 2 个标准基本相同,只是在表述上略有区别。为此,衬砌变形、移动、沉降的定性判定标准采用我国的标准,如表 4-5-57 所示。

衬砌变形、移动、沉降的定性判定标准　　表 4-5-57

判　定	描　述
B	虽存在变形、位移、沉降,但已停止发展,已无可能再发生异常情况
1A	出现变形、位移,但发展缓慢
2A	出现变形、位移、沉降,估计近期内结构物功能会下降
3A	出现变形、位移、沉降,结构物应有的功能明显下降

b. 基于变形速度的判定标准。日本铁路隧道以净空位移量测的变形速度作为衬砌变形的判断指标,将衬砌变形分为 3 级,当发展趋势是加速时,要提高 1 个判定等级。日本《公路隧道维持管理便览》和我国《公路隧道养护技术规范》中的判定标准类似于日本铁路隧道的判定标准,实际上是对日本铁路隧道判定标准的补充完善。我国《铁路桥隧建筑物劣化评定标准—隧道》中给出的变形判定标准也类似于日本铁路隧道,但分为 5 级,增加了定性描述的两级,其他同日本铁路隧道。在这几个规范或标准中,基于变形速度的判定标准基本相同,且公路隧道的判定标准更完善,因此,基于变形速度的判定标准采用我国公路隧道判定的标准,见表 4-5-58。对于隧道净空等的变化,如果变形呈现加速进行,宜将判定升高 1 个等级。

基于变形速度的判定标准 表4-5-58

判 定	变形速度 v(mm/年)	判 定	变形速度 v(mm/年)
B	$v<1$	2A	$10>v\geq3$
1A	$3>v\geq1$	3A	$v\geq10$

c. 基于变形量的判定标准：

基于广义开尔文流变本构模型，经过理论推导，可以得出隧道二次衬砌最终位移预测公式如下：

$$U_{\infty}=\frac{A(t)}{r_0}\bigg|_{t\to+\infty}=\frac{A}{r_0}=\frac{r_0(K_s u_1+P_0)}{K_s r_0+E_{\infty}} \tag{4-5-11}$$

根据式(4-5-9)，引起二次衬砌形变压力的位移为 $U_{\infty}-u_1$，二次衬砌施作时所量测的位移为 u_1-u_0。

由此可见：只要知道了隧道开挖前的初始地应力状态，估算出隧道掘进至监测断面时相应监测点已经发生的位移值(即现场监测时未能监测到的那一部分变形量)，换算出二次衬砌等效刚度，根据现场取样试验或采用反分析的技术得出围岩的粘塑性力学参数，就可以根据施工期间监测的隧道拱顶下沉值估算二次衬砌施工后的位移值。

同时为了考虑施工方法形成的二次应力场下围岩流变对二次衬砌的影响，同时验证上述理论预测值的准确性，在主洞左右线的海域及陆域选择了6个典型断面，采用FLAC3D有限差分程序对其进行了围岩—支护流变数值分析。最终得出了各个断面的拱顶下沉值，如表4-5-59，为此建立的判定标准如表4-5-60所示。

监测断面位移管理指标 表4-5-59

建议断面里程	拱顶下沉(mm)	
	预测值	数值计算值
ZK7 +400	4.9	4.1
ZK8 +285	4.3	4.4
ZK11 +730	3.8	2.1
YK7 +360	6.0	4.8
YK8 +360	4.1	3.1
YK11 +750	3.8	3.1

基于变形量的判定标准 表4-5-60

判 定	变形量(mm)	判 定	变形量(mm)
B	1.5mm	2A	3.5mm $>s\geq$ 3mm
1A	3mm $>s\geq$ 1.5mm	3A	$s\geq$ 3.5mm

⑥衬砌背后空洞的判定标准：

a. 衬砌背后空洞的定性判定标准。在日本《公路隧道维持管理便览》和我国《公路隧道养护技术规范》中，突发性崩塌的角度给出了衬砌背后空洞的定性判定标准，2个判定标准基本同，只在表述上略有区别。为此，衬砌背后空洞的定性判定标准采用我国的标准，如表4-5-61所示。

衬砌背后空洞的定性判定标准 表4-5-61

判定	衬砌背后空洞
3A	衬砌拱部背面存在较大的空洞，且衬砌有效厚度很薄，空腔上部可能掉落至拱背
2A	拱部背面存在大的空洞，上部落石可能掉落至拱背
1A	衬砌侧面存在空隙，估计今后由于地下水的作用，空隙会扩大
B	—

b. 基于空洞范围的判定标准。诊断指标判定标准的研究，在日本《海底隧道维持管理便览》和《海底隧道养护技术规范》中，未给出基于衬砌背后空洞范围的判定标准，只是指出当拱背存在高 30cm 以上的空洞且有效衬砌厚度小于 30cm 时，空腔落石就有可能砸坏衬砌结构，导致突发性崩塌的发生，认为类似情况可按 2/3A 判定；对曾经发生塌方的地方或节理发育、漏水严重的地段，尤其应给予充分的注意。衬砌背后空洞的判断基准采用了表 4-5-62 的标准。

海底隧道衬砌空洞的判定标准 表 4-5-62

结构	变异情况	空洞范围 L/(m)				判定
衬砌	拱顶背后空洞	$L>6.0$	$6>L>3$	$3.0>L>1.8$	$1.8>L>0$	
		√				3A
			√			2A
				√		1A
					√	B
	拱腰背后空洞	$L>4.8$	$4.8>L>3.0$	$3.0>L>1.2$	$1.2>L>0$	
		√				3A
			√			2A
				√		1A
					√	B

(4)海底隧道安全状态诊断方法

①确定指标权重的方法。任何综合评价系统，都必须确定评价指标的权重，对于任何多指标评价系统，各评价指标的相互重要程度即指标权重互不相同，不同的权重对应不同的评价果。所以，合理地确定指标权重对任何评价系统都是十分重要的。在某些系统中，指标权重可由专家靠经验确定。

确定权重的方法主要有经验判断法、数理统计法、模糊统计法、层次分析法(AHP)。在实际工作中 AHP 法应用较为广泛，AHP 法将问题分解成各级因素，将这些因素按支配关系组成递阶层次结构，经两两对比，确定层次中诸因素的相对重要性，求解判断矩阵，从而确定各因素的相对权重。本文采用层次分析方法。

②评价指标权重的确定。海底隧道安全性评价指标体系分为 3 层，目标层包含 1 个项目，权重就为 1；准则层包含 6 个项目，需要通过层次分析法确定各自权重；指标层包含 14 个项目，这 14 个项目分为 6 组，需要在各自所属组中确定各自权重。对于准则层，对这 6 个项目的相对重要性作一一的比较，由此得到其比较矩阵，如表 4-5-63 所示。

专 家 意 见 调 查 表 4-5-63

甲因素 \ 乙因素	衬砌裂缝	渗漏水	衬砌起层剥落	衬砌背后空洞	衬砌材质劣化	衬砌变形移动、下沉
衬砌裂缝	1	1	1	1	1	1/3
渗漏水	1	1	7	1/4	1/3	1/4
衬砌起层剥落	1	1/7	1	1/7	1/6	1/7
衬砌背后空洞	1	4	7	1	4	2
衬砌材质劣化	1	3	6	1/4	1	1/4
衬砌变形、移动、下沉	3	4	7	1/2	4	1
精度指标	$\lambda_{max}=6.0094$ RI = 1.26 CI = 0.0019 CR = 0.0015					

求取比较矩阵的最大特征根 λ_{max} 及对应的特征向量，如一致性检验合格，将特征向量归一化，即获得了各个项目的权重。准则层对目标层的权重 W =（0.0787，0.1451，0.0383，0.2804，0.1697，0.2878）。

同理，采用同样的方法构造指标层的比较后由比较矩阵计算相应的权重、最大特征根和一致性检验指标，再根据比较矩阵的阶数确定随机一致性指标，最后进行一致性检验，检验随机一致性比率是否小于0.10，判断是否接受比较矩阵的判断及求得的权重系数。

根据上述选择的评估指标，先后向厦门路桥集团及厦门翔安隧道指挥部的专家教授发出17份《翔安海底隧道结构安全评估指标权重调查表》，17份调查表均有效。以上只是这17份调查表中的其中1份。

最后得出各个权重的平均值如表4-5-64。

各级指标权重汇总　　表4-5-64

指标＼权重		项　目　层	二级指标层
项目层	衬砌裂缝	0.069204	
	渗漏水	0.175144	
	衬砌起层剥落	0.091654	
	衬砌背后空洞	0.082913	
	衬砌材质劣化	0.270394	
	衬砌变形移动下沉	0.310691	
衬砌裂缝	裂缝深度		0.573531
	裂缝长度		0.153393
	裂缝宽度		0.273076
渗漏水	漏水状态		0.665756
	pH值		0.334244
衬砌起层剥落	掉落的可能性		0.258618
	深度		0.488648
	直径		0.252734
衬砌材质劣化	衬砌强度		0.388323
	衬砌厚度		0.279181
	钢材锈蚀		0.332496
衬砌变形、移动、下沉	变形速度		0.540359
	变形量		0.459641

③隶属度的确定：

a. 隶属函数的确定方法。模糊集合的概念是L. A. Zadeh于1965年首先提出来的，其基本思想是把经典集合中的绝对隶属关系灵活化或称为模糊化。从特征函数方面讲就是：元素 x 对集合 A 的隶属程度不再局限于取0或1，而是可以取从0到1的任何一个数值，这一数值反映了元素 x 隶属于集合 A 的程度。

隶属度及整个隶属函数的确定，是模糊评价的基本而关键的问题。对于隶属度及隶属函数的确定，有统计学派与非统计学派两种不同的观点与处理方法。目前确定隶属函数的方法主要有专家确定法、借用已有的"客观"尺度、模糊统计法、对比排序法、综合加权法等。需要特别指出的是不管采用那一种方法，所确定的隶属函数均应通过实践来检验。实用过程中应利用信息反馈，对隶属函数进行不断的调整，即使隶属函数的形成过程成为一种学习的过程，以求在实用中达到相对的稳定。

b. 一些常用的隶属函数。在很多情况下，用一些常见的分布型函数作为隶属函数来近似表达一些模糊变量是最简便的方法。当然，所选模糊分布函数应尽量符合模糊变量的本质特性。常用的隶属函数大致可以分为戒上型(偏小型)分布函数、戒下型(偏大型)分布函数、中间对称型分布函数。戒上型(偏小型)分布函数适于表达"很小"类型的模糊变量,常用的分布函数有降半梯形分布、降半正态分布等。戒下型(偏大型)分布函数适于表达"较大"类型的模糊变量,常用的分布函数有升半梯形分布、升半正态分布等。中间对称型分布函数,适于有"对称"不确定性分布的模糊变量,常用的分布函数有正态分布、柯西分布、对称梯形分布等。这里选用的是对称梯形分布的隶属函数,公式表达式如式(4-5-12),其分布示意图如图4-5-59所示。

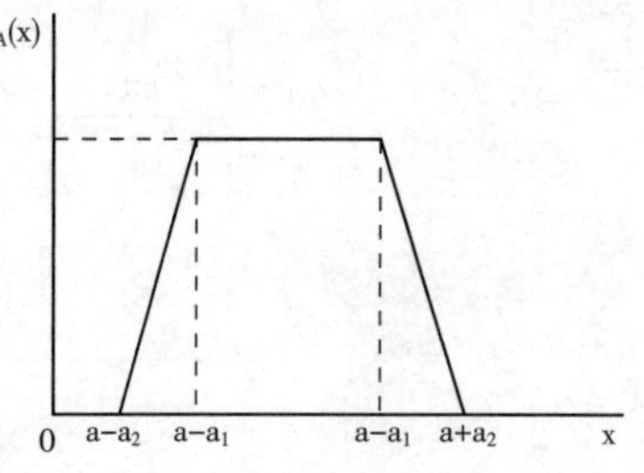

图4-5-59　对称梯形分布

$$\mu_A(x)\begin{cases}0 & 0 \leqslant x \leqslant (a-a_2)\\ \dfrac{a_2+x-a}{a_2-a_1} & (a-a_2)<x<(a-a_1)\\ 1 & (a-a_1)\leqslant x\leqslant(a+a_1)\\ \dfrac{a_2-x+a}{a_2-a_1} & (a+a_1)<x<(a+a_2)\\ 0 & x\geqslant(a+a_2)\end{cases} \tag{4-5-12}$$

c. 隶属函数的构造。由于专门针对海底隧道长期安全性的研究很少,这方面的研究成果也就少之又少。然而,隶属函数的构造有需要以诊断指标的判定基准(或病害分级)为基础,这里借鉴了国内外隧道领域和其他土建领域相关规范,初步构造了各个评价指标相对于评价集的隶属函数。隶属函数的准确与否还需要在不断的检验并适时的做出调整,以便能更准确的反映隧道结构的状态。

衬砌裂缝隶属函数的构造如图4-5-60为裂缝宽度分级隶属函数,图4-5-61为裂缝长度分级隶属函数,图4-5-62为裂缝角度为45°以内时的裂缝深度隶属函数,图4-5-63为裂缝角度为45°以上时的裂缝深度隶属函数。

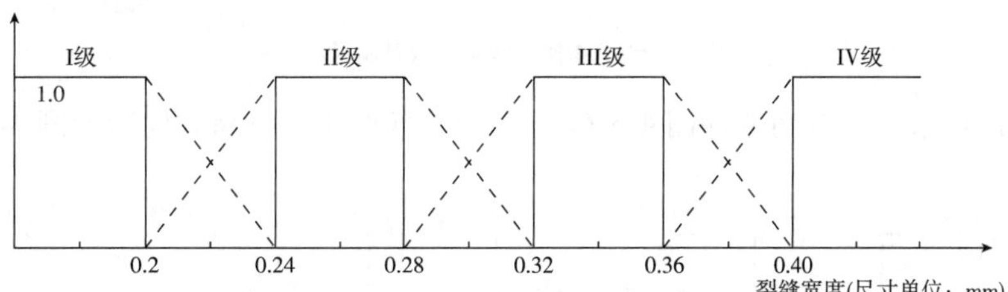

图4-5-60　裂缝宽度分级隶属函数

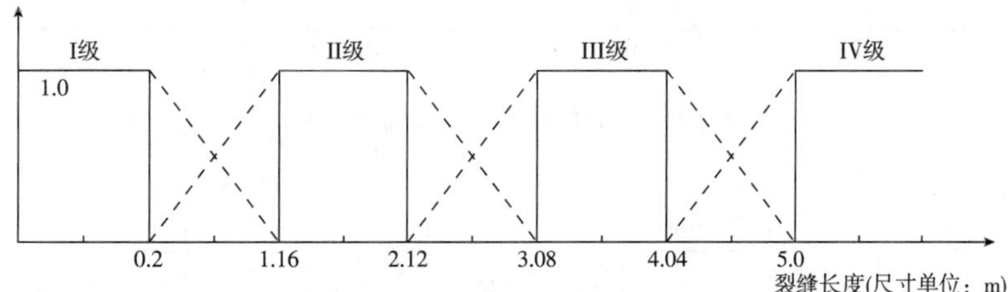

图4-5-61　裂缝长度分级隶属函数

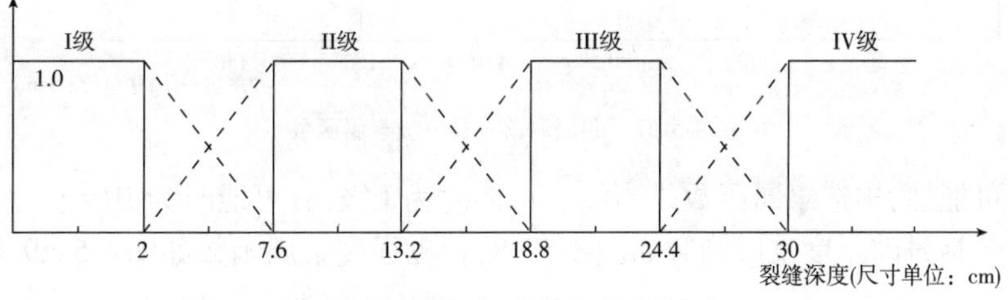

图4-5-62　裂缝深度分级隶属函数(裂缝角度为45°以内)

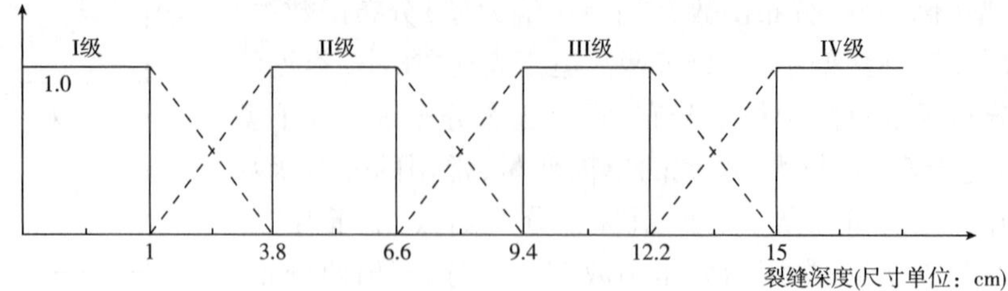

图 4-5-63 裂缝深度分级隶属函数(裂缝角度为45°以上)

漏水隶属函数的构造分为渗漏水 pH 值的构造隶属函数如图 4-5-64 和漏水状态(属于定性的)单值型构造函数如图 4-5-65。

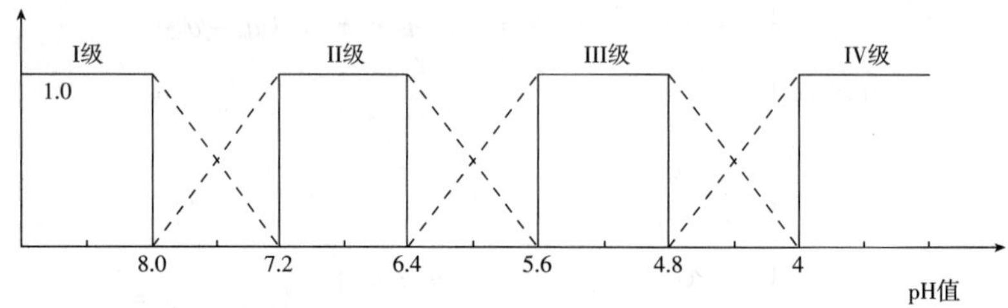

图 4-5-64 渗漏水 pH 值分级隶属函数

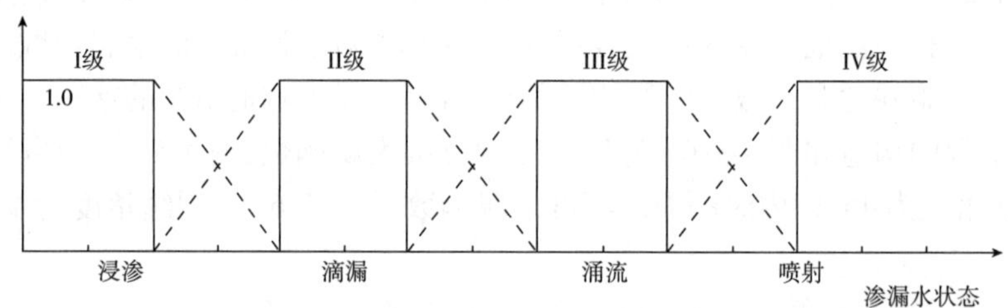

图 4-5-65 渗漏水状态分级隶属函数

衬砌起层剥落深度隶属函数构造如图 4-5-66。起层剥落直径隶属函数构造如图 4-5-67。

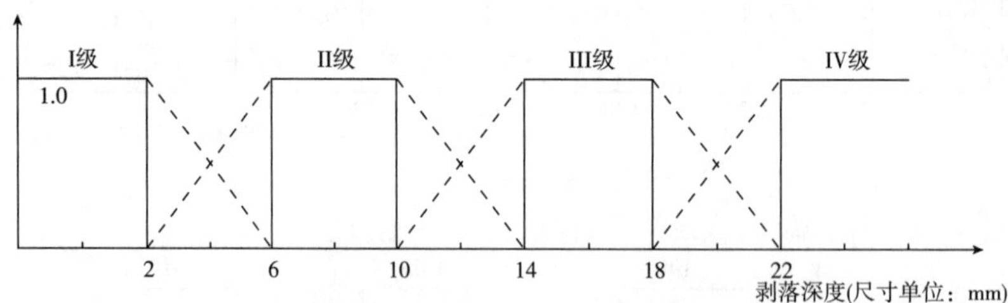

图 4-5-66 起层剥落深度分级隶属函数

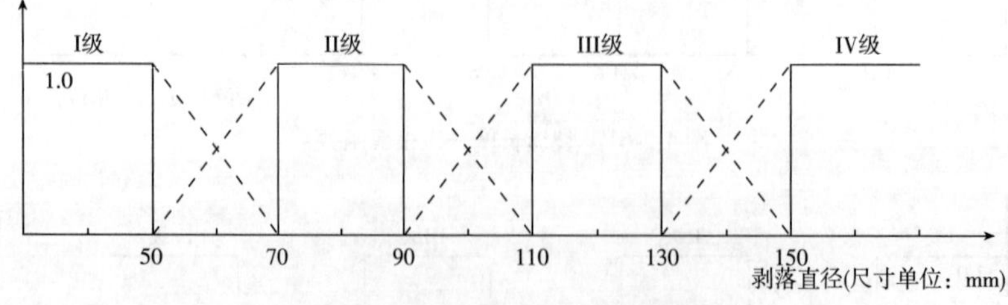

图 4-5-67 起层剥落直径分级隶属函数

对于起层剥落可能性,构造隶属函数是当没有可能时为 I 级,有可能时为 III 级。

衬砌材质劣化包括衬砌厚度隶属函数如图 4-5-68,衬砌强度隶属函数如图 4-5-69 和钢材锈蚀隶属函数如图 4-5-70。

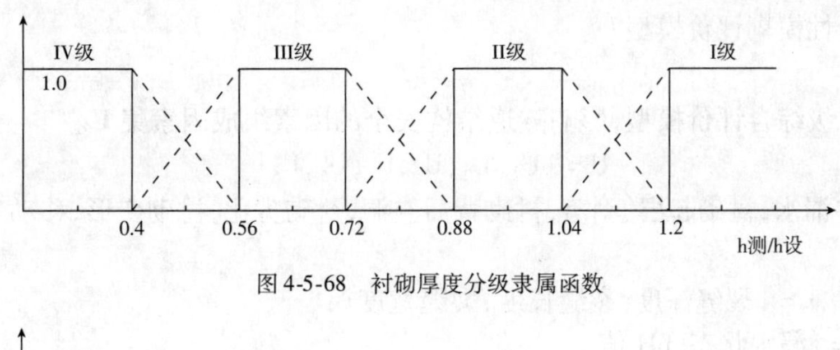

图 4-5-68　衬砌厚度分级隶属函数

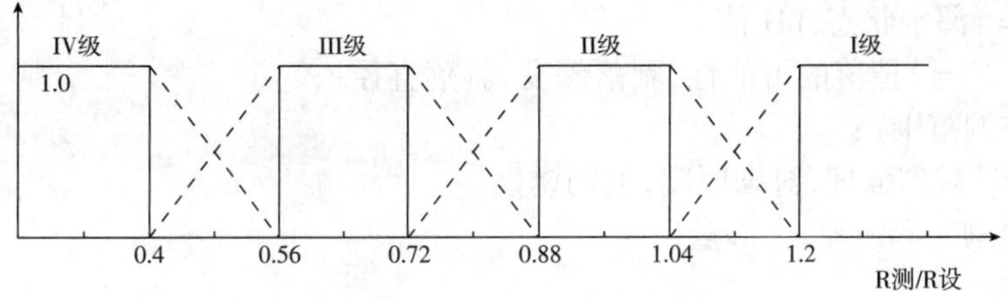

图 4-5-69　衬砌强度分级隶属函数

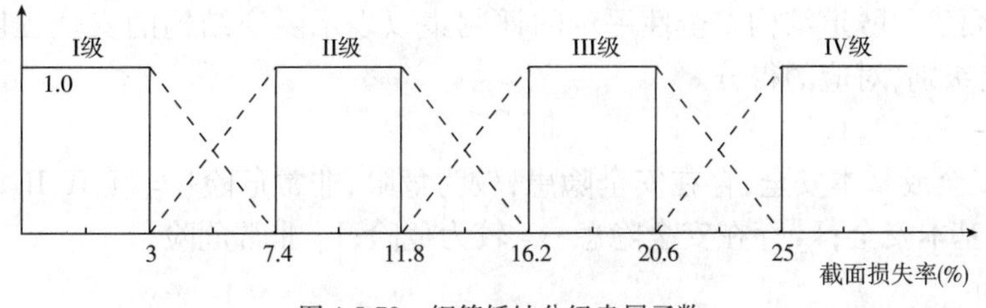

图 4-5-70　钢筋锈蚀分级隶属函数

衬砌变形、移动、下沉包括衬砌变形速度隶属函数如图 4-5-71，衬砌变形量隶属函数如图 4-5-72。

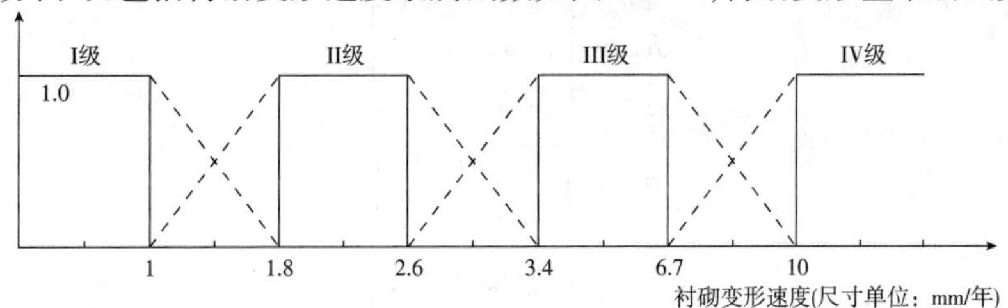

图 4-5-71　衬砌变形速度分级隶属函数

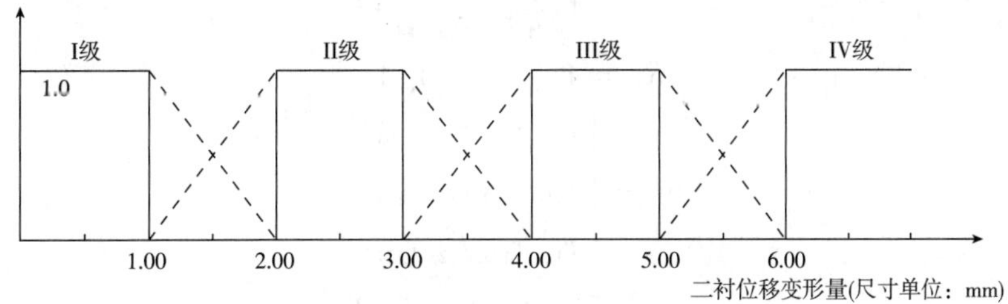

图 4-5-72　衬砌变形量分级隶属函数

衬砌背后空洞深度构造隶属函数如图 4-5-73。

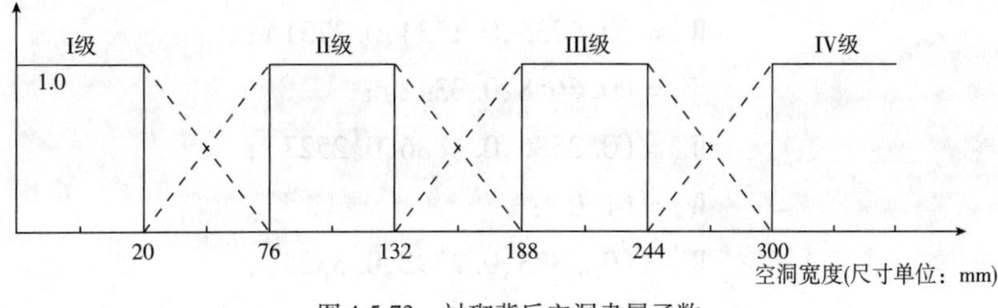

图 4-5-73　衬砌背后空洞隶属函数

④海底隧道安全性模糊评价模型

a. 建立因素集

这里采用的是二级综合评价模型，影响隧道结构安全的因素组成因素集 U。

$$U = \{U_1, U_2, U_3, U_4, U_5, U_6\} \tag{4-5-13}$$

={衬砌裂缝，渗漏水，衬砌起层、剥落，衬砌背后空洞，衬砌劣化，衬砌变形、移动、下沉}；

其中，

$U_1 = \{C_{11}, C_{12}, C_{13}\}$ = {裂缝深度，裂缝长度，裂缝宽度}；

$U_2 = \{C_{21}, C_{22}\}$ = {漏水状态，pH 值}；

$U_3 = \{C_{31}, C_{32}, C_{33}\}$ = {掉落的可能性，剥落深度，剥落直径}；

$U_4 = \{C_{41}\}$ = {空洞范围}；

$U_5 = \{C_{51}, C_{52}\}$ = {衬砌强度，衬砌厚度，钢筋锈蚀}；

$U_6 = \{C_{61}\}$ = {衬砌变形速度，变形量}；

b. 建立评价集

本文对隧道结构的安全性评价力求通过安全评价对隧道结构的安全性做出量化评分，确定隧道结构的安全预警级别，因而建立隧道结构安全性评价的评判集以表示隧道结构的安全程度，同时确定每一安全程度所代表的安全级别，对应的得分。

$$V = \{V_1, V_2, V_3, V_4\}$$

$$= \{\text{安全或基本安全，存在安全隐患，较为危险，非常危险}\} = \{\text{I, II, III, IV}\} \tag{4-5-14}$$

其中，V_1 安全或基本安全；V_2 存在安全隐患；V_3 较为危险；V_4 非常危险。

c. 模糊综合评价

根据检测数据，代入相应的隶属函数，分别得出六个子因素集的评判矩阵 $R_1, R_2, R_3, R_4, R_5, R_6$。

$$R_1 = \begin{bmatrix} r_{11} & r_{12} & r_{13} & r_{14} \\ r_{21} & r_{22} & r_{23} & r_{24} \\ r_{31} & r_{32} & r_{33} & r_{34} \end{bmatrix} \tag{4-5-15}$$

$$R_2 = \begin{bmatrix} r_{41} & r_{42} & r_{43} & r_{44} \\ r_{51} & r_{52} & r_{53} & r_{54} \end{bmatrix} \tag{4-5-16}$$

$$R_3 = \begin{bmatrix} r_{61} & r_{62} & r_{63} & r_{64} \\ r_{71} & r_{72} & r_{73} & r_{74} \\ r_{81} & r_{82} & r_{83} & r_{84} \end{bmatrix} \tag{4-5-17}$$

$$R_4 = [r_{91} \ r_{92} \ r_{93} \ r_{94}] \tag{4-5-18}$$

$$R_5 = \begin{bmatrix} r_{101} & r_{102} & r_{103} & r_{104} \\ r_{111} & r_{112} & r_{113} & r_{114} \\ r_{121} & r_{122} & r_{123} & r_{124} \end{bmatrix} \tag{4-5-19}$$

$$R_6 = \begin{bmatrix} r_{131} & r_{132} & r_{13\ 3} & r_{134} \\ r_{141} & r_{142} & r_{143} & r_{144} \end{bmatrix} \tag{4-5-20}$$

子因素集 $U_1, U_2, U_3, U_4, U_5, U_6$ 的权重：

$$W_1 = (0.5735, 0.1534, 0.2731);$$

$$W_2 = (0.6658, 0.3342);$$

$$W_3 = (0.2586, 0.4886, 0.2527);$$

$$W_4 = (1.0);$$

$$W_5 = (0.3883, 0.2792, 0.3325);$$

$$W_6 = (0.5, 0.4596);$$

根据权向量的特征,本文采用加权平均型算子 $M(\cdot, \oplus)$ 进行运算。$M(\cdot, \oplus)$ 算子中"·"是乘积算子 $a \cdot b = ab$,即普通算法,"$\oplus$"是闭合加法算子,$a \oplus b = (a+b) \wedge 1$,即先做普通加法,然后做"$\wedge$"运算,由此可得各子因素集的一级综合评判:

$$B_1 = W_1 \cdot R_1 \tag{4-5-21}$$

$$B_2 = W_2 \cdot R_2 \tag{4-5-22}$$

$$B_3 = W_3 \cdot R_3 \tag{4-5-23}$$

$$B_4 = W_4 \cdot R_4 \tag{4-5-24}$$

$$B_5 = W_5 \cdot R_5 \tag{4-5-25}$$

$$B_6 = W_6 \cdot R_6 \tag{4-5-26}$$

令,

$$R = \begin{bmatrix} B_1 \\ B_2 \\ B_3 \\ B_4 \\ B_5 \\ B_6 \end{bmatrix} \tag{4-5-27}$$

因素集 U 的权重:

$$W = (0.0692, 0.1751, 0.0917, 0.0829, 0.2704, 0.3107)$$

通过二级综合评判,可得隧道该评定段的结构安全性评价的最终结果:

$$B = W \cdot R = (b_1 \quad b_2 \quad b_3 \quad b_4)$$

分别给评语 V_1, V_2, V_3, V_4 赋以分值 4、3、2、1,将得到的评价向量进行单值化可得

$$F = \frac{4 \times b_1 + 3 \times b_2 + 2 \times b_3 + b_4}{b_1 + b_2 + b_3 + b_4} \tag{4-5-28}$$

海底隧道变异分级等级量化情况见表 4-5-65。

海底隧道变异等级表　　表 4-5-65

等　级	安全状态	安全值
B/Ⅰ	结构无破损或存在轻微破损	$4.0 \geq F > 3.5$
A/Ⅱ	结构存在破坏	$3.5 \geq F > 2.5$
1A/Ⅲ	结构存在较严重破坏	$2.5 \geq F > 1.5$
2A/Ⅳ	结构存在严重破坏	$1.5 \geq F > 1.0$

根据 F 值的大小即可判定海底隧道安全性等级。

5.5　厦门翔安海底隧道养护管理系统

海底隧道运营以后,隧道结构将经受如车辆振动、气压、气温、湿度、潮汐、地震、水压等条件的不断变化而引起的反复的动力和静力作用,又加上海水的侵蚀等,这些将会给隧道自身的维修养护管理带来一系列的特殊问题,因此,在海底隧道营运过程中,需要加强对其进行维修养护。作为中国第一条海底隧道,厦门翔安海底隧道更应该充分重视维修养护的作用,吸收国外海底隧道维修养护的经验,学习国外海底隧道维修管理的方法,结合厦门翔安的具体地质条件选用合理维修养护方法,确保其在规定的使用期限内能够安全营运。为此,专门针对厦门翔安海底隧道养护管理设计了一套系统,该系统简要介绍如下。

5.5.1　系统功能

对于海底隧道维修养护计算机系统来说,数据量较大,需要考虑的问题很多。只有通过广泛、细致、

深入的分析，有侧重的建立养护系统，才能使系统真正的投入使用，发挥其应有的作用。考虑到当前和未来海底隧道管理需求，该系统要实现的功能如下：

①实现对翔安海底隧道基础资料（水文地质资料、设计资料、施工资料等）的有效管理，便于快捷的查询。

②海底隧道结构病害信息的录入、修改、删除、查询，使结构病害信息逐步规范化。

③依据海底隧道结构病害信息，对结构的功能状态给出相应的评价，并划分出等级。

④对海底隧道长期监测数据具有采集及分析预测功能，更好的掌握隧道结构及周边环境的变化。

5.5.2　系统工作流程

厦门翔安海底隧道维修养护计算机管理系统的基本功能由基础资料管理模块、结构病害常规检查数据库模块、结构病害专项检查数据库模块、结构安全性评价模块、长期检测数据管理模块、系统管理模块组成。

首先，通过用户名、密码验证进入系统界面以后，操作人员即拥有系统管理的权限。

基础信息模块用户可以查看及查询海底隧道设计、施工等基本信息。常规检查信息模块用户可以手动输入及批量导入相关的病害信息，同时也兼具病害信息查询的功能。专项检查信息模块与常规检查信息模块类似，也具有信息导入及查询的功能。

隧道结构安全性评价模块可以依据检测数据，进行单因素及多因素的模糊综合评价，综合得出隧道结构的功能状态。整个系统的工作流程如图4-5-74所示。

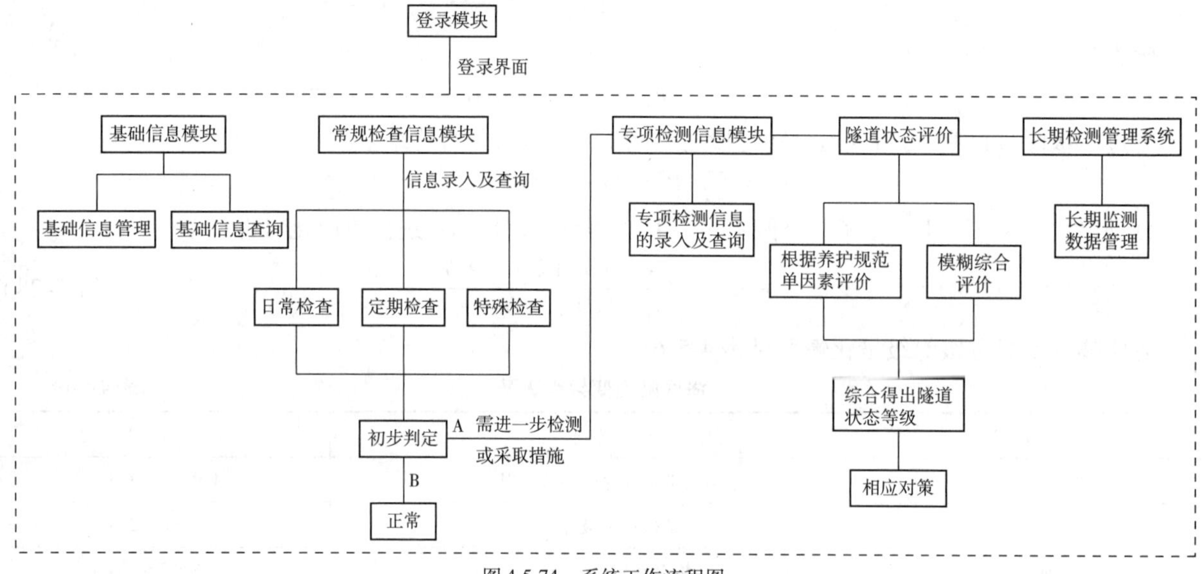

图4-5-74　系统工作流程图

5.5.3　系统模块设计

1. 系统界面设计

厦门翔安海底隧道土建结构维修养护计算机管理系统是为了实现海底隧道维修养护的科学化、规范化而开发的。系统具备对厦门翔安海底隧道的相关资料进行计算机管理和结构安全性评估等功能，能够实现数据的查询并能通过报表的形式打印出来，能实现数据到Excel格式的转化。系统登录界面如图4-5-75所示，系统管理员在输入正确的用户名及密码后，才能具有相应的权限，对系统进行管理和维护。系统主要操作界面如图4-5-76所示，从图中可以看出，该软件系统界面主要由菜单栏、工具栏、显示区和状态栏组成。其中菜单栏包括【基础资料管理】、【常规检查信息】、【特殊检查信息】、【专项检查信息】、【安全性评价】、【长期监测管理】、【系统管理】和【帮助】共八个主菜单，每个主菜单中又包含有多个下拉式分菜单选项，单击其中的某个选项，就可

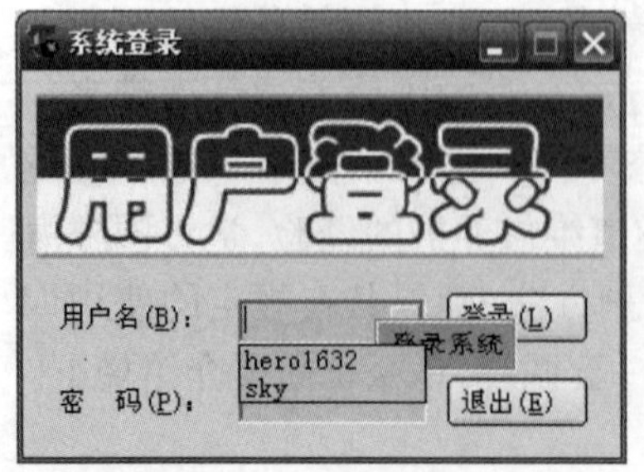

图4-5-75　登录界面

以实现软件相应的某项功能，因此，在整个系统的界面设计中，系统菜单是实现程序功能的主要核心控件。系统菜单项列表如表4-5-66所示，表中列出了各主菜单项下的一级子菜单项。

图4-5-76　系统主界面

系统菜单项列表　　表4-5-66

菜单项	备注	菜单项	备注
【基础资料管理】		【特殊检查信息】	
…支护参数(&Q)		…病害记录(&D)	
…标段简介(&I)		…维修记录(&M)	
…工程地质概况查询(&L)		…事件记录(&E)	
…隧道施工信息查询(&C)		【专项检查信息】	
…现场量测信息查询(&D)		…裂缝调查信息(&C)	
【系统管理】		…渗漏水调查信息(&L)	
…权重设置(&S)	设置权重	…衬砌劣化调查信息(&D)	
…数据备份(&B)		…背后空洞调查信息(&V)	
…数据恢复(&R)		…衬砌起层剥落调查信息(&S)	
…操作员管理(&O)		…表观病害调查信息(&A)	
…支护参数(&Q)		…移动下沉调查信息(&P)	
		专项区间记录	
…系统设置(&S)		【基础资料管理】	
【常规检查信息】		…单因素评价(据规范)(&S)	
…病害记录(&D)		…模糊综合评价(&F)	
…维修记录(&M)		【长期监测管理】	
…事件记录(&E)		长期方案简介(&I)	
		长期监测仪器技术指标(&A)	

2. 基础资料管理

为了后续的隧道安全性评价、原因分析与对策选择都需要基础资料部分的数据支持，因此引入了数据库管理，将其中重要的数据从中提取出来，并通过结构化的处理，将这些数据变为一个个方便数据库读取、写入的二维关系表。基础资料管理模块中可以根据输入的查询条件检索到相关的信息，如图4-5-77所示，在查询条件里输入水平收敛(mm)大于120mm的匹配条件，点击【查询(Q)】按钮即可检索出满足查询条件的断面，列表框中将只显示满足条件的断面信息。检索完以后如需查看全部信息，点击【显示全部(S)】即可查看所有信息。

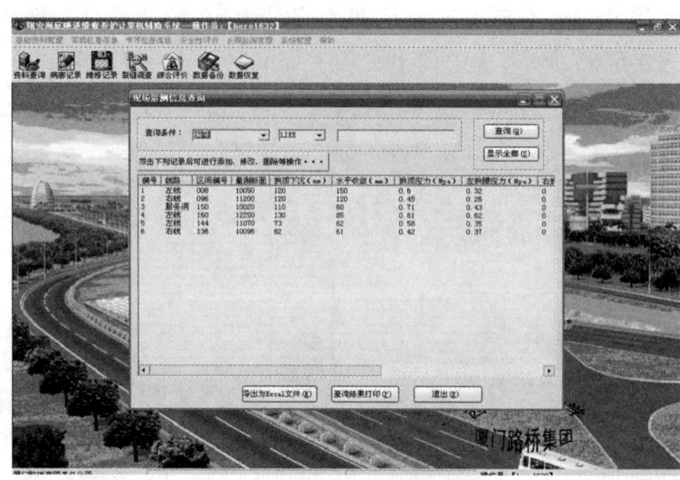

图 4-5-77　隧道现场量测信息查询

3. 数据管理

数据的管理主要针对常规检查(日常检查、定期检查)、特别检查和专项检查阶段的数据。数据管理功能包括数据的添加、数据的修改、数据的删除等功能。

由于隧道常规检查的检查手段比较单一,大多采用目视或敲击,能够检查到的部位也有限。因此隧道安全性评价系统的流程是先通过日常检查、定期检查、所获得的初步资料判断隧道变异的情况,视变异的程度决定是否需要进行详细调查。点击菜单项【常规检查信息】→【病害记录(&D)】,可以显示所有常规检查的病害信息列表框,双击列表框任意一条记录即可弹出病害记录管理界面(如图 4-5-78 所示)。单击【添加(A)】、【修改(C)】即可开始病害信息的输入、修改,当数据输入后单击【保存(S)】按钮完成数据的更新。如需删除某项信息,单击【删除(D)】即可完成,数据删除后不会再被用户检索到。【常规检查信息】菜单项下还有【维修记录(&M)】、【事件记录(&E)】两项,该两项的界面及操作与【病害记录(&D)】类似。

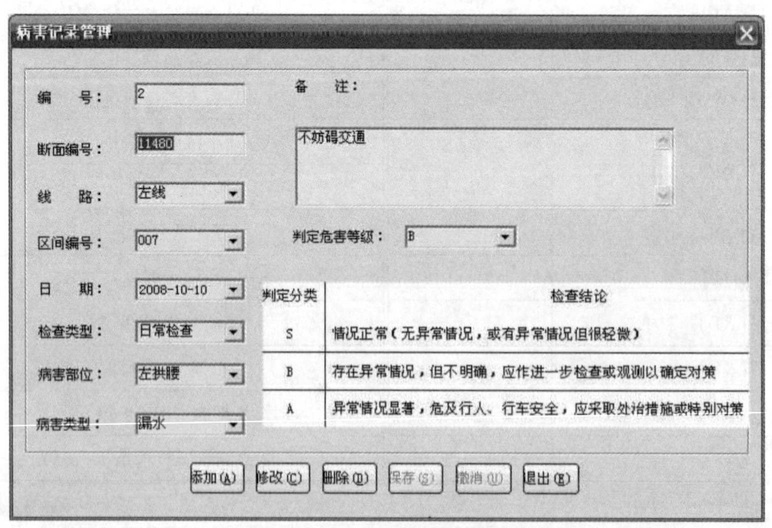

图 4-5-78　病害记录管理界面

海底隧道结构特殊检查是在隧道遭遇自然灾害、发生交通事故或出现其他异常事件后,对遭受影响的结构立即进行的详细检查。通过特殊检查,应及时掌握结构受损情况,获得初步资料并判断隧道变异的情况,视变异的程度决定是否需要进行详细调查。操作流程和常规检查信息相同。

海底隧道结构专项检查是根据常规检查的结果,或者通过其他途径,判断需要进一步查明某些破损或病害的详细情况而进行的更深入的专门检测。通过专项检查，应完整掌握破损或病害的详细资料，为其是否实施处治以及采取何种处治措施等提供技术依据。在这里可以实现病害信息及检测数据的录入、删除、修改、查询等操作，这些数据都保存在后台数据库中，为后面的结构安全性评价提供数据支持。点击菜单项【专项检查信息】→【裂缝调查信息(&C)】，可以显示所有专项检查的衬砌裂缝调查信息列表框，双击列表框任意一条记录即可弹出衬砌裂缝记录管理界面如图 4-5-79 所示。与常规检查的病害记录操作界面类似，单击操作界面上的【添加(A)】、【修改(C)】、【删除(D)】、【保存(S)】等按钮即可实现对应的数据管理功能。

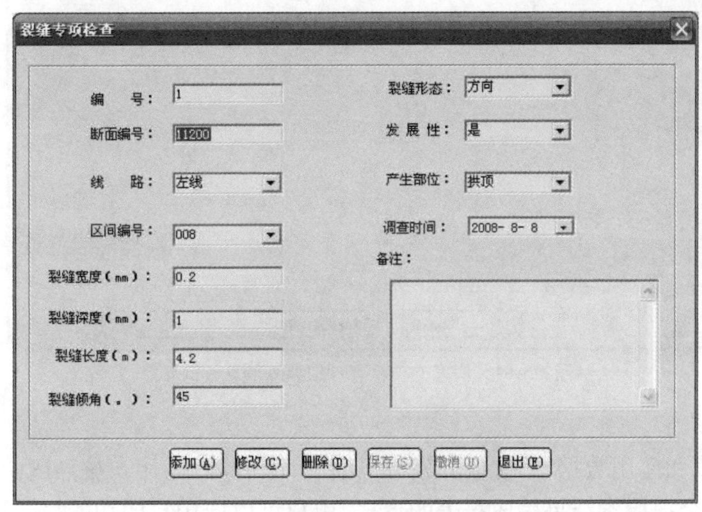

图 4-5-79 裂缝专项检查数据管理界面

4. 数据查询

信息查询是指在大量的信息中查询满足特定条件的信息的功能。信息查询功能是数据库系统最基本的功能。信息查询可以按精确查询和模糊查询两种方式进行。

数据查询，可根据输入的查询条件查询到相应的数据，如根据里程号可以查询到该区段的信息资料。在既不知道具体项目的情况下，可采用模糊查询。在模糊查询中，查询条件不是具体的，而是模糊的，因此可以在较大范围内查询目标信息，并逐步缩小查询范围，直至查询到符合条件的信息资料。

常规检查阶段的病害数据查询界面如图 4-5-80 所示，单击【查询(Q)】按钮即可得到判定病害等级为 B 的病害记录。

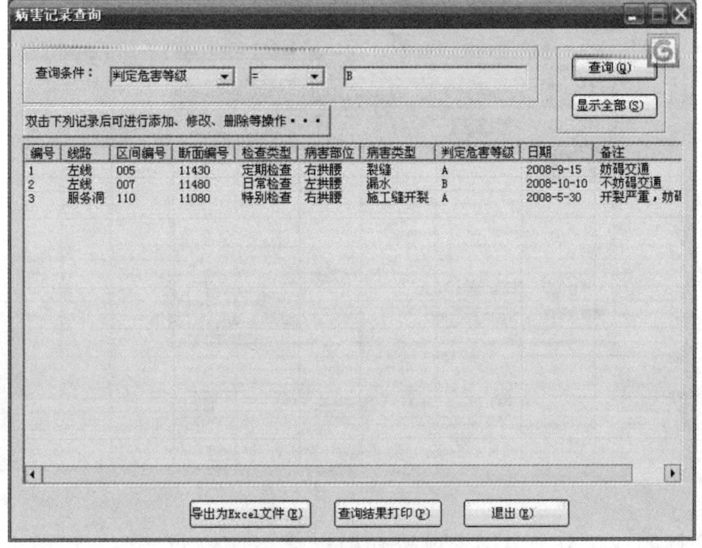

图 4-5-80 病害记录查询界面

专项检查阶段的衬砌裂缝调查信息查询界面如图4-5-81所示,单击【查询(Q)】按钮即可得裂缝长度大于2m的衬砌裂缝。

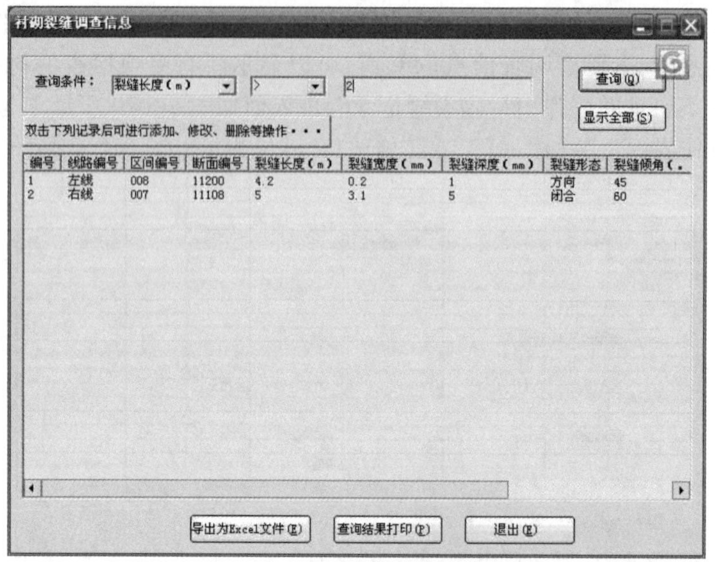

图4-5-81 病害专项检查衬砌裂缝信息查询界面

5. 报表输出

为了方便用户阅读和使用数据,系统应开发和具备打印功能。当用户按照既定的查询条件检索到目标隧道的信息后,系统会把检索结果生成报表的形式,用户可以应用打印功能打印报表,并且用户可以自己设定报表的打印格式和打印样式。

作为数据管理系统,另一项重要的功能就是数据的输出。数据输出模块还设计了数据导出的功能,可以将数据导出为Microsoft Excel表格。如图4-5-82所示,点击【导出为Excel文件(E)】,即可弹出数据导出对话框,在对话框中选择文件的存放目录,设置文件名,然后点击保存按钮即将数据导出为Excel表格。同时该模块还兼具打印的功能,可以将检测信息按照一定的格式打印成报表,如图4-5-82,点击【查询结果打印(P)】按钮即可弹出报表打印界面,在此界面下可以实现数据的打印预览及打印。

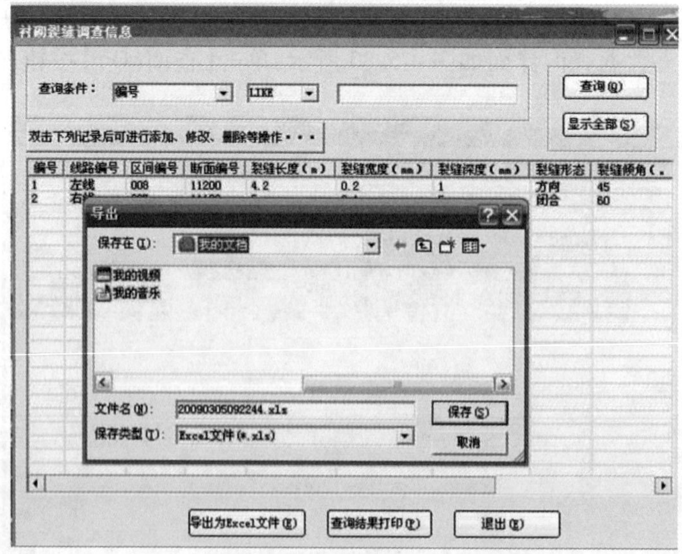

图4-5-82 数据导出为Excel表格

6. 安全性评价

海底隧道结构安全性的评价分为单因素评价和模糊综合评价两部分。单因素评价主要是依据维修养护规范(目前养护规范大多数以单因素评价为主)以及针对该海底隧道理论研究的相关成果,对每项有检测数据的病害给出安全等级,取最为严重的等级作为评价结果,并给出对结果起控制作用的病害项目。单因素评价如图 4-5-83 所示,选择不同的区间可以得出该区间相应的安全性等级,点击【浏览检测数据(S)】可以查看详细的检测数据。

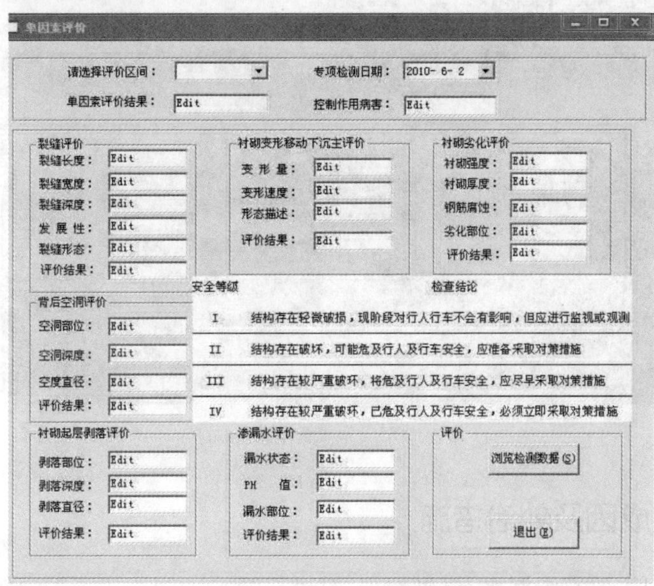

图 4-5-83 结构安全性单因素评价界面

综合评价就是对受到多个病害影响的隧道结构给出安全性的总的评价。由于从多方面对事物进行评价难免带有模糊性和主观性,采用模糊数学的方法进行综合评判将使结果尽量客观,从而取得更好的实际效果。模糊综合评价的界面如图 4-5-84 所示,其界面及操作与单因素评价类似。

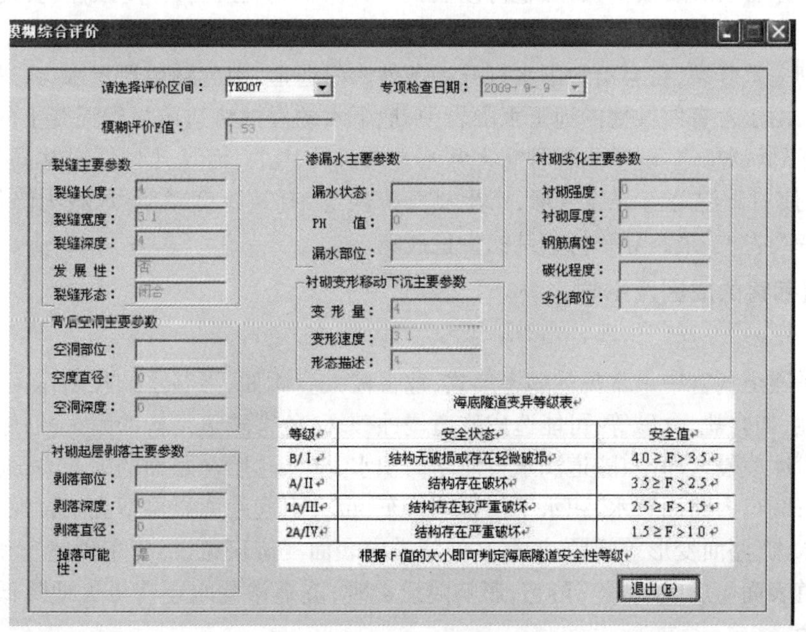

图 4-5-84 结构安全性模糊综合评价界面

7. 系统管理

系统管理模块包括权重设置、数据备份与恢复、操作员管理、系统设置几部分。系统管理菜单项如图 4-5-85 所示。权重设置可以依据经验的积累以及实践中的验证和修正调整模糊综合评价的评价指标所占的权重。

操作员管理可以设置操作员的密码和新建新的用户账号，单击【添加(A)】可以新建新的用户账号，单击【修改(C)】可以修改账户密码等信息。另外该系统可以方便地实现数据库的备份与恢复，从而保证数据的安全不丢失。系统设置可以设置隧道养护管理单位的相关信息。

图 4-5-85 系统管理菜单项

5.6 海底隧道病害成因及处治措施

海底隧道病害的类型主要有渗漏水、衬砌裂损、衬砌侵蚀等。隧道病害发生较多的地段，从地质情况看，一般是断层破碎带、风化变质岩地带、裂隙发育的岩体、岩溶地层、软弱围岩地层等。隧道内各种病害一般不是单独存在的，而是互相影响、互相作用的。其中最常见的病害形式是渗漏水，隧道渗漏水不仅增加隧道内湿度，造成电路短路等事故，危及运输安全，而且还引发其他病害。隧道由于渗漏水、积水，将会造成衬砌开裂或使原有裂缝发展扩大，加重衬砌裂损。并且海底地下水有侵蚀性，会使衬砌混凝土产生侵蚀，并随着渗漏水的不断发展，使混凝土侵蚀日益严重。隧道衬砌裂损病害主要表现为衬砌的变形、开裂和错台。而衬砌一旦开裂，将会给地下水打开一条外渗的通道，引起隧道严重水害，进而就会产生衬砌混凝土的侵蚀等。由于含有侵蚀性的地下水围岩中，地下水的侵蚀将造成衬砌混凝土的疏松、剥落，致使衬砌裂损，承载力降低。总之，隧道内各种病害并不是单独作用的，而是几种情况共同作用，对衬砌结构产生连锁破坏，致使衬砌混凝土开裂变形，产生剥落掉块等，有效厚度减薄，承载力降低，安全可靠性减小。随着病害的持续发展，最终导致衬砌结构失稳破坏。

5.6.1 海底隧道病害的成因及影响

1. 渗漏水

隧道渗漏水是隧道病害中最常见的病害形式，危害极大。比如，渗漏水的长期作用，特别是海底隧道中水质具有侵蚀性，如含盐、含碱等，可能造成隧道侵蚀破坏，危害隧道结构的耐久性；隧道漏水还将使隧道拱部和侧墙产生冰凌侵入净空；隧道滴水将使路面积水，降低轮胎与路面的附着力，恶化隧道的营运条件，危及行车安全；隧道内路面冒水、积水不仅影响行车，也会引起路面基层下翻浆冒泥和下沉，造成路面开裂下陷而引起水沟、路面变形等问题；渗漏水使隧道内表面浸迹斑斑，由于车辆尾气和行车产生的尘土附着于湿润的隧道表面而形成"花脸"隧道，影响隧道美观；隧道渗漏水还将极大地降低隧道内各种设施的使用功能和寿命。

隧道渗漏水的原因如下：

①隧道的开挖使地下水渗流场发生了改变，隧道周边的地下水集中向隧道方向排泄。隧道开挖后，在隧道周围一定范围内形成了围岩松动区。在此范围内，由于地层原始地应力的调整，围岩产生变形，裂缝张开，从而使地下水沿张开裂缝流入隧道。

②隧道防排水设计上存在诸多漏洞。长期以来，人们对隧道渗漏水病害的危害性认识不足，在隧道

设计上存在重结构、轻防水的倾向。

③隧道施工质量控制不佳，是隧道渗漏水发生的主要因素，有以下主要表现：

a. 埋式止水带固定不牢，浇筑混凝土时有卷起现象。

b. 止水条安放不规范，不按规定镶入槽内，而是随意粘贴或钉在接头混凝土表面，造成扭曲、变形；使设了镶嵌槽，也不把灰土和浮碴清理干净。

c. 施工缝、变形缝处混凝土振捣不到位，止水带和止水条与混凝土不密贴。

d. 混凝土和易性差，或施工工序质量控制不严，导致混凝土质地不均匀，捣固不密实或出现漏振，形成疏松层和蜂窝，或留下各种形状的透水缝隙。

e. 裂隙水较发育和有泉眼处，没有进行引排水。衬砌混凝土时，水流冲到混凝土中，改变了混凝土的水灰比，造成混凝土内渗水通道增加，在衬砌没有初凝之前穿透衬砌层，形成渗漏水。

f. 先拱后墙法施工的拱脚浮碴清理不干净，马口回填不密实，造成渗漏水，这种现象也较普遍。

g. 塌方造成衬砌混凝土拉裂，膨胀围岩作用引起的衬砌开裂；塌方处理措施不到位，衬砌背后回填不密实。

h. 岩石隧道光面爆破效果不好。衬砌结构同围岩结合不紧密，不仅恶化了衬砌的受力条件，造成围岩的进一步松动，而且还会在衬砌背后造成存水空间。

i. 隧道中水沟因泥砂或冰冻堵死无法排水，使隧道产生渗漏。

2. 衬砌侵蚀

衬砌背后的腐蚀性环境水，容易沿衬砌的毛细孔、工作缝、变形缝及其他孔洞渗流到衬砌内侧，成为隧道渗漏水，对衬砌混凝土和砌石、灰缝产生物理性或化学性的侵蚀作用，造成衬砌腐蚀。隧道衬砌腐蚀分为物理性侵蚀和化学性腐蚀两类。隧道衬砌腐蚀使混凝土变酥松，强度下降，降低隧道衬砌的承载能力，危及行车安全。

隧道衬砌腐蚀的主要影响因素有：衬砌混凝土的质量和水泥的品种，渗流到衬砌内部的环境水含侵蚀性介质的种类和浓度，环境的温度和湿度等自然条件。

3. 衬砌裂缝

（1）衬砌裂缝产生的原因

隧道衬砌，是承受地层压力、防止围岩变形坍落以及阻挡地下水渗漏的建筑物。由于隧道衬砌受地层压力、地下水压力、围岩膨胀性或冻胀性压力、腐蚀性介质和温度的作用以及施工中人为不良因素的影响等，致使隧道衬砌在运营中产生裂损变形，影响隧道的正常使用，统称为隧道衬砌裂损病害。

（2）衬砌裂缝的种类

①按裂纹走向。裂损类型按裂纹走向可分为纵向裂纹、斜向裂纹及环向裂纹 3 种。有关部门曾对我国铁路 88 座典型隧道，全长 78km，裂纹总长度 32 482 延长米的裂损情况进行了调查统计。如表 4-5-67 所示：

隧道混凝土衬砌裂缝情况调查统计表（%） 表 4-5-67

裂缝种类	占裂缝长度的比例	部 位	占裂缝长度的比例
纵向裂缝	79.3	拱腰纵裂	64.7
		边墙纵裂	19.9
		拱脚纵裂	12.2
		拱顶纵裂	3.22
斜向裂缝	4.9	拱部、边墙	
环向裂缝	14.1	拱部、边墙	

②按衬砌受力变形及裂口特征可分为受弯张口型裂纹、内缘受压闭口型裂纹、受剪错台型裂纹及收缩性环向裂纹等。当衬砌被各种裂纹切割成小块状时，容易造成结构失稳发生坍落，对运营安全威胁最

大。在各种裂纹所造成的危害中,环向裂纹一般对衬砌结构正常承载影响不大。拱部和边墙的纵向及斜向裂纹,破坏结构的整体性,危害较大。主要危害有:

a. 降低衬砌结构对围岩的承载能力;

b. 侵入建筑限界,使隧道净空变小,影响超限货物通过;

c. 拱部衬砌掉块,影响行车及人身安全;

d. 裂缝漏水,造成钢轨扣件锈蚀,道床翻浆,寒冷地区产生冻害;

e. 铺底和仰拱破坏,基床翻浆,线路变形,降速运行,大量增加维修量;

f. 在运营条件下整治裂纹病害,干扰运输大。

4. 衬砌裂损

二次衬砌裂损主要包括衬砌变形、衬砌开裂和衬砌剥落掉块等 3 种情况。衬砌变形有横向变形和纵向变形 2 种,横向变形是指衬砌由于受力原因而引起拱轴形状的改变,是衬砌主要的变形形式。衬砌开裂是指衬砌表面出现裂缝,是衬砌变形的结果。裂缝按性质可分为张拉裂缝、受压裂缝、受剪裂缝 3 种,裂缝是引起混凝土破坏的主要原因。衬砌剥落掉块是由于裂缝的切割和外力的作用而发生的衬砌混凝土掉落现象,是衬砌混凝土裂缝发育严重和承载能力不足的表现,对隧道的安全与稳定有较大的隐患。

引起衬砌裂损的原因,总的来说,分为结构受力裂损和非受力裂损。非受力裂损主要是由于混凝土收缩引起的,而引起结构受力裂损的主要原因如下。

①选线不当。在选线过程中,由于对隧道穿越区域的工程地质和水文地质条件掌握不准,使隧道选线不当,为隧道运营埋下安全隐患。如隧道穿越风化比较严重的地段等不良地质体时,可能会出现隧道承载力不足或不均匀沉降引起衬砌结构开裂、变形等病害。这类由于选线不当而造成的隧道病害,彻底处治非常困难,要消除(减少)由选线引起的病害,只有把地质工作做好,严格按设计规范要求进行隧道位置的选择。

②设计参数不合理。公路隧道作为地下工程,设计应按新奥法原理进行,而动态设计和信息化施工是新奥法原理的精髓所在。通常意义上的施工图设计事实上仅仅是“预设计”,在施工过程中须根据围岩实际地质情况与监控量测结果进行动态调整。而由于我国建设管理体制等原因,在施工中出现的设计参数动态调整属于设计变更范畴,手续比较复杂,导致了该变而未变的情况发生。另外,由于各种原因,对设计参数的动态调整多数仍依据围岩级别进行,而少有根据监测数据进行的。这样导致了隧道部分地段的设计参数不尽合理,从而引起隧道病害出现。

③形变压力过大。围岩体为粘弹塑性介质体,其变形将随着时间不断发展,特别是在膨胀性围岩或软质岩地段,围岩后期变形比较大,从而引起衬砌结构承受的形变压力不断增大,当承受压力超过结构承载能力时,将会引起衬砌结构变形、开裂,严重时发生衬砌剥落掉块。

④地下水腐蚀和材料老化。在地下水的长期腐蚀下,将造成混凝土强度和承载力的下降。同样,在隧道运营过程中,行车振动、烟雾侵蚀等将加速混凝土的老化,使衬砌混凝土强度和承载能力降低,从而引起衬砌裂损病害的发生。

5. 拱背空洞或不密实

发生超挖或坍方后,如没有严格按规范要求做好回填或注浆工作,将造成初期支护与围岩之间有较大范围的空洞或不密实区,另外,在二次衬砌浇注过程中,混凝土振捣或灌注不密实,易使拱部或拱腰出现局部脱空现象。这种拱背空洞或不密实区的存在,一方面易形成积水空间,使隧道出现渗漏水;另一方面使隧道与围岩不能形成一个整体,不能很好地发挥围岩的弹性抗力作用,在垂直荷载作用下两侧边墙向外扩张导致拱顶拉应力增加,使拱顶出现纵向裂缝。近年修建的隧道未进行压浆处理前一般拱顶脱空(空洞)占拱顶测线长度的 3% ~5%,拱腰脱空(空洞)占测线长度的 3‰~5‰。

6. 内空侵限

隧道内设备或衬砌结构侵入隧道建筑限界内时,将对隧道的运营产生严重的安全隐患。内空侵限的主要原因有:

(1)围岩后期沉降过大

围岩后期沉降引起衬砌结构变形过大,从而使衬砌结构侵入建筑限界内。这一般多发生于膨胀性围岩或软质岩等大变形地段。

(2)施工原因

施工过程中,由于施工放样误差可能引起隧道断面内空不足,同时,二次衬砌混凝土浇筑过程中,如发生跑模等情况时也可能导致隧道断面内空不足。为了避免施工原因而引起的内空侵限问题,施工中必须加强测量放样工作,开挖与喷射混凝土施工后应复核断面内空尺寸,并须验算模板台车的整体刚度,防止模板变形等问题的发生。

5.6.2 海底隧道病害的整治措施

隧道病害给隧道的正常运营和安全都带来影响,有时影响十分严重。而且,病害整治和保持运营之间矛盾突出,病害整治干扰正常运营,造成运营损失,而病害整治在空间、时间和施工条件都局限的条件下进行,困难重重。因此,首先要预防为主,必须在设计阶段就要采取预防措施,防止病害产生;另一方面,对出现的病害须查清病害原因、采取合理的措施进行整治,提高隧道病害整治的工程质量和经济效益。

1. 渗漏水

渗漏是地下工程中最常见的病害,处理方法各种各样,防水堵漏材料种类繁多,要达到理想的渗漏治理效果,应该做到科学设计、合理选材、认真施工、严格管理。参考国内外长期治理渗漏的经验,遵循"排堵结合,多道设防,综合治理"的原则,综合本工程渗漏病害的基本情况及内部特点、环境条件和施工作业场地的空间限制等因素,提出相应治理对策。隧道中的渗漏水按形式和面积可简单地分为点、线、面3种形式。

(1)点渗漏治理措施

点渗漏也可称为孔眼渗漏或集中渗漏。根据渗漏水压力的大小及混凝土结构的缺陷程度,可分别采用直接堵塞法和注浆堵漏法。

①直接堵塞法。当水压不大而混凝土结构密实性很好时,可采用此法。以漏水点为圆心,根据渗水范围大小凿成直径10~40mm、深20~200mm的孔,并用水冲洗干净;用双快水泥砂浆或其他快凝材料捻成与圆孔直径接近的锥形小团,待其初凝时迅速堵塞于孔内,并向孔壁四周挤压,使其与孔壁紧密结合,封住漏水。经检查无渗漏后,表面抹防水面层。

②注浆堵漏法。注浆法适用于水压较大、孔洞较大且漏水量大的孔洞,也可用于密实性差、内部蜂窝孔隙较大混凝土的线渗漏和面渗漏处理。对于围岩破碎严重造成隧道防排水压力很大,渗漏水十分严重的情况,也可采用向衬砌后的围岩或回填层注浆两种方式。可以说注浆是隧道渗漏综合治理中最为常用和有效的方法之一。注浆法按工艺可分为单液注浆和双液注浆。单液注浆仅需一套压浆系统,通过压力泵加压后,把浆液直接压入漏水缝隙。双液注浆采用两个压力泵加压,使甲、乙溶液通过各自的管路进入混合器,混合均匀后再压入漏水裂缝中。单液注浆工艺简单,而双液注浆具有易于控制凝结时间的优点。对于围岩或衬砌背后注浆,一般只采用无机材料为主的浆液如水泥浆、水泥水玻璃浆等,衬砌背后空洞较大也可以用砂浆,渗漏严重的结构常用水泥水玻璃浆液。对于衬砌混凝土内的孔隙和裂缝,一般使用有机材料进行注浆,常用的有络木素类、丙烯酰胺类、丙烯酸盐类、聚氨酯类、环氧树脂类、尿醛树脂类、呋喃树脂类等。这其实是一种衬裂缝补强加固处理的方法。此方法将化学浆液压入衬砌混凝土中,封堵裂缝,密实混凝土,达到治水目的。

(2)线裂缝渗漏治理

对于衬砌中横向施工工作缝及各种不均匀受力产生的纵向、斜裂缝,由于未能有效设置密封及止水材料而导致的"线状"渗漏水,不同成因产生的渗漏水裂缝有区别的进行处理。

①对于横向缝部位的渗漏水,采用剔槽,加设排水盲沟,外加弹性密封材料封堵的方法。目前常用的密封材料有改性沥青密封膏、聚硫、硅酮、聚氨酯密封胶和各种定型橡胶或膨胀橡胶止水条等。采用暗埋

铝槽排水法，从外观上来看，比外排法要美观，受外界环境的影响小，尤其避免了冬季结冰破坏引排水设施，防渗漏效果也较显著，但施工工艺相对复杂。对密封材料的要求是：弹性好，与衬砌的黏结性好，抗渗性好，耐老化性好，经济，施工简便。施工工作缝处可采用橡胶止水条作为修复材料，此材料柔软，塑性好，易于填满裂缝，有遇水膨胀的效果，同时具有止水带的作用。

②各种不均匀受力引起的纵向、斜裂隙贯通裂缝采用壁后注浆和壁间注浆相结合的治理措施。壁后注浆是防止衬砌壁后积水往缝里渗，切断渗漏水源。壁间注浆是避免因混凝土未浇筑密实而产生的渗漏，同时，也是壁后注浆的一种补救措施，因为壁后注浆有时很难达到预想的效果。另外，壁后注浆与壁间注浆对结构本身也起补强作用。注浆材料的选择与点渗漏治理的注浆堵漏材料基本一致。

(3)面状渗漏治理

防止面状漏水对策，按施工方法包括喷射法、涂层法、防水板及防水薄膜等方法。

①喷射法、涂层法。喷射法和涂层法适用于大范围发生漏水，但漏水量小，止水无有害影响时，或与其他有效整治漏水对策并用时。喷射法、涂层法是用防水材料喷射或涂抹到衬砌内固上，形成面状防水底而止水的方法。一般来说，与其他面状漏水止水法相比。能形成无接缝的防水层，对衬砌的凹凸也易于适应。但是，保持防水层厚度均匀是很困难的，施工不善时剥离的危险性很大。

②防水板。防水板适用于漏水呈面状面且大面积产生，净空断面有富余时。防水板由工厂预制，张挂在衬砌表面，从板的背后进行导水。这种方法主要用于拱部漏水。

隧道工程的渗漏水治理是一门综合性技术和一项复杂而艰巨的工作。隧道的渗漏问题具有普遍性和严重性，如不能及时采取相应的措施，将对运营造成极大的影响。要取得理想的渗漏治理效果，需要正确把握运营隧道病害的特点，探明渗漏内部情况，合理选择防水材料和治理对策，才能取得良好效果。

2. 衬砌侵蚀

(1)提高衬砌的密实度和整体性

提高混凝土抗侵蚀性能最主要的措施是提高衬砌的密实度和整体性，因为不管是混凝土或砌块砂浆遭受化学侵蚀，还是冻融交替或是干湿交替作用，甚至几种情况同时存在的最不利情况，共同的必要条件是衬砌的透水性。由于水及其中侵蚀介质能渗透到衬砌内部，才会发生一系列物理化学变化，致使衬砌混凝土或砌块、灰缝产生腐蚀损坏。如果在修建隧道衬砌时，采用了防水混凝土(或防水砂浆砌不受侵蚀的石料)作衬砌，提高了衬砌的密实度和整体性，外界侵蚀性水就不易渗入混凝土内部，从而阻止了环境水的侵蚀速度，就可以提高衬砌的耐久性，降低侵蚀的影响。一般用集料级配法和掺外加剂法配制防水混凝土，来提高隧道衬砌的密实性和防水性，由于隧道衬砌是现场浇筑，在有地下水活动的地段，往往很难保证防水混凝土的质量，从而影响防水性，因此采用相应的措施。

(2)外掺加料法

由于腐蚀主要是由于混凝土中游离的 $Ca(OH)_2$ 等引起的，可以采取降低混凝土中 $Ca(OH)_2$ 浓度的措施来达到抗侵蚀的目的。比如：掺入粉煤灰可以除去游离的 $Ca(OH)_2$，且具有相对不活泼性。也可以掺加硅粉，但由于硅粉颗粒细，施工时污染严重，对环境有害，影响其使用。

(3)选用耐侵蚀水泥

合理选择水泥品种，尽量改善混凝土受侵蚀的内因(如：对抗硫酸侵蚀的水泥要限制 C3A 含量 $\ngtr$ 5%，在严寒地区不宜选用火山灰质水泥等)，但目前尚没有完全可以消除腐蚀的水泥品种，从合理选择水泥品种，与优选粗细骨料及级配、掺外加剂、减少用水量等项措施结合起来，最大限度地提高衬砌的抗蚀性和密实度，配制成抗腐蚀混凝土，效果就更好。

(4)加强衬砌外排水措施

将侵蚀性环境水排离隧道周围，减少侵蚀性地下水与衬砌的接触。目前，在地下水丰富地区，用泄水导洞法将地下水引至导洞内，减少地下水对主体隧道的影响，一般泄水洞应根据地下水的活动规律和流向，做在主洞的上游，拦截住地下水。地下水不发育地区，在隧道背后做盲沟，将地下水排入盲沟，从而减少对隧道衬砌的腐蚀。

(5)使用化学材料

使用密实的与混凝土不起化学作用的材料,在衬砌外表面做隔离防水层。国内常用的防水卷材有EVA、ECB、PE、PVC等,这些材料的耐酸碱性能稳定,作为隔离防水层,是较理想的材料。

(6)向衬砌背后压注防蚀浆液

这种方法只适用于一般隧道。常用的材料有阳离乳化沥青、沥青水泥浆液等沥青类的乳液,高抗硫酸盐、抗硫酸盐水泥类浆液。在衬砌表面涂抹防水泥防蚀涂料,常用的有阳离子乳化沥青乳胶涂料、编织乙烯共聚涂料,近几年又使用了焦油聚氨酯涂料、RG防水涂料等等。

(7)使用防腐蚀混凝土

防腐蚀混凝土是针对环境水侵蚀性介质不同,选用相应抗侵蚀性能较好的水泥品种,通过调整配合比、掺减水剂、引气剂,并采用机械拌和、机械振捣生产的一种密实性和整体性较高的抗腐蚀的防水混凝土。提高混凝土的密实性和整体性,是提高混凝土抗侵蚀能力的最重要的措施,因为混凝土内部结构均匀密实,外界侵蚀性环境水就不容易渗入混凝土内部,$Ca(OH)_2$,也不易被水析出。

(8)施工与养护

防腐混凝土必须采用机械拌和机捣。养护:使用AP、BP、CP类水泥,不得少于14d;使用AS、BS、CS类水泥,不得少于21d。防腐蚀混凝土结构物外露面边缘、棱角、沟槽应为圆弧形;钢筋混凝土的保护层不得小于5cm。

综上所述,对既有隧道的普通混凝土衬砌,产生腐蚀病害,应查明原因,结合隧道裂损、漏水病害,综合考虑衬砌加固和改善防、排水条件,对于拱部质量较差的衬砌(有裂损、漏水、厚度不足和腐蚀等病害),一般应同时考虑衬砌背后压浆后,对衬砌混凝土仍存在的局部渗漏且采用排堵结合整治,并采用喷射混凝土补强堵漏。

3. 衬砌裂缝

隧道衬砌裂损整治是为了整治隧道衬砌裂损病害而采取的措施。根据现有的病害资料,综合考虑有效适用、经济合理及工期等方面因素,首先考虑对衬砌产生裂缝的部位进行局部治理、补强。衬砌裂缝的整治遵循先环向、后纵向的顺序。纵向延伸较长的裂缝逐段进行处理,裂缝密度大的区域逐条进行处理。

(1)裂缝封闭

对裂缝宽度在0.2mm以下的非纵向、斜向裂缝,及无明显剪切滑移和渗漏水迹象、对结构承载能力影响不大、不影响结构安全和正常使用的裂缝,采用凿槽封闭法进行封闭。先沿缝开V形槽,采用环氧树脂涂抹封闭。

(2)裂缝灌浆

对干缝宽小于0.2mm的纵向、斜向裂缝及缝宽大于0.2mm的裂缝,采取低压灌注法,灌浆压力一般为0.2~0.4MPa。

(3)粘贴碳纤维布补强

由于纵向缝对结构的安全性影响较大,灌浆封闭后,应进一步进行加强处理。采用粘贴碳纤维布补强法,该方法具有施工速度快、工期短等优点,且对原结构没有破坏作用。

衬砌裂缝整治使裂缝病害继续发展的趋势得到了控制,衬砌裂缝部位的局部整治、加固补强使隧道主体结构的使用功能和承载能力得以恢复。

4. 衬砌裂损

(1)注浆

对于结构破坏严重或拱背存在空隙或空洞的路段进行注浆充填,一方面使衬砌与围岩紧密结合,荷载作用均匀,增强围岩弹性抗力,改善衬砌结构的约束条件,起到约束围岩进一步松弛的作用;另一方面能充填围岩孔隙,起到止水的作用。

拱背注浆设计一般采用长2.5~4.5m的Φ42mm小导管径向注浆,环向和纵向间距根据围岩空隙情况确定,一般为1.0~3.0m,呈梅花型布置,注浆材料分为水泥单液浆、水泥—水玻璃双液浆、水泥砂浆等。

(2)锚杆加固

利用锚杆的悬吊、组合梁、减跨、挤压加固作用,将已产生病害的衬砌结构与已加固的围岩体连为一体,增加衬砌结构的承载能力,抑制衬砌变形的发展。锚杆加固设计时应查明衬砌实际厚度及拱背超挖回填情况,锚杆有效长度一般应穿过回填材料到达围岩体内一定深度。另外,在设置锚杆前,应先对衬砌背后空洞或松散体进行注浆充填。

(3)嵌轨加固

当衬砌结构承载力不足,并受断面内空限界的限制而无法采用套拱等加固措施时,可采用镶嵌钢轨或工字钢拱架进行加固。镶嵌拱架间距不宜过小,以免凿槽过密影响原有衬砌的完整性,间距以50~120cm为宜。钢拱架纵向应设置连接钢筋,使之形成一整体,共同受力。

(4)换拱

当衬砌结构承载能力严重不足,采用其他加固措施无法满足要求,而套拱方案又由于建筑限界的制约行不通时,可采用换拱方案进行彻底处治。换拱是指拆除旧的衬砌结构,重新施作新的衬砌。换拱的范围可以是全断面,也可以是局部。换拱因需拆除原衬砌结构,在拆除过程中,易发生坍塌等事故,因此,必须采取措施保证施工和结构的安全。

①先对围岩进行注浆加固,并利用注浆管悬吊既有病害衬砌;

②运用控制爆破技术拆除原有衬砌混凝土,并严格控制拆除长度;

③及时架设钢拱架,抑制结构变形发展;

④及时施做初期支护并加强监控量测。

【本章主要编写人员】:王明年　路军富　魏龙海　刘大刚　郭　春　程　璇　张建斌

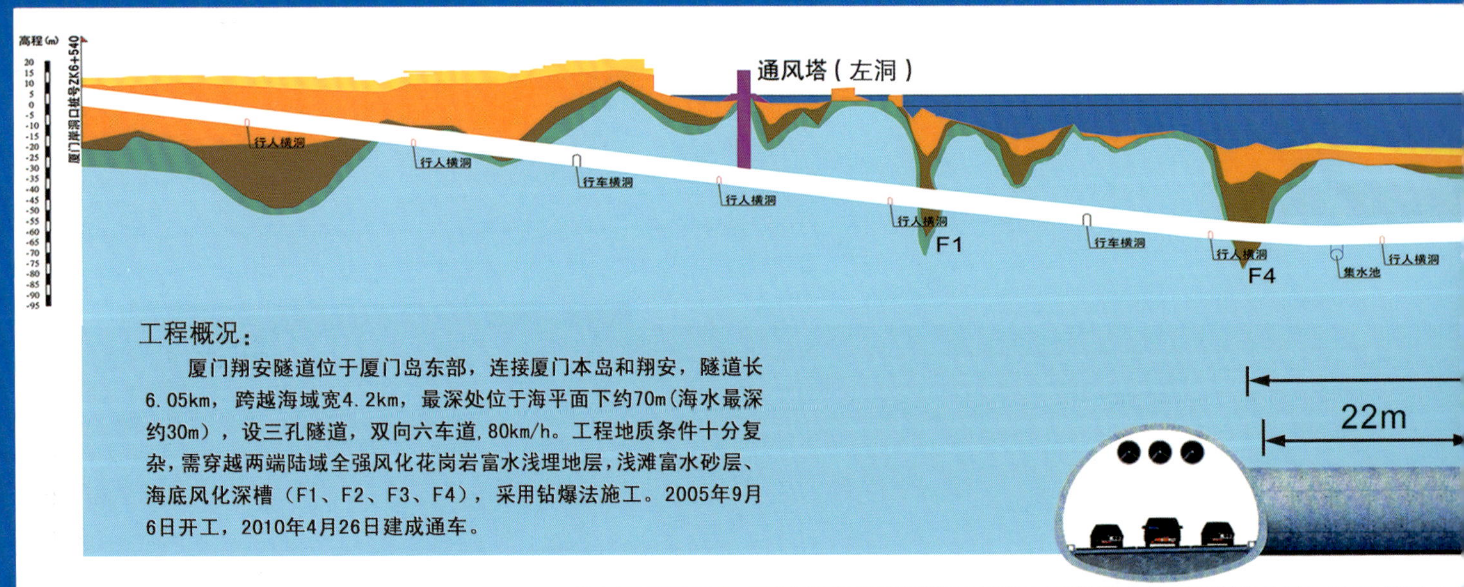

工程概况：

厦门翔安隧道位于厦门岛东部，连接厦门本岛和翔安，隧道长6.05km，跨越海域宽4.2km，最深处位于海平面下约70m（海水最深约30m），设三孔隧道，双向六车道，80km/h。工程地质条件十分复杂，需穿越两端陆域全强风化花岗岩富水浅埋地层，浅滩富水砂层、海底风化深槽（F1、F2、F3、F4），采用钻爆法施工。2005年9月6日开工，2010年4月26日建成通车。

▲CRD工法

▲双侧壁导坑法

▲风化槽全断面帷幕注浆

厦门翔安海底隧